学警的自我规划

苏小警　著

CPPSUP 中国人民公安大学出版社
全国百佳图书出版单位

图书在版编目（CIP）数据

学警的自我规划 / 苏小警著. -- 北京：中国人民公安大学出版社，2025. 7. --（警校生）. -- ISBN 978-7-5653-4997-3

Ⅰ. D631.19-62

中国国家版本馆CIP数据核字第2025Z00S31号

学警的自我规划

苏小警　著

责任编辑：田林林　王　哲
装帧设计：张　彦
责任印制：周振东

出版发行：中国人民公安大学出版社
地　　址：北京市西城区木樨地南里
邮政编码：100038
经　　销：新华书店
印　　刷：涿州市新华印刷有限公司

版　　次：2025 年7月第 1 版
印　　次：2025 年7月第 1 次
印　　张：23.75
开　　本：787 毫米 × 1092 毫米　1/16
字　　数：350千字

书　　号：ISBN　978-7-5653-4997-3
定　　价：88.00 元

网　　址：www.cppsup.com.cn　　www.porclub.com.cn
电子邮箱：zbs@cppsup.com　　zbs@cppsu.edu.cn

营销中心电话：010-83903991
读者服务部电话（门市）：010-83903257
警官读者俱乐部电话（网购、邮购）：010-83901775
公安综合分社电话：010-83901870

卷首语

藏蓝梦想是一生的挚爱
时间管理是一世的修行

大家好，我是苏小警，“警校生”公众号创办者。2014 年 4 月 12 日，当我还是江苏警官学院的一名大三学生时，创办了“警校生”公众号（现已更名为“苏小警师兄”），并坚持更新公众号，至今已有 11 个年头。这 11 年里，以公众号为锚点，我接触到许多令人敬畏的“后浪”，有本科就以优异成绩考入部委的师弟，有考研和公考两手抓、且“两手都硬”的警校考霸，更有背水一战、孤注一掷，最后上岸清华的师妹。当然，通过 11 年间与警校生的深度交流，我也看到一些同学存在不同程度的焦虑与迷茫。

我认为焦虑的本质是信息的不对称。

警校 4 年，你可能需要作出很多的选择：是否要竞选区队干部，是否要加入学生会，是否要搞学科竞赛，是否要考级考证以及考哪些证，是通过考研提升学历还是参加工作积累经验，是选择家乡安逸的岗位还是选择外乡奋斗的生活……当面对这些选择时，我们唯一的信息源可能就是师兄师姐，但有些时候可能师兄师姐并不能站在你的角度给出适当的答复，更不能结合未来工作的刚需来给你提出建议。

我常常在直播间讲课说：要学会“以终为始”，即你要通过未来自己职业的发展规划来倒推自己警校 4 年的成长计划。但问题是大多数警校生可能受制于环境，并不了解基层动态，也并不明晰机关工作流程。如何让学校所学与工作所需丝滑衔接，这是每一位警校生需要面对的问题。

为了打破对于警校生的信息差，搭建学校与工作之间的“连心桥”，我从 2024 年就开始着手准备本书的撰写。“开口能说、提笔能写、遇事能办”这 12 个字，从我目前的认知来看，是基层民警应具备的核心能力，也是我们常说的“办文办事办会”能力，这方面内容在本书的下篇第十一章我进行了详细的剖析和讲解。而在下篇的第九章，我详细分析了考级考证、学生干部、科研竞赛、社团活动和公益活动这五个层面的利与弊，以帮助同学们扫除信息差障碍，作出符合自身的最优选择，进而脚踏实地踏入从警之路，破除前进途中的困惑与焦虑。

我还认为迷茫的本质是没有“认清”。

第一是没有认清在警校如何管理时间。在我为同学们做规划的两年时间里，很多同学向我反映：并不是自己不想努力，只是警校的时间管理有难度。比如有同学准备下午3点到5点在图书馆学习看书，但是突然收到一个通知，要求下午4点集合，这样突发的事情很容易将时间碎片化。对此我的理解是，警校的特殊性是客观事实，而这正是对每一位警校生“心力”的打磨与培养，我们首先要做的就是去拥抱这一事实，在认知上去接纳它。其次再通过技法实现“用碎片化的时间进行系统化的学习”，针对自身的情况制订好每日、每周、每月和每学期的学习规划，掌握主动权。在本书的中篇我也为读者分享了很多碎片化时间利用的“技能战法”和底层逻辑。

第二是没有认清能力打造的底层逻辑。人生中我们经常会问自己两个问题：一是我想做什么；二是我能做什么。人的精力是有限的，我们要学会将有限的精力投入打造核心能力上来，而核心能力必定要和你的目标高度契合。很多人都沉醉于“及时反馈”，但是我们更要学会追求“延迟满足”。身为警校生，在打破信息差的前提下，我们更需要做到的是“执行力”，锚定终点，将简单的事情重复做、做十年，这本身就是一种能力，也是打造核心能力所必须付出的“修行”。能力的打造，是需要时间作为成本的，记住“易得等于易失”。每一个优秀的人，都曾有过一段沉默的时光。这段时间里，他们可能付出了巨大的努力，却迟迟等不到想要的结果——我愿称这段日子为“扎根”。

上面所谓的焦虑与迷茫有可能在警校生涯中此起彼伏，影响着警校生的健康成长。所有一切我也曾经历过。也许正是因为淋过雨，所以才想给目前在校的警校生撑伞。加上我在江苏基层公安7年多的工作实践，我希望能通过这本书能够帮助同学们做好警校4年的规划，帮助警校生扫清一些学习上的障碍，少一分迷茫，多一分对未来的笃定。

本书分为上篇、中篇和下篇，上篇的核心内容是“立鸿鹄之志”，中篇的核心内容是“循科学之法”，下篇的核心内容是“行努力之实”。同学们厘清警察这一行业的核心目标：学会服务百姓。心中装着人民，知晓“升官发财莫走此路，贪生怕死莫入此门”。在此基础上，也要懂得追求理想，独立思考。人生最有意义的事情，就是尽力看到最远的地方，并走出历史意义的第一步。

自我驱动，以终为始驰骋警途；学会管理，无序之中追求有序。本书的中篇通过系统性、科学性地讲解碎片化时间管理的方法，让警校生建立自我驱动的认知，并掌握高效利用时间的技巧，从而用习惯培养秩序感，用自律架起通往自由的阶梯。

知行合一，理性与实践深度融合；自我提升，课内与课外两手齐抓。本书的下篇主要教会同学们四个层面的内容：一是提高站位重新认识校内理论和校外理论；二是分析考级考证、学生干部、科研竞赛、社团活动和公益活动这五个方面的利与弊；三是对警校生面临的人际交往提出笔者的理解和认识；四是详细剖析“开口能说、提笔能写、遇事能办”这十二个字的核心要义。

当我完成这本书的最后一个字，放下笔，思绪仿佛又回到了警校四年的青春岁月，那种“恰同学少年，风华正茂；书生意气，挥斥方遒”的感慨扑面而来。如何帮助同学们警校四年不虚度，如何避免同学们工作上走弯路，如何成为政治过硬、作风优良、成绩突出、群众依赖、好评如潮的优秀人民警察，我能够想到的方式，就是尽我最大的努力通过警校四年规划帮助同学们系好从警的第一粒扣子。我最大的心愿就是能够“扶上马，送一程”，让警校生在警校不焦虑、不迷茫，在未来成为一名好警察。

苏小警

2025 年 4 月

目录 CONNTENTS

上篇　立鸿鹄之志

中篇　循科学之法

下篇　行努力之实

上篇

立鸿鹄之志

第一章　目标管理——行走在正确的人生轨道上

第一节　以一生为题，我们该追寻怎样的人生

一、漫谈人生这一话题

人生一词，看似简单却深邃如海，既是每个人都在经历的当下，也是无数人穷其一生探索的谜题。它就像一场没有固定剧本的即兴演出，有人执着于追寻意义，有人沉醉于体验过程，也有人困在迷雾中执着于追问答案。概括来说，我们从哪里来，到哪里去，这段旅程便是人生。但若问到人生具体是什么？不仅我说之不清，相信绝大多数人也道之不明。不过在此，我愿意谈一下对人生的些许理解与大家分享。

我听过一句话："你不能控制生命的长度，但可以拓展生命的宽度。"生命虽是人生的一部分，却是人生最根本的载体。有限的生命里，是珍惜光阴还是虚度年华，决定了生命的质量，也影响着人生的意义。既然生命的长度有限，那么人生就要在拓展生命宽度的时候领略不同的风景，在起伏不定的人生路上去看云卷云舒。因此，人生更像是一趟从起点至终点的列车，完整的旅程又恰好覆盖着春秋四季、快慢缓急。它的每个阶段如同车站与车站之间的距离，在每一个阶段有前进奔波的疲惫，也能看到沿途绝妙的风景，有到站调整的小憩，也有再度出发的希冀……

认识这些，我不禁感慨人生何其精彩，精彩的人生就如同浩瀚无垠的宇宙，等着我们去探索开发。可当我踏入其中后，却难免陷入迷茫——我该前往何方，去追求什么样的人生？

其实，正如宫崎骏的提问"你想活出怎样的人生"一样，这是每个人在

生命的某个阶段必须面对的问题。它背后蕴藏着无数次的选择，无数次的自我激励，关乎我们如何定义生命的意义、如何设定并实现个人目标、如何在不断自我成长中寻找到和谐、如何与他人建立良好的关系、如何承担社会责任，以及如何在忙碌的生活中找到平衡与内心的宁静……这些无比复杂且意义重大。

每个人的未来都有不确定性，人生路上充满选择。如果没有一个明确的方向，那么终归会在如此多的选择中迷失，无法成为理想中的自己。

当然，人生的奇妙之处，在于有无限可能。史铁生说过："生命的意义就在于你能创造这过程的美好与精彩，生命的价值就在于你能够镇静而又激动地欣赏这过程的美丽与悲壮。"它总是充满未知。你不知道下一秒出现在你生命中的人是谁，不知道下一秒会遇到什么惊喜，也不知道明天和意外哪个会先来临。但有一点是确认的，人生因经历而丰满，生命因经历而厚重。这不是"短跑"，而是一场旷日持久的"马拉松"。

人的一生是要作几世去活的。少年不识愁滋味，想当然以为一生便是一世，及至历经冷眼相待世事沉浮、穷困潦倒几度起伏、病魔缠身直面生死，方知"欲说还休"的真滋味。也是在这个过程中，我们才发现，人生的意义并非一成不变，而是在不断的经历和学习中演变。

亨利·大卫·梭罗说："只要向前走，路就会在我们脚下出现。"人生也是如此，每一刻都有着属于自己不同的风景。所以，做出属于自己的人生选择，但行此路，无问西东，人生的答案，在路上。

二、藏蓝人生，意味着什么？

人生是自己选择的总和。当你站在人生的重要抉择点上时，每一个选择都在塑造着我们的未来，每一个选择也都是我们对某种价值的认同。在这个激昂的时代，选择警徽既是选择一种价值，更是选择一种信念，希望在未来激情燃烧的岁月里实现生命质地持续锻造。因此，对于警校生而言，藏蓝人生，不仅仅是一个职业选择，更是一种人生使命的选择，不仅是命运的抉择，还是对集体责任的庄严承诺。

不同于大部分职业所具有的市场波动性，警察的职业保障相对稳定。警察作为国家公权力的执行者，其岗位需求与社会治安需求深度绑定。从实际生活中可以发现，全国警务岗位需求每年都在上升，薪资水平也高于地方公务员基准线。同时，越是技术变革加速、风险形态迭出的时刻，社会对专业执法力量的需求就越迫切。但若仅用维护稳定代表警察的职能，无异于将长城简化为砖石。作为人民的守护者，人民警察是在动荡时坚守社会秩序的底线，是危难时民众本能呼唤的对象。当街头巷尾能够平安守望，走失儿童终于重归家庭时，这些用辛苦和温度换来的情感震颤，是在守护他人过程中让藏蓝人生获得的超越时空的生命质感，更是人民警察的职业精神所在……

从经济保障到精神寄托，警察这一人生选择提供了多层面的自我兑现通道。但它不是逃避现实的避风港，亦非浪漫化的英雄叙事，而是扎根现实的理想主义实践。当你明白在时代变革与社会秩序的永恒天平之间，警察恰似在海湾上点亮的一盏不灭的灯塔，是对自我生命价值的主动锚定，是与人性万丈深渊的勇敢对视，在将奉献精神不断拓展时，这一选择便超越了简单的职业范畴，你人生中的每一分每一秒都是对正义信仰的加冕，都是对“守护者”本质的当代诠释。

藏蓝人生，虽精彩万分，但更需要你拥有足够的认知。因此，当你作出这一选择时，需要明确自己的人生目标和价值观，确保自己的选择与内心追求相一致；需要评估自己的能力和素质，确保自己具备从事警察职业的基本条件；需要了解警察职业的工作环境和压力，确保自己能够完成挑战；等等。

每个人都曾怀疑过选择的对错与价值。但当被解救的人紧攥你的衣袖哭泣，当老人颤抖着把锦旗塞进你手心时——那些关于“为什么选择警察”的自我追问，终将在血肉饱满的现实中得到回答：这不仅是一份职业，更是一种以责任为火种，在动荡中燃烧出永恒光亮的生存方式。

第二节　以警察职业生涯为记，怎样算当了个“好警察”

一、认识警察

警察应该是什么样子的？是“冷面无情”的执法机器，抑或是“无所不能”的正义化身？在日常生活中，往往由于个别事件的放大，或是受到影视作品的夸张渲染，警察的刻板形象一直存在于许多人的印象里。比如，当警察在处理个体纠纷而未能立即满足某一方的诉求时，会被误解为“偏袒”；而当警察在影视剧中以一己之力破获大案时，又会被视为“超人”般的存在……

实际上，上面提到的仅仅是警察形象的一小部分，真实生活中的警察比这些更为复杂。警察是法律的执行者，也是社会的服务者，既要处理复杂严峻的刑事案件，又要调解家长里短的群众纠纷；既要维护社会治安，又要帮助人民群众解决问题……

在现代社会，警察有着明确的定义：是国家政权中按照统治阶级意志，依靠暴力、强制、特殊手段维护国家安全与社会秩序的武装性质行政力量。其核心工作是预防和打击犯罪，维护社会治安秩序，保障人民群众的生命和财产安全。我国人民警察的任务是维护国家安全，维护社会治安秩序，保护公民的人身安全、人身自由和合法财产，保护公共财产，预防、制止和惩治违法犯罪活动。从概念中我们可以明确警察具有两个典型性质：暴力性和服务性。他们宛如一名忠诚卫士，默默守护着城市的安宁和人民群众的安全。110 电话里一句简单亲切的“您好”，不知温暖了多少颗惶恐的心，给予了多少身处困境的人以希望。

二、立足自身，走进警察职业生涯

通过上文的叙述，我们已然对警察有了一定的认识。那么警校生成长为正式警察，要经历哪些阶段呢？

从青涩懵懂的高中生，到满怀求知欲的大学生，再到接受专业训练的警校生，直至成为一名正式警察，这一过程便是警校生的成长之路，也是一个年轻人持续蜕变的过程。在这条路上，伴随着思维的革新与能力的进阶，“好警察”成为警察职业的最高理想。在这一过程中，不同阶段的思维特征有着明显的区别（见表 1-1）。

表 1–1 不同阶段对警察职业的认识

阶段	不同阶段对警察职业的认识
高中生	大多受到影视作品、文学作品中英雄形象的熏陶，思维呈现出理想化的色彩，对警察职业怀揣着无限憧憬与向往，对警察工作背后的复杂性、高风险性以及工作的艰辛程度缺乏实际认知。在他们眼中，警察是威风凛凛、无所不能的超级英雄，能轻松化解一切危机
大学生	步入大学后，接触到更广泛的知识和多元的观念，对警察的认知逐渐从单纯的感性崇拜向理性思考转变。开始思索警察职业在社会中所承载的价值与责任，意识到这不仅是一份职业，更是一份使命。然而，由于缺乏实际的工作经验，对警察工作的认知还停留在理论层面，无法深刻体会其中的酸甜苦辣
警校生	进入警校后，开启了系统的专业学习和严格的训练。在这一过程中，逐渐塑造起警察职业所必需的专业思维模式，比如法律思维，能够依据法律条文准确判断行为的合法性；侦查思维，懂得如何从纷繁复杂的线索中抽丝剥茧，探寻案件的真相；应急处理思维，面对突发状况时能够迅速作出合理反应。对警察工作的规范和要求有了更为深入、细致的理解，为未来的工作打下坚实的专业基础
警察	踏上工作岗位后，将警校所学的理论知识与实际工作紧密结合，思维变得更加务实和灵活。在处理各种复杂的工作场景和棘手问题时，能够根据具体情况迅速作出正确的判断和决策。在实践中不断积累经验，提升自己的工作能力和应对问题的技巧
“好警察”	不仅具备扎实的专业能力和丰富的实践经验，还拥有强烈的责任感、正义感和为人民服务的意识。他们不满足于按部就班地完成工作，而是能够在工作中不断创新和突破，为维护社会的公平正义和安全稳定作出更大的贡献。他们始终将人民的利益放在首位，以实际行动践行着警察的使命和担当

三、怎样才算一位名副其实的“好警察”？

我们知道了警察的成长历程，也明确了“好警察”这一最高目标。可“好警察”，“好”在哪呢？怎样才算当了个“好警察”？

回顾所有关于这一主题的描述，答案总是离不开自身心理与身体两个层面的结合。这可以归纳为“认知”和“能力”两个方面。在认知上，需要拥有正确且坚定的三观；在能力上，需要具备出类拔萃的专业素养。具体而言：

（一）认知：拥有正确且坚定的三观，为警铸魂

一是矢志不渝的理想信念。“好警察”是保障社会稳定的中流砥柱，有着即使牺牲个人利益，也要努力承担起维护社会安宁祥和、保障人民生命财产安全重任的坚定信念。“国家安危，公安系于一半”，理想信念是警察职业的基石，是对党、对国家、对人民的绝对忠诚以及始终坚守的社会主义核心价值观和人民警察职业道德。释其含义，主要有三点：政治立场坚定，在

任何情况下都保持政治上的清醒和坚定，与党中央保持高度一致，听党话、跟党走；忠诚履职，无论面对何种困难和挑战，都始终坚守岗位，履行职责；做好道德表率，在日常生活中严格要求自己，言行一致，发挥模范作用，成为社会道德的表率。

二是坚定不移的正义使命。警察是正义的化身，“好警察”是维护社会公平正义的关键力量。在面对违法犯罪行为时，必须毫不退缩，让违法犯罪人员受到应有的惩处。正义使命是警察职业的核心，要求他们做到既要严格规范公正文明执法，在执法过程中不偏不倚，严格依法办事，确保每一起案件都经得起法律和历史的检验；也要勇敢无畏，敢于亮剑，勇于斗争，不能因为外界的压力、威逼利诱或者人情世故等因素而动摇自己的立场。

三是热心为民的服务精神。“好警察”的根本在于为人民服务，在工作中积极为群众办实事、解难题。无论是帮助走失的老人找到家人，还是为迷路的游客指引方向，将人民的事情放在首位，力所能及地为人民服务。人民公安为人民的服务精神也是警察工作的本质要求。这一精神代表着要深入群众，了解群众需求，把群众满意作为工作的出发点和落脚点；要便民利民，各项工作都要以便民、利民为标准，提高服务效率和质量；要无私奉献，为保护人民群众的生命财产安全能够不惜一切代价，在关键时刻挺身而出。

（二）能力：具备出类拔萃的警务素养，为警铸剑

一是健康的身心素质条件。身心健康是警察履行职责的基础，是“好警察”能力培养中的首要条件，包括良好的身体素质和心理素质。良好的身体素质是警察应对高强度工作、复杂执法环境和突发情况的基本保障。警察要具备较强的体能、耐力和反应速度，以应对追捕、抢险、救援等各种挑战。同时，健康的身体也是抵御疾病、保持长期战斗力的关键。良好的心理素质则更为重要。警察需要具备坚强的意志力、稳定的情绪控制能力和良好的心理调适能力，以保持冷静、理智的判断，有效应对各种复杂情况。在执法过程中，警察常常面临巨大的心理压力，既包括面对暴力、血腥、伤亡等场景带来的冲击，也会有长期高强度工作带来的身心疲劳。警察需要学会在紧张的工作之余，通过合理的方式释放压力、恢复精力，保持良好的身心状态，以持续高效地履行职责。

二是精湛的专业知识技能。专业知识技能是警察履行职责的重要手段，是“好警察”能力培养的重中之重。一方面，警察需要熟练掌握法律法规，

准确适用法律，不断更新知识结构以适应新形势下的公安工作需求；另一方面，警察需要熟练掌握各类情境下的执法办案技能，尤其是在犯罪手段日益多样化、智能化的今天，警察需要紧跟时代潮流，不断学习和掌握新的技术和方法，提高公安工作的效率和质量，如网警要借助大数据、人工智能等前沿技术追踪网络犯罪线索。当然，这些知识技能不仅要求警察具备扎实的理论基础，还需要在实践中不断磨炼和提升，与时俱进。

三是良好的协调沟通能力。协调沟通能力是警察工作中不可或缺的一项软实力，体现为与各方面有效沟通、协调合作，在“好警察”能力培养中必不可少。无论是迅速与相关部门建立联系以确保信息通畅，还是与人们建立信任以预防打击犯罪，警察在工作中需要与包括受害者、犯罪嫌疑人、证人以及其他相关部门的工作人员在内的不同人群打交道。良好的沟通往往是决定成败的关键，这不仅关乎警察个人的职业发展，更是提升执法效能的重要因素。

和平年代，公安队伍是一支牺牲最多、奉献最大的队伍，警察不仅仅是一份职业，更是一份沉甸甸的责任和使命。在维护社会治安、打击犯罪的第一线，警察始终扮演着至关重要的角色。他们在用自己的热血和生命守卫安宁，守护亿万群众的期待与信任的同时，也时刻用自己的经历告诫着我们认知和能力的重要性（见表 1–2）。

表 1–2　近年来全国牺牲民警统计①

年份	因公牺牲的民警（人）	因公牺牲的辅警（人）
2020	315	165
2021	261	131
2022	308	179
2023	253	164
2024	208	174

① 数据出处：公安部新闻发布会 . 2020 年数据来源：https://www.mps.gov.cn/n2255079/n8310277/n8310415/n8310440/c7678053/content.html. 2021 年数据来源：https://www.mps.gov.cn/n2253534/n2253535/c8315636/content.html. 2022 年数据来源：https://www.cpd.com.cn/n10216144/423/t_1078687.html. 2023 年数据来源：https://m.gmw.cn/2024-01/09/content_1303625250.htm. 2024 年数据来源：https://www.mps.gov.cn/n2254536/n2254544/n2254552/n9924605/n9924641/c9929410/content.html.

第三节　入学规划，未来四年的成长路

一、从学校到社会，你的答卷是什么?

毕业季既是回应父母长辈期望的重要时刻，也是对自我多年警校生涯交上答卷的时刻。从学校到社会，意味着自己将成为一位独当一面的个体。在这一时刻，你的心中或多或少会思索着：对于自己的警校青春，应该交出什么样的答卷呢?

如今警校生越来越习惯于将多年警校生涯的答卷与就业绑定。谈及毕业季，“考个好成绩，当个好警察”似乎是默认的标准答案。在这种环境下，当联考成绩不理想时，就感觉自己的警校生涯仿佛也毫无意义，从而陷入无尽的自我怀疑中。

但事实上，毕业答卷绝不仅仅是一个冰冷的分数。当你站在学校到社会的路口时，从警校中获得的知识和成长经历就是你用整个警校青春所作出的毕业答卷。而公安联考、国考、省考等一个个人生道路的选择，就是你将学生阶段的所学、所思真正化为行动，将心中的答案描绘在笔端。因此，取得一个好的分数固然值得骄傲，但能看到分数背后的个人改变更加难能可贵。

作为培养共和国预备警官的摇篮，警校会通过课程设置、入党评优等一系列方式敦促学生向好发展。但面对较为单一的赛道和培养模式，竞争可谓无处不在，同时也让人患得患失。无论是在校学习成绩还是国考、公安联考等考试考核，我们必须意识到，追逐优异的成绩没有问题，但紧盯他人的分数只会陷入无意义的内耗。与其在比较中挣扎，不妨试着停下自己盲目而又匆忙的脚步，把目光投向自身，看看毕业季的自己，想要交出一份怎样的心满意足的答卷?

二、警校生涯，写好你的必答题

警校是公安教育的主阵地。警校四年，抑或是本硕七年的旅途往往很快也很匆忙。虽然在这一过程中你有着诸多的选答题，但预备警官这一身份，意味着你必须通过学习，完成警校生涯中的“四大科目”，并以此作为你在未来从警生涯中永恒不变的底色。

第一项科目：职业认知

警校生涯中，正确认识警察职业是最为重要的一课。相信无论多少年以后，你都会记得在开学第一课、清明节缅怀先烈、110警察节等各种活动或节日中，众人警姿英立，齐唱《中国人民警察警歌》时，那一次次的澎湃与激动。警校生是公安队伍的生力军，在警校的每一天都在学习如何将这份职业荣誉转化为实际行动，如何在未来的岗位上践行“人民公安为人民”的庄严承诺。“对党忠诚、服务人民、执法公正、纪律严明”是人民警察的总要求。

公安机关是党和人民的“刀把子”，是维护国家稳定的机器。而这种权力来自党和人民。因此，遵守党的纪律，自觉接受组织、群众监督，让赤胆忠心由内向外见诸行动，是我们一定要去实现的。这正是毫不动摇地做到对党、对人民绝对忠诚的体现，也是对“党和人民的忠诚卫士”这一责任与誓言的坚守。

第二项科目：专业素养

专业素养的教育贯穿了整个警校阶段。不可否认，警校中那些让你觉得云里雾里的课程和培养方案，以时间为轴线，都将为你成为一名合格的执法者奠定基础。这里，你需要掌握的内容主要有以下几类（见表1–3）。

表1–3　警校生需要具备的专业素养

类别	具体内容
法律知识	宪法、刑法、民法、刑事诉讼法、治安管理处罚法等法学系列课程
警务技能	现场执法、武器警械使用等警务规范系列课程 战术体能、警察格斗、射击、泅渡、警务战术、基础体能、擒拿格斗、现场处置学
业务能力	现场勘查、治安管理、交通管理、案件侦查等公安专业系列课程、刑事科学技术、侦查学、讯问学、警务英语
实训实践	专业见习、专业实习、案例分析与实训等实训实践类课程、综合实训、现场模拟实战课
忠诚警魂教育	队列训练、单个军人队列动作、内务整理

另外，警校学习期间，一定要深入基层执法，用你的脚力、脑力和定力去体会、去感悟警察这一职业。

第三项科目：人际交往

警察本身就是具有高度的社会性和互动性的职业。人际关系不仅是警校生个人素养的体现，更是其职业发展不可或缺的重要能力，重要性不言而喻。警校期间，对待人际交往，需要逐步跨越从外到内的三个阶段：一是敢于社交，学会与队长、师长、同学、师弟师妹等不同的对象社交的本领；二是善于感知，在不同的社交场合中能够清楚明确自身的定位与需求，把握人际交往的距离和内容；三是锻炼自我，在交往中主动培养自身能力，譬如如何进行团队合作，如何在压力下保持冷静、高效沟通以及默契配合等。

警校生活虽然只有短短几年，但这段经历却足以让同学们建立起一生的友谊。毕业后，你们在各自的领域发光发热，但无论是获取工作机会、提升职业技能还是解决实际问题，这种超越时间和空间的情感纽带，会让你们无论身处何地，都能感受到来自家人般的关怀和温暖。你们是同学、是战友、是未来工作中可靠的同事。

第四项科目：未来规划

警校期间的你虽然还是一名学生，但一定要做好转变身份的准备。在警务化管理中，你可以深刻体会警察这一职业，同时也能够窥见人生丰富的可能性。当看到除夕夜指挥交通的交警，听到深夜里响起的警笛，遇到历经风雨、一身沧桑的老民警时，你需要去认真思考，面对这些不似往常繁华的商厦背后生活摇摇欲坠的群众，是否愿意通过自己的学习，做出一番努力，在社会安稳、欣欣向荣中感知到自己的存在和力量。警察不仅是一份养家糊口的工作，也是你用青春时光一点一滴勾勒出的未来愿景。

三、毕业季就业，你需要考虑的事

警校生就业选择很多，除参加公安联考入警外，通过国考、省考上岸心仪岗位，或跳出编制，进入安保、金融风控等领域就职都是选择之一。对于一名即将毕业的警校生，在作出就业决定的过程中，选择或多或少都是让人苦恼的事情，些许的迷茫和焦虑是常态。对于此，不要焦虑，做好当下，这里有两点建议可以帮助你在就业中选择方向：

一方面，明确自我意愿。作出就业选择的重要前提便是通过大学的经历，充分了解自己的兴趣爱好、能力模块和职业愿景。比如，通过学校安排组织的实习活动，感受自己是否适合文书工作、群众工作或侦查工作等。这里可以对自我经历进行内省，或主动与步入工作岗位的师兄师姐聊天，从而对标自身实际情况做出选择。

另一方面，综合考虑自身需求。在自身认识清晰、能力匹配的前提下，如何去选择呢？这便需要将需求颗粒度细化，考虑个人综合要素。如离家远近、地域资源、上升空间，等等。如果没有明确的倾向，那么考虑自身家庭条件、经济状况便更为重要。

警校时光是人生从青涩迈向成熟的黄金阶段，也是成就自我的摇篮。当毕业季来临，衡量警校生涯是否虚度的标准，不在于获得多少奖章，而在于是否养成了自律自强的生物钟，是否能在危难时刻守护群众的安危，是否在诱惑面前始终记得第一次戴上警徽时的心跳频率，这些浸润在血液中的职业基因，才是警校岁月赋予的最珍贵礼物。

第四节　在警校宝贵的这几年，怎样做才能不会虚度浪费

与综合类大学不同，警校作为公安教育的主阵地，具有制度化与集体化的特征。这种差异性决定了警校生独特的生活方式。在人生旅程中，面对这种特殊性，我们应如何珍惜青春、抓住机遇，构建自我成长框架，让警校生涯更加充实与精彩呢？

一、敢于学习、善于学习，养成好的学习习惯

警校生具有预备警官和大学生的双重身份，学习仍是我们的本职工作。但在警校统一的警务化作息框架中，生活时间也被队列、内务、集体等规律性制度切割成了零散的部分。因此，往往会有一种疑问："警校每天集合、队列下来后，哪有自己的时间去学习？"其实，这种看似束缚的纪律体系，实则也蕴含着独特的学习逻辑，能够让你有迹可循，不负时光。

其一是主动规划"碎片化"时间。警校生活中有大量短暂的、零散的时间段，譬如集合前与队列后的间隙。这些时间并不是无足轻重，科学合理地使用这些时间很重要。例如，你可以将当天要做的事情进行一个细致的分解，

在这些时间段中去完成对应的一小部分；抑或是高效率地完成背单词、回消息、填表格这些“小”事情。记住“1.01 的 365 次方”。

其二是紧跟课程教学，注意消化反思。课上紧跟老师教学思维，精准挖掘知识重点；课下及时迅速消化，不要拖拉。时间和效率是进步的两大关键，不止埋头苦学，要梳理知识框架，将所学融会贯通。

其三是警惕“制度性依赖”陷阱，读好“一个人的大学”。将纪律约束转化为持续成长的阶梯，不要因集体生活的安全感而丧失自我驱动力。自主学习能力是应当终身培养与提升的核心能力，自律带给我们的是自由。

二、别怕苦、别怕累，培养突出的个人能力

无论是从预备警官的身份特征出发，还是着眼未来发展培养个人核心竞争力，警校四年都是锻造全面的、过硬的综合素质，建立认知坐标系的黄金时期。这一过程中，你需要围绕就业目标，着重培养自身能力，积极尝试，敢于试错，不断完善，去找到属于自己的“门道”。

如果不知道应该如何去培养，这里以培养表达能力举例：

当代社会，最重要的能力就是表达能力，无论你在何处工作，表达沟通都是必备的硬本领之一。语言表达的背后是思维和认知，而文章水平的高低，彰显了一个人的思维、逻辑、表达、格局、视角等多方面的能力。在语言表达能力上，要掌握它需要经历三个层次：首先是完整陈述观点、表达想法；其次是条理清晰地陈述观点，让语言被读懂；最后是逻辑严谨地陈述观点，提高语言信服度。而在文字能力上，最重要的就是克服“不敢”的心理障碍。很多同学对文书的态度都是担心写不好，能推就推，怕缺点外露。但事实上，大多数同学对于文书工作通常是“白纸一张”。因此，你并不需要胆怯，从零开始也正是构建基础的最佳时机，敢写敢学才能为未来的能干、会干、善干创造条件。

在能力培养的过程中，实践的复杂程度永远超出课堂想象。这是书本无法传递的“默会知识”。因此，无论何种能力，讲起来简单，实践时却并不容易，着实需要下一番苦功。但切记不要放弃，因为磨难的尽头是柳暗花明的转机，是否极泰来的重生。

三、人民公安为人民，塑造正确的价值观念

警察面对的从来不是单一维度的挑战：在握有公权力的同时时刻面临诱惑，守护正义时却又可能遭遇误解。在警校阶段完成价值观的“深度定型”，使“对党忠诚、服务人民”从口号转化为条件反射式的行为模式极为重要。而基于警察的职业定位，树立正确的价值观，本质上是一场触及灵魂的忠诚锻造。

忠诚，是人民警察的政治本色，是最基本、最重要的职业素质和道德标准。我们必须清楚，忠诚不是与生俱来的。警校生的价值观塑造，需要教育培养和长期锻炼，才能逐步成熟。因此，一方面要从思想深处树立起听党话、跟党走的意识，搞清楚“从警为什么”“从警做什么”“从警要什么”的问题，真正做到对党忠诚；另一方面，要明确全部公安工作的出发点与落脚点都是为人民服务，尽自己所能，从小事做起，一点点解决人民群众最关心、最直接、最现实的利益问题，从而真正做到对人民忠诚。

警校四年征途漫漫，如何度过在于你自己。在努力时既要记得仰望星空，也要记得脚踏实地，去找准自己的节奏，活成自己喜欢的样子。人生不可能一直都浓墨重彩，云淡风轻也是另一重风景。

第五节　写给大一的你：良好的开端，是成功的一半

亲爱的学弟学妹，当你们展开这封信时，藏蓝青春的第一粒纽扣正在等待你们扣好。这是你们人生旅程中一个充满无限可能与挑战的崭新起点。在这个关键时刻，打下坚实的基础并为自己开个好头至关重要。作为经历过警校生活淬火锤炼的师兄，我想把警校生存指南中最珍贵的四把钥匙交到你们手中——这既是传承，更是期许。

一、转变思维，实现从高中到大学的跨越

初中时，家长与老师一直勉励我们，考上高中等于一只脚迈进了大学；及至上了高中，发现入了个深坑，每天有上不完的课、背不完的书、刷不完的题。此时父母的教导又升华为考上大学就可以躺平，用我们对大学的憧憬

为我们加油打气。

然而，等我们真正上了大学，又会发现其实这才只是开始。尤其是警校，更没有我们想象中那么轻松。报到当天，警校的老师一般都会跟家长说："从今天起，孩子正式移交给学校。"也就是从这天开始，我们正式入学，穿上警服，贴上警号，成为一名名副其实的警校生，开启四年的警务化长征之旅。恍惚间，方才谈笑的父母变成了尚不熟悉的老师和同学。初来乍到一个陌生的省份和城市，孤独感油然而生。

但是，你无须被这样的情绪所笼罩，放眼望去，四周皆是坦途。

首先，孤独是一种常态，很多时候，那些艰苦的旅程都是自己一个人走。当然，警校生活可能会使你们经历比同龄人更深刻的孤独。当地方大学新生在享受自由时，你们在烈日下站军姿；当朋友圈晒着周末聚会时，你们在整理内务被反复纠细节。但请你们记住，警徽的重量从来不是用热闹来衡量的，那些独处的时光终将锻造成你耀眼的铠甲。

其次，警校的"传帮带"作用突出。老师和学长会给予我们意想不到的关心和爱护，帮助我们快速适应警校。学校也会开展丰富多彩的破冰活动，让大家快速互相认识。可能你都没有机会好好感受孤独。所以，与其将自己陷入不必要的孤独与陌生，不停内耗，不如转变思维模式，迅速调整自己，实现从高中生向大学生的飞跃。

入学报道完，紧张且高强度的军训不期而至。警校的军训不同于其他高校，它不仅是对身体的训练，更是对心灵的洗礼。负责军训的教官，除了本校自己培养的，还有来自现役部队的士兵，更有甚者是特种部队的教官。故而强度之大是一般高校无法比拟的。

军训时，我们会发现有一些一时难以理解的规定，有些甚至苛刻。比如，军训结束要到晚上八点以后，而学校澡堂却在八点整准时关闭；再如，明明你斗志昂扬、声音洪亮，教官却恨不能你报数之音量响彻云霄……其实，你以为的不合理只是你以为，这些看似不合理的规矩打磨的恰是你与警校格格不入的棱角，磨炼的也刚好是你尚未坚定的意志。当然，身体不适，必须提出来。

二、常立志与立长志

步入大学，或许很多人也胸怀大志、豪情万丈，自信只要努力，必定能斩获自己追求的东西。当然，也有相对害羞内向的同学，凡事喜欢跟在同学后头走。也有一些同学尚处于迷茫期，从原来听从父母安排按部就班地学习到凡事需要自己做主，再看到身边的同学已风风火火地找到自己的轨道，难免心有落差和焦虑。但不管我们入学时处于何种状态，都应及时确立自身志向，常立志，并立长志。

有人说常立志不如立长志，我认为这是一个伪命题，两者各有所长，并行不悖。在警校，我们既要常立志向，时刻制订调整短期计划；还要立长志，确立长远的从警志向。常立志是相对的，立长志却是绝对的。

虽工作多年，但大一刚入学的第一节公安管理课让我记忆犹新。当时在课堂上，老师发给我们每个人一个信封，让我们用学校的稿纸写下我们四年的计划，想干什么？想成为什么样的人？以及为了达到目标，未来要怎样做？

等我们写完以后，信纸入封，以胶封口，并告诉我们毕业季会交还给我们。

四年之后，我们发现，当时认真规划树立远大志向的人所获成绩较好，有的人圆满甚至超额完成了计划，有的虽未完成或效果有些折扣，但其他方面也有所得。而那些当时草草了事，将之单纯视为任务的人，所获成绩普遍较差，做事东一榔头，西一棒子，最后泯然众人矣。

大一处于人生“拔节育穗期”，可塑性最强。在这个特殊又关键的节点，我们要敢于树立志向，敢于追求梦想，敢于开拓创新。不妨大胆一点儿，将志向立得高远一些，更具挑战性一些，带着希望启程，默默耕耘，浇水施肥，相信梦想总有一天会开花。

明确目标与规划：首先，花时间思考并明确自己在大学期间想要达到的目标。这些目标可以是学术上的，比如保持优异的成绩、参与科研项目或发表论文；也可以是个人成长方面的，比如提升领导力、发展兴趣爱好或培养社交能力。制订一个清晰的规划，包括短期和长期目标，以及实现这些目标所需的步骤和时间表。

在确立志向类型时，我们可以确立学期、年度、四年等志向，明晰自己这学期，健身要多长时间、各科考试科目要达到多少分、综合素质测评要达到多少绩点……明晰在入党、评优评先的每一个节点应该走哪一步，应该如何去走？确定这四年自己想在警校成为什么样的人？想要得到什么东西？为了达到这个目的，未来将会怎么去做、去提升自己。

在立长志方面，我们要明确未来从警，自己想成为什么样的警察？公安机关需要什么样的人才，比如领导型、技术专业骨干型、宣传型等。为了成为这样的人才，我们需要怎么做？每学期、每学年、警校四年为了达到这样的目标，列好计划，怎么一步一步去实现？

大学也是人生重要的试错期，做错不要紧，几乎不用付出代价，你只负责往前走。

三、养成好习惯，沉潜积淀自己

《论语·阳货》中有句话叫：“性相近也，习相远也。”意指性格相近的人在习惯的影响下可以相差很远。习惯对人的影响是很大的，通过积久养成的生活方式，从而影响个人的行为。

习惯是把“双刃剑”，好的习惯能让人渐成大器。在一定程度上，习惯可以决定一个人的思维模式和行为方式，进而决定命运与成败；而坏的习惯，却容易让人在不知不觉中沉沦。因此，我们应当养成良好的个人习惯。

那么，在警校我们应该养成什么样的良好习惯呢？我认为有以下三点：

（一）学会制订计划

在学校时，我认识一个很优秀的师妹。学校各种荣誉拿到手软，也是第一批入党积极分子及党员。

我对她印象深刻并非其荣誉加身，而是国庆放假之前，我们社团开例会。作为部门负责人，我一早到了，看到她在做一个表格，便随口一问做的是什么？

本以为是社团工作，可是师妹却说：“我在做旅游计划。”并慷慨地向我展示。我一看，颇为震惊。原来出门旅游可以这样精细。前期准备物品、旅行路线、吃饭、买票等一应俱全，前期准备的物品内除了一般的换洗衣物、洗漱用品，还有防晒品、雨伞、晕车药，等等，总之事无巨细。震惊之余，我不自觉地开问：“你不觉得很浪费时间吗？需要花费不少时间吧。”她说：“不会啊，我已经习惯了。比如出行计划是通用的，我只需要换个时间及转换交通班次就行，其他的用之前的模板，就很省力。”

经过攀谈，我才发现，在学习、工作和生活中，师妹早已养成做计划的好习惯。而这个好习惯也“反哺”了她，让她在各方面都井井有条，做事情效率也高，突出也就理所当然了。

（二）魔鬼在细节

正所谓“魔鬼在细节”，在警校也好，参加公安工作也罢，大家刚考上的时候能力都大差不差，同在一条起跑线上。

你们会发现，警务化管理本身就是最严密的计划表。但真正的强者会在条令条例之上再对计划进行细化。

读书时，在结束学习或汇报离开办公室时，老师办公室地面的纸团，是否能捡起来扔进垃圾桶，或许决定了参加公安工作以后，命案现场遗留的微小指纹或脚印能否及时被发现并提取。领导交代的工作或老师布置的任务，能否在完成之后多走一步多留一个心？比如单位领导交代一个讲话稿，你会不会再检查几遍，看有没有错别字，会不会调整为标准格式后再给领导发过去？这样，领导省心了，你在领导面前就有了印象分。领导、老师交代完事后，会不会给领导、老师一个反馈，让领导、老师心里也有一个底。

“尽小者大，慎微者著。”将小事做到极致，那就是大事。

（三）时时早，事事早

我们对“早”字最早的印象，可能是来自语文课本中的《从百草园到三味书屋》一文。

文中，鲁迅因为父亲生病，帮助母亲料理家务，几乎天天奔走于当铺和药铺之间，把家里的东西拿到当铺去换了钱，再到药铺去给父亲买药，因此导致在一天早晨，鲁迅上学迟到了。教书认真的寿镜吾老先生严厉地对他说：“以后要早到！”鲁迅默默地回到座位上，就在那张旧书桌上刻了个“早”字。这个“早”字横着，很像一个还没开放的花骨朵，又像一支小小的火把，也把一个坚定的信念深深地刻在他心里。

我们警校生也应树立一个“早”的思维和习惯。开会提前五分钟到会场，可以在这五分钟里跟老师、同学，抑或是未来的领导同事沟通加深下感情；每天学习早到五分钟，多学五分钟……

五分钟时间很短，但作用很大。

当然，能影响我们个人发展的习惯还有很多，不止以上三点，也希望大家养成的习惯不局限于以上三点，以上三点只是一个参考或指引，希望大家根据自己实际情况养成各种良好习惯。

总之，我们不能决定我们的未来，但我们可以决定养成什么样的习惯，也正是这些习惯决定了我们的未来。

四、十年磨剑，修炼匠心

三国时期，司马懿在谋权诛杀曹爽时，曹爽垂头丧气地说：“司马懿，你赢了，你只用了一天时间就夺走了我们曹氏四代君臣建立的江山。”司马懿听后认真地告诉曹爽：“我挥剑一次，可我磨剑十年，这都是你的先祖曹操教我的本领！”

司马懿十年磨剑，只为一朝成功。曹爽只看到司马懿这一刻的成功，却看不见他十年来为挥剑所付出的艰辛努力。这十年，他修炼匠心，积蓄力量，才有后来的成功。

而怀仁和尚刻 3000 字石碑却用了 25 年。练书法的人想必都知道书法精品《圣教序》，世人皆知《圣教序》与王羲之有关，是王羲之的字体。但鲜有人知这个《圣教序》是怀仁和尚历经二十余年，搜集王羲之的真迹，组织并刻写的。虽然是怀仁集字而成的碑，但组合起来，却自成一个完整流畅的书法艺术作品。

记得我们警校的篮球队在各个省份都是比较优秀的存在。上大学时，篮球队有个同学个子很矮，刚刚到警校入学标准的 170cm。我当时还纳闷这么矮怎么进入篮球队的，因为学校篮球队招生标准一般都是身高 185cm+，且球打得好。

在学校“新生杯”篮球比赛时，他代表我们专业去比赛。赛场上投了很多三分球，给我们专业拿了很多分，帮助我们专业拿到了全校冠军，他自己也荣获全场最佳 MVP。

尽管那小个子已进入校队，可以去学校室内专属训练的篮球馆练球，但每个周六日放假时，总能在室外的操场上看见他投篮。一问才知，双休日室内篮球馆不开放。为了保持球感，他每天都要投篮命中八十个才肯休息。

从司马懿、怀仁和尚以及小个子篮球投手身上，我们可以看到他们有一个共同点，那就是坚持执着，他们几年、十年、二十余年如一日地做一件事，匠人匠心、精益求精。海明威说：“优于别人并不高贵，真正的高贵是优于过去的自己。”无须与他人比较，也无须在意他人对你的目光，你只管一步一步慢慢走，时间会说话。

同时，我们也看到成功的历程不是含着蜂蜜出发，而是嚼着黄连起步。没有一劳永逸的开始，也没有已达终点的梦想。成功是有方法的，是没有捷径可言的，没有人能随随便便成功。

种一棵树，最好是在十年前，其次是现在。想要改变，从此刻开始，一切还不晚。我们警校生应珍惜警校时光，在警校修炼匠心，向下扎根。在警校的岁月里，用心经营，积蓄力量，积跬步以至千里，积小流以成江海，多学习、多积累、多沉淀，用知识武装头脑，以对得起我们所经历的每一寸光阴。此刻，你们肩上的预备警衔正在等待时光的镀色。就像此刻的你，正在续写多年前那个刻“早”字少年的故事。请你轻抚胸前的警号，在心里回答：四年后的毕业典礼上，你希望它刻着怎样的故事？我希望的是，你会感谢今天的自己。

第六节　写给大二的你：该想清楚，给自己选一个什么样的赛道了

恭喜你，经过一年警校的磨炼和学习，你已经升级成为师兄师姐，有了师弟师妹，对警校的了解逐渐加深，对未来的规划也有了初步了解和打算。在这关键时期，我们也要对自己有一个清醒客观的认知，自己适合做什么？想要做什么？应该怎样努力？

即便是目前忙于训练、忙于学业，也不能逃避选择。毕竟警校如今也是热门院校，无论公安联考还是考研内卷都非常严重，选定一个目标，才能有所侧重。因此，我们要及早选择。

一、学会取舍，及时断舍离

非洲草原上，猎豹的捕猎智慧值得我们深思。一望无际的非洲大草原上，

一只猎豹正冲向兔群，兔群四散而逃。但这只猎豹却只对一只兔子穷追不舍，哪怕周围的兔子看起来似乎很好抓捕，它也没有更换目标，直至将猎物抓捕。面对周围四散的兔群，它没有犹豫，而是瞄准既定方向，一击即中，将猎物收入囊中。它永远锁定最有可能成功的目标，即便其他猎物近在咫尺也绝不分心。

正如在警务化管理中摸爬滚打的我们，更应懂得聚焦的力量。身处大二的我们，正处于大学生活的承继中转站，这是一个充满挑战又蕴含机遇的时刻。此时的我们，已经对警校的学习和生活环境有了一定的适应，也开始更加深入地思考自己未来的方向。在这个关键时刻，给自己选一个合适的“赛道”，学会取舍，及时断舍离，明确未来的发展方向，显得尤为重要。

在选择前，我们要根据自己的兴趣爱好、优缺点、个人能力、时间精力等信息来进行筛选、判断和选择。选择时要果断，倾听自己内心深处的声音，不盲从、不后悔。

《孙子兵法》所言：“备前则后寡，备后则前寡。”人生的时间和精力终究有限，一旦犹豫不决，浪费时间不说，还会自我内耗，影响选择时的判断力。

二、考研很可贵，考编价也高

警校生在大二结束时面临的选择主要是考研、考编，其中考编包括公安联考、国考、各省省考、事业编以及烟草局等工作岗位。或许有些人觉得大二考虑有点儿早，觉得大二该干嘛干嘛，不用考虑其他的。

但看现在警校目前的内卷程度，大二开始思考其实恰到时机，需要我们尽快选择好。一旦目标确立，赛道选择好，大二可以在考研、考编之间横跳，很正常，但需要在大二暑假尽快解决，横跳尽量不要在大三阶段。同时还要明确事务的优先级，选择考研或考编，确定后，一切事情都要为选择的方向让路。

两个考试前景都很好，整体难度近年来都在逐年增加，报考人数也逐年攀升。由于备考周期长，内容不同，甚至可以说截然相反。两手抓，如果自身不够硬，两手很难硬，很难取得理想效果，最后容易“竹篮打水一场空”。

究竟该怎么选择呢？下面，我将两者的利弊进行比较，以供大家参考。

（一）考研可贵

警校生考研是一件很可贵的事情，因为大家可以通过公安联考实现高就业率，且很多公检法、纪委、烟草专卖等单位对警校公安专业进行特招。有一个有趣的说法：联考给我们铁饭碗，考研给我们金刚钻。如果选择考研，考不上，就可能产生考编备考时间短、准备不充分的问题，从而影响到我们的工作。

在明知这种选择会产生的后果，如果我们依旧选择考研，甘愿承受这种后果，那真可谓难能可贵。为什么在这种情况下，仍然有很多警校生选择考研。我认为原因是多方面的：

一是有人想通过考研来跳出公安队伍，有些警校生当时考警校是在父母、家属、朋友等人的影响下，进入警校，但在警校生活几年后，发现警校生活并不是自己想要的生活。所以想通过读研，来完成自身身份转变。

最近几年这种情况越来越多，每年都有警校生通过考研去清华、北大、人大之类的名校。

我本科时期，当时有师妹考研去清华大学的，也有通过考研去中国政法、中南财大等政法高校的。也有师弟在警校读书期间去政法大学当交换生，时间很短，但回来后，他就开始着手考研去中国政法大学，虽然最后没有如愿，但是通过调剂去了某 211 高校的法学专业。

当然，也有考研的同学，单纯就是不想早点参加工作，觉得大学时间转瞬即逝，自己还没有做好准备。比如，有个本硕博都是警校的师弟，他考研是因为不知道干啥，硕士毕业后又去读了公安大学的博士。谈及读博初衷，他说更多的原因是不知道自己该干什么，还不想跟社会接触，想通过读博再拖几年。

二是有人考研究生是为了提升自身学历和能力，方便在毕业时有更多的选择机会，使自己选择的职业和就业范围更广，就业竞争力更强。公安联考的公安部以及国考中的很多岗位要求硕士以上学历，有个别省份，每年都是警校研究生单独预留岗位，以此来吸引警校硕士回本省工作。

有师弟毕业后同时考上了公安部秦城监狱编制以及公大研究生，最后选择了公大研究生。问其原因，他说感觉学历比较重要，而且考研之后平台更高，能考公的范围也更广。警校的联考应该是最后的选择，而不是最优的选择，考研在联考之前，考完研也可以去考联考。

还有一点就是研究生毕业可以获得公安联考的调剂资格，能够调剂去沿海发达城市参加公安工作。

三是研究生待遇较好，毕业就是副科级待遇。且研究生每月还都有补贴，奖学金奖励覆盖面及奖励力度都很大，可以在很大程度上支持自己读书，研究生警校毕业后，工作薪资比本科毕业生要高一些，但是不多。

尽管考研好处挺多，但有一个弊端也很明显，需要引起我们重视。公安联考政策性很强，研究生三年毕业后的变数很大，前几年有的省公安厅没有研究生单独岗位，突然一年就有了；也有可能前几年一直给研究生设岗，但可能等你毕业，突然就取消了。这就意味着政策不好的话，就背离了当时读研为了去更好岗位的初衷。

（二）考编价高

中国自古就有“学而优则仕”的说法。现在有些地方，如山东流传“三不孝”的说法，其中之一就是不考编制。虽然是一种戏谑说法，但也在一定程度上看出大家对编制的执着。

特别是疫情后，经济复苏过程中，一些企业开始裁员，大家越发觉得有一个稳定且体面的编制是多么的重要。对于他们来说，一个稳定的饭碗与可自由支配的业余时间，生活上虽不能大富大贵，但也有保障，比升职加薪更值得期许的。

而由这些年轻人助推起来的“考公热”，也让公考竞争变得越来越激烈。不时有名校博士、博士后报考公务员的新闻传出来。

这就造成考编难度与日俱增，整体难度提升。有人说：“在考编日益白热化的状况下，如果说高考是改变人生命运的‘独木桥’，那么考编更像是搏一搏运气的‘走钢丝’。”

考编的难度整体偏高，不仅是因为较高的招录比，还因为考编囊括了所有学科的知识点，几乎是百科全书级别的人才选拔。热门编制岗位招录比有的是几千甚至上万人一个，考生从一开始就要名列三甲，然后再在激烈的面试中拔得头筹才能最终取得成功。

在此背景下，我们警校生的公安联考政策只能用一年。所以很多人通过这个考试实现了便捷入警，也是一个很好的选择。

考研是“敲门砖”，考编是“铁饭碗”，二者都很好。有警校生想两手抓，既想考研，提升学历，未来去更好的单位；也不想放弃公安联考的好政策，不想考研考不上，最后还没工作。

这样做风险很大，很可能两个考试都受影响。但也有成功的，比如我有个师弟，他考研考上某部属警校研究生，且名列前茅，公安联考考上公安部某局，省考考上某市纪委，最后选择去公安部某局工作。

选择没有对错，只有适不适合。最后如何抉择要根据家庭经济状况、学习能力、就业意愿等诸多自身情况具体问题具体分析，综合考虑自身以及各种因素后选择考研还是考编。

“到处挖那是翻地，一直挖下去才是掘井。”考研如同登山，需要持续攀登的勇气；考编恰似过河，讲究精准定位的智慧。前者可能让你俯瞰众山小，后者则能带你直接抵达对岸的烟火人间。但请记住，没有哪条路注定平坦，重要的是选择时的清醒与坚持时的笃定。一旦确定下来，眼里就只有自己的目标，不要受其他东西诱惑，专注于自己的选择，持之以恒地坚持下去。真正的藏蓝荣耀，不在选择本身，而在于选择后依然滚烫的赤子之心。学长衷心希望你们都能找到适合自己的赛道！

第七节　写给大三的你：奔跑吧，少年

大三的你，站在了警校时光的转折点上。大三是淬火成钢的关键阶段。此刻的你正经历着从预备警官到合格警员的蜕变。我们从刚入学时的懵懂无知转变为成熟自信。面对老师与队长，也不再畏惧；面对师弟师妹，更能侃侃而谈。回顾过去的两年，我们对警校的认识更进了一步，对身上警服的意义也有了更深刻的体悟；同时也积累了一部分公安专业知识与经验，寻找到了自己的兴趣和个人职业方向。

一、自律即自由，做学习上的有心人

大三学年，我们在大一、大二的基础上，终于决定好自己是考研、考编，还是干其他工作。既已在路上，就要沿着确定好的方向不疾不徐，稳步前进，一切都为考试服务。

凡事预则立，不预则废。考研也好，考编也罢，都是个马拉松式的进程，持续时间较长，要提前做好准备。如果前期准备不足，欠下了“学习债”，后期需要付出更多去还。

自律即自由。学习的时候还应该坐得住冷板凳，耐得住寂寞，经得住诱惑和流年。备考的过程中，我们会遇到各种各样的诱惑，如刷手机视频、打游戏、打麻将、朋友约饭……而我们对手机的自我掌控，在一定程度上决定了学习时长和效率。真正的自律，不是对抗诱惑，而是把诱惑转化为前进的动力。朱熹言：“不检束，则心日恣肆。”

某次上课，我校一名首席教授手机一直响，他无奈接了电话，就跟我们道歉，称根据规定上课期间是不可以接电话的。但他没有办法，因其是全国某领域知名专家，刚好有一个公安部部督案件，公安机关需要其提供助力。随后他便随堂询问谁可以于手机在旁边的情况下做到几个小时不去看？我们都连连摇头。

老师坦言，当代社会的我们已被手机裹挟得太过严重。为了避免如此，他在屋内除了空调和灯与书相伴，其他任何电器包括手机都被拒之门外。如此，才可专研学术，也能快速入眠。

我校曾流传一个故事。某师兄大一刚入学时便对警校生活存在诸多不适应，一心想逃离。于是他自大一开始就着手准备考研，每每找个无人的教室独自学习，也不参加学校活动，也不利用双休日放松自己。真真是两耳不闻窗外事，一心只读考研书。正因如此，他在区队里人际关系糟糕，绝对是“另类”般的存在。渐渐地，区队的人逐渐淡忘了他，集体活动也无人通知他。所有的入党评优评先，也都与之无缘。

刚开始并没有人知道他想考哪所高校，直到某一天，他发了三年来唯一的一个朋友圈，配图是清华大学硕士研究生的录取通知书，少言寡语的他甚至连配文都吝啬只言片语。这一定是他追求的结果，而之前所有格格不入的原因也终于水落石出。

他虽是警校生的“另类”，但是只要自己坚定了目标，严格自律，向着既定目标脚踏实地深耕厚植，结局怎会不美好。

二、考试的苦，只吃一次

不少警校生在参加完联考之后，会在朋友圈、微博、小红书等平台发布动态："联考的苦，只吃一次。"是啊，那的确是他们的心声，也是对长期备考以来压抑的心情最简单直接的释放，那种心照不宣是没有参加过的人无法感同身受的。

如今，越来越多的警校生从大三甚至提前到大二就开始备考。周期长，压力必然大。就像在海上航行般，掌舵者是你，护航人也是你，你咬着牙乘风破浪独自前行，担心的结果无非就是能否上岸。正如《老人与海》中圣地亚哥与马林鱼的搏斗，这场考试不仅是知识的较量，更是对我们意志的考验与淬炼。它考验的不仅仅是意志力，还有心态。于是，你时而自信心爆棚，鼓励自己放轻松不焦虑；时而又焦灼不安，恨不能即时放弃……如是者反反复复，崩溃时数不胜数。而你哪一次不是捡起碎了又碎的心继续航行，因为彼岸的灯塔依然有它的光亮，你又不甘就这样消失在茫茫无际的海上。

没有办法，这是我们自己选择的路，纵然跪着，也要走下去。如今的就业导向无他，唯分高者优选。分高的人优先选岗，甚至是国家部委；分低者去乡镇一线派出所；分中者还有省市公安局。到头来，同窗学习的同学结果可是云泥之别。

数日前，我与即将去省纪委报到的师弟各聊近况。他也是警校毕业，曾在派出所工作八年，忙不完的勤务、满足不了的群众诉求、接不完的奇葩警情，让他倍感压力山大，头发大把掉，体重噌噌涨。猛然间，他觉得这一辈子，就这样了，即便是提干到所长，也就这样了。考虑再三，师兄决定脱离公安队伍，通过遴选去了市司法局。但两年之后，他又觉得司法局太过清闲，不利于其才能发挥，又通过遴选去了省纪委。他说跟我谈及经历并非为了炫耀，而是告诉我，他赶了很多年的路，付出太多，再也不想考试了。那些做题做到吐、法条背到吐、材料看到吐的日子，他来生都不想再见。而他就是因为该读书的时候没有好好读书，才去了派出所。如果当时他学习多努力一些，成绩再多上几分，也许就去了市局或省厅，断然不会在三十多岁上有老下有小的年纪还要考试刷题那般被动。

所以，请此刻的你务必多多努力，好好备考。只有你足够优秀，才能匹配优秀的岗位；只有站在最高处，你才能将远近的风景尽收眼底；只有联考的分数足够高，你才能去选择岗位，而非被岗位选择。

联考的苦，熬过去，苦一阵子；熬不过去，就苦一辈子。就像航行中的你，不管是狂风暴雨的天气条件，还是惊涛骇浪的地理环境，只要牢牢掌住舵的航向，又怎会前功尽弃？更何况，这只是一场考试而已。多年以后，当你在繁忙的工作间隙不经意梦回，你会发现学习是最容易的事情。

当你累了，不妨在清晨的街上走走，有人正清扫长街，有人已开店营业；也不如去逛逛午间的商场，有人在卫生间的角落里席地补眠，有人正蹲着帮客人试鞋；还可以看看晚间的高架，红红的刹车灯一片……

清晨的每一缕阳光下，深夜的每一抹灯光里，都有人在不同的角落与你一起努力，或许彼此素未谋面，但我们都是奋斗者，虽有不同的信念，却有相同的坚持。你要相信，每一次的努力都有它潜藏的意义，你曾吃过的苦和受过的累，都将化作日后的依靠和积淀，能忍人所不能忍，必能成人所不能成。所以，不论结局如何，这一刻都要全力以赴，这不仅是为自己，也为父母和未来的配偶与子女。

三、锻炼好身体，练就好心态

考研、考编乃是持久之战，强健的体魄和合格的体能是革命的根本，良好的心态和稳定的情绪是前进的定心丸，如此才可在长久的学习中始终处于应试状态。

我有一个警校师弟，本硕均是警校生，热衷健身，风雨无阻，即便是公安联考的前日，依然活跃在健身房，并在网络上发布自己的健身视频，一是分享心得，二是督促自己。正是他良好的身体状态和过硬的心理素质，才让其始终保持应试状态，一击即中。

奔跑吧，少年！星光不负赶路人，时光不负有心人。在你考研考编的路上，每一步都算数。只有日复一日坚持不懈，才能笑到最后。藏蓝青春最动人的模样，是永远奔跑在成为更好的自己的路上。

要相信：

有志者事竟成，破釜沉舟，百二秦关终属楚；

苦心人天不负，卧薪尝胆，三千越甲可吞吴！

第八节　写给大四的你：恭喜你，终于要将命运掌握在自己手中

四年的时光转瞬即逝，我们终将离别奔赴新的战场。四年的历练让你从最初的懵懂无知淬炼成如今的游刃有余，成为一名合格的预备警官。或许你曾迷茫退缩过、挫败焦虑过，但正是因为你用激情燃烧了那段艰苦的岁月，才有了独立思考、解决问题的能力，才有了与人携手、合作共赢的经验。往后的人生路上，问题与挫折依然会接踵而来，但是解决问题的方式你已可以复制粘贴，胸有成竹，从容应对。这些宝贵的能力与经验，将成为你未来人生路上披荆斩棘的利刃。

三年的深耕厚植，只为了大四这收获的季节。此刻的你，已结束了日夜赶路的旅程，来到了希望的十字路口，面临的是对未来的选择。但请坚信，你已具备足够的智慧、勇气和实力去作出最适合自己的选择，你终于从被命运主宰的状态扭转为主宰命运。路漫漫其修远兮，吾将上下而求索。

但在此过程中，我们也需要注意如下几个方面：

一、岗位报考与选择

“警校应届生”这一重身份的珍贵在于其转瞬即逝。国考、部分省考以及事业编将前一年未就业的大学生列为应届生，方便其考研找工作，但警校生的公安联考政策有且只有一次机会，并且如烟草专卖局等岗位也明确要求仅限当年应届生，甚至只去学校招聘应届生，竞争较小。所以，我们要对警校应届生的身份视若珍宝，慎重报考。

国家移民管理局的常备力量第一训练总队在某年的公安联考中因要求严苛，令众多考生望而怯步。有一岗位仅招一人，报考者仅有一人，按照规则无开考比例限制。最终，这位考生以 48 分的成绩轻松入警。这一实例生动诠释了“选择有时比努力更重要”，在报考环节做好功课，充分考量自身条件与岗位要求，方能占得先机。

所以，请务必珍惜你应届生的身份，认真备考，慎重选择，多咨询上岸的师兄师姐，尤其是你心仪的单位，多了解一些工资待遇、工作氛围等关乎

自身的条件。

二、行稳致远，杜绝行百里而半九十

公安联考便捷入警机会只有一次，国省考的应届生省份一般也只有两次，容错机会少，所以大四需要以更加稳妥的姿态来面对考公、考编。

（一）面试

不少警校生都是在面试在即时才临时参加面试班培训。如此不仅要面临高额费用，也不一定能上岸。面试，并非高不可攀，也非轻而易举。“台上一分钟，台下十年功。”面试能力的提升绝非一蹴而就，需要长期的积累与练习。

有些人因性格使然，天生善于社交，形态美好，表达流畅，或是颇具亲和力，或是气场强大，在面试时侃侃而谈，自然能得高分。但多数人是需要通过后天的培养才逐渐习得面试技巧的。

因此，面试练习须趁早。在互联网高度发达的当下，网上免费的面试教学视频资源丰富，大可满足基础学习需求。但对于面试成绩有要求的同学而言，我们仍需反复观摩学习，并寻求专业老师指导。如同习武之人，空有招式，理论远远不够，唯有在实战切磋中，才能知晓自身破绽，获得进一步提升。

（二）体测注意事项

不少人以为警校毕业的学生体能强大，体测焉能不过？但其实每年被体测淘汰的人占比不小。如 2024 年，某市公安局接受公安联考调剂岗位 50 人次，因体测被淘汰的高达 10 余人。

现下入警体测的考试科目为：10 米 ×4 往返跑；男子 1000 米、女子 800 米跑；纵跳摸高。纵跳摸高对弹跳要求高，其对身高 170cm 的男生和身高 160cm 的女生并不友好，若不提前进行有针对性的训练，很可能因这一项目而与警察职业失之交臂。跑步项目亦是如此，也需长期坚持锻炼，提升耐力与速度。

有个师弟因 1000 米差了几秒便与当年的警队梦想擦肩而过。人是活的，但规定是死的。后来，他继续努力了三年才与某市的警队结缘。因此，体测虽只是一道门槛，却需全力以赴跨越。

（三）体检注意事项

体检也是硬性指标之一，不少项目都有“一票否决”权，故而建议在组织体检前两个月，去当地三甲医院体检中心选择公务员体检套餐自行体检一次，费用因地而异，在三百元至六百元区间。

体检的好处是提前知晓身体的哪些指标存在短板，有两月的时间可进行调整。值得一提的是，体检前一日可适量多饮水，当日可优化指标。

曾有个师弟同我聊起一事，2021 年他所在的警校在组织研究生体检时，现场出现了两个极端。其一是一位偏瘦的考生担心体重不够而以疯狂喝水来增重，最终勉强过了关；其二是一位常年健身的考生因肌肉密集紧实，短期内无法减重而被无情淘汰。真是可惜了一株好苗。

当然也有因视力不达标而离开的。有个考生视力时好时坏，视力在 4.8 附近徘徊，其认为矫正视力费用颇高而不愿“投资”，导致在体检现场数次出现辨认错误，终以视力 4.7 离场。虽然最后因淘汰而去了烟草局，属无心插柳，但建议各位该出手时就出手，毕竟不是每个人都有如此好运。

（四）政审公示

政审公示是考公、考编、考研的必备序章与必经环节，但其并非最终环节。每年都有人因政审公示环节被举报而被取消录用。

“人在江湖飘，哪能不挨刀？”人非圣贤，孰能无过？其过可大可小，可多可少，且随时可上纲上线。我们在与亲戚朋友相处的过程中，会因各种问题发生摩擦，产生冲突。如果不能及时得到解决，将会变成定时炸弹，在政审公示环节准时爆炸。

某警校，有两个同学常同进同出，一同健身一同游玩，关系甚好。某日两人因抢夺健身器械而从最初的推搡演变成肢体冲突。往后的日子里，两人越看越相厌，彼此在后续的入党、评优评先等多环节常互相举报互相拆台，使得原本符合入党条件的两人因此无缘先进，也未能加入中国共产党。

后来，其中之一通过国考被国家部委某单位录取，终于扬眉吐气，逢人便分享喜悦。然而还是出了意外，公示的末日，另一位同学在搜集完他所有的“黑料”后，再添油加醋一番，将材料邮寄到其所报考的国家部委干部司，这位同学最终被取消录用。

因此，步入大四，在考公、考编的关键时期，若非必要，切勿随意向身边人透露自己的报考意向与进展。真正的朋友，会默默支持你的选择，并不会过分追问。真正的友人并不会强究你将去哪里，但你的身边，除了友人，还有怀揣其他心思的人。

三、廉洁从警

廉洁，是公安队伍的生命线。在大四毕业之际，我们即将踏上公安各个工作岗位之时，要树立好正确的价值观和政绩观，廉洁从警，坚决不能以“为人民服务”为口号，以“为人民币服务”为真实追求。临近毕业，愿大家珍惜警校这份同窗情义，与老师和同学认真道别，因为我们是彼此未来的依靠，或许有朝一日，我们又将团聚，共同参与大案要案的侦破工作，试想一下，与同学共同办案，你的心是否更加笃定，更有底气，更能坚定成功的信念，因此，趁现在，好好说一句：“珍重。”

最怀念的不是白衬衣加身，而是飞扬的青春。我们始于一个初秋，终于一个盛夏，忘记教室突然吹进的风，忘记雨后初霁的虹，忘记傍晚热烈的霞，但总有警校生活的些许片段，才下眉头，却上心头，在某个午间的小憩后，排山倒海，奔涌而来，令人难以忘怀。

再次恭喜你即将迎来人生的新篇章。前路或有风雨，但请永远记得——你们的身后，是整座警校的精神山脉在支撑；你们的面前，是无数师兄师姐用生命荣光点亮的征程。愿你以梦为马、不负韶华，在未来的日子里继续奔跑、赓续奋斗，继续书写属于自己的辉煌与荣耀，将自己的未来牢牢掌握在自己的手中。当多年后回首这段历程，你会骄傲地发现，自己走过的每一步，都已化作生命中最珍贵的宝藏。祝愿阅读这段文字的你，都能兴致盎然地与世界交手，永远走在开满鲜花的路上！

第二章 价值观树立——铸就忠诚警魂的基石

第一节 事业观：警服怎么穿，扣子怎么扣，未来怎么走

谈及警校，很多人，尤其是将要踏入校门的同学们，都会有这样一个疑问：考上警校，我是不是只能当警察？

答案当然并非绝对。警校独特的教育背景和专业训练确实为每一个警校生在警察职业发展上给予了显著的系统优势，为他们成长为一名合格警察提供了坚实的基础，但这并不意味着警校生的职业道路选择只能局限于警察。

事实上，警校作为我国特殊的高等教育体系，在具备鲜明职业导向的同时，也为学生构建了多维的发展平台。例如，许多警校生在毕业后通过国考、省考以及各种专项特招，成功进入检察院、法院、海关、税务局等部门或国家机关；还有一部分人选择进入高校担任辅导员或者从事相关的教学研究工作。此外，警校生也可以选择继续深造，读研读博提升自己的学术水平，为未来更广阔的职业道路做准备。

但无论如何，警校的教育经历都是一笔宝贵的财富。它会锤炼我们的纪律意识，培养我们的专业技能，塑造我们坚韧不拔的性格和为人民服务的初心，让我们无论选择何种职业路径，都能展现出与众不同的优秀素养。无论最终选择哪条道路，警校生的身份都将是我们人生旅途中一个重要的标签，是承载着特殊使命的精神徽章。而这身警服的含义，不仅代表着一种身份，也是自我本心和理想所在。

一、从心出发，自己的从警初心是什么？

回归初心、坚守本心往往是成功的必备要素。

你为什么选择成为一名人民警察？

这个问题的答案对每个人来说可能不尽相同：有的同学是因为从小心怀从警之梦；有的同学是为了毕业后能有体面的工作和稳定的收入；还有一部分同学对于职业选择并无倾向，只是听从家人朋友的意见或建议。

接下来通过几个不同案例的阐述，希望能够帮助大家探寻自我的从警初心。

状态一：理想与热爱

例 1：同学 A 从记事起就对警察这个职业充满了向往。从小爱看刑侦题材的影视剧，对于警察这一职业充满崇拜和憧憬，励志考警校、当警察。经过高中三年寒窗苦读，终于如愿考上警校，并顺利通过省考进入某市某区刑警大队，成为一名刑侦技术人员。通过自己的努力，终于能够像心中的英雄一样，保护一方平安，维护社会正义。

状态二：稳定与体面

例 2：同学 B 向往朝九晚五、安稳有保障的生活，想在家乡有一个稳定体面的工作，于是在提前批报考了警校。如愿进入警校后，积极学习各项专业知识，坚持体能锻炼，在联考后顺利选到家乡岗位，分配在所在市区的派出所担任户籍民警，每天通勤距离 2 公里，过上了朝九晚五的稳定体制内生活。

状态三：迷茫与适应

例 3：同学 C 的父母因自身经历，认为警察是一个有前途、有保障的职业。虽然同学 C 对警察这个职业并没有特别的兴趣，但由于其对自己的职业也没有明显倾向和规划，在高考后不知道选择什么专业，于是遵从父母的安排报考了警校。同学 C 带着一些犹豫和迷茫进入校园，但随着时间的推移和对警察职业了解的加深，逐渐发现自己对这个职业的兴趣和热爱，全身心地投入学习和训练中。

从上述例子不难看出，无论是怀揣着对正义的无限向往，渴望以身许国，守护一方平安；还是受家庭荣耀的熏陶，希望延续那份藏蓝血脉，为社会贡献自己的力量；抑或是在生活的某个瞬间被英雄事迹所触动，决心成为自己故事中的英雄，选择这份职业的初衷也许不尽相同，但殊途同归的是，每个警校生在一次次角色转变中获得的历练与成长，以及作出选择之后所带来的责任感与使命感是相同的。

二、藏蓝筑梦，警服后的身份转变

清晨的薄雾中，藏蓝色的身影在训练场上整齐列队。这抹象征着忠诚与责任的色彩，不仅包裹着年轻的身躯，更承载着一代代警校生向人民警察蜕变的庄严承诺。从踏入警校的那一刻起，身份转变的齿轮便已悄然转动——从普通学生到预备警官，从预备警官到正式警察，最终向“人民卫士”的精神高峰攀登。这一过程不仅是职业角色的递进，更是理想信念的淬炼、责任担当的觉醒与生命价值的重塑。

（一）破茧：从普通学生到预备警官的思想蜕变

警校的大门是一道无形的分界线，门外是自由生长的青春，门内是纪律铸就的信仰。当普通学生褪去便装、换上警服，便意味着告别过去的散漫。警务化管理从清晨的哨声开始：被子要叠成棱角分明的“豆腐块”，队列行进需达到“踢腿生风、落地砸坑”的标准，就连用餐时间也被赋予“令行禁止”的纪律内涵。这种严格的规范化训练，本质上是对个体意识的消解与集体意识的重构。

（二）砺剑：从预备警官到正式警察的使命觉醒

警衔授予仪式上的庄严宣誓，标志着预备阶段的终结与实战生涯的开启。身份的第二次跃迁，伴随着责任重量的几何级增长，此时的藏蓝警服化为连接千万群众安危的生命铠甲。新警初入岗位时，往往要经历“理论”与“实践”的碰撞：刑法条文中的正当防卫原则，在面对真实的持刀冲突时如何把握尺度？调解纠纷的沟通技巧，在当事人的愤怒与绝望中怎样触及核心矛盾？这种从理论到实践的过渡，正是警察职业成长的必经之路。

执法过程的每一帧画面都在重塑我们的认知。街头巡逻时，敏锐的观察力需要从熙攘人群中迅速锁定异常；案件侦办中，严谨的逻辑链必须穿透谎言编织的迷雾；服务群众时，冷硬的程序正义需与温热的人性关怀交融。这种职业素养的修炼，本质上是对“警察”二字的解构与重组：不仅是法律权威的象征，更是社会矛盾的解压阀、群众困境的摆渡人。当新警第一次独立完成案件报告、第一次成功劝阻自杀者、第一次收获群众的致谢时，我们才真正读懂警徽上长城与松枝交织的深意——守护的不仅是秩序，更是人心。

（三）铸魂：从合格警察到“人民卫士”的精神攀登

穿上警服或许只需一瞬，但成为“人民卫士”却需要终其一生的修行。这一阶段的成长，已超越职业能力的范畴，直指信仰境界的攀升。它要求我们在情与法的冲突中守住底线，在危与安的抉择中彰显胆魄，在私利与公义的较量中纯粹初心。面对犯罪分子的威胁利诱，能否坚守“不拿群众一针一线”的铁律？身处舆论风暴的中心，能否以“功成不必在我”的胸怀坦然直面质疑？这些拷问时刻检验着警察的精神纯度。

新时代的公安工作更赋予这一身份新的维度。智慧警务的发展要求警察既精道传统侦查手段，又能驾驭大数据研判；社会矛盾的复杂化需要执法者兼具法律思维与社会学视野；群众对公平正义的更高期待，推动着执法活动从“合规”向“合情合理”进化。然而，无论技术如何迭代，“人民性”始终是警察职业的灵魂坐标：无人机可以巡航社区，但只有双脚丈量过巷陌才能感知民生温度；算法能够预测犯罪热点，但唯有俯身倾听才能读懂百姓的喜怒哀乐。这种对职业本质的坚守，让警察的身份在时代浪潮中始终锚定方向。

三、使命担当，持续在公安事业上发光发热

警服所代表的并不仅仅是一种单纯的职业，实际更像是一张保护人民、服务社会的契约。其实，成为一名合格警察的秘诀很简单，在我看来，只要“拥有健康正确的价值观”+“具备过硬的专业技能”，就能称之为一名好警察。可这看似短短十几个字就能予以概括的秘诀，实际并不是一件容易的事情。

（一）拥有健康正确的价值观

警察作为国家机关的一员，承担着维护社会治安和公平正义的重任。因此，我们必须具备正确的价值观，才能确保在工作过程中不偏离方向、不做出违法行为。道理看似简单，但真正走上工作岗位，承担起社会职责，面对形形色色的诱惑，当我们的价值观不断受到挑战时，要如何秉持自己的初心使命？如何把握好执法的尺度和力度？

来看以下案例：

一位警校生，在联考中以全省名列前茅的成绩进入警队，却因实习期间在办案时滥用职权，私自盗取违法嫌疑人手机支付宝里的财产而脱下了这身

藏蓝，甚至锒铛入狱。

这就是面对诱惑，价值观不正确的典型例子，警察职业的特殊性使我们不得不一直与社会阴暗面打交道，但无论面对何种诱惑与挑战，坚守法律与道德的底线，是每一位警务人员不可动摇的誓言。这位警校生的堕落，不仅是对自己前途的极端不负责任，更是对警察荣誉和公众信任的严重背叛。他的故事如同一面镜子，映照出权力与责任之间那条不可逾越的红线，警示着后来者：在正义的天平上，任何个人的贪欲都是不可承受之重。

例 4：某派出所民警接到预警，辖区李某转账 44000 元至涉诈账户。因距离远，民警先电话联系李某，李某称借钱给朋友，拒绝见面。民警察觉其未说实话，立即保护性止付并赶往其家。李某仍拒绝透露详情及出示手机，并指责民警干扰其个人生活。但民警没有放弃劝阻，联合村干部及家人耐心劝导直至半夜，李某最终意识到遭电信诈骗。原来，李某被诱骗至虚假彩票平台，已转 44000 元，还欲转 156000 元。幸得民警及时劝阻，成功止损 156000 元。经了解，李某因工作不如意沉迷线上博彩，经过民警及时劝阻，幡然悔悟、决心戒赌，经后期案件回访，李某的工作和生活已逐渐回归正轨。

“我们办的不是案件，而是别人的人生。”这是电影《第二十条》里一句发人深省的台词。而这句话不仅仅适用于法检，也适用于公安领域的每一名执法者。在冰冷的法律条文背后，每一个案件都关联着一个人的人生，每一个决定都可能深刻影响涉案人员及其家庭的未来。例 5 中的民警面对当事人的冷漠和斥责，没有退却放弃，而是用正确的价值观和对涉案人员人生负责的态度，拯救了深陷博彩骗局的受害人，帮助其回归正轨。

现实生活中的案例太多太多。对于警察来讲，日复一日、年复一年的执法办案，带给我们的不应是职业的麻木与冷漠，不应是习惯于作为执法者强势的姿态，而应是始终保持良知，不忘对百姓、对社会的责任，怀着对群众的深厚感情去执法办案，以弱者的心态感受社会，认认真真把当事人的事一件一件解决好。

正确的价值观，是警察职业生涯的指南针。面对犯罪，我们应当依法严惩、决不姑息；面对诱惑，则需警钟长鸣、自省自律。它教导我们在每一次抉择中，都应将公众利益置于首位，即使面对再大的困难和压力，也要坚持公正无私，维护法律的尊严和社会的公平正义。这不仅是对个人品德的考验，更是对警察这一神圣职业精神的传承与实践。

（二）具备过硬的专业技能

业务能力和本领是最坚强的引擎，驱动我们不断前进。它不仅关乎个人职业素养的高低，更是维护社会稳定、保障人民安全的基石，必须牢牢把握，持续学习。

例5：强有阔，甘肃省白银市公安局民警，2023年11月获全省大数据建模专家称号。他在适应警务改革要求，做好案件研判支撑的同时，充分结合案件中的全量信息，利用视频图侦串并分析、同步侦破，推动信息化警务发展。2023年1月29日凌晨，白银市3家商铺被盗，金额巨大。指挥中心初步判断为团伙作案，但夜间监控条件差，难以识别嫌疑人。强有阔凭借过硬的专业本领，反复查看监控，最终发现嫌疑人手机屏幕光照反映衣服颜色，遂大范围排查同色衣服行人，锁定嫌疑人轨迹，最终全数抓获犯罪团伙。

例6中，强有阔同志充分发挥专业技能优势，整合数据资源，提炼孵化实战实效实用模型战法，深耕模型孵化，把过硬的专业能力发挥在每一次案件侦办上，屡破奇案。公安工作专业性强，要想胜任这份工作，我们必须具备扎实的专业知识和专业技能。因此，我们也需要不断学习新知识、掌握新技能、提升自己的综合素质和业务能力。

例6：山东省青岛市公安局民警马怀龙办公桌上有一大钥匙串，共有46把钥匙。马怀龙同志深谙“三懂四会”，密切深入群众，俯身倾听群众声音。作为派出所的社区民警，辖区46户困难家庭都主动把钥匙交给他，10多年来，马怀龙每天都揣着这串钥匙走街串巷，了解辖区情况，帮扶群众。身为“金牌调解员”，马怀龙常年奔走在社区，他总是带着一个小本子，仔细记录走访过程中居民群众的小矛盾小纠纷，用心调解，让邻里和家庭重归和睦，让社区充满和谐。

警力有限，民力无穷。警务工作不仅要求我们拥有扎实的专业知识和专业技能，更要求我们具备服务群众的能力和素质。马怀龙正是我们学习的榜样：做到“三懂四会”，更好地与人民群众沟通交流，了解他们的需求和期望；更好地为人民提供帮助和支持，解决他们的困难和问题；更好地赢得人民的信任和尊重，树立警察的良好形象。

公安工作烦琐复杂，打击犯罪只是其中一部分。关注民生问题、化解矛盾纠纷、交通安全管理……每一项工作都与人民群众的利益息息相关，都是我们从警之路上必将面临的考验。警察是人民的守护神，这句话是肯定也是鼓励，是鼓励也是要求。过硬的能力必不可少！

第二节　奋斗观：公安联考不是包票，努力永远有意义

警校是一种人生选择，但警校是起点，不是终点，真正的成功需要持续努力。

在当今社会，“35 岁职场危机”“灵活就业”成为高频词，大批高校毕业生面临就业困境的时候，警察职业的稳定优势在复杂的社会环境中越发凸显，“考上警校就不用愁了”“毕业即分配”“工作有保障”成为公安院校的一大优势。与此同时，对于选择进入警校的学生来说，因为有公安联考“保底”，许多人都会下意识地认为一旦考进警校，穿上警服，就意味着找到了一份稳定的“铁饭碗”，从此可以过上高枕无忧、坐等毕业分配的躺平生活。

可这并不是读警校的意义所在。这种观念是对警校的错误印象，更是对公安职业生涯的一种误解。警察作为社会治安的守护者，其岗位职责关乎社会稳定的深度需求，警校则是培育我们从警技能、价值观的第一站。就读警校，仅仅是我们职业生涯的起点，而非终点。毕业前的公安联考带着我们迈出从警生涯第一步，在此后公安事业中所要承担的责任则督促着我们继续成长。因此，纵观警校前后，所谓的成功总需要人们去努力拼搏，真正的机遇也总是青睐那些愿意持续努力、不断进步的人。

一、考上警校了，我是不是就可以躺平了？

（一）警校里的奋斗决定了走上岗位的第一步

首先直面很多同学会有的疑问：考上警校了，我是不是就可以躺平了？在警校我们究竟应该怎样去学习和生活？

如前所述，警校的入学只是万里长征的第一步。具体来看，且不说热门省份国考、省考竞争之激烈，仅于公安联考而言，作为衡量警校生专业能力

和素质的重要标准，在不少地区的竞争程度丝毫不亚于高考，稍不留意，可能就会落得个“一步错、步步错”的结果。回到警校生活，课业相比其他高校并不算繁忙，除去专业学习，留给同学们许多可以自由安排的时间。一般在“紧张刺激”的警训结束后，警校生活就会逐渐步入正轨，同学们也会逐渐出现几种截然不同的状态：

例 1：同学 A 保持了高中勤勉认真的学习习惯，在专业课上认真听讲做笔记，专业成绩名列前茅，与老师关系融洽，在校期间顺利考取英语四六级。积极加入社团组织，参加丰富多彩的校园活动，课余生活充实有趣，也结交了很多志同道合的校内好友。在公安联考前 6 个月的集中备考中，和好友并肩作战相约学习，有熟识的师兄师姐指点引导，在关键问题的理解上与专业课老师积极探讨，最终顺利上岸心仪的省厅岗位。

例 1 看起来元素颇多，好友陪伴、师长帮扶，看似是许多外部因素的效果。其实，真正助力同学 A 成功上岸的并不是并肩作战的好友，也不是提供引导帮助的师兄师姐和老师，而是他自己长期保持的良好学习习惯和积极进取的人生状态。长期保持的学习习惯使其在备考期间具有学习规划和自我调整的能力，能够在有限的备考时间内专注于各科目的学习，最终达到事半功倍的备考效果。

例 2：同学 B 进入警校后听一些师兄师姐说“警校学的知识没什么用，有空听课不如多玩会儿手机”，加之其从高考后就耽于游戏世界，遂上课时摸鱼打盹、得过且过，下课后在游戏世界里叱咤风云、好不快活。他不仅四六级没有考过，专业课还偶尔挂科补考，到了大三下学期备考阶段想要认真学习时，才发现注意力难以集中，一看知识点只觉头昏脑涨，备考异常坎坷困难，最终选岗时因家乡地市岗位有限只得背井离乡。

反观例 2，其实同学 B 备考时间比同学 A 更多，但最终成绩却并不理想。这是因为学习是一种有惯性的“运动”，一旦松懈，再难找到那份拼搏向上的积极劲头。有些同学可能会说：既然公安联考重要，那我等到大三大四再努力也不晚呀。但实践证明，“玩了三年”的那些同学最终成绩大多不尽如人意，玩乐的三年让他们逐渐忘记了最适合自己的学习习惯，丢掉了备考的积极状态，最终浑浑噩噩地机械化备考，“卷又卷不动，躺又躺不平”，应付般地完成了这场对于警校生来说最大的考验。

通过以上案例，相信你也会认识到哪种做法才是我们警校生所推崇的。两个相反案例带给我们的是关于持续学习的惯性的深度思考，良好的学习习惯和积极进取的心态不仅助力我们高分通过公安联考，顺利进入公安系统，更伴随我们职业发展的每一步。

（二）警校里的奋斗决定了职业进步的每一步

抛开公安联考来谈，警校里的奋斗可不仅仅在于这“最后一抖擞”，大学英语四六级、计算机证书、法考等证书的考评其实也是我们在未来公安事业前进道路上的重要加码。

例 3：两位同届进入警队的警校生，经历了数年的基层历练，面临着一次借调省厅培训的宝贵机会。二人在业务能力和工作考核上相差无几，都是非常优秀的人民警察，但因为此次培训中需要参训者有一定的英语水平，所以通过了英语六级的人得到了上级单位的青睐，被优先选择。在经历省厅培训回归单位后，很快被提拔任用。

例 4：一位警校女生在校期间考取了法考证书，当毕业面临岗位分配，其他同学都下派基层派出所，因为她考取了法考证书，法律素养高，得以留在机关单位法制部门，在一众同学羡慕的目光中得到了更好的工作平台。当然，根据新规定，从 2022 年开始，警校生在校期间不能参加法考，因此，这也成为我们上岸后可以努力奋斗的方向之一。

通过上述两个案例可以看出，“一分耕耘一分收获”并不能完全解释职业发展的复杂性。并非每一份努力、每一个证书都能直接转化为职业优势，但在某些关键时刻，这些积累却可能成为决定性的因素。正如“书到用时方恨少”，许多在校期间考取的证书和技能，一旦错过最佳学习时机，即便在工作后付出百倍努力也难以弥补。因此，在职业发展的长跑中，未雨绸缪的积累往往比临时抱佛脚更为重要。

除了专业知识的积累和职业证书的考取，学会应对未来公安工作中的复杂压力，并掌握有效的调节方法同样至关重要。丰富的社团活动和校园实践为我们提供了培养健康兴趣爱好的土壤，同时也锤炼了团队协作与沟通配合的能力。这些看似与专业学习无关的经历，实则为我们未来的职业生涯埋下了宝贵的种子——它们不仅让校园生活更加充实，更能在面对繁重警务工作时，为我们提供释放压力的出口和解决问题的智慧。正如那些在校期间考取的证书一样，这些软实力的积累同样会在某个意想不到的时刻，成为我们职业道路上不可或缺的助力。

二、联考上岸了，我是不是可以躺平了？

当我们顺利通过了公安联考，选到了自己“心仪”的岗位，也许我们会在工作间隙中找到自己的社会价值，在勤勤恳恳中感受到被广大人民所需要；也许我们逐渐在工作琐碎中“祛魅”，发现警察也不过是芸芸众生中渺小的存在，这时，第二个疑问也呼之欲出：联考上岸了，我是不是可以躺平了？

（一）职业晋升需要持续奋斗

在公安系统中，人才济济，竞争无处不在。要想在职业生涯中脱颖而出，取得更好的成绩，专业上的不断精进不必言说，在法律考试、遴选考试、在职研究生等进修机会面前，也要保持敏锐的嗅觉和积极的态度，持续提升自己的综合素质和专业能力。这就需要我们时刻保持对学习的热情，不断追求进步。唯有奋斗、再奋斗，才能在机会来临的时候紧紧抓住，实现事业的上升和进步。

例 5：一名警校生毕业后进入某县公安局，初为基层派出所民警。面对复杂案件，他坚持自学法律知识与侦查技巧，经常熬夜研究案情，迅速成为破案能手；积极参与社区警务，与群众建立深厚联系，赢得广泛好评。几年后，该生凭借出色业绩与群众基础，被提拔为刑警队队长。但他并未止步，继续深化专业技能、考取在职研究生。最终，因过硬的业务能力和学术水平，他被提拔为副局长。

（二）工作实践需要持续奋斗

也许一些同学会说，我并不渴望进步，稳定才是我向往的生活。是不是做好分内的工作后就可以保持“原地踏步”，不再持续奋斗了呢？这恰恰是一种最普遍的错误想法。作为一名人民警察，面临的挑战是多方面的，即便我们内心倾向于追求稳定，认为“原地踏步”是一种生活态度，但在公安这一特殊行业中，这样的想法实则是对自己职责的一种误解。

例 6：在一次行政诉讼过程中，当事人指出公安机关在举证过程中引用的法律依据是出自一部在几年前就已经被明文废止的法律，已不具备法律效力。最终，公安机关因适用法律不当而败诉，撤销了对当事人的行政处罚。

该公安机关在作出行政处罚时，未能准确掌握法律的最新动态，错误地引用了已经废止的法律条文，这不仅损害了当事人的合法权益，也严重影响了法律的权威性和公信力。这反映出该公安机关法制部门工作人员对于政策法规变动缺乏敏感性，在业务工作上缺少精益求精的态度。

上述案例警示着刚刚进入工作岗位的警校生，奋斗是工作的“必需品”，尤其身处基层：社会的快速发展、科技的日新月异，以及犯罪手段的不断翻新，都对我们提出了更高的要求。“原地踏步”，在某种意义上就是在倒退，因为我们没有跟上时代的步伐，没有跟上人民群众对公共安全日益增长的需求。

例 7：一位警校生毕业后被分配到乡镇派出所，面对艰苦环境和复杂治安，他毫无怨言。每天，他不仅要处理烦琐的户籍管理，还要深入田间地头调解纠纷，保护村民安全。面对有限的资源，他自学网络监控技术，提升破案效率。同时，积极开展法制宣传，提高村民法律意识。几年间，该警校毕业生所在辖区治安明显好转，而他也因工作突出被调往更重要的岗位。

基层民警的工作，是公安系统的毛细血管，直接连接着社会的神经末梢。在这里，每一天都可能遇到新的挑战，每一次出警都可能面对未知的风险。我们不仅要面对复杂多变的案情和警情，还要时刻保持高度的警惕和应变能力。因此，即便是最基础的警务工作，也需要我们具备扎实的专业技能、敏锐的判断力和良好的心理素质。而这些，都不是一蹴而就的，需要我们在日常工作中不断积累，在每一次实战中不断学习，在每一次培训中不断精进。这也要求我们必须始终保持学习的热情，不断更新自己的知识储备，掌握最新的法律法规和警务技能。

考入警校只是一个起点，公安事业中的长足进步和发展永远离不开奋斗的激情和动力。警校的核心在于不断提升自己的专业能力和综合素质，以更好地服务人民、维护社会安定。作为一名警校生，必须认识到时代在不断前进，只有紧跟时代步伐，才能成就自我。未来的道路必定充满了挑战和机遇，而奋斗不仅仅是为了个人的成长，更是为了社会的和谐与安宁。希望各位能够认识到作为一名人民警察所肩负的责任和使命，将青春融入“奋斗”的洪流，积极投身到公安事业中，为实现自己的人生价值和社会价值而努力奋斗。

第三节　功利观：考核很重要，但是不要太功利

警校生活中，考核是一个永恒的主题，我们应该如何看待？

从入学测试到每个期末的学科考试，从体能测试到技能考核，再到各种操行分的评定，从每学期奖学金的评比到优生优干的选拔，再到最终决定我们工作入职的公安联考……我们总是忙碌于各种考核之中。不可否认，考核很重要，但我们参加的社团和竞赛活动，真的是自己所热爱的吗？加入学生会，是真的想为同学们做好服务工作吗？种种奔波劳碌，究竟是为了过程中带来的充实快乐和能力提升，还是仅仅为了加分的结果？考核带来的匆忙让我们来不及认真思考，从而忽略了更重要的东西：真正的热爱与动机。

考核，作为衡量学习与工作成效的一种方式，它不仅能够较为客观地评估警校生的学习成果，还能激励学生不断提升个人技能。我们从不否认考核所带来的积极效果。通过考核，我们能够更加清晰地了解自己的不足，明确改进方向。但是考核与功利心相伴相生，过分追求考核成绩可能会带来一系列负面影响，如过度焦虑、忽视全面发展，甚至偏离初心。那么，如何在追求功利和实际提升之间找到平衡，既可以享受追求功利所带来的促进作用，又能避免陷入功利主义的误区？这成为每个警校生都需要认真思考的问题。

一、好的功利心有助于个人进步

追求功利是人的本性。放眼自己的成长之路，或多或少都享受到了它的好处。它如同一把“双刃剑”，并非全然错误。

（一）激发潜能，追求卓越

适度的功利心能够激发我们的潜能，成为推动我们不断前行的强大动力。这种心态激励着我们追求卓越，不仅提升成绩单上的数字，也让那份为实现自我追求不懈努力的状态成为常态。

例 1：同学 A 成绩优秀，上课认真听讲记笔记，专业课门门优秀，但困于身体素质不佳，体能测评常常在及格线徘徊，一连两个学期没有拿到一等奖学金。要强的性格促使其坚持加强体能练习，在课业之外的时间坚持锻炼，汗水浇灌出的不仅是强健的体魄，更是坚韧不拔的精神。同学 A 逐渐在挥洒汗水中感受到了运动的快乐，体能成绩也越发优秀，还积极参加校运动会，为中队争光添彩。

同学 A 所具备的这种适当的功利心使他在困难面前不服输，勇敢挑战自己不擅长的领域，这种良性的好胜要强推动其不断追求卓越，努力提升自己的专业技能和综合素质，为成为一名优秀的警察打下坚实基础。

（二）明确目标，高效执行

适当的功利心还有助于设定明确的学习和训练目标，有助于警校生更加专注和高效地投入学习，这种功利心实际上是对自己负责和对未来职业负责的表现。

例 2：同学 B 在入学之初就树立了明确的职业追求——一定要拿到 ××× 大比武荣誉。为了实现这一目标，他给自己设定了详细的学习计划，包括每天早起跑步锻炼体能、晚上复习法律知识、周末参加实战模拟训练等。

同学 B 在追求目标的过程中不仅能够提升专业技能，明确的目标和详细的计划还能驱使他更加专注和高效地投入学习，个人的执行力和时间管理能力也在潜移默化中得到提升。

（三）良性竞争，合作共赢

适度的功利心能够培养我们健康的竞争意识。在教室里，我们与同学并肩作战，同时也在相互竞争。这份良性竞争激发了我们的学习动力，让我们在知识的海洋中不断探索，寻找属于自己的那片星辰大海。在体能训练中，我们相互督促、共同进步，每一次的坚持，都是对自我极限的挑战。这种竞争让我们更加清晰地认识到自己的优势与不足，从而有针对性地改进，不断完善自我。

例 3：同学 C 在警校期间，始终以“成为综合能力最强的学生”为目标。他不仅在学业上力争上游，还积极参与各类技能竞赛和团队活动。在一次警务技能大赛中，他与队友们相互激励，共同钻研战术，最终取得了团体第一名的好成绩。这种竞争不仅让他提升了个人能力，还增强了团队协作意识，让他明白了竞争的意义不仅在于超越他人，更在于超越自己。

适度的功利心，让我们在追求卓越的道路上，既有方向，又有动力，它教会我们如何在竞争中成长、在挑战中超越，成为更好的自己。

二、坏的功利心影响生活学习

当功利心跨越了合理的界限，便开始显露其锋利的负面效应，对我们的生活和学习造成深远的影响。

（一）导致过度焦虑

过分在意考核结果，往往会使人的心理承受巨大的压力。考前，焦虑症状如影随形，导致学生夜晚难以入眠、白天精神恍惚。正常的作息被打乱，学习效率自然大打折扣。对成绩的过分敏感，使得每一次的小失误都可能被放大为巨大的挫败感，这种情绪如同阴云，笼罩在心头，难以散去。更为严重的是，过度的紧张情绪在关键时刻往往会成为绊脚石，导致原本准备充分的个体在考核中表现失常，这种遗憾是对努力的一种辜负，更是对身心健康的双亘伤害。

（二）影响全面发展

例 4：同学 D 为了追求毕业后能立即进入心仪的市局工作，过分专注于提升专业技能和考试成绩，将个人生活和兴趣完全置于学习之后。他每天除了高强度的专业课程学习外，从大一就开始备战公安联考，几乎牺牲了所有休息和娱乐时间。长期的高压生活导致他身心俱疲，学习效率反而下降，与同学、舍友也日渐疏远。这种过度的功利心，不仅影响了他的身心健康，也让他错失了大学生活中许多宝贵的经历，如团队建设、兴趣培养等，最终反而不利于他的全面发展与未来职业的长远规划。

同学 D 这种过度功利的心态可能导致个体发展的严重失衡，在追求分数的道路上，只将目光投向考试科目，对于其他能够拓宽视野、丰富知识结构的领域视而不见。这种片面的追求使得知识体系变得狭窄而单一。对个人成绩的过分重视，以及对团队协作的忽视，对于警察这种强调团队合作的职业来说，无疑是一个巨大的隐患。

（三）“唯分数论”偏离从警初心

过重的功利心更为深层次的影响在于它容易使人的价值观发生扭曲。在分数的诱惑下，一些人可能会放弃原则，采取不正当手段来获取高分，这种行为不仅是对自我道德的背叛，更是对公平正义的践踏。

例 5：同学 E 因上课不认真听讲，作业完成情况不佳，多次被老师批评，平时分数较低。为在期末考试中获得高分，避免挂科，遂制作小抄带进考场，被监考老师发现，不仅成绩作废还背上了记过处分。

例 6：大连市纪委监委近期通报了一起严重违反职业道德的案例，某派出所所长为片面追求考核指标完成度，公然置法律与职业道德于不顾，故意伪造报案材料，采取一系列违规手段进行办案。此行为不仅严重损害了当事人的合法权益，更破坏了司法公正与公信力，造成了极其恶劣的社会影响。

以上两个案例告诉我们，穿上这身藏蓝的制服，无论是身为预备警官还是走上工作岗位，都不能被考核二字“冲昏头脑”，过分追求考核成绩和眼前利益，而忽视了警察职业的神圣使命。将原本应是提升自我、服务社会的考核视为达到个人目的的工具，这是一种价值观的偏离，更是对职业准则的背叛、对初心理想的遗忘。我们必须警惕过度功利带来的负面影响，坚守初心、保持理性，让功利心成为推动我们前行的动力，而非束缚我们行动的枷锁。

三、如何建立健康适度的功利观

（一）正确认识考核

在面对考核与功利的关系时，我们必须建立一种科学合理的认识。考核本质上是一种手段而非目的。它如同一把尺子，衡量着我们的学习效果，帮助我们清晰地认识到自身的优势与不足。将考核视为检验学习效果的工具，意味着我们能够从中发现知识的盲点，进而有针对性地加强学习。将考核当作发现问题的机会，可以促进我们不断反思与改进，推动自身能力的提升。这样的认识，无疑有助于我们以更加积极的心态去面对各类考核，减少不必要的焦虑与压力。

（二）注重结果，更要注重过程

在追求考核成绩的同时，我们也必须认识到，学习和训练的价值绝不仅限于最终的成绩单。享受知识积累的过程，体会每一次进步带来的喜悦，重视在实践中的经验总结，这些都是学习不可或缺的部分。真正的学习，是全身心地投入，是在不断探索与尝试中收获的成长。只有真正投入学习过程，我们才能获得持久而深刻的进步，而不仅仅是短暂的分数提升。

（三）注重提升综合素养

成为一名优秀的警察，需要的不仅仅是专业知识的积累，更在于综合素养的全面提升。加强职业道德修养，提升人文素养和同理心，培养领导力和团队意识，锻炼应急处置能力，这些都是未来工作中不可或缺的素质。这些能力往往无法通过简单的考核直接体现，但它们却在实际工作中发挥着至关重要的作用，影响着我们的决策与行动。

（四）考核也要“平常心”

在考核的压力之下，保持一种平和的心态显得尤为重要。我们需要以平常心看待每一次的成败得失，不因一时的挫败而气馁，也不因短暂的成功而骄傲。保持学习的动力，理性分析问题并及时改进，建立长期发展的规划，这些都是我们应对考核、实现个人成长的重要策略。面对考核，我们既不能轻视其重要性，也不能过分追求结果，更不能为此迷失方向，忘记了最初的梦想与追求。

作为警校生，我们肩负着特殊的使命与责任。珍惜学习机会，努力提升自我，是我们对未来的承诺；保持职业操守，坚守公平正义，是我们对职业的尊重；发扬奉献精神，服务人民群众，是我们对社会的回馈。考核确实重要，但它绝不是我们努力的全部意义。真正的警校生，应当既有追求进步的决心，也有服务社会的担当，更有维护正义的信念。

警察这个职业，需要的不仅仅是优异的考核成绩，更在于过硬的业务能力、正直的职业品格以及无私的奉献精神。在这条蓝色的征途上，既要仰望星空，怀揣着对正义与理想的执着追求；更要脚踏实地，用实际行动去践行我们的誓言与承诺。相信只要我们保持正确的价值导向，就一定能够在建设更加公平正义的社会中，贡献出自己的一份力量，为更美好的明天添砖加瓦。

第四节 社会观：关心自己，也要关心社会

警察是社会道德与正义的象征，其行为和决策能够直接影响公民的权利和自由，学生则是知识更新和文化传承的重要群体，当两者相融，就是预备警官的特殊责任。因此，预备警官的社会观养成至关重要。它不仅影响着我们对社会的理解和判断，也直接关系到我们在未来警务工作中如何与公众互动，如何处理复杂的社会问题，更决定了我们在执行职责时如何兼顾法律精神与人文关怀。对于警校生来讲，走进校园的那一刻，警校生便要开始清醒地认识自身身份的特殊性，不仅要以确保在未来的工作中能够胜任各种挑战为目标提升自我，包括学习法律知识、锻炼身体素质、提高心理素养等方面，还要培养对社会的责任感，逐步形成全面、辩证的社会观。

一、关心自己，不负小我

社会的基本单元是人。做好自己，是实现理想的前提。对于此，有三个要求：身心健康是基础，专业学习是核心，职业规划是方向。确保自己的身心健康，才能应对困难以及挑战高强度的训练；不断地学习法律知识及专业课程，才能丰富自己的知识储备和专业技能；做好职业规划，才能有目标地为自己的未来铺平道路。

（一）身心健康

严格的作息时间、高强度的体能训练、复杂的专业课程，这些都在考验着我们的体力与耐力，即我们是否拥有健康的身体和心理。身心健康是成功完成学业和未来工作的基础。因此，不能一味地追求学术成绩和知识积累，而忽略了身体锻炼和心理健康。

例 1：同学 A 学习刻苦认真，妥妥的学霸，考上警校后也将自己的重心全部放在学习上，认为公安联考看的是成绩，以为只要有优异的成绩便可考上公安部，因此疏于锻炼。虽然他公安联考笔试成绩很高，最终却因体测被刷，无缘公安部。而他因这件事一蹶不振，省考等考试也未充分准备，最终未能进入公务员队伍。

上述案例中的同学 A 给大家敲响了警钟，成绩固然重要，但身心健康是一切事情的基础，基础不牢，地动山摇。因此，我们需要重视体育锻炼，课

余时间与三五好友相约操场一起跑步、打球、健身等，既可以增进彼此间的情谊，又练就了健康体魄。

比外，在生活中不可避免地会有各种各样的问题，当你感到压力大时，要勇敢地寻求帮助，与老师、同学或家长聊聊，为自己找一个缓冲区泄泄压。或许旁人不经意的一句话，便能解开我们困顿许久的心结。

（二）学业精进

在高中我们经常听到一句话：“上了大学你就轻松了。”潜移默化之中让我们以为读大学很轻松，甚至不用学习，而事实并非如此。警察职业是一种对社会的承诺，我们学习的是如何成为一名合格的执法者，这对于我们自身、人民群众乃至整个社会都是至关重要的。学习法律，可以理解公平正义，培养自己的法律意识与法治思维，确保每一次执法都不失偏颇；学习心理学，可以了解犯罪背后的动机和心理，以便更好地预防和打击犯罪；学习侦查思维，可以提高破案效率，保护无辜者免受侵害，等等。课堂上每一次模拟案件的分析，每一次现场勘查的实践，都会加深我们对法律法规和规范执法的认识，为我们未来的警务工作积累经验。

（三）职业规划

我们不可否认公安联考是警校优势的根本所在。因为公安联考的存在，从踏入警校的那一刻起，我们相比于很多其他高校的就业更有保障。但希望大家清醒地认识到，公安联考并不是警校生唯一的出路，也不是适合每个人最好的出路。

例 2：部属院校某宿舍共 4 人，在听完学校组织的就业经验分享会后，讨论了各自的职业规划。A 说：“我要好好学习，争取保研。”B 说：“我是按家长的意愿来警校的，我要跳出这个职业圈儿，从事我喜欢的外交工作。”C 说：“我想离家近些，联考争取选上省厅，再不济也要回我家市局。”D 说：“理想很丰满，现实很骨感。我走一步看一步。”之后，A、B、C 三人相互鼓励帮助，各自实现了自己的目标，而 D 的现实确实很“骨感”，回到了家乡的派出所。

通过上述例子我们可以看到，除公安联考外，保研（考研）、国省考等也是警校生的出路，但不论哪条出路，都需要尽早地明确自身的方向，做好自身的职业规划，从而有针对性地学习和努力。

二、关心社会，成就大我

警校生作为未来社会秩序的维护者，在关注自身的同时，更需关注与理解社会。这就需要我们通过洞察社会现象，更好地理解复杂多变的社会环境；要学会与不同背景的人群有效沟通，维系自己的社会关系；要积极参与社会实践和志愿活动，增强社会责任感。

（一）洞察社会现象

一个良好社会观的养成，首先需要的便是对社会现象具有敏锐的洞察力。聚焦于社会热点问题并进行讨论，如家庭暴力、网络犯罪、青少年问题等，通过这种方式不仅能让我们了解到社会的现状，还可促使我们思考应对这些问题的有效措施。

例 3：广东珠海发生一起驾车冲撞锻炼市民的重大恶性案件，嫌疑人因婚姻破裂、生活失意，且不满离婚财产分割结果，遂决意通过驾车冲撞人群的方式发泄私愤，一审被判处死刑。

上述案件一度引发网友的热议，在对热点问题进行讨论时，我们不仅可以获取知识，更能提高对社会现象的深入理解和独立思考的能力。而从多角度分析问题，考虑不同社会群体的立场与需求，则能让我们更加全面地看待社会问题。通过讨论和多角度分析，有助于我们在未来警务工作中坦然面对复杂多变的社会环境，并及时地作出合理判断和决策，为稳定社会安宁提供保障。

（二）维系社会关系

警校就是一个小社会，人际关系是重点，在警校需要我们去掌握如何维持与同学、老师、队长等主体的关系。面对不同的人有着不同的做法：比如在学习生活中接触最多的室友和同学，通过一起上课、训练，一起面对各种挑战等共同的经历来加深彼此之间的联系；对有丰富知识和阅历的年长者，如为我们传授知识的老师、为我们的生活保驾护航的队长，则需要我们给予充分的尊重与理解。与此同时，每个人都是独立且独特的个体，或多或少会存在一些不同之处。在这个过程中，我们要学会倾听与沟通、尊重和欣赏他人。

此外，加入社团、学生组织则是丰富我们警校生活的一大方式。加入像篮球队、合唱团、田径队等这样的社团，在拓宽我们视野的同时，更能让我们提高集体意识，明白团结的力量。

（三）参与社会实践

纸上得来终觉浅，绝知此事要躬行。全国各大警校每年都会组织大三或大四学生去全国各地市局或派出所实习，这种实践的过程可以让我们切身感受一名警察的职责与担当，明白一名警察的辛苦与不易。

例 4：实习期间，刑警学院某同学所在管辖地发生了一起持械聚众斗殴案件，在抓捕最后一名主犯的过程中，他运用在学校学习到的侦查学知识，沉着冷静、思维敏锐、行动迅速，顺利完成了任务。

此外，国家举行的各种大型活动，如亚运会、冬奥会，等等，其间总能看到警校志愿者的身影。对于这些机会，我们需要珍惜，用心体会。

例 5：万众瞩目的 2022 年北京冬奥会在国家体育馆鸟巢盛大开幕，公安大学共 264 名志愿学生参与，其中有执旗手表演团队、遍布鸟巢看台的互动志愿者，他们以飒爽英姿代表中国青年，挥国旗飘舞庆贺双奥之城。

上述例子中的警校生虽只是在实习或参加志愿服务，但他们认识到作为未来的警察，根本使命在于服务社会、服务人民，他们认真负责、吃苦耐劳，圆满完成了实习和志愿服务工作，是我们学习的榜样。

一个良好的社会观，不是只关心个人的成长，也不是只想着服务社会，而是要在提高自身本领的同时去更好地服务社会，将个人价值与社会价值相结合，并且通过社会价值体现出个人价值。为此，请记住自己的身份：共和国的预备警官。

第五节　爱情观：当爱情来敲门，是接受还是拒绝？

爱情是个自古以来就被无数诗人、作家、哲学家探讨的话题。对于刚刚迈入大学的学生而言，爱情既令人憧憬又浪漫神秘，每每谈起，不由得让人的心中激起涟漪。

在警校的校园里，绿树成荫，威严的教学楼和整齐的队列交相辉映，这里是培育未来守护者的摇篮，也是青春与梦想碰撞的舞台。而当爱情悄然降临在这片特殊的土地上时，它带来的不仅是甜蜜与浪漫，更多的是思考与抉择：警校生活中的爱情是生活的调味剂还是学业的挑战？我们应该接受还是拒绝？

一、警校恋爱魔咒：毕业即分手？

大家来自天南海北，最终又各奔东西。警校生之间的恋爱，似乎都有一个让人心照不宣但又不得不默默接受的共识：毕业季，分手季。而最令人唏嘘的是，即使是生源地相同或者同为省警校的情侣，似乎也很难修成正果。这样的例子在我们身边有很多，为何会如此？

例 1：一对情侣，女生来自北京，长得漂亮，成绩优秀；男生来自云南，长相端正，家境优越。两人一度成为校园里的“模范情侣”，一起度过了充实而美好的大学生活。转眼来到毕业季，女生成绩优秀，成功考上研究生。男生考研失利，联考成绩也不佳，最终回到生源地就业。男生为了他们的未来承诺会再考一年，但就在女生入学后不久，男生还是放弃了考研，选择留在家乡，两人最终分手。

通过例 1，我们可以从多个角度分析这对情侣分手的原因：（1）地理距离遥远（生源地不同）。女生来自北京，男生来自云南，男生联考成绩不佳只能回生源地，而女生则读研继续深造。地理上的距离使得两人的关系难以维持。（2）未来规划不够详尽。两人同时准备考研，但未考虑到一方或双方都未考上的后续安排，“理想很丰满，现实很骨感”。（3）感情基础不牢。在面对爱情和事业的选择时，两人都倾向于选择事业。男生选择留在家乡发展，女生也没有为了爱情迁就男方的选择。（4）现实压力影响。毕业后的现实压力，如就业、读研等，在一定程度上会改变两人对未来规划的想法，这使得他们在面对未来时，更多地考虑个人的发展和利益，而忽视了关系的维护。

例 2：男生和女生是同一部属院校的本科学生，且都是河北人，两人在老乡会上认识后发展成了男女朋友关系。两人都没有考研的打算，决定一起备战公安联考，最终两人联考都取得不错的成绩。男生上岸公安部，女生通过国考也能选择留在北京。男生考虑到未来发展以及家人建议决定留在北京，而女生却选择回到河北过更安稳的生活，两人最终分手。

通过例 2，我们可以推测两人分手一方面是由于两人对未来规划各有侧重，男生更注重未来职业发展，想有所作为，而女生追求生活安稳，想留在家人身边；另一方面是因为两人感情还没有达到可以为了对方妥协或调整的地步。

上述两个例子似乎都印证了“毕业即分手”的警校魔咒。然而，这并不意味着我们反对警校生谈恋爱。相反，我们支持大家在校园中寻找真挚的感情，因为我们身边也不乏生源地不同却为了爱情双向奔赴的感人故事。分享这些反面例子，是为了提醒大家在开始一段感情之前要更加清醒和理性，提前思考可能遇到的问题，做好充分的准备。

恋爱本身是美好的，但如果希望谈一场有结果的恋爱，就需要在开始之前“三思而后行”。提前沟通未来的规划，明确彼此的目标和期望，学会在分歧中妥协和包容，这些都是维系长久关系的关键。我们希望每个人都能在爱情中成长，而不是因为现实的考验而轻易放弃。

二、当爱情来敲门时，如何抉择？

有人会说：“爱情来了挡也挡不住”，“爱情是一种感觉，感觉到了就可以了”。感觉在爱情中固然重要，但绝非唯一的决定因素。在选择一段感情之前，以下几点需要认真考虑：

（一）就业地是否一致

爱情需要长久的陪伴与共同的生活基础。我们来自天南海北，大部分警校生最终通过公安联考获得工作岗位，而其中许多人会选择回到生源地就业。这意味着，如果双方来自不同省份，未来在同一城市工作的概率会大大降低，异地恋往往成为感情的巨大挑战。正如例1所示，地理距离和生活轨迹的分歧，最终可能导致感情的终结。

（二）价值观是否契合

爱情中的价值观是指一个人在爱情关系中所持有的原则和标准，通俗来讲，指这个人的人品是否端正、是否诚实、是否尊重他人、是否有责任感等方面。这些品质都需要经过时间检验才能看清。因此在开始一段感情之前，务必对对方进行充分的观察和了解，不要急于作出承诺。共同的价值观是关系长久的基石，价值观的差异则会成为感情中的裂痕。因价值观存在问题而分手的案例也不胜枚举：

例 3：男生曾有一段多年的恋爱关系，经常在朋友圈秀恩爱，看似甜蜜。然而，某天他突然发布与另一女生的合照，并配以深情文案。经了解，男生在与前女友交往期间，一直在物色其他对象，找到更好的“替换品”就选择分手并迅速开始新恋情。

例 4：男生长相出众，女生也容貌姣好，两人均为警校生，但因分属不同校区，见面机会有限。女生偶然发现男生经常观看某女生直播并为其刷礼物，后得知该女生是男生的前女友，两人因此分手。

例 3 和例 4 中的男生，行为上存在明显问题：一个在感情中“无缝衔接”，另一个则对前任“余情未了”。这些问题的根源在于价值观的偏差。爱情始于吸引，但最终忠于人品，后者远比前者更为重要，而现实中人们往往更注重外在而忽视内在。

（三）未来规划是否相同

职业发展是未来规划中的重要一环。如果一方渴望在事业上不断攀升，而另一方更倾向于平稳安逸的生活，这种差距会导致双方在未来职业选择或工作地点选择上产生冲突。因此，双方决定在一起之前，需要坦诚地讨论各自的职业抱负和未来理想的工作方式，尽量达成共识，避免未来因规划不一致而分道扬镳。

三、拥抱爱情之后，我们应该怎么办？

如果在考虑好以上之后决定接受爱情，请你在享受甜蜜爱情的同时做好以下几点：

（一）做好时间管理，平衡爱情与学习

大学学业虽不像高中那样紧张，但也需要认真对待。作为警校生，平衡爱情与学习，时间管理是关键。首先，明确优先级。确定学业和爱情在生活中的比重，围绕重要事项优先安排时间，确保两者都能得到足够的关注。其次，制定计划。利用时间管理工具（如日历或应用程序）规划每周甚至每天的任务，并与伴侣沟通，确保双方的时间安排协商一致。最后，提高效率。专注于高效完成任务，为感情生活留出更多时间，避免因拖延或低效而影响感情和学习。

（二）做好沟通交流，相互理解与支持

良好的沟通是维系感情的基础，能够减少误会，增进彼此的理解与信任。首先，有效的沟通始于倾听。倾听不仅是听对方说了什么，更重要的是理解对方的感受和需求。其次，主动表达自己的想法和感受。坦诚分享对事情的看法，提出自己的期望，同时也要勇于表达不满或困惑。最后，在分歧中寻找共识。在交流的基础上找到一个双方都能接受的解决方案，这不仅是妥协，更是为了共同成长和关系的长久发展。

（三）做好未来规划，共同努力与奋斗

双方只有对未来规划达成一致，才不会陷入“毕业即分手”的警校魔咒。双方需明确未来是要继续攻读学位还是直接就业。如果选择深造，需要提前做好一方或双方没能考上的准备，是考研和联考同时备考还是再考一年。如果选择直接就业，则需要对未来的工作地点和职业发展方向达成一致。除了公安联考，省考、国考、事业单位等考试也应纳入规划范围，增加未来的选择空间。在规划明确后，双方应共同努力，相互支持，携手面对未来的挑战。

文章的结尾，让我们回归最初的问题：当爱情来敲门，是接受还是拒绝？

答案是因人而异，因自我而异，因对方而异。在你明确知道自己对对方有感觉，请在作出决定前认真思考以下几点：

就业地是否一致？

价值观是否契合？

未来规划是否相同？

如果答案都是“是”，那不妨勇敢接受爱情。如果答案有“否”，那请你三思而后行。

借用《沈从文家书》中的一段话：“我走过许多地方的路，行过许多地方的桥，看过许多次数的云，喝过许多种类的酒，却只爱过一个正当最好年龄的人。”愿大家都能在最好的年华找到那个“正当最好年龄的人”。

第六节　奉献观：升官发财莫走此路，贪生怕死勿入此门

2017年5月19日，习近平总书记对公安队伍提出了“对党忠诚、服务人民、执法公正、纪律严明”的十六字总要求，这十六个字与奉献观有着密不可分的联系。人民警察要始终做到忠诚可靠、公正廉洁，把人民的利益放在首位，全心全意为人民服务，甘愿为人民幸福和社会进步付出自己的努力和汗水。这种责任感和使命感正是奉献观的核心所在。

当今社会，奉献精神是推动社会进步和文明发展的重要力量。奉献观不仅是一种道德准则，更是一种对个人、职业和社会都具有深远影响的价值观念。它要求我们在面对选择时，能够超越个人利益，将集体利益和社会责任放在首位。作为共和国的预备警官，每名警校生都应树立正确的奉献观。

一、由小到大，何谓警察奉献观?

奉献观是个人对社会的责任感和无私精神，通过持续贡献实现自我价值和社会价值，促进社会和谐与进步的价值观和行为准则。通俗来讲，奉献观就是将个人利益放在国家利益之后，无私奉献、不求回报。

一名警察的奉献观，核心在于忠诚与服务。忠诚，是对国家和人民的忠诚，也是对职业信仰的坚守。作为警察，我们必须时刻保持高度的政治觉悟，坚决服从党的领导，严格执行国家的法律法规，以维护社会稳定和公共安全为己任。服务，则是对职责的坚守。警察需要时刻保持警惕，随时准备应对各种突发情况，无论是炎炎夏日还是寒冬腊月，始终坚守在岗位，默默守护着人民安宁。

（一）升官发财莫走警察路

一名具有正确奉献观的警察，其崇高理想绝不是为了升官发财，因为公安事业不是一条通往权和利的路，而是一条通向人民平安幸福的路。在这条路上，我们需要将个人的得失置之度外，把维护社会治安、保护公民安全作为自己的神圣职责。然而总有一些人偏要走“升官发财”之路，殊不知走上的是违法犯罪的道路。

例1：冯志明曾任呼和浩特市公安局副局长，任职期间为了升官发财，他便利用手中的权力制造冤案，其中包括著名的呼格吉勒图冤杀案，以快速获

得上级的认可和赏识，从而提升自己的职务和地位。最终，冯志明的罪行被揭露，被判处 18 年有期徒刑，得到了应有的惩罚。

上述案例给我们以警示，警察等公职人员应坚守职业道德和法律法规，切勿滥用职权，以权谋私，将升官发财作为追求目标，否则到头来不仅是竹篮打水一场空，还将面临牢狱之灾。

（二）贪生怕死勿入警察门

作为维护社会治安、保护人民群众生命财产安全的重要力量，警察的职责不仅仅是打击犯罪，更是要在关键时刻挺身而出，保护群众免受危险和伤害。在现实生活中，警察经常需要面对各种复杂和危险的情况。试想这个时候，身为警察的我们若因贪生怕死而弃人民群众于不顾，不仅会使人民群众陷入危险境地，更将失去人民群众对我们的信任。因此作为警察需要具备英勇无畏的精神。

例 2：张子权是云南临沧市公安局的一名禁毒民警，其父亲张从顺于 1994 年在禁毒一线英勇牺牲。张子权继承父亲遗志，也投身于禁毒事业。2020 年底，张子权在侦办案件中因过度劳累突发疾病，告别了他热爱的公安事业，他曾说："怕危险就不会干警察，怕死就不会干禁毒。"

例 3：湖南高速公路交通警察局衡阳支队民警徐斌在处理交通事故时，为保护群众安全，推开背对来车的群众，自己却被车辆撞击，不幸牺牲。

除了上述两位英雄，还有许许多多像他们一样无惧生死，一心扑在公安事业上的人民警察，他们用自己的血肉之躯筑起一道坚实的防线，成为人民群众心中最可爱的人。

二、由表及里，何为警察奉献观？

警察作为维护社会治安、保障人民安全的重要力量，其职业使命、个人成长以及社会和谐的要求决定了树立奉献观的必要性和重要性。

（一）职业使命的要求

奉献观是警察职业素养的重要组成部分，它深深植根于每名警察的职业精神之中，是不断前行的内在驱动力。警察这份职业意味着一份承诺，是面对复杂的案情和狡猾的罪犯时的挺身而出，是要时刻做好为人民群众的生命财产安全付出一切的准备。它要求警察在工作中始终以人民为中心，全心全意为人民服务，时刻保持高度的责任感和使命感。

（二）个人成长的需求

作为人民生命和财产安全的守护神，警察处于黑暗与光明之间。不论是服务群众还是抓捕罪犯都有着一定的危险性，这需要我们不断地去学习和适应，不断地锻炼自己，以更好地履行职责，更有效地保护人民群众的安全。奉献观在促使警察不断提升自己职业素养的同时，也要求其不断精进自身的业务本领和综合素质。

（三）社会和谐的要求

警察的奉献不仅仅体现在职业素养以及个人能力上，更体现在他们对家庭的牺牲和对社会的责任。每当节假日来临，放弃与家人团聚的机会坚守岗位、加班加点，只为更多人的幸福和安宁；面对突发事件，毫不犹豫地冲在最前线，用血肉之躯筑起安全的屏障；在日常工作中，日复一日地巡逻、排查隐患、调解纠纷，默默守护社会和谐与稳定。

三、由内到外，如何践行警察奉献观?

预备警官是肩负重任的守护者，需要不断地加强理论学习，提升自身的专业技能，真正做到学以致用、行以致远；面对社会上各种各样的诱惑和压力，需要我们保持自身的先进性和纯洁性，真正做到廉洁自律、为国为民；需要树立榜样意识，向那些默默付出、辛勤耕耘的英雄学习，成就自我。

（一）加强理论学习

作为共和国预备警官，我们需要不断学习，提升自身的理论素养，掌握最新的法律法规，了解社会动态，以便更好地服务于人民。

一是需要熟练掌握各种专业技能，如侦查技巧、交通管理、公共安全等，这些是将来公安日常工作中不可或缺的工具。二是需要密切关注法律法规的更新。随着社会的发展，新的法律不断出台，旧的法律也会有所修订，我们必须及时学习和掌握这些变化，确保在执法过程中能够准确地应用法律，切实保护公民的合法权益。三是需要提升自身的理论素养。通过学习政治理论、心理学、社会学等知识，更深入地理解社会现象、更有效地处理各种复杂情况。

只有通过不断学习和自我提升，才能以坚定的信念和高尚的品德，更好地服务于人民，维护社会的和谐与稳定。

（二）保持廉洁自律

廉洁乃立身之本，自律乃为人之基。保持廉洁自律是我们作为一名警校生的基本要求。我们要时刻警醒自己，坚守道德底线，拒绝任何形式的腐败和不正之风。然而，在队伍建设的过程中，有些人忘记了自己的初心和使命，将奉献观抛之脑后，以权谋私。

例 4：海南省公安厅治安警察总队原二级高级警长肖楚扬滥用职权为他人谋利并收受贿赂，违规营利，违规办理审批，最终被开除党籍和公职，并被没收违法所得。

上述案例表明，警察作为执法者，必须时刻保持廉洁自律，严格遵守党纪法规。任何滥用职权、徇私枉法、收受贿赂等违纪违法行为，都将受到法律的严厉制裁。廉洁自律不仅是对职业的要求，更是对人民信任的回应。只有坚守底线，才能无愧于肩上的责任与使命。

（三）树立榜样意识

祖国公安事业的长河，是无数无名英雄通过自身的星星之火汇聚而成，凝眸回溯之时，无尽磅礴的力量喷涌而出。

例 5：潘东升，福建省公安厅党委委员、福州市副市长兼公安局局长，37 年的警察生涯中，勤勉为民、战功显著。领导救援泰宁泥石流灾害，制定 120 余项执法制度，2021 年因长期超负荷工作，积劳成疾，在工作岗位突发疾病，年仅 57 岁。

例 6：刘安，一名扎根社区 34 年的民警，把辖区当成家、把工作过成了生活。他组建“雷锋志愿服务团队”，无私帮助困难家庭；他推动成立“蒲黄榆第二社区警校”，传授安全防范知识；他总结出一套“五勤”工作法，有效维护社区治安。

榜样的力量是鼓舞人心、振聋发聩的。正是一代又一代的公安人前仆后继，不畏艰难险阻、不惧牺牲奉献，才使得我们的国家蓬勃发展、欣欣向荣。我们要树立起榜样意识，学习他们无私奉献的精神、坚守岗位的毅力、面对危险时的勇敢无畏，用实际行动诠释忠诚与担当。

奉献不是空洞的口号，而是实实在在的行动。奉献的道路没有终点，它要求我们始终将个人的“小我”融入公安事业的“大我”之中，用行动践行奉献观。我们要把个人的成长与国家的需要紧密相连，把个人的梦想与民族复兴的伟大事业紧密结合。只有这样，我们才能在守护社会安宁、推动社会进步的过程中，真正实现个人价值与社会价值的统一。奉献，不仅是对职业的承诺，更是对时代的回应——每一份坚守，都是对社会和谐的贡献；每一次付出，都是对民族复兴的助力。让我们用行动证明：奉献，是警察最深沉的力量，也是我们最崇高的使命。

第三章　素质培养——成为一专多能人才

第一节　职业道德是初心

什么是警察的职业道德？这是一个看似简单却又蕴意深远的问题。《公安机关人民警察职业道德规范》对警察职业道德进行了详尽的阐述（见图 3-1）：

一、忠诚可靠：听党指挥，热爱人民，忠于法律。
二、秉公执法：事实为据，秉持公正，惩恶扬善。
三、英勇善战：坚韧不拔，机智果敢，崇尚荣誉。
四、热诚服务：情系民生，服务社会，热情周到。
五、文明理性：理性平和，文明礼貌，诚信友善。
六、严守纪律：遵章守纪，保守秘密，令行禁止。
七、爱岗敬业：恪尽职守，勤学善思，精益求精。
八、甘于奉献：任劳任怨，顾全大局，献身使命。
九、清正廉洁：艰苦朴素，情趣健康，克己奉公。
十、团结协作：精诚合作，勇于担当，积极向上。

图 3-1　公安机关人民警察职业道德规范

这份规范虽然内容丰富多样，涵盖了警察在职业生涯中应当遵循的各个方面。但究其核心，可以归纳为两个基本要素：一是价值观念，二是业务能力。而思想是行动的先导，是品行的源泉。对于人民警察而言，正确的价值观念是确保警察队伍纯洁性和战斗力的关键，也是警察这一职业的根基之所在，初心之所在。

对于业务能力，不少警校学子可能会感到困惑：在警察这一多元且复杂的职业中，业务能力究竟意味着什么？实际上，联系到公安机关的职责和宗旨，业务能力就是警察在职业活动中全心全意为人民服务的能力。这种能力是警察职业道德的外在表现，是警察正确价值观念的具体实践。

综上所述，在新时代背景下，做好一名人民警察应当从价值观念和业务能力入手，对职业道德的内涵有一个深刻的认识。一名“好警察”，不是单指某一方面，而是要以实际行动践行“对党忠诚、服务人民、执法公正、纪律严明”的总要求，全心全意为人民服务，从一而终，才能做一名问心无愧的好警察。

一、考个好成绩 = 做个好警察?

在新时代的背景下，如何成为一名合格的人民警察不仅关乎警察个人的成长与发展，更关系到整个公安队伍的形象，是我们必须深刻思考的问题。那么，什么样的人才算是真正意义上的“好警察”呢?究竟怎样做才能算得上是好警察呢?

在警校生即将毕业之际，我们常常听到这样一句寄语：“考个好成绩，当个好警察。”这句美好的祝愿满载着对未来的美好期望，但从更深层次的辩证角度来看，这也引发了我们对于“好成绩与好警察”关系的思考。实际上，许多人对此都有过思考，心中或许也有了各自的答案。

“好成绩”通常被看作通往“好岗位”的阶梯，那么“好岗位”和“好警察”之间有什么联系呢?“好岗位”是否就等同于成为一名“好警察”呢?毫无疑问，这两者之间并无直接联系。一位心系人民、坚守使命的民警和一位尸位素餐的高管，我相信前者更受到尊重，也无愧于心。“考个好成绩，当个好警察”这句话强调了学习的重要性，但我们也要认识到，成绩的优劣并不能决定一个人的品质。一个学生能够取得优异成绩，说明他具备扎实的专业知识能力，同时也能反映出他勤奋好学。公安工作关乎国家安全、社会安定、人民安宁，其职责范围广泛且任务复杂多样，需要专业的知识和技能作为支撑。然而，作为法律的执行者和社会秩序的维护者，警察这一特殊身份更要求我们在面临各种诱惑和挑战时，必须坚守道德底线，不断提升心理素质等多方面的能力。

因此，我们需要明确，“好警察”是我们的目标，也是一个持续向善的过程。它要求我们在综合素质上不断进步和发展，包括了对人民的忠诚、对法律的尊重、对职责的坚守，以及在紧急情况下的冷静处理能力，等等，而不是“一考定终身”。

二、人民公安为人民

人民公安为人民，这是警察职业的安身立命之本。公安工作践行“以人为本”的理念，强调要把人民群众的利益放在首位。要求“用心倾听群众呼声，用情解决群众困难，用力维护社会稳定，确保人民安居乐业，以实际行动践行对人民的庄严承诺”。那么如何将信仰力量内化为自身的行动指南？这个问题太过于抽象，让我们对一些警校生活实际中遇到的具体情境进行分析，从中得出答案。

情境一：你在派出所实习过程中，发现民警在给一位老人做一份报案笔录，因为对方口齿不清且不识字，于是对老人说的内容选择性录入，在没有念给老人听的情况下就让对方签字。

情境二：你在实习过程中，一个外地务工人员到派出所报警说自己的手机丢了，里面有很多个人信息以及工作需要的重要资料，希望警察能够帮忙找回来。民警了解事情经过之后，让当事人过两天再来派出所。但是两天后民警没有经过任何调查，就直接告诉当事人没找到。

关键词：责任意识缺位

从这两个情境我们可以看出，部分民警的行为违背了警察职业道德。选择性录入笔录和未进行调查就草率回复报案人，这些行为不仅显示出不负责任的态度，也反映了其缺乏应有的同理心。

为何会如此？从实际工作情况来看，日益增加的公安工作压力导致对警察的要求不断提高。长期接触社会阴暗面，警察产生疲惫感和麻木感是难以避免的职业挑战。然而，鉴于警察的每一项工作都关系到群众的切身利益，这就要求警察在服务群众之前，必须先确保自身的身体和心理健康。具体而言，就是要定期进行自我评估，将警察职业道德内化为个人行为准则，始终坚持以人民为中心的执法理念。

情境三：民警在社区调解纠纷过程中，面对两方人员各执一词，民警无可奈何。此时，你看到有社区群众过来问民警发生了什么事，民警对他摆了摆手说，“你管呢？没你事”。

情境四：你在派出所前台接待来访群众时，有两位老人前来求助，称他们家里急需用钱，但有人欠了他们一大笔钱一直不还，希望民警能帮忙出面追讨。民警很不耐烦地对他们说，“找法院去，这不归我们管，我们没办法”。

关键词：角色定位错误

通过上述情境我们会发现，部分民警在工作中存在以下问题：一是与群众沟通缺乏耐心和亲和力；二是处理问题时未能充分与群众沟通，也缺乏解决问题的能力，往往采取敷衍了事的态度，“和稀泥”。这些问题的本质是民警对于自身职责定位和作用的认识不足。

因此，我们必须明确：警察职业是一个需要换位思考、以群众利益为根本的服务性职业，而非高高在上的“官老爷”，更不能抱有“特权思维”。作为警察，应当主动掌握公安工作的必要技能：首先，处理问题时能够准确判断并告知群众哪些问题属于公安机关的职责范围，哪些问题需要通过其他途径解决；其次，要学会在复杂情况下换位思考，用群众听得懂的话化解矛盾纠纷，这是履职的基本要求；最后，要注重理论联系实际，通过参加社会服务、实习等实践活动学以致用，从而增强学习的实践性和体验性。

情境五：你刚入警校，面对来自全国各地的同学和校友，在一起交流的时候，或多或少会听到师兄师姐过来给你讲：四年本科，前三年好好玩。他们会抱有一个态度：警校不是用来学习的，老师上课讲的东西听了和不听是一个样子，学不学无所谓，期末考试不挂科，到时候好好准备公安联考就行了。

情境六：在警校的生活中，你身边有部分同学一直沉浸于打游戏、刷视频，尽管他们自己也认为这样是在浪费时间，可就是不知道自己应该做什么。

关键词：价值追求偏差

对情境五的学生而言，可能认为公安联考是唯一的目标，忽视了平时专业知识和技能的学习与积累。而情境六的学生则表现出对未来职业生涯没有明确规划。但归根结底，两个情境都反映出部分学生的职业价值观出现偏差，对于为何要成为警察、警察的职责和使命认识不足。

对此，我们要明确自身素养与职业要求的差距，清楚警校的学习生活不仅仅是通过公安联考，更重要的是掌握为人民服务的本领，从而达到警察这一职业的要求，成为一名合格的共和国预备警官；要明确自己想要什么，通过具体的学习计划和职业规划来实现，比如认真学习课程知识、锻炼出好的体能，等等，从而逐步改善学习态度和行为习惯，把自己培养成一名既有理论知识又有实践能力、能够真正为人民服务的优秀警务人才。

第二节　身体素质是基础

健康对于人们的重要性不言而喻，如果说，一个人取得的种种成就与辉煌履历是无数个“0”，那么健康的身体便是“0”前面的“1”。其中，身体素质是对健康更高层次的要求。成功考取警校，意味着初步符合身体健康的标准；要加入公安队伍，则需要进一步锻炼体魄，练就良好的身体素质。

那么身体素质包括什么呢？简单来说“身体素质”就是身体的质量，一般是指人体在活动中所表现出来的力量、速度、耐力、灵敏、柔韧等机能。在健康的基础上，我们还需要参与各项体育活动进行锻炼，才能进一步提升身体机能。

事实上，身体素质的提升不是一蹴而就的，也并非刻意为之。这需要我们培养健康的生活方式与合理的运动习惯，在这个过程中，心智的磨炼与体能的跃升是相辅相成的。堪称清华体育的奠基人——马约翰教授撰写的硕士论文《体育运动的迁移价值》中提到：“运动使感觉更敏锐，使意识得到发展，意识是智力范畴中最基本和最终的东西，运动激励未来工作的行动意识，因而运动把性格的意识迁移到社会生活中去。”这背后呈现出，伴随着身体素质的提升，运动也进一步提升了我们的意志能力。

由此，身体素质是对健康更高级别的要求，需要我们主动参与体育活动，养成日常锻炼并贵在坚持的习惯，成长为人民信任的公安民警。

一、身体是革命的本钱：身心 + 工作需求

揭开警校生活神秘的面纱，并不像外界想象传言的一般，警校生“一天一个五公里，什么都练，体能特别好”。相反，我们也常常能在朋友圈中见到警校生“脆皮大学生”的文案，这既是年轻人的自嘲，也反映了警校生对于自身身体素质的焦虑与担忧。然而，警校生作为共和国预备警官，是怎么与“脆皮”二字联系到一起的呢？

首先，虽然体育课程会伴随警校生的整个大学生涯，但只有大一学年的课程安排是围绕基础体能展开（如警察体能、水上警务救护、警察防卫与控制等），后续学年的课程多强调技能的学习和团队的配合。缺乏运动习惯的同学难免松懈，降低对自身体能的要求。其次，在警校生活中，除了日常的警务化管理外，更多的时间安排还是看个人习惯，如何在警务化管理切割下

的时间中找到适合自己的体育活动并长期坚持，显得尤为可贵。

警校生作为公安民警的预备队伍，职业定位无比清晰，意味着对我们身体素质的要求更严格、标准更高。常言道："身体是革命的本钱。"这句话在公安工作中的分量要更上一层楼。无论我们日后进入公安系统的哪个岗位，内勤或外勤、经侦或刑侦、网警或社区民警，想要把基层公安工作做好，就需要走进群众、贴近社会，俯下身子为人民服务，切实了解民生所需。这些都对良好的身体素质提出了更高的要求。

那么，让我们走进民警的日常生活中，倾听他们的心声，进一步体会提升"身体素质"在公安工作中的重要性。

"我觉得大学生，那么好的年华，一定要把自己的身体搞好。俗话说，身体是革命的本钱。以前上学的时候不信邪，就喜欢去网吧打游戏，也不爱锻炼身体。但是警察这个工作啊，身体是第一位的。一个是为了自己的小家，要健康；再就是心里的情怀了，你说抓个小偷，呼哧呼哧跑两下跑不动了，丢不丢人啊，还怎么服务好人民，让人民放心呢！"刚刚完成"学警—新警"身份转化的师兄这样讲道，"大学一定要好好锻炼身体啊，最好有一项喜欢的运动，可以简单点，比如跑步之类的。如果喜欢打篮球或者是散打等更好，一到工作单位，强度很大，没有一个好身体扛不住也吃不消。要是通过抽烟来排解压力对身体伤害更大！这时去跑个步运动一下，才是真的有益于身心健康啊！"

进行体育锻炼有助于身心健康。面对生活与工作中的高压和烦心事，体育锻炼在排汗的同时，能够让身心更愉悦。这是因为大脑会在我们运动时分泌一种物质——内啡肽。在内啡肽的激发下，我们的身心会处在轻松愉悦的状态。并且，有自己长期坚持的体育活动（以长跑为例）的同学应该有过这样的体验：一件长期困扰自己的事情，在跑步过程中，一步步厘清了思绪，明确了接下来前进的方向。其中，除却"内啡肽"的效用，体育活动承载的"忍耐""克己"等意志品质有助于我们剔除"好吃懒做、不愿吃苦"的劣根性，帮助我们在诸多诱惑中明确内心的选择。

同时，无论是在大学生活中还是步入工作岗位后，在自己热爱并长期坚持的体育活动中，都能结交到一两个知心好友。这是因为在运动过程中，双方会更加容易打开心扉。这样一来，还能帮助我们拓展社交圈，形成正向积极的社交关系，进一步调适身心，使身心得到健康发展。

二、从现在开始行动：警体课程 + 日常锻炼

我们应当意识到，培养身体素质是一个终生的旅程，而不是以硬性指标为终点的短期目标。良好的身体素质对于人的一生具有全方位的积极作用：既能促进积极向上的行为，也能培养健康的心态和顽强的意志品质；既有利于身心健康，也是从事公安工作的必备条件。那么，我们应该怎样规划好自己的大学生涯，练就强健的体魄和良好的身体素质呢？

第一要务是先对警校整体的体育课程安排形成清晰的认识。在大学本科四年生活中，正式课程安排以每学期至少一门体能实践类课程为基础架构开展，整体由易到难逐步升级，实现分级教学。

以大一学年为例进行具体展开：在大一学年，学校开设警察体能、水上警务救护、警察防卫与控制等课程，其中三门课程依据分班前的身体机能检测分为基础班与提高班，分班教学内容在难度、内容设置上有所区别。以“水上警务救护”为例，基础班由尚未掌握游泳入门泳姿（蛙泳）的警校生组成，通过一个学期的课程教学，以 50 米蛙泳与踩水作为成绩评判标准，以帮助同学们初步掌握游泳技能作为规划；提高班则由已掌握游泳入门泳姿（蛙泳）与踩水两分钟技能的警校生组成，在一学期的学习后，以 50 米自选泳姿速游与水下救护救人作为成绩评判标准，以帮助同学们具备基础救护能力作为规划。

以中国人民公安大学为例，学校体育课程整体安排见表 3-1。

表 3-1　校内体育教学课程设置

课程项目	时间	是否分班教学	教学内容	考核内容
警察体能	大一	是	基础班 长跑、短跑、跳远、仰卧起坐等	跑步（女 800 米；男 1000 米） 女仰卧起坐；男引体向上 立定跳远
			提高班 心理障碍训练	心理障碍训练与基础班考核内容
水上警务救护	大一	是	基础班 蛙泳、踩水	50 米蛙泳速游与踩水
			提高班 其他泳姿（除蛙泳）、水下救护救人	50 米自选泳姿速游与水下救护救人

（续表）

课程项目	时间	是否分班教学	教学内容	考核内容
警察防卫与控制	大一	是	基础班 警用八大件	双人对抗中听从指令展示学习内容
			提高班 警用八大件、切别摔与带离	双人对抗中听从指令展示学习内容
警察武器使用	大二	否	快速射击、精准射击	快速射击 （环数 / 速度）
警务战术基础	大二	否	小组配合应对模拟出警现场	红蓝对抗应对模拟出警现场
现场执法	大三	否	案例重现与改编	现场展示 小组合作 课程总结报告
其他选修课程	任一学期	否	跆拳道、散打、武术等	相应考核模式

除学期课程安排外，警校也高度重视校园运动文化的建设。比如一些警校长期组织“校园乐跑”活动，以自主研发的乐跑小程序为依托，鼓励同学们以“每周一次5千米，每学期跑步里程达120千米”的标准进行日常跑步训练。通过5千米跑步，能够显著提高心肺功能；同时，跑步时腿部、臀部等部位的肌肉得到锻炼，增强力量和耐力。

如果说我们想要有针对性地培养自己在体育方面的兴趣爱好，有所专长，那么可以从下面学校开展的体育文化节活动中进行选择，提前接触了解。学校每年定期举办体育文化节活动的初心是帮助同学们增强身心健康，提升体能、技能和实战能力。因此体育活动的种类十分丰富，包括常规基础体能赛、体育专项赛与警务技能赛三大类。

（一）基础体能赛

该项目共包括个人项目、集体项目以及警察特色项目三大类。

1. 个人项目

（1）男子：100米、110米栏、200米、400米、800米、1500米、3000米、跳高、跳远、三级跳远、铅球。

（2）女子：100米、100米栏、200米、400米、800米、1500米、跳高、跳远、铅球。

2. 集体项目

男子：4×100 米接力、4×400 米接力。

女子：4×100 米接力、4×400 米接力。

男女混合：20×200 米接力跑（15 男 5 女）。

3. 警察特色项目

100 米八大件搬假人、5 人 100 米担架送伤员、男女团体混合障碍接力（3 男 1 女）。

（二）体育专项赛

武术散打争霸赛、空手道对抗赛、巴西柔术对抗赛、游泳比赛、激光跑比赛。

（三）警务技能赛

警察武器使用比赛与警务战术对抗赛。

每年一度的体育赛事，运动会、金盾杯等多姿多彩的活动鼓励多元化营造体育氛围，为警校生活注入了活力。我们在积极进行日常体育锻炼的同时，也能通过参与赛事检验自身能力，结识有共同兴趣的伙伴，在体育锻炼方面形成“1+1”的良性循环。

前面提到的均是从个人兴趣与身心健康出发的柔性建议，警校对于同学们的考核标准将会是硬性指标。在警校生中，近 100% 的就业去向是参加应届公安联考，成为公安队伍的新鲜血液。而正式入警前需要通过严格的体检体测筛查。因此，为了保证每名警校生都具备良好的身体素质，避免其因无法通过招警体测致使四年的警校生涯功亏一篑，警校通常会在各个学期以招警体测为标准，开展体能常态化测试（以下简称“体测”）活动，将体测成绩换算为综测得分中的一部分，纳入评奖评优考核机制中，以实际的奖励机制提升警校生对于体测的重视程度。

在学期体测中，开展纵跳摸高、10 米 ×4 折返跑以及 1000 米（男）、800 米（女）三项测试，具体评分标准见表 3–2。

表 3-2 体能常态化测试项目与成绩标准

项目分值	10 米 ×4 折返跑（秒）		800 米（分秒）	1000 米（分秒）	纵跳摸高（厘米）	
	男	女	男	女	男	女
100	<10″	<11″ 2	<3′ 15″	<3′ 10″	>71	>51
95	<10″ 2	<11″ 2	<3′ 20″	<3′ 15″	>69	>49
90	<10″ 4	<11″ 4	<3′ 25″	<3′ 20″	>67	>47
85	<10″ 6	<11″ 6	<3′ 30″	<3′ 25″	>65	>45
80	<10″ 8	<11″ 8	<3′ 35″	<3′ 30″	>63	>43
75	<11″ 0	<12″ 0	<3′ 40″	<3′ 35″	>61	>41
70	<11″ 2	<12″ 2	<3′ 45″	<3′ 40″	>59	>39
65	<11″ 4	<12″ 4	<3′ 50″	<3′ 45″	>57	>37
60	<11″ 6	<12″ 6	<3′ 55″	<3′ 50″	>55	>35
55	<11″ 8	<12″ 8	<4′ 00″	<3′ 55″	>53	>33
50	<12″ 0	<13″ 0	<4′ 05″	<4′ 00″	>51	>31
45	<12″ 2	<13″ 2	<4′ 10″	<4′ 05″	>49	>29
40	<12″ 4	<13″ 4	<4′ 15″	<4′ 10″	>47	>27
35	<12″ 6	<13″ 6	<4′ 20″	<4′ 15″	>45	>25
30	<12″ 8	<13″ 8	<4′ 25″	<4′ 20″	>43	>23
25	<13″ 0	<14″ 0	<4′ 30″	<4′ 25″	>41	>21
20	<13″ 2	<14″ 2	<4′ 35″	<4′ 30″	>39	>19
15	<13″ 4	<14″ 4	<4′ 40″	<4′ 35″	>37	>17
10	<13″ 6	<14″ 6	<4′ 45″	<4′ 40″	>35	>15
5	<13″ 8	<14″ 8	<4′ 50″	<4′ 45″	>33	>13

在令人紧张的公安联考落下帷幕后，顺利通过招警考试中的体检体测环节便是下一步冲击的目标。该环节设置的目的是筛选身体健康、素质达标、满足“人民警察”这一职业要求的青年力量。

表 3–3　公安机关录用人民警察体能测评项目和标准

（1）男子组

项目	标准	
	30 岁（含以下）	31 岁（含）
10 米 ×4 折返跑	13 秒 1	13 秒 4
1000 米跑	4 分 25 秒	4 分 35 秒
纵跳摸高	265 厘米	265 厘米

（2）女子组

项目	标准	
	30 岁（含以下）	31 岁（含）
10 米 ×4 折返跑	14 秒 1	14 秒 4
800 米跑	4 分 20 秒	4 分 30 秒
纵跳摸高	230 厘米	230 厘米

其中，折返跑、长跑与纵跳摸高三项体能测评项目分别考查招录人员不同类别的身体机能，包括爆发力、平衡性、耐力与弹跳性等。这些项目都能通过日常的锻炼得到提升。向同学们建议具体练习和注意事项如下：

首先，折返跑的测试方法为：先从起跑线跑至十米外白线处拿起 1 号木块，转身向起点跑，跑到起点放下 1 号木块，拿起 2 号木块再转身跑向对面，放下 2 号木块，拿起 3 号木块转身跑回起点并越过起点即可。该项是对冲刺爆发力与平衡性的综合考验，需要注意以下两点内容：

①当受测者取放木块时，脚不要越过线，不要发力过猛滑出跑道或者摔倒；

②该项目对转身技巧（特别是单手放手里的木块，另一只手拿起木块顺势转身的技巧）要求高，可以通过日常练习平稳转身节省时间，提高通过测试的可能性。

其次，应对跑步测试，则需要注意跑前心态要放平稳，不要因为过于害怕不及格，导致心理有包袱。通过测评标准来看，整体较为宽松，要意识到测试标准是个大众值。在跑步过程中，注意整体过程保持匀称发力，不要先紧后松，最后脱力。前期尽量跟着大部队跑，最后 200 米再逐渐提速。在日常训练中，注意练习记录单圈时间和整体时间，实现匀速跑，不要先快后慢、先紧后松，要锻炼出自己的节奏。

最后，纵跳摸高的测试方法：准备测试阶段，受测者双脚自然分开，呈站立姿势。接到指令后，受测者屈腿半蹲，双臂尽力后摆，然后向前上方快速摆臂，双腿同时发力，尽力垂直向上起跳。该项是对弹跳力的考验，单手举起触摸固定的高度线或高度标识的视为合格。需要注意的是，在进行跳跃时不要助力，以免被考官定为违规。

选择了警校生活，选择了公安工作，便是担负起人民的期许。周总理讲，“国家安危，公安系于一半”。没有良好的身体素质，以上的一切便成为空谈。因此，希望同学们能够充分利用好大学生涯，做好体育锻炼的规划安排，锻造强健体魄，成长为人民放心的共和国警官！

第三节　心理素质是保障

警校生活，是热血与汗水交织的征程，是责任与使命共铸的熔炉。在这片充满挑战与磨砺的天地里，难免会遇到不理想之事，比如竞选干部失败、遭遇不合理的差别对待。面对这些现象，不同的心理素质对自身成长有着无比深厚的影响。比如有些同学在消化之后会鼓足干劲再出发，但也有太多的同学会因此而一蹶不振、怀疑自己，后者尤其出现在有太多同辈的竞争与压力的警校集体生活中。因此，良好的心理素质宛如坚不可摧的铠甲，是警校学员必备的核心要素。

我们心中对于良好心理素质的认识，是在面对挫折时，如何处理心中或多或少产生的失落感以及一些其他负面情绪的态度。在这里请大家思考，当自己要做一件事情的时候，有没有想过：

①这个事情对你来说真的重要吗？

②如果不重要，那结果又有什么关系吗？

③如果重要，那除了这件事之外，你还有其他的选择吗？

当你回答了这三个问题，再来看所谓的挫折，其实往往大多数是将“看似重要实则微不足道”以及“虽然重要但却并不是无可替代”的问题过于唯一化，从而陷入焦虑的旋涡中，实则是自己给自己的压力。而我们之所以产生心理失衡，很大一部分原因就是没有在错综复杂的信息中认清自我、坚定信念。

那么从自我剖析开始，如何能够拥有一个良好心态呢？

一、天生我材必有用：清楚“要事”，学会少事

要知道，警校是一个小的社会，核心在于提升自己的内核，要想清楚自己要做什么，对此我需要怎么去做？要做哪些事情？所遇到的失败并不可怕，它是你成长路上必不可少的一部分。焦虑感的驱动会让你随波逐流，陷入“内卷”旋涡中，而人生的赛道永远只有你自己。在这个时代下，你首先需要做的就是清楚“要事”、学会少事，从而和警校生活中所面临的不确定性和解。

要素一：清楚“要事”——给自己一个精准定位

“世界上没有完全相同的两片树叶”。自然界是独特的，人也是如此。警校生活中，我们需要知道自己是一个什么样的人，明确自己的目标与方向，清楚自我的优缺点。

一方面，牢记自己的核心目标，它可以为取舍提供判断的依据。例如，对于大多数警校生而言，其核心目标无疑是成长为一名优秀的人民警察。那么在校期间，自我所需要的就是学习专业知识、扎实警务技能以及参与警务实践。这样来看，能够直接或间接提升专业知识与警务实战能力的事项，则应成为优先考虑的对象。另外，学习一些能提高综合素质、特长技能的东西值得花更多的时间，需要你对此进行清晰的规划，一步一步走下去。

另一方面，认识自己的优劣势，它可以让你事半功倍。警校中有的同学身体素质超群，在体能训练和警务战术中表现出色；有的则思维敏捷，在法律知识学习和案件分析方面独具慧眼。了解自己的优势，才能够在相关领域充分发挥，增强自我信心和成就感；同时，也可以取长补短、精准补充，而不是与他人盲目攀比，徒增心理负担。

要素二：学会少事——在自我决策中做取舍

马特·梅洛曾说：“按人类的尺度生活。集中精力做好我们尚有能力做好的少数几件事，而不是纠结于我们无能为力的上百万件事。”

“作为一个‘精要主义者’，我深知自己的能力太过普通，有限的选择下，我舍弃了很多社团、任职、活动，更多的是按部就班学好课业的内容。”一位保研至清华的公大师兄如是说。

在警校生活中，丰富多彩的歌舞活动、各种各样的学科竞赛以及学业规划安排等机会有许多。面对这些，若不加以甄别而盲目参与，就很容易陷入忙碌的旋涡，迷失自己。当然，这也不是让大家“闭门造车”，而是要“先加后减”，精准抉择。这里包含两个方面：

一是“先做加法”，主动探索所需信息。在警校生活中，主动向经验丰富的师兄师姐请教，询问师长和前辈以探讨自我需求，不断地自我反思和检验以收获更多的信息，依据宝贵的前车之鉴，让自己少走弯路。

二是“果断减法”。取舍并非易事，它需要警校生具备坚定的意志和清晰的自我认知。有时看到身边同学在各种活动或者工作安排中崭露头角，就容易冲动地投身其中，而忽略了完成重复性工作所获得的“满足感”常常会成为平衡学习与工作的干扰因素，这些并不是真正的自我所需。例如担任某个学生组织的干部，可能会带来组织活动、管理团队的体验，但如果该组织的工作内容大多是琐碎的行政事务，与警务专业学习和实践相去甚远，且过度消耗时间精力，那么自然就需要谨慎权衡。此外，心态的调整对于平衡学习和工作也至关重要。在面对繁重的学习任务和工作压力时，要学会在忙碌的生活中寻找乐趣，在枯燥的学习和工作中保持热情和动力。遇到困难时，要相信通过自己的努力和合理的安排，一定能够克服，实现学业和“事业”的双丰收。

二、长风破浪会有时：理解“好事”，但行一事

人云亦云，众声喧哗，然而真理何在？耳旁百家争鸣，心中却是空灵一片。

当我们作出一个选择的时候，都会思考自己能不能坚持下去。但是学习是自己的事，抱着一个纯粹的信念，坚定地做你想要做的事，这就是“好事”。即便路途艰难，努力付出也未必能立即看到回报，但正是那份坚持，才会在不久的将来带来醍醐灌顶的领悟，抑或是成长。当然，这个世界一蹴而就的事情太少，要说真正有所成，只能是一步一个脚印。在这个坚持的过程之中，有且只有两个变量，一是自己，二是环境。

就自己而言，“分内之事，做到最好”。这里所讲述的分内之事，是指由自己的身份所带来的事情，比如学生身份所带来的完成学习任务、学习新

的知识，作为部门成员所带来的完成工作安排、组织活动……这都是分内之事。正所谓“风物长宜放眼量”，所有成功的出现不可否认都会有一定运气成分存在，但请学会拥有“把面前的一切做到最好，静待一切日后开花结果”的心态，那么当你再遇到考试或竞赛失利，就不会对此感到后悔，而是可以告诉自己：时也，运也。就像《侠客行》里，一众武林高手齐聚侠客岛参详神功，但无人能破解其中奥妙，而主人公因不识一字，却凭借石壁上所刻画之文字形状参透剑势走向，成就武林第一。因此，不要过分纠结于得失成败，尽所能，不苛求，付诸行动，降低期待，如此就好。学到的便是自己的。

就环境而言，他者即变量。警校生活无疑是身处于社群之中，我们难免会关注同路之人，优秀同辈往往无形之中会带给你压力。萨特曾说“他人即地狱”，这告诉我们，当你过于在意别人的做法与看法时，就会身陷牢笼。同时，“当你去评判他人，要记住世界上不是每一个人都和你来自一样的环境。”从时间维度上讲，我们忽视了别人所付出的成本和努力，而只在意他所得到的结果。因此，光环只是别人的标签，这些并不重要。他强任他强，不要因此丧失了自信心。真正重要的是分析他的方法论，作为自己决策的参考。

亲爱的师弟师妹，很多时候不是你选择了这个制度，恰巧是制度选择了你。菲茨杰拉德说：“我们奋力前行，却如同逆水行舟，回到过去。”生活不是电影，偶然性太多太多。当我们认真去回想，会发现并不是每一件事情都有着绝对存在的必要。一次考试的失利，在茫茫题海之中可能是沧海一粟，不值一提。没有什么是非得不可的，家人、朋友、自己的身心健康……珍惜你现在所拥有的，追求你想拥有的，迷茫并不可怕，因为迷茫意味着希望尚存。在有限的生命里，挺身向前、坦荡赤忱，在心底种花。劳动之余，你会发现没有什么比你和你的梦想更接近对方。

第四节　创新能力是关键

“问渠哪得清如许，为有源头活水来”，我们只有探寻把握事物发展的源头，方能在变化的时代中掌握真正安身立命、实现自我价值的武器——创新能力。创新能力是实现由“0”到“1”的关键一步，是我们成长道路上的核心竞争力，在学业和工作中都必不可少，培养创新能力的道路必定艰辛。

关于“创新”的定义，可谓仁者见仁、智者见智。有些同学会感到困惑，警校生，需要具备“创新”这种能力吗？按部就班地上班工作，完成上级布置的任务，不就是我们的生活吗？这个思想一方面将公安工作想得过于简单机械，另一方面对于“创新”的核心概念没有准确的认识。

一位科研能力较为突出，参与过国家级、省部级科研竞赛并取得一系列成果的同学 A 这样讲道：“在大学本科阶段，我能参与这么多科研活动并且拥有持续下去的动力，主要是源于对突破自我的追求。当我对现实问题感到好奇或者不解时，一步步地运用理论知识或者模型构建将问题抽丝剥茧地分析探明，最终反哺于实践中，这种成就感实在美妙！”

通过不断地学习，突破瓶颈，解决现实问题的能力便称之为“创新”。在这个过程中，创新是驱动力，也是目标；创新既创造了价值，也成为了我们的价值本身。

一、不断学习，敢于尝试

“创新”意味着突破，这需要我们自身具备扎实的功底，也就是站在巨人的肩膀之上。首先，我们要做的是爬上巨人的肩膀。在此过程中，面临的核心问题是：巨人太多，我们应该求广还是求深？

“致广大而尽精微”，大学本身鼓励自由开放的学习，意图是帮助求学之人结合自身的特点长处发现感兴趣的学习方向，而这一点往往难倒了不少人。许多刚进入大学的同学常常会提出这样的问题：“做科研是不是很难呀？怎么才能获奖呢？我没有任何基础，该怎么知道选择哪个方向呢？”这种畏难情绪便是将事情复杂化了，让我们走进一位“挑战杯”一等奖获得选手的科研故事中。

一等奖获得者在他的获奖感言中提到，“这次比赛的选题萌芽远在比赛开始之前。在上必修课程时，老师们通常涉猎各个领域，而且善于旁征博引，有时还会结合社会实际问题启发我们的思考。这其实是第一步，随后有心的同学会带着自己的问题向老师请教，然后利用学校提供的资源，进一步纵深挖掘问题。而像挑战杯一类的科研竞赛给我们提供了一个平台，使我们能够围绕既定的主题和范围将问题的探究、解决过程呈现出来。”

由此看来，知识储备是确定科研选题的重要前提条件。大学的学习强调自主化、自动化，需要我们以兴趣为导向，通过自驱力与自制力，制订规律科学的学习计划，借助大学提供的多元信息平台和强大的师资力量，进行知识的输入。

我们先来梳理一下在不断学习过程中可行的途径有哪些。首先，是我们身边的老师，“师者，所以传道授业解惑也。”老师承担了传授思想理念、教授知识技能和解答学生困惑的职责。在警校中，老师在课堂上反复强调人民警察“立党为公，执政为民”的立场要求，教给我们处置群体性事件、突发事件等场景的必备知识技能。同样，我们不能只被动接收知识，左耳朵进右耳朵出，而是要把知识与实际相联系。哪怕在警校中较难接触社会，也可以通过关注社会热点新闻和地方公安警情的方式加深理论与实践的连接，并及时和老师沟通自己的思考与困惑。接下来，我们需要在老师的指点或是自己检索下挖掘更深层的知识，前往图书馆借阅书籍，登入知网、万方等学术网站检索文献，通过线上线下相结合的方式提高知识储备。

但是同时我们也要认识到，互联网时代下，广泛的信息来源是一把“双刃剑”。不同于以往求学无门的时代，如何有效检索信息并加以利用成为一项更加重要的能力。信息检索主要包括“横向检索”与“纵向检索”两大类，需要我们根据不同场景的要求进行选择或结合使用。在信息检索过程中，第一步面临的问题是无法清晰直接地表达检索内容，即未掌握系统的检索语言，未能把握主题概念与检索词汇间的关系，并按照实际需求将词汇间的逻辑关系表达出来，进而形成检索表达式。这正是编制检索策略的过程。

横向信息检索方式适用于明确主题概念且主题概念较为简单的情形，对思维的发散性要求较低。横向信息检索是指围绕一到三个关键词进行检索，突出强调检索方式以及检索内容来源的多源化，保证在主题词检索范围内，掌握的资料足够丰富。在此过程中，需要形成自身的硬性指标设计，即如何判断资料的丰富性与不重复性。

纵向信息检索方式适用于不明确主题概念，给定范围较为宽泛，需要通过头脑风暴等进行启发的情形。纵向检索是指在广泛的检索途径中，由易到难进行选择，“易”的程度是指其通俗易懂，全文以发散性的思维展开，提供较多思路与概念（如b站、微信公众号等自媒体账号的视频与推文）。“难”的程度是指在检索时要求精准度高，同时内容围绕检索要点进行深度挖掘（如知网、万方、政府政务公开信息等）。

二、发现问题，思考问题，解决问题

在经过第一阶段的输入后，能够为我们发现问题、寻找兴趣点打下良好的基础。接下来，我们需要培养灵敏的“嗅觉”感知，认识到什么样的问题是有价值的，值得我们付出时间和精力去进行探索。

寻求合适的问题目标往往具备以下三个要素——难度适中，能够解决问题并获得成就感。

首先，是难度适中。以在校期间的科研实践为例，在课题选择过程中，要注意创新难度的把握，既不要一味地照搬照抄，也不能天马行空地摩拳擦掌、跃跃欲试。要从自身的知识储备出发，发现可以继续挖掘的小切口，在兴趣和知识的双重驱动下，实现一步一步的创新。在一天的学习备考过后进行总结回顾，反思学习过程中存在的问题（如效率较低、碎片化时间难以利用等），引入艾宾浩斯遗忘记忆曲线或其他模式提升效率。生活中的创新往往能较快给予我们反馈，让我们感受到在生活中做一个“有心之人”能够大大提升生活质量与幸福感。

“最近这段时间真的很累，大家都在准备公安联考，但凡有选拔的考试都是包含残酷竞争的，我本来以为自己没有什么特别的地方，但是在学习过程中，我发现自己平时的很多习惯，都能提升我的学习效率，并让我保持好心态、好状态。比如我会用一个方法学一个周期，接着结合自身存在的问题进行反思总结，发现我已经养成了上午精神状态比下午活跃的生理习惯，那我就会把背诵的记忆回顾工作放到上午执行，下午就用来完成难一点、需要集中注意力的题目和新鲜任务。”

其次，要切实解决问题。这里提到的问题不只限于创新科研类的选题，也包括日常学习和日后工作中面临的实际问题。比如，面对警校生活中常见的警务化管理带来的时间碎片化问题，有的同学停留在口头抱怨、行动拖沓消极的范畴；然而，有些同学能够理解制度背后的设计初心，明确公安队伍中纪律要求的重要性，并且能够进一步尝试在制度框架内探索。

比如，晚上 10：30 熄灯前将内务收拾整洁，第二天早操集合后吃早餐，随后集中记忆英语单词、阅读早间新闻或是回顾温习前一天的知识。在宿舍楼下，总有两三个身影，一大早提着包拿着书站立念书，将碎片化时间高效集中利用，将早操集合作为刺激脑细胞高度活跃的运动方式。原本被很多人吐槽抱怨的一日生活制度中，也有许多可以创新改变的巧思，只有真正付诸行动的人才能收获成长。

最后，要获得成就感。“创新”是一个听着虚无缥缈的抽象词汇，但我们通过“发现问题—思考问题—解决问题”这一路径，能够感知到自身能力的提升。在学习中，接受新知识的速度大大提升，面对困难艰涩的问题不抵触，反而能够迎难而上，有挑战困难的刺激与兴奋感；在工作中，面对新的工作模块，学习、上手快，能够总结成功经验并作出改进提升。因此，面对“创新”这一伴随一生的课题，我们要在长期发展中感知自身成长，通过定期回馈获得成就感。

大学是学术研究的摇篮，我们在这里不仅要学习基础知识，更要学会如何探索、发现和应用新知识。步入工作岗位后，成为独当一面的“大人”意味着面对问题要学会自己解决，并且做到解决得当。创新能力在这个过程中发挥着决定性作用，它使我们不断思考新的问题，提出新的假设，并寻求创新的解决方案。通过参与科研实践、发表学术论文等活动，我们可以锻炼并提升自己的创新能力，这些经历将成为我们职业生涯中的珍宝。

在大学期间，我们总会遇到各种复杂的问题和挑战。“创新”实践帮助我们减少畏难情绪的影响，逐渐学会跳出传统思维框架，从不同角度审视问题，找到更有效的解决方案。长期不经受挑战，只愿意待在舒适区内，便会陷入“不进则退”的旋涡。

挑战即是机遇，在面对 A 同学一同完成科研项目的邀请时，都对该研究方向有兴趣的 C 同学和 D 同学作出了不同的回应：

C 同学：“我没有接触过这方面的任务，担心会出错，我就不参加了。”

D 同学：“虽然我没参与过类似的活动，但是我很感兴趣，而且我学习新东西很快，我希望能够在学习的同时也帮到你。”

事实上，不管最后的结果如何，对于愿意主动接触新事物、学习新技能的 D 同学来说，这一次尝试是成功的。对一个全新的领域“祛魅”，最好的方式就是走近它，掀开其神秘的面纱。相信在此后的生活里，D 同学也愿意作出更多的尝试和改变，在他面前的机会也将更多更精彩。

“其实我一开始没有什么很突出的地方，但是对无人机颇感兴趣，一直当一个兴趣爱好玩着，没想到现在无人机从很小众的领域变成了大家都关注的东西，也就成了新兴的热门治安管理内容。局里需要相关专业知识和技能的人，那我有点底蕴就去琢磨琢磨，没想到，真成为了这块儿的创新人才。这件事真的启发了我，其实创新就是做个有心之人，愿意多琢磨一点儿，比别人多想一点儿。”

——一位民警的自述

当今社会变化迅速，新技术、新思想层出不穷，困难与挑战伴随着变化前来。“发现问题—思考问题—解决问题”，做生活工作中的“有心之人”，才能应对各种变化，成长为公安工作中独当一面的复合型人才。

总之，创新能力在学习与工作生活中都具有不可替代的重要性，是成长成材中的核心素养。我们应该准确认识到创新能力不仅有助于我们提升学术水平、提高解决复杂问题的能力，还能够促进团队协作与领导力的发展，帮助我们更好地适应未来的变化。因此，我们应该不断挑战自我、突破自我，塑造自身的创新能力，为未来成为一名优秀的人民警察奠定坚实的基础。

第五节　独立思考是核心

从入学开始，我们就知道联考的政策是可贵的。社会生活的外在环境已发生根本性的变化，在巨大压力下，人们容易陷入舒适区，形成路径依赖，甚至以此为由随波逐流，而放弃了更多的可能性。警校生活正是如此。尤其对于刚刚结束高中生活、踏入警校的大一新生来说，脱离高中阶段“被规划”的生活，满足自我欲望的乌托邦似乎极具吸引力。然而人生是旷野而非轨道，我们应当突破圈层文化、拓宽视野边界、培养独立思考的能力。特别是作为共和国预备警官，肩负着社会安全责任。从职业性质来看，警察是社会秩序的守护者，执法时既需要严格遵守法律底线，又要在复杂多样的情境中妥善解决群众难题，用温暖提供服务。而警校作为“大学教育”与“警务化管理”的结合体，它既有着严格的规划安排，也在学习、探索职业和人生价值塑造的过程中，帮助学生自然而然地理解并适应严格的社会规则。

因此，学会独立思考，从“被安排”到“在规则中起舞”，是警校生活的核心，也是未来警察生涯不可或缺的部分。

一、开阔眼界：从规划到自主

电影《天堂电影院》中说道，“如果你不出去走走，你就会以为这是全世界”。机会永远留给有准备的人，只有获得了充足信息，才能够在面对问题时拥有自己独特的想法。所谓信息差，即“我知道的，你不知道；我懂的，你不懂”。一旦警校生陷入无法打破“信息差”的困境，那么在面临困惑时将会不知所措、一脸迷茫，甚至会走上一些不可避免的弯路。因此，遨游在茫茫信息海洋中，率先打破“信息差”，才是进行独立思考的基础。

“很多即将毕业的同学在回过头来看自己的四年时，总是会说要是大一的时候就知道这些，或许一切都会更好。”

为避免不必要的沉没成本，少走弯路，以下是整理出来的警校生应当关注的信息。

表 3–3　警校生应当尽早获取的信息

信息类型	具体内容	信息获取渠道
科研竞赛	大学生创新创业训练计划 “挑战杯”“互联网 +”等创新创业训练计划; 各类知识竞赛（如人文知识）与各类学科竞赛（如数学建模）	校园内网中学校相关部门发布的通知；北京市教育委员会官网发布通知；往届师兄师姐（部分比赛需自行报名参加,如数学建模）
校内文体活动	各类校园歌舞大赛、征文比赛、摄影大赛、预备警官讲经典或预备警官讲思政大赛	校园内网中校团委发布的内容或往届内容；往届师兄师姐；团委老师
公安联考	公安联考备考规划、各省份往年岗位表、毕业去向	校园内网中的就业指导信息；往届师兄师姐经验；中队长与任课老师
其他就业渠道	国考、省考、选调生考试；部分国企、事业单位安全保卫相关岗位；部分省份省属警院相关岗位；考研	往届师兄师姐的经验（很重要！许多岗位需要自行报名）；中队长；就业指导中心发布的内容
推免保送攻读研究生	保研推免本校：保研条件和要求、复试备考经验 保研推免至外校: 保外资格获取条件和要求、科研经历、绩点排名要求、参选夏令营优营等相关经验	目标院校研招网；往届师兄师姐的经验
学术论文发表	论文写作方向、写作方法、发表程序、投送期刊等信息	联系感兴趣的学术方向老师；往届师兄师姐的经验
参军入伍服兵役	大学生参军标准、参军材料和具体程序、参军体检及退伍返校后安排	校园内网中学生工作通知；中队长；往届师兄师姐经验

（续表）

信息类型	具体内容	信息获取渠道
专业实习	专业实习地点和内容、时间等具体安排	学校组织：大型活动安保、专业实习 自行寻找公安实习单位实习；往届师兄师姐经验
评奖评优评先	校级奖学金、国家奖学金、旭辉奖学金等获取条件和评选时间 优秀团干、学生干部、班集体、三好学生等荣誉称号评选 入党积极分子、发展党员等相关信息和条件、贫困生补贴、奖助贷、校内三助“勤工俭学岗位”等信息 每学期个人嘉奖、通报表扬评选信息	校园内网中“校属单位通知”一栏关注相应通知；咨询中队长；往届师兄师姐经验
大学生能力提升	驾照；英语四 / 六级、计算机三 / 四级；考证可以考虑雅思、托福、教资、初级会计师、普通话考试等等	网上学习经验帖；学校四 / 六级高分讲座；往届高分师兄师姐经验

另外，参加各类活动竞赛也是锻炼自身认知与思维提升，尤其是提高独立思考能力的重要锻炼途径。通过参加各类活动竞赛，你将学会查找信息源，也能够综合应用自身的各项资源，去整合不同的观点，从中取优去劣，实现目标。在这里，你也可以遇到更多志同道合的人，与他们交流、分享，一起发掘思考问题的不同角度，同时更能反哺自身、极大提升独立思考的能力。

下面根据不同的学科大类，补充一些建议供大家尝试，这些也是被学校认可、含金量较高的科研项目（部分较有含金量的竞赛如数学建模、诗词大会等需自行关注竞赛举办方官网信息）。

表 3–4　科研竞赛项目一览表

	名称
公安学	“挑战杯”全国大学生课外学术科技作品竞赛；“挑战杯”大学生创业计划竞赛；全国大学生英语竞赛（NECCS）；“外研社·国才杯”全国英语演讲 / 写作 / 阅读大赛等等
公安技术学	中国国际“互联网 +”大学生创新创业大赛、全国大学生数学竞赛；全国大学生数学建模大赛；美国国际大学生数学建模竞赛；蓝桥杯全国软件和信息技术专业人才大赛；全国大学生英语竞赛（NECCS）；“外研社·国才杯”全国英语演讲 / 写作 / 阅读大赛；全国大学生机器人大赛等等
法学	全国大学生模拟法庭竞赛；全国青少年模拟政协提案比赛；“挑战杯”全国大学生课外学术科技作品竞赛；“挑战杯”大学生创业计划竞赛；全国大学生英语竞赛（NECCS）；“外研社·国才杯”全国英语演讲 / 写作 / 阅读大赛等等

在这个快节奏的时代，我们常常在警校日常生活中看到无数种选择。部分人选择的舒适生活，似乎在告诉我们，平淡无奇才是人生的真谛。可是，那份平淡真的能让我们感到满足吗？还是说正是为了逃避努力的痕迹，我们选择了那块安静的庇护所？与其说是选择，倒不如说是一种自我安慰。追求卓越并非易事，但你要明确自己想要什么，从而去追求内心的真实渴望。

二、见贤思齐：从“人云亦云”到“总结反思”

进入警校后，我们会遇到许多经验丰富的师兄师姐，他们的建议和经验对于我们来说非常宝贵。然而，听取他人经验的同时，我们也必须保持自己的独立思考，避免陷入“人云亦云”的思维模式。

正如一位刚毕业的师兄所说：“警校不允许讲个性，但却鼓励你保持独立的思维。”

“人云亦云”是一种依赖他人观点而缺乏个人判断的思维方式。在警校生活中，很多刚入学的学生容易受到师兄师姐的影响，听从他们的经验和建议，甚至在一定程度上丧失了自我判断的能力。虽然经验是宝贵的，但我们更应该学会在实践中思考、在问题中总结，学会从他人经验中提取有益的部分，结合自己的实际情况，做出理性的决策。

例如，警校的师兄师姐常常会分享自己在实习或考试中的经历，给出一些“过来人”的忠告。但在这些建议中，往往充满了个人色彩。可是每个人的成长轨迹不同，我们不能简单地照搬他们的经验，而是要学会从他们的经历中找出适合自己的部分，结合自己的优缺点，制订出最适合自己的发展路径。通过不断地总结和反思，我们可以避免盲目模仿他人，逐渐形成自己的判断和思维方式。

以保研为例，进入公大的第一年，对于许多新生来讲，保研似乎是一个遥远但又充满诱惑的目标。为什么要保研？或是听从父母的提议，或是一时兴起，更或是人云亦云、众亦往我亦可往。可是，从各色各样的保研专访中大家可以看出，每个人的学习方式与路径都是不同的，那么在茫茫的信息海中，我们如何找到自己的路？答案是总结反思。下面，我们以一个警校生计划保研的过程为例，通过具体步骤，展示如何在纷繁复杂的信息中筛选、规划并执行目标。

首先在获取足够的信息后，总结得出保研的相关标准：

表 3–5 保研初期准备

时间	主要流程	主要任务	信息来源
大一到大三上	前期准备阶段	排名绩点 英语成绩（6 级 500 以上） 论文 科研竞赛 其他加分项	学校保研政策文件

你会发现，保研是一条很长的战线。面对这样一段独自前行的道路，你可能会遭受到他人的非议、内心上的庞大压力，抑或是“大家都在玩就你在学”的孤独情况。

那么对此，第一阶段，最重要的是要坚持初心，做好心理准备，明确目标、建立方向。要弄清楚“为什么要保研”“怎样保研”“我的优势在哪里”“这 3 年的时间能坚持下去吗”这几个问题。

在做好这些工作后，第二阶段就是发挥自己的长处，从每学期的课程学习和科研竞赛入手。对于课程学习，这个过程仁者见仁、智者见智。很多前人已经总结的资料是很有借鉴意义的，对于不同课程的备考方法，也是可以分门别类地借鉴学习的。对于科研竞赛，可以根据自身资源、专业、兴趣来进行选择，再决定要参加什么样的活动竞赛。

“我觉得保研最重要的有两点，一个是要坚持执行，不要因一时的困难或外界的干扰而放弃自己的选择。坚持在规定的时间内完成每一阶段的任务，不拖延，即便过程中会有质疑和迷茫，也要记住最初的目标。另一个便是自我反思。学海无涯，总是会遇到意外情况，比如某门课明明学习得很认真、很积极却给分很低，这个时候就要及时调整心态，或许是哪个知识点没有掌握到位，切莫认为自己付出了努力却没有得到相应的回报就开始‘摆烂’，要坚信自己可以的。同时，反思并不意味着精神内耗，切莫过度纠结。”

最后来到第三阶段，在大三下学期，除了将手上的项目或竞赛进行收尾外，还需要根据自身排名情况，在确定有希望的前提下尽早着手准备复试备考（女生尤其要尽早开始）。例如公大，保研复试分为笔试和面试，笔试主要考查宪法、刑法和英语知识，这时就又回到了应试技巧上，可以参考师兄师姐的经验进行改良。但是如果要推免外校，就需要根据更多的信息总结出自己所需。

下面是保研外校的具体流程和经验：

表 3-6　保研推免总流程

时间	主要流程	主要任务	信息来源
大三下	保研材料准备	1. 准备保研基本材料 ——个人简历 ——个人陈述（1500 字） ——获奖信息汇总集（荣誉、奖项、论文发表等，汇总到一个 PDF 中） ——专家推荐信 2 封 ——身份证、学生证复印件，证件照 2. 选择目标院校 广撒网、钓大鱼！！！ 3. 专业知识复习 选定目标院校后，根据目标院校的往年面试内容与考研专业课，进行有侧重点的复习 英语方面：自我介绍及基础的口语问答 4. 参营论文撰写 最好要有，发刊不是必须项	材料准备方面 1. 小红书等平台查找搜集 / 咸鱼等二手平台购买同专业学长学姐的材料作为模板 2. 结合自己的特点和优势进行撰写（公安院校——你在公安院校中获得了什么、有什么异于其他学校学生的特点） 院校选择方面 1. 微信保研岛、保研帮等公众号查询专业信息（其他宣传信息有夸大成分，忽悠报班，不必理会。但它们是很好的保研信息整合平台） 2. 学院官网查询学校往年政策文件 专业知识复习方面 3. 寻找往年面试过的学长学姐进行辅导（咸鱼、小红书等社交平台很多）
大三暑假	夏令营	1. 在学院的招生平台报名 2. 学校筛选并发放复试通知 3. 准备并参加夏令营	报名阶段： 1. 保研岛等微信公众号，获取各大院校的开营信息 2. 关注各目标院校的官网与公众号信息 3. 完善资料完成报名 准备阶段： 1. 从学校官网获得老师的研究方向与联系信息，发邮件提前预约 2. 专业知识复习及英语口语准备
大四 9 月	预推免	同夏令营流程 各个学校的预推免时间更容易冲突，需要合理安排	
大四 9 月 28、29 日	研招网填报	对比并选择最终 offer，同时进行网上确认	

通过上述例子希望让你明白，反思与总结的价值，不仅在于帮助我们规避前人的弯路，更在于培养我们独立分析和解决问题的能力。警校的生活既需要遵循规则，也需要保持清醒的头脑——对他人的经验心怀敬意，但绝不盲从；对既定的路径参考借鉴，但始终保有批判性思考。真正的成长，不在于复制他人的成功，而在于从每一次经历中提炼出属于自己的认知框架，最终在纪律与个性之间找到平衡，成为既有执行力又有判断力的预备警官。

中篇

循科学之法

第四章　自我驱动——以终为始驰骋警途

本章旨在深入探讨“自我驱动”的核心理念，分四个小节递进阐述。首先，从内驱力的本质出发，揭示驱使我们行动的真正力量。其次，解决“为啥是我”“为啥现在”“为啥要干”这三个关键问题，帮助读者明确自我定位、把握时机、理解目标价值，从而自主地行动起来。再次，通过阐述内驱力与自我驱动的紧密联系，帮助读者将内心的想法转化为即刻的行动。最后，介绍自我驱动的实现路径——“管”好你自己，即通过有效的自我管理，更好地激发内驱力，实现自我驱动的目标。

在正式阅读本章具体内容之前，请你先在此框内写下对“自我驱动”的理解：

等阅读完后，请再来写下新的理解，并对比看看有什么不同：

第一节 内驱力的本质：我不想干？不，我想干

一、内驱力的概念与内涵

众所周知，人的行为是受需求支配的。一个人积极主动地去做某件事情，无论是出于理性的考虑还是情感的选择，总会在他内心深处存在一个驱使他行动的信念或力量，这就是内驱力。内驱力一词由美国心理学家R.S.Woodworth于1918年首次提出，他将内驱力解释为激起行为的原动力。在心理学领域，内驱力与动机、需要等概念紧密相连，共同构成了理解人类行为的重要框架。需要是个体对某种事物的渴望或追求，而内驱力正是这种需要所产生的推动力量。动机则是内驱力和诱因共同作用的结果，它指导着个体的行为方向。

当我们拥有内驱力时，我们做一件事往往是因为自己感兴趣，做了就很开心很满足。相比之下，如果我们做一件事是为了得到好处，为了追名逐利，即使不想做也咬牙坚持去做，或者有时被逼无奈不得不做，否则将面临严重的后果——在这些情况下，我们的驱动力是外在的，是为了获得奖励或者躲避惩罚，这些就是外驱力。

二、内驱力的心理学基础

内驱力在心理学中是一个核心而复杂的概念。美国社会心理学家马斯洛（Abraham Harold Maslow）于1943年在《人类动机理论》（A Theory of Human Motivation）一书中首次提出需要层次理论（Maslow's Hierarchy of Needs）。[①] 这个理论将人的需求分为五个层次，通常被描绘为一个金字塔结构，从基本的生理需要到高级的自我实现需要。马斯洛后续又提出了认知需求、审美需求和超越需求，将模型扩展为八个层次，帮助人们理解和激励人的行为。马斯洛认为，只有当较低层次的需求得到满足后，人们才会追求更高层次的需求。这一理论强调了个人成长和发展的重要性，并且指出个人的最高追求是实现自我潜能和达到自我实现。

① ［美］马斯洛．马斯洛人本哲学[M]．成明编译．北京：九州出版社，2003.

表 4-1 马斯洛的八个层次模型

马斯洛八层次模型	介绍
生理需要（physiological need）	食物、水分、空气、睡眠、性的需要等。它们在人的需要中最重要，最有力量
安全需要（safety need）	人们需要稳定、安全、受到保护、有秩序、能免除恐惧和焦虑等
归属与爱的需要（belongingness and love need）	一个人要求与其他人建立感情的联系或关系。例如：结交朋友、追求爱情等
尊重需要（esteem need）	马斯洛将其分为两类：（一）尊重自己（尊严、成就、掌握、独立），（二）对他人的名誉（例如地位、威望）或尊重或仰望
认知需求（Cognitive needs）	认识和理解、好奇心、探索、意义和可预测性需求（马斯洛，1970a）
审美需求（Aesthetic needs）	欣赏和寻找美、平衡、艺术等（马斯洛，1970a）
自我实现需要（self-actualization need）	人们追求实现自己的能力或者潜能，并使之完善化
超越需求（Transcendence needs）	一个人的动机是超越个人自我的价值观

此外，美国心理学家理查德·M. 瑞安（Richard M.Ryan）和爱德华·L. 德西（Edward L.Deci）在 20 世纪 70 年代提出了自我决定理论（Self-Determination Theory, SDT），[①] 并盛行至今。这个理论告诉我们，每个人生来就有着自发的动力，也就是内驱力。而这种内驱力的根基有三个：胜任需求、归属需求和自主需求。当这三个基本心理需求都得到满足时，内驱力就会非常强烈，推动人不断向前。所谓胜任需求，是指在个人与社会环境的交互作用中，能感受到自己是有用的，是有机会去锻炼和表现自己的才能的；归属需求，则是指个体感觉到被接纳和支持，有一种从属于其他个体和团队的安全感，与别人建立起安全和愉悦的人际关系；自主需求，则强调的是个人能感知到作出行为是出于自己的意愿，即个体的行为应该是自主决定且能够自我调控的。自我决定理论尤其重视自主的需求，认为个体的自主需要越能得到满足，则他的行为动机就越趋于内化。

① ［美］皮特里．动机心理学［M］．郭本禹译．陕西师范大学出版社，2005.

三、内驱力在行为中的作用

内驱力在个体行为中发挥着至关重要的作用。它不仅能够激发个体的行动力，更在行为过程中持续调节与优化。当一个目标符合个体的需要时，内驱力就会促使个体产生追求该目标的动机，进而推动个体采取相应的行动。同时，内驱力还能够根据目标实现的情况调整个体的行为强度和方向，确保个体能够高效地实现目标。值得注意的是，内驱力的作用并非孤立存在，而是与外部环境中的诱因相互作用，如奖励、惩罚等。二者共同作用，形成个体的动机系统，指导着个体的行为。综上所述，内驱力的本质就是个体内心深处那份源自“我想干”的强烈愿望，如一只无形的手推着我们行动。

第二节　三连问找到内驱力：为啥是我，为啥现在，为啥要干

上了警校之后，我相信有些人有过后悔的瞬间。你也许会偶尔抱怨，每天的定时集合到底有什么意义？走队列是为了“好看”吗？你无法认同这样的管理制度，重复的、枯燥的生活节奏仿佛让人又回到了高中。但不同的是，你不再被高考的压力束缚。所以当你拥有了可以自由支配的时间，你选择躺在床上玩手机，在电脑前沉浸式打游戏，在每一次自习的时间聊天、发呆、无所事事地浪费时间。你突然觉得，这几年就这样懒散地过去就好，只要在最后联考时冲刺，就能有一份体面的工作。

以上就是内驱力慢慢消磨的场景。我想你在选择躺平的时候也会感觉到些许焦虑和空虚，然后想方设法逼自己去做一些看起来不那么懒散的事情，想办法认同这里的制度，从而少一些抱怨，多一些动力，但你总是被几个问题打回原形：为啥是我？为啥现在？为啥要干？这三个问题正好对应内驱力的核心，即自我认知、时机把握和行动动机。本节将深入探讨这三个问题，帮你找回在警校“丢失的”内驱力。

一、为啥是我？

“为啥是我？”这个问题首先要求我们进行自我认知。自我认知是指个体对自己的认识，包括自己的能力、性格、价值观和目标。只有深入了解自己，

我们才能明白为何是自己而不是别人来承担某项任务或追求某个目标。来到警校，每一个人都经历了高考、体检、体测的层层选拔，我们之所以能够站在这里，是因为我们具备了一定的素质和能力，这些是我们的资本，也是我们的责任。

我们选择警校，就意味着选择了一条不同于常人的道路，一条相比于普通大学更受约束的道路。或许你会说：这不是我选择的，是我的父母帮我选择的。但请思考，即使这是父母的建议，你依然拥有选择的权利。上警校、当警察不是唯一的出路。有人花费四年的时间沉淀自己，找到了人生目标和意义，毕业后，或攻读硕士、或出国深造、或另谋他职，无论如何最终都实现了自我价值。如果为了对抗父母的决定而虚度时光，得不偿失。况且，警校的生活并非只有枯燥和重复。在这里，你会遇到来自五湖四海的同伴，通过警训和各种实践活动，你会收获比其他学校更为深厚的情谊。在这里，你一样可以拥有无比广阔的人生，甚至还多了与众不同的警色青春。

所以，当你再次面对“为啥是我”这个问题时，希望你能从内心深处找到答案：不是因为你被迫选择了这条路，而是因为你有能力、有潜力、有价值。

二、为啥现在？

“种一棵树最好的时间是十年前，其次是现在。”行动的最佳时机就是当下。

在正确的时间做正确的事情，可以最大化效率和效果。大学四年，它首先是你青春中最宝贵的四年，然后才是“在警校读书”的四年。不要等到毕业才后悔没有珍惜这段时光，没有充分利用时间来提升自己。过去，你所有的奋斗和努力都是为了高考，承载着父母和老师的期待；未来，你要把自己交给工作和家庭，快节奏的生活才是你的常态。只有现在，你拥有充足的时间、充沛的精力、丰富的资源去提升自己。这四年，是完完全全属于你自己的四年。

面对这样的自由，你想要如何使用？是对着手机屏幕，让时间在指尖悄悄溜走，还是拿出上课记的笔记多看几遍？是沉迷于虚拟的游戏世界，还是换一身衣服，去田径场上多跑几圈？

你想要浪费这些“自由”吗？我想你心中已经有了答案。

三、为啥要干?

在警校的日常生活中，每一次的集合、每一次的队列训练，都是为了培养我们的纪律意识和集体意识；每一次的早起、每一次的长跑，都是对身心素质和意志力的锻炼。这些看似枯燥的训练，实际上是在潜移默化中塑造我们的警察职业素养。这些警校经历，虽然在当下可能让你感到疲惫和烦躁，甚至有种被支配但无法挣脱的无力感，但它们终将成为你未来职业生涯中一笔宝贵的财富。

我想从未来的视角告诉你，这些制度所培养的秩序感、意志力是其他学校所无法比拟的。当你再遇到类似严格制度的工作环境时，你会发现自己比其他人更加从容不迫，在听到别人的抱怨时，你心里想的可能是：“就这？”

所以，不要小看这些日常的训练和制度，它们是铸就你未来成为一名优秀警察的重要步骤，更是塑造你坚毅性格和坚定信念的关键过程。当你开始理解这些条条框框背后的深层意义时，那些由严格制度带来的反感和烦躁也随之烟消云散了，或许你会觉得：其实这很“酷”。你开始认同警校生这个身份，开始认同你自己——你知道你的价值不止于此。它们将成为你内驱力的源泉，激励你做一个向上成长的人。

第三节　内驱力与自我驱动：从“我想干”到“我现在就干”

一、自我驱动的概念与内涵

自我驱动是指一个人在进行某项任务或完成某个目标的过程中，能够自发地激励自己，不需要外部的引导或强制命令，通过内在的动力驱使自己持续前进。很多人经常提及自我驱动，但仅仅是停留在字词表面，对其内在含义领会不深。这种情况下，很多人将自我驱动等同于主动，但这两个词却有着天壤之别。主动是一种外显态度，有意识地控制行为进行自我表现，其真实想法往往与表现不一致；而自我驱动是一种内隐态度，内为所想与外在行为表现出高度一致，而且这种一致性往往是自发的。

举例来说，假设在警校中有两名学生，一名是区队长，另一名是普通学生。

区队长在组织队列训练时，即使自己感到疲惫，也会因为责任感和区队长的身份而主动地完成任务。然而，如果这名区队长内心并不真正认同严格的队列训练的价值，那么他的主动可能只是出于对规则的遵守和对上级命令的执行。而普通学生，如果他本身就对警务工作充满热情，那么他内心就会真正相信这些训练对于成为一名优秀警察有很重要的作用，从而认真刻苦训练。在这种情况下，他的行为与态度是高度一致的：他的态度影响了行为，行为也反过来塑造了态度，典型的知行合一。

由此，大家可以发现，自我驱动可进一步细分为态度和行为。探究自我驱动也是探究态度和行为之间的关系。计划行为理论（Theory of Planned Behavior，TPB）认为，行为意向受行为态度、主观规范和知觉行为控制的影响，从而对行为进行预测。

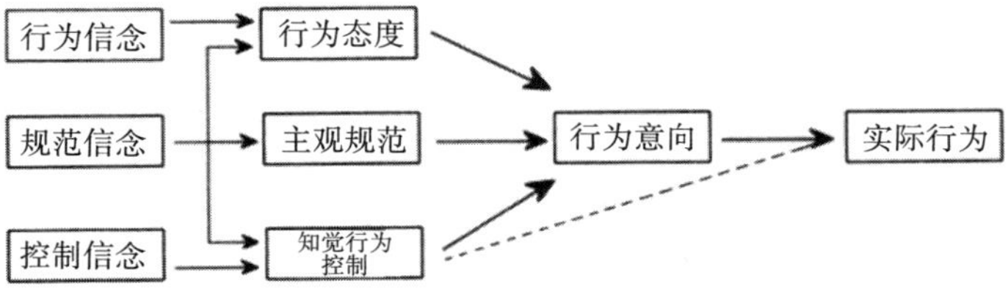

图 4-1　计划行为理论模式图

从这个角度看自我驱动，我们可以获得一些启发：自我驱动行为需要满足三个关键要素，一是个体的态度是正面积极的，二是主观受到期望或压力，三是对自我行为具备控制感。

而在警务化管理制度背景下，我们不难发现，警校生的成长与发展同样遵循着一种自我驱动的逻辑。正如自我驱动机制可以细化为态度与行为的双重维度，警务化管理下的警校生也需具备与之相契合的三个核心要素——职业认同感、团队期望以及自我效能感。

具体而言，职业认同感作为警校生内在态度的体现，它要求警校生对警察职业充满热爱与尊重，视之为实现个人价值与社会责任的途径，这种正面的职业态度能让你在日常的学习活动中感受到意义与价值。团队期望则类似于自我驱动中的“主观受到期望或压力”。在警务化管理中，对集体意识的培养要重于单纯个人能力的提升。集体意识不仅仅是通过规章制度和纪律要求来实现的，更重要的是通过日常的文体活动、课堂氛围、实战训练等逐步形成。当你拥有了一定的集体荣誉感，这或许能激发你去做一些有利于个人、超越个人利益且为集体争光的事情。自我效能感，是指对自己能否利用所拥有的技能去完成相关任务的自信程度。研究表明，警校生的自我效能感越高，则学习动机越强，拖延行为越少。而这种自我效能感也需要通过日常的学习和训练建立起来。

这三个部分共同构成了警校生自我驱动的心理基础，影响着我们的行为意向和实际行为。通过理解和强化这些因素，可以帮助警校生更好地融入集体、提升自己。

二、自我驱动与内驱力的相互关系

自我驱动与内驱力，这两个概念在心理学和行为科学中经常被提及，它们是激励个体行动的两大核心动力。尽管在日常语境中，人们有时会将这两个概念混为一谈，但实际上，它们各自有着独特的内涵和作用机制。

如前所述，自我驱动，是指个体为了实现个人目标或完成某项任务，能够自发地调动内在动力，不需要外部的引导或强制命令。这种驱动力源自个体的内在态度和信念，它使得个体在面对挑战和任务时，能够展现出积极主动的行为。内驱力，又称为内在动机，是指个体因为活动本身的乐趣、满足感或个人兴趣而自然产生的动机。内驱力不依赖外部奖励或压力，而是源自个体对某项活动或任务的内在兴趣和满足感。自我驱动与内驱力的联系，可以从以下几个方面进行探讨：

（一）共同作用于行为

自我驱动和内驱力虽然源自不同的心理机制，但它们都能显著影响个体的行为。自我驱动通常与个体的目标追求和成就欲望相关，它驱使个体为了实现特定的目标而采取行动。这种动力往往与个体的自我效能感、对成功的期望以及对挑战的应对策略紧密相连。例如，一个自我驱动的学生可能会为了获得好成绩而努力学习，即使学习过程很枯燥乏味。内驱力则更多地与个体对活动本身的兴趣和满足感相关。它使得个体在没有外部奖励的情况下，仍然愿意投入时间和精力去探索和学习。内驱力强的个体往往对新知识、新技能有着浓厚的兴趣，他们乐于探索未知，享受学习的过程。例如，一名对刑侦工作感兴趣的警校生可能会在课余时间自发地阅读和研究案例，享受侦破案件的过程。

当自我驱动和内驱力共同作用于个体行为时，它们可以形成一个强大的合力。个体不仅会因为对目标的追求而保持动力，同时也会因为对活动本身的兴趣而保持持久的热情。这种合力使得个体在面对困难和挑战时，更有可能坚持下去，并在过程中找到乐趣和满足感。

（二）相互促进、相互转化

自我驱动和内驱力不仅可以共同作用于行为，它们还能够相互促进、相互转化，形成良性循环。当个体因为内驱力而投入某项活动中时，他们可能会因为这种投入而获得成就感和满足感，同时反过来又增强了他们的自我驱动。例如，一名对刑事侦查学有浓厚兴趣的学生，他可能会自发地花时间研究过去的案例，学习犯罪心理学，并参与模拟侦查活动。这种对侦查工作的热爱和兴趣（内驱力）使得他在学习和实践中表现出色，让他获得了学习的成就感，这种成就感或许会驱使他在其他学科上也自愿地花费更多时间去获得好成绩（自我驱动）。

同样，自我驱动也可以促进内驱力的发展。当个体为了实现某个目标而持续努力，并最终取得成功时，这种成功体验可能会增强他们对相关活动的兴趣和热情。例如，一名警校生可能最初是为了满足毕业要求而学习法律课程（自我驱动），但随着对法律知识的深入理解，他们可能开始对法律的公正性和应用产生兴趣（内驱力）。这种兴趣反过来又增强了他们学习法律的自我驱动，使他们更加投入和努力。

在促进自我驱动和内驱力的相互转化方面，环境和文化因素起着关键作用。一个支持性和鼓励性的学习环境可以帮助个体将自我驱动转化为内驱力，而一个充满挑战和机会的工作环境则可以帮助个体将内驱力转化为自我驱动。此外，个体的自我认知和自我调节能力也对这种转化至关重要。个体需要认识到自己的兴趣和激情所在，同时也需要学会如何设定目标和采取行动，以实现这些兴趣和激情。

三、从内驱力向自我驱动转变的实际困难

如前所述，从内驱力向自我驱动的转变是一个涉及个体心理、行为和环境因素的复杂过程。为什么我们要专门探讨“从内驱力向自我驱动转变”呢？

因为我们所关注的并非源于外在激励如奖学金或荣誉评定等功利性目标的驱动行为。相反，本文旨在深入分析那种源自内在动机的自我驱动力量，即个体是出于丰盈自己的愿望，而非单纯的外在奖励，从而激发并维持其持续努力和自我发展的内在动力。

当然，这种转变在很多人心里面临着重重困难。

（一）内心预期与实际“脱轨”

内心预期与现实的落差会削弱警校生的学习热情。举个例子，我相信有很多警校生对法律有天然的兴趣，朴素正义观让你们希望能通过学习法律课程建立自己的执法知识体系，从而在未来警务工作中能够以严格规范公正文明执法来捍卫社会公平正义。然而在深入学习法学类课程的过程中，面临着一系列复杂的挑战，尤其是在理解和应用法律理论知识方面。首先，法理学课程中充斥着大量的抽象概念和理论框架，这些内容不仅难以理解，而且难以把握其在实际警务工作中的应用价值。这种宏大且模糊的概念，往往会削弱学生对法学课程的兴趣和学习动力，因为你们可能会怀疑这些理论知识的实际意义和应用场景。例如，法理学中的正义理论、法律解释方法以及法律与道德的关系等议题，虽然在学术上具有深刻的意义，但这些内容似乎距离你们的职业实践较远，况且内容深奥难以理解领会，不清楚这些抽象的讨论如何转化为具体的执法行动。因此很多学生认为，“研究不透彻就等于没研究，那干脆就别浪费时间了”。这不仅影响了你们对法学知识的理解，也可能削弱了你们对法律的喜爱。

另外，警校四年需要同学们系统学习的法律课程众多，法理学、刑法、民法、商法、行政诉讼法等各类法律课程多达十几种，而警校由于实习、实训、警务化管理集训等安排众多，可安排的课程数量较少，学院为确保同学们可以系统全面地学习各种法律知识，对单一门类的法律课程教学安排往往不够深入，这也使得想要深入学习相关知识的同学需要很强的自我学习能力和总结归纳能力，因而大部分同学刚开始学习时都是满怀期待，但是在课程完结后往往一知半解，除了应付考试外在应用上两眼一抹黑，如果长期不能打破这类僵局就会丧失内生动力，甚至产生“警校学习无用”的错误结论。

此外，法律条文的复杂性、法律体系的庞大和不断更新的特性意味着学生必须投入大量的时间和精力来掌握和记忆各种法律规则和条例。这种学习过程往往是枯燥和艰巨的，尤其是在缺乏有效案例和实践情境的情况下。同时司法实践的不断发展，也要求学生不仅要掌握现有的法律知识，还要能够适应和理解新的法律发展。这种快速变化的环境可能会让学生感到跟不上节奏，难以在不断变化的法律实践中打下稳定的学习基础。2025 年公安联考时，各类新修订的行政法规以及司法解释的改变让复习迎考增加了很多难度，不少同学因此叫苦不迭。

在警务实践中，法律知识的运用是很灵活的，这对于习惯于标准化操作和程序的警校生来说是一个不小的挑战。你们可能会发现，课堂上学到的法律规则在实际案件处理中并不总是能直接适用，而是需要结合具体情况进行分析和判断。这种对法律知识的深层次理解和应用能力，往往超出了传统法学课程的教学范畴，使得警校生在实际工作中感到力不从心。因此，你对法律的兴趣可能也就止步于——每一堂课都认真听过。

（二）时间和资源的限制

警校生的日常生活和集合安排是高度规律的，这种安排在塑造纪律性和专业性方面发挥着重要作用。但是很多警校生并不认可这种集合制度，认为这打乱了他们的学习安排计划。例如，你希望在上午没课的情况下，8 点到图书馆自习感兴趣的内容，中午在图书馆休息，一直待到晚上才回宿舍。但现实情况是，早午晚的集合让你难以实现这一计划，碎片化的时间让你很不习惯，这导致你每天都完不成自己制定的学习任务。这种时间上的约束不仅削弱了你深入探索知识的愿望，同时也减少了将内驱力转化为自我驱动的机会。你感觉自己的学习和生活被严格规划，缺乏自主性和灵活性，从而感到挫败和不满。

此外，资源的有限性也是警校生在发展自我驱动时面临的一个重要问题。例如，缺乏获取最新法律研究和案例分析的途径，或者缺乏参加校外实践活动、研讨会、培训项目以及与专业人士交流和讨论的机会。

教学工作和警务化管理工作的分开让同学们对负责警务化管理的中队长比较熟悉，但对于想深入钻研学术的同学们来说，除了上课之外很难与学院的老师有所交集，在遇到学术困难时往往感到迷茫，缺少可以及时指导的老师。

（三）自我效能感缺失

自我效能感缺失导致警校生在面对挑战时缺乏自信，减弱了他们将内驱力转化为自我驱动的动力和能力。比如在法律类课程中，以刑事诉讼法课程为例，学生为了深化对法律知识的理解，往往会寻求课程之外的资源，如相关案例分析和记忆技巧，这些辅助学习的手段本应促进学习效果的提升。但是，如果警校生缺乏对自己理解和掌握复杂法律知识的信心，他们可能会倾向于回避挑战，只选择学习那些看似简单且易于理解的内容。这种选择性的学习行为虽然在短期内可能减少了学习难度，但从长期来看，却可能削弱他们面对更复杂法律问题时的应对能力。此外，如果在课堂讨论或案例分析中，学生未能将这些额外学习到的知识融入其中，可能导致他们在实际应用中感到力不从心，产生一种平时是在浪费时间的错觉，从而不再愿意花费额外的时间。

在警务实战课程中，自我效能感同样发挥着重要作用。警校生需要掌握的技能包括一些基础的格斗技能、战术配合等，这些技能的掌握对于他们未来的执法工作至关重要。但是如果在平时课程训练中，始终觉得自己做起动作来十分别扭，或因体型等因素认为在实战中不占优势，便会开始对自我能力感到怀疑，认为继续努力学习亦难以达到预期效果，产生“学了也没用”的负面情绪。这种负面情绪可能会导致他们丧失对实战课程的兴趣，甚至产生“混训练”的念头。

此外，在实习和一些重大活动的安保期间，警校生有机会亲身参与到接处警、巡逻、办案等警务工作中，这些活动能够增强警校生对警察职业的理解与认同。然而，由于缺乏实际操作经验和对警务工作流程的不熟悉，警校生在实习中可能会遇到各种困难。例如，在接处警时无法迅速理解诉求并做出反应，在巡逻过程中面对群众的求助一问三不知，或在办案过程中忽视了一些程序性的要求等。这些经历可能导致警校生对自己的职业能力产生怀疑，认为自己在实际操作中“笨手笨脚”。这些小失误在他们的内心无限放大，他们可能会担心自己的不足影响到集体的形象，从而产生内耗情绪，这种负面情绪会影响他们对警察职业的信心与热情。

这些困难不仅考验着警校生的适应能力和心理素质，也是他们能否成功实现自我驱动的关键。然而，正是这些挑战，为警校生提供了成长和进步的契机。在接下来的章节中，我们将深入探讨如何通过有效的策略和方法，帮助警校生将这些挑战转化为自我驱动的动力，从而在警务职业的道路上不断前行，实现自我超越。

第四节　自我驱动的实现路径：“管”好你自己

在探讨了自我驱动的概念、内驱力的本质，以及警校生在从内驱力向自我驱动转变过程中所面临的挑战之后，我们来到了实现自我驱动的关键一步——“管”好你自己。这一节将作为第四章的收尾，为后续章节深入探讨自律管理、时间管理和精力管理打下基础。

自我驱动的实现，并非一蹴而就，它要求个体能够在没有外部压力的情况下，自主地调整行为、管理自我，以达成既定目标。在警务化管理的背景下，警校生面临着严格的纪律要求和规范化的生活模式，这在一定程度上有助于培养你们的自律意识。然而，自我驱动的实现不仅仅依赖于外在的纪律约束，更关键的是内在的自我管理能力。这种能力涉及如何有效地自律、如何合理地规划时间，以及如何科学地分配精力。

一、自律管理

自律是自我驱动的基石。它要求个体能够自觉地遵守规则、控制冲动，并持之以恒地追求目标。在警校的学习和训练中，自律表现为对规章制度的遵守、对训练任务的认真执行，以及对个人行为的自我监督。然而，真正的自律并不仅仅是对规则的机械遵循，它更是一种内在的自我约束，一种即使在没有外部监督的情况下也能保持的行为准则。例如不少警校都有监控和督查巡逻的盲区，这些地方往往成为缺乏自我约束同学的“净土”，然而殊不知，这种只能在外部监督下才能遵守规则的行为会严重影响自律习惯的养成，稍有松懈便会功亏一篑。

自律管理的核心在于自我认知和自我调节。警校生需要认识到自己的长处和短板，明确自己的职业目标和个人愿景，从而激发内在的动力。例如在开学第一学期，学院往往会组织多次体能测试、课外活动、学习考试，警校生应当在入学探索的黄金时间，通过学院的各项考核活动快速认识到自己的长处和短处，进而做好大学四年的学习生活规划，为未来的职业规划做铺垫。

同时，还需要学会自我调节，控制那些可能干扰目标实现的冲动和欲望。这需要强大的意志力和持续的自我监督，但通过不断的实践和锻炼，这种能力是可以培养和提高的。

二、时间管理

时间是宝贵的资源，对于警校生而言，如何在有限的时间内实现最大化的学习效果和技能提升，是你们必须面对的挑战。时间管理不仅仅是关于如何分配时间的问题，更是关于如何提高时间使用效率的问题。有效的时间管理能够帮助警校生更好地平衡学习、训练和休息时间，确保每一分每一秒都能被高效利用。

在警务化管理的环境中，警校生的日程往往被安排得满满当当。这意味着我们需要学会在规定的框架内灵活地调整空间，合理安排自己的学习和生活。时间管理的关键在于找到适合自己的节奏，制定合理的计划，并严格执行。例如，善于适应的同学往往会先行了解学院的各项时间规定，在了解规则的前提下合理安排自己的课余时间，遇到事情一味地抱怨时间零碎、不足不仅无法解决当下困境，更不利于自我规划能力的养成和环境适应能力的提升。

三、精力管理

精力是行动的动力源泉。一个人的精力水平直接影响到他的行动效率和持久性。对于警校生而言，保持良好的精力状态对于应对高强度的学习和训练至关重要。精力管理涉及如何合理分配体力和心力，如何在碎片化的时间安排中保持精力的合理利用。警校生的精力管理不仅包括保持充足的睡眠和适当的休息，还包括如何通过合理的饮食、适量的运动和有效的压力调节来维持精力水平。此外，精力管理还涉及如何在面对挑战和压力时保持积极的心态，如何通过自我激励和目标设定来激发内在的动力。

在接下来的章节中，我们将深入探讨自律管理、时间管理和精力管理的具体内容和实践方法，帮助警校生更好地“管”好自己，实现自我驱动的目标。通过这些章节的学习，希望能够给你们带来更具体的工具和策略，以促进你们的个人成长和职业发展。

第五章 精力管理——劳逸结合方能张弛有度

本章深入探讨精力管理的四个关键维度：意志精力、体能精力、情感精力和思维精力。[①] 意志精力通过实际场景展示了意志力的挑战，并提供了坚持与克服困难的策略。体能精力部分着重于健康的生活习惯，如合理饮食、充足睡眠和适量运动，以维持体能的平衡。情感精力部分探讨了如何积极调动情绪和应对情绪波动，为警校生提供了情绪管理的实用技巧。思维精力部分则聚焦于灵活思考、专注力和乐观态度，确保警校生在从警之路上能够清晰思考和有效解决问题。本章旨在帮助警校生认识和优化精力资源，实现更高效的学习和训练。

在正式阅读本章内容之前，请你先在此框内写下对“精力管理”的理解：

等阅读完后，请再来写下新的理解，并对比有什么不同：

① [美]吉姆·洛尔，托尼·施瓦茨．精力管理[M]．中国青年出版社，2018.

第一节　意志培养：是坚持打卡的动力泵，还是挑战自我的紧箍咒

在中国古代文学中，许多诗句都蕴含着对意志力的赞美与思考。比如，孟子说："故天将降大任于是人也，必先苦其心志，劳其筋骨，饿其体肤，空乏其身，行拂乱其所为，所以动心忍性，曾益其所不能。"再如，"宝剑锋从磨砺出，梅花香自苦寒来"。从这些话语里我们能感受到，意志力和成功是分不开的。但是意志力到底是什么？它一定是让人痛苦的吗？它有什么作用？希望通过本节学习，能让你对意志精力有一个清晰的了解，并能有意识地培养自己的意志力。

一、意志力的概念和重要性

意志力，这一概念在心理学领域占据着举足轻重的地位，它是人类行为学、认知科学和哲学探讨的核心议题之一。在日常生活中，我们经常将意志力与自控力、自制力和专注力等词汇相提并论，它们共同构成了个体行为调节的内在机制。然而，意志力的含义远不止于此，它是一种更为深层次的精神力量，涉及个体如何主动地控制自己的注意力、思维、情绪和欲望，以及如何引导自己的行为。

意志力的强弱直接影响到个体的决策质量、行为效率和目标达成的可能性。罗伊·鲍迈斯特（Roy F. Baumeister）和约翰·蒂尔尼（John Tierney）在《意志力：关于自控、专注和效率的心理学》一书中进一步强调了意志力在个人和社会问题中的核心地位。他们认为，最主要的个人问题和社会问题，核心都在于缺乏自我控制，自我控制就是意志力。这一论断不仅在心理学领域引起了广泛的关注，也在公众领域产生了深远的影响。它促使我们重新审视意志力的重要性，并探索如何通过培养和提升意志力来解决个人和社会层面的问题。

二、从心理学角度理解意志精力

意志力是一种能主动控制大脑的注意力、思维、情绪和欲望，以及引导自己行为的精神。这听起来是不是很抽象，像一种特异功能。为了更直观地

理解意志力，我选取了一些心理学实验来帮助大家。

（一）意志力的有关心理学实验

1. 萝卜实验

萝卜实验是由佛罗里达州立大学的心理学家罗伊·鲍迈斯特（Roy F. Baumeister）进行的，旨在探究意志力的极限。实验人员把饥饿的学生随机分成两组，一组只能吃曲奇饼，另一组只能吃萝卜，并且把这两组人安排在同一个房间里，这样只能吃萝卜的那组学生就需要抵制曲奇饼的诱惑。结束后，实验人员让这些学生解数学几何题，想看看他们能坚持多长时间。实验结果是，吃曲奇饼的那组学生，平均坚持了 20 分钟，而萝卜组的学生仅坚持了 8 分钟。原因是萝卜组的学生为了抵制曲奇饼的诱惑，消耗了很多意志力，导致他们没有更多的意志力去解几何题。

这个实验证明，人类在抵制诱惑或专注做事的过程中，都需要用到意志力，而意志力是有限的。人的专注力会随着意志力的消耗而消耗。

2. 看电影控制表情实验

实验人员把被试者分成了三组，让第一组被试者在看电影的过程中压抑感受、不表露情绪（面无表情组），让第二组被试者在看电影的过程中把情绪放大、面部表情表现得更夸张（表情夸张组），第三组被试者作为对照组，只需正常地看电影，这样他们的表情就是最自然的（表情自然组）。实验中播放了一部很悲伤的电影，按照实验要求，面无表情组和表情夸张组都要控制自己的情绪和表情，一组要表现得无动于衷，另一组则表现得痛哭流涕。

看完电影后，所有人都进行了一个耐力测试——握手器训练。实验结果显示，表情自然组在观影前后的握力表现无显著差异。但是其他两组被试者在观影后的握力测试中表现下降，且两组间的差异不显著。

实验证明，不管是压抑情绪还是放大情绪，只要是控制情绪都会消耗意志力，即“伪装”是有成本的，人的耐力也会随着意志力的消耗而消耗。

3. 棉花糖实验

棉花糖实验是由斯坦福大学的心理学家沃尔特·米歇尔（Walter Mischel）围绕“儿童如何学习抵制即时满足”这个问题进行的一系列研究。在这个实验中，4 岁的孩子们被分别带到一个房间，实验人员向孩子展示一颗棉花糖，告诉他们自己要离开房间一会儿，他们可以随时把面前的棉花糖吃掉，但是如果孩子等到自己回来再吃，就可以多吃一两颗棉花糖。实验结果显示，孩子们在面对即时奖励时，表现出不同程度的自我控制能力。他们为了抵抗诱惑，采取了各种策略，如转移注意力、遮住眼睛等，这些策略帮助他们成功地延迟了对即时奖励的满足。

米歇尔的后续研究跟踪了参与实验的孩子们，发现那些在棉花糖实验中展现出较强自我控制能力的孩子，在后来的学业成绩、社交能力和身体健康等方面也表现得更好。

4. 脏袜子之谜

“脏袜子之谜”源自20世纪70年代斯坦福大学心理学家达里尔·贝姆的研究。他预期“按时完成作业”与“每天更换干净袜子”之间存在正相关，因为这两项行为都反映了个体的责任感。然而，实际数据分析却揭示了两者之间的显著负相关性，即那些按时完成作业的学生并不倾向于每天更换袜子。

数十年后，澳大利亚心理学家梅甘·奥腾和肯·程对此现象进行了深入研究。他们推测，这可能是因为学生们在学期结束时，为准备考试和提交作业而消耗了大量意志力，导致他们在其他方面的自我控制能力下降，包括日常卫生习惯。研究结果表明，考试季节学生的自制力下降，不仅表现在实验室的自制力测验中，也反映在日常生活中，如锻炼减少、吸烟增加、饮食习惯恶化等。

这一现象说明，意志力是有限的资源，当在某一领域（如学业）过度使用后，可能会在其他领域（如个人卫生）表现出自制力的减弱。这种自我损耗效应提示我们，意志力的分配和保存对于维持高效能的自我控制至关重要。

5. 斯特鲁普任务

斯特鲁普任务（Stroop Task）是心理学中一个经典的实验，用于研究认知控制和干扰处理。该任务由心理学家约翰·里德利·斯特鲁普（John Ridley Stroop）在1935年首次提出。实验的基本设计是向参与者展示一系列颜色名称的单词，但这些单词的墨水颜色与其名称所代表的颜色不一致（如单词“红色”用蓝色墨水印刷）。参与者的任务是尽快并尽可能准确地说出单词的墨水颜色，而不是阅读单词本身。

实验中，参与者在面对颜色名称与实际颜色不一致的单词时，往往会受到显著的干扰，导致反应时间延长和错误率提高。这种干扰效应，即斯特鲁普效应（Stroop Effect），揭示了大脑在处理信息时的自动化和控制过程之间的冲突。当两个同时呈现的刺激（如颜色名称和墨水颜色）要求大脑进行不同的任务时，自动化的阅读过程会干扰颜色命名任务，从而减慢反应速度。

此外，还有很多与意志力有关的实验，比如“不想白熊”实验、多伦多的“头盔”实验等。上述这些实验显示，意志力是一种会被消耗的有限资源。一旦意志力在某一任务中被消耗，就可能影响个体在其他任务上的表现。因此，意志力对于自我控制、目标追求和行为调节具有重要作用，是实现长期目标和维持高效能的关键资源。

（二）意志力在大脑中的运作机制

意志力在大脑中的运作机制涉及多个脑区的协同工作，尤其是前扣带皮层（ACC），它在自我控制、注意力调节和认知控制中扮演着关键角色。前扣带皮层被称为“大脑错误检测系统”，它监控着“正在做的事”与“想做的事”之间是否存在差异，从而评估行为和决策的正确性。

当我们的意志力被过度消耗时，前扣带皮层可能会变得疲劳，从而影响其功能，导致自我控制变得困难。这种困难涉及情绪、思维和欲望的控制。例如，当个体在一项任务中消耗了大量意志力后，他们在随后的任务中可能会表现出自制力的减弱，这种现象被称为自我损耗效应，萝卜实验和看电影控制表情实验很好地证明了这一点。

前扣带皮层与冲突控制紧密相关，它参与检测错误和解决冲突。在面对冲突情境时，如斯特鲁普任务中的不一致信息，前扣带皮层会被激活，以协助解决认知冲突。此外，前扣带皮层还与情绪处理、奖赏和收益评估、心理努力以及行为的自我监控等广泛的认知功能紧密相关。

三、意志力动摇场景重现

在深入探讨了意志力的心理学实验基础之后，我们得以窥见这一心理力量的复杂性和它在我们日常生活中的重要作用。现在，让我们进一步分析在警校环境下，学生们的意志力是如何受到考验的。

场景一：在体能测试的长跑项目中，你给自己定的目标是至少达到 80 分。体测开始后，你以比预期目标快 5 秒的速度完成了第一圈，这让你信心大增。

但是当进入第二圈中途，你的腿部开始酸胀、呼吸更加急促（这是达到了运动中的“极点”），内心涌现出疲惫的声音：“好累啊，要不跑慢一点吧，反正有富余的时间。”但是另一方面，你又担心一旦放慢脚步，可能就再也无法恢复原来的速度。在短暂的十几秒内，你的内心进行了激烈斗争。追求轻松的心理占据了上风，你的意志开始动摇，步伐不由自主地放慢了。尽管你试图在最后冲刺时维持原有的速度，但身体的疲惫和心理上的松懈使得你已经无法达到自己的目标。

场景二：期末周复习冲刺，你原本计划 8 点准时开始学习。但是打开手机发现还有 20 分钟到 8 点，你选择玩手机打发时间。玩着玩着，你发现已经 8 点 01 分了，于是你不断推迟开始学习的时间，8 点 15 分、8 点 30 分、8 点 45 分……时间就这么过去了，等你幡然醒悟停下来时已经 9 点了。此时，你感到了一种混合着懊悔和不满足的情绪。你打开书本，却发现自己难以集中注意力，学习效率低下。你心中有一个声音在说：“既然已经浪费了一个小时，不如今天就彻底放松，从明天开始再全力以赴。”这种想法让你感到一丝安慰，但内心的挣扎依然存在。随着时间的推移，玩手机带来的快感似乎越发强烈，你开始自圆其说，觉得继续沉浸在手机的世界中是一种放松。你告诉自己，明天再努力也不迟，今天就好好享受这一刻。

场景三：在参加跑操时，你和同学们普遍感到困意十足，尚未完全清醒，对跑操活动产生了抵触情绪。当周围的一些同学纷纷寻找机会逃离跑操队伍时，你内心产生了犹豫：离开队伍意味着可以提前吃到早餐，避开了人群，并且还有时间回宿舍补觉。然而，逃避早操的行为也伴随着被督察队和队长发现的风险。你在遵循制度与违反规定之间犹豫不决，随着越来越多的同学选择逃操，你开始受到群体行为的影响，产生了“法不责众”的心理，也跟着他们一起脱离了跑操队伍。

通过上述场景，我们可以观察到，每一次与意志力的斗争，实际上都是个体在即时满足与延迟满足之间做出的选择。这种选择反映了人类行为的一个核心心理冲突：我们是在当下寻求短暂的快乐和舒适，还是为了长远的目标和更大的收益而忍耐当前的不便和挑战。

在场景一中，你在长跑中面临的挑战是继续以较快的速度跑完全程以达成目标，还是放慢速度以获得即时的舒适感。尽管你意识到放慢速度可能会影响最终的成绩，但身体的疲惫和心理上的松懈最终促使你选择了即时满足，即使这意味着放弃了原先的目标。在场景二中，你原本计划利用早晨的时间进行高效的学习，但手机的诱惑使你不断推迟学习计划。尽管你意识到这会影响复习进度和考试成绩，但最终还是选择了短期的快感，推迟了学习带来的长期收益。在场景三中，你和同学们在跑操时的犹豫不决，逃离跑操队伍可以立即获得休息和早餐的满足，但这样做可能会违反校规并面临潜在的惩罚。当看到其他同学选择逃避时，你受到了群体行为的影响，最终也选择了即时满足，忽视了长期逃操可能会让你纪律意识越发淡薄。

这些场景展现了意志力在决策中的关键作用，以及它是如何被追求即时满足的冲动和实现长期目标的意愿所影响的。在即时满足与延迟满足之间的选择，不仅考验了个体的自我控制能力，也反映了个体的价值观和目标导向。通过这些斗争，我们可以更深入地理解意志力的复杂性，以及如何在日常生活中培养和加强自我控制，以便更好地实现长期目标。

四、如何培养意志精力

经过对上述场景的详细描述，相信你也可以清晰地认识到意志力对个体行为的显著影响。那么到底如何才能够培养意志力，让我们再遇到这些场景时不再被动呢？首先我们必须识别和分析那些消耗意志力的行为。通过这种分析，我们才能更有针对性地制定策略，合理地分配和使用有限的意志力资源。

（一）消耗意志力的行为

1. 控制思维

控制思维是指个体对自身思考内容的管理和调节能力。这种能力涉及对注意力的引导、对思绪的组织、对干扰性想法的抑制以及对思维过程的监控。比如，你在射击课上瞄准靶心的时候，跟自己说“手千万别抖”；在 1000 米、800 米考试的时候，跟自己说“我一点也不累”；在很吵闹的环境下做题的时候，跟自己说“我不会被他们吵到”。但你的大脑可不会听你的，它接收到的信息可能是“手抖”“累”“吵”。这些杂念会不断地干扰你的大脑，你的大脑需要不断地控制这些想法，从而消耗意志力。

2. 控制情绪

我们可以在被别人批评、嘲笑等受到负面情绪影响的情况下，通过刻意控制情绪，让自己显得没有那么难堪，比如控制面部表情等。当你在控制自己的情绪时，你会发现自己做事情时变得缓慢呆滞，在与别人交流时反应速度减慢，这是因为控制情绪也会大量消耗意志力。这种现象可能是由于情绪调节过程中对认知资源的占用，从而影响了个体在其他认知领域的功能表现。因此，如果你身边有很多负能量的人，你最好远离他们，因为负能量的人容易传播负面情绪，这样会消耗你的意志力。

3. 抵制诱惑

在当前的信息时代，个体被各种媒体渠道所包围，如新闻平台、社交媒体、电子游戏和短视频应用等，我们只需要一部手机就能让自己乐在其中。然而，这种信息爆炸的时代也给我们带来了挑战，即如何管理对电子设备的接触和使用，以避免过度沉迷。此外，还有一些来自美食的诱惑——减肥的人想吃高热量的甜食，脸上经常长痘的人想吃重油重辣的食物。为了抵制来自外界的诱惑，我们不得不消耗意志力，甚至会产生负面情绪。

4. 高度专注

当我们从事需要高度专注和认知努力的活动，如阅读、学习或完成复杂的工作任务时，我们的大脑必须主动调节和控制行为以达成目标，这一过程会显著消耗我们的意志力。研究表明，同时专注于多项任务会进一步分散我们的注意力和认知资源，导致意志力的过度消耗。

值得注意的是，当意志力被过度消耗时，个体可能会遭遇所谓的“决策疲劳”，这是一种在连续做出决策后出现的心理状态，此时个体会感到精神疲惫，难以做出最佳选择。这种状态下，个体更可能做出冲动和短视的决策，而非理性和长远的规划。

通过对上述行为的分析，你是否也意识到了学习前刷短视频等这些日常小习惯，虽然看似无害，实则可能在无形中消耗了意志力（因为这种习惯使得你在专心学习的同时需要主动抵制来自电子设备的诱惑）。这种行为的累积效应可能导致在需要专注学习或工作时感到精力不足。有些人可能会问，就算我意志力消耗完了，为什么对打游戏这件事还是充满干劲?

这是因为并非所有行为都依赖于意志力。打游戏等被动的娱乐活动能够带来即时的快乐，但其驱动力并非来自意志力，而是源于大脑中的多巴胺系统。多巴胺是一种与愉悦和奖赏相关的神经递质，它能够在个体进行快乐行为时被释放，从而驱动个体继续寻求类似的体验。与需要主动控制的意志力不同，多巴胺的作用更像是一种“劫持”大脑的机制，它促使个体被动地追求快乐。

因此，为了更有效地利用有限的意志力资源，我们应当识别并优先处理那些对长期目标最为关键的任务。通过减少在非必要活动上的意志力消耗，得以在关键时刻保留更多的意志力，以支持更为重要的决策和行动。

我们要把有限的意志力看作好钢，要用在刀刃上！

（二）驱动意志力的能量来源

探讨了在日常活动中消耗意志力的行为后，你自然会问：那究竟是什么源源不断地为意志力提供动力？这种力量并非单一的，它既根植于我们的生理机能，也深受心理状态的影响。它们相互作用，形成了一个复杂的动力系统，共同支撑着我们的意志力。

从生理层面来看，葡萄糖作为大脑的主要能量来源，对于自我控制和意志力的维持发挥着至关重要的作用。科学研究表明，在完成需要自我控制的任务后，血液中的葡萄糖水平往往会下降，而适当的补充则能够提升我们的意志力。因此，维持良好的饮食习惯，确保血糖水平的稳定，对于保持和增强意志力至关重要。例如，对于不少警校生而言，早上跑操结束后，如果不吃早饭，就可以多出半个小时的时间回宿舍刷抖音、睡回笼觉等，但长此以往不利于精力的补充，就会出现明明跑操后回去睡了回笼觉，但上午上课时却还是犯困、难以集中精力的现象。

同时，睡眠的充足也是恢复意志力不可或缺的一环。睡眠不足不仅会妨碍葡萄糖的有效转化，还可能导致自制力的减弱，长期来看，还可能增加患糖尿病的风险。警校晚上熄灯后大家应当及时就寝，但在查寝结束后，不少同学还是难以抵御电子产品的诱惑，选择继续在床上刷抖音、打游戏等，这大大减少了学院原本为大家规划的充足睡眠时间，在第二天早起跑操时便会精力不济，遇到突发事件会影响自己的判断，甚至犯错。

而在心理层面，动机和目标设定对于激发和维持意志力同样起着关键作用。个体对于目标的执着追求和内在动机，能够显著增强其意志力。此外，心理抵抗力，也就是个体面对挑战、困难和诱惑时的抵御能力，也是构成意志力的重要组成部分。与普通大学不同，警校生上课、生活、学习往往以区队为单位，区队同学间尤其是舍友间关系密切，一旦有同学带头提议作出违纪事情，若有人不由自主附和，身为团体一员的你便会感到左右为难，面对困难、诱惑难以抉择，这时只有坚定自我，明确自身的目标追求，方可化解此类困境。

（三）培养意志精力的策略方法

1. 自我监控

自我监控是提高意志力的有效手段。通过记录和回顾自己的行为，个体可以更好地理解自己在何时何地最容易受到诱惑，从而采取相应的措施来避免或应对这些情况。例如，通过写日记或使用应用程序来跟踪自己的行为和决策，可以帮助个体对自己的行为负责。想象一下，离公安联考只有一个月的时间了，你迫不及待地需要提高自己的复习效率。通过记录每天的学习习惯，你可以发现自己最高效的时间段、最疲惫的时间节点，以及需要多少休息时间来恢复精力，还可以发现那些影响你效率的行为模式。例如，你每次学习40分钟以后就会感到疲惫，需要10分钟恢复精力。那么以后每次投入学习状态时就以40分钟为一个节点，休息10分钟后再投入下一个周期循环。再如，你可能会发现每次查看社交媒体后，你都需要额外的20分钟才能重新集中注意力。有了这些信息，你就可以制定策略，比如设定特定的休息时间来查看社交媒体，而不是让它打断你的学习进程。

此外，现代科技的发展也为我们提供了便利，如各种健康管理和行为追踪应用程序，可以帮助我们更精确地监控自己的行为，如饮食、运动、睡眠等。例如，佩戴电子手表可以帮助同学们科学监控自己的生活行为，在感到疲惫劳累时可以根据长期记录的数据进行作息生活调整，准确找到自身的问题所在，对症下药。这些工具通过数据的可视化，使个体能够更直观地看到自己的行为模式，从而更有动力去做出改变。

自我监控还可以帮助你识别诱惑的触发点。比如，你注意到每次经过学校的超市时都会忍不住去买零食，你就可以提前计划改变你的行走路线来避免诱惑；或者设定一些规则，比如只在特定的时间或特定的情况下才允许自己购买零食；再或者给自己设定一个预算，限制每周在零食上的花费。

2. 逐步增加挑战

意志力的培养是一个逐步的过程，就像健身一样，你不能期望在第一天就举起你从未尝试过的重量。你可以从较小的、容易管理的任务开始，随着时间的推移，逐渐增加任务的难度和复杂性。比如每天阅读 15 分钟，然后逐渐增加到 30 分钟，最终达到一个小时。再如，你想要养成跑步的习惯，你可以从每周跑一次开始，每次只跑一公里。随着你体能的提高，你可以增加跑步的频率和距离。这种逐步的方法不仅有助于避免受伤，还能让你在不感到压力的情况下，逐渐提高自己的体能和耐力。

逐步增加挑战，有助于避免过度消耗意志力、建立自信，并且随着时间的推移，你会发现自己的意志力在不断增强。

3. 培养好习惯、戒掉坏习惯

一件事在启动的时候，对意志力的需求最大，一旦培养成习惯，做同一件事时，对意志力的需求就变小了。为了培养好习惯，你可以设定具体的、可实现的目标，并使用提醒和奖励来激励自己。比如，设定一个每天早晨背 20 分钟单词的目标，并在完成一周后奖励自己一包零食。这样的正向激励可以帮助你坚持下去。

戒掉坏习惯也是如此，在刚开始的时候需要极大的意志力。想要改掉陋习，或者突然决定不再做某件事，你会发现越不想做就越想做，听起来是不是很矛盾？这是因为你被反意志力控制了。你下定决心的意志力有多强，你的反意志力就有多强。比如想戒烟，最好的方法是先慢慢减少吸烟的量和次数，也就是说，要戒掉某种行为，先减少行为的变化性，而不是减少某种行为。例如，如果你希望戒掉在学习前刷手机的习惯，你可以先从“今天只玩 20 分钟”开始，到“今天只玩 5 分钟”，最后慢慢地脱离对手机的依赖。或者一开始你也可以把玩手机的 20 分钟时间拆分成两块，比如今天你学习前只玩了 10 分钟手机，那就奖励自己在完成学习任务之后再玩 10 分钟，最后变成学习后再玩手机放松，那也无可厚非了。

4. 学习延迟满足

延迟满足是指能够抵制即时的诱惑，以期待未来的更大回报，这在面对诱惑时尤其重要。面对诱惑，大脑会分泌多巴胺，ATP 能量会聚集，此时，你只需要这样做：尽量吸气，攥拳、绷紧全身肌肉、憋气五至十秒。多做几次，几分钟后你就会发现诱惑你的冲动消失了。这是因为，多巴胺系统的 ATP 能量爆发起来最多持续八秒，冲动来临时，你只要做到能够延迟满足，为自己争取到几分钟的时间，泄掉想捣乱的 ATP 能量就可以了。此外，你也可以通过设定规则的方式来帮助自己抵制即时诱惑。例如，当你在商场看到一件你非常喜欢但价格昂贵的衣服时，你可以决定：如果一周后自己仍然觉得需要它，那么可以购买。这种方法可以帮助你区分真正的需求和一时的冲动。

5. 公开挑战

公开挑战就是我们常说的“立 flag”。你有没有这种体会：一想到别人会监督自己，或者自己有机会在朋友圈里展示自己的成绩就浑身充满了力量。

没错，研究表明，他人的赞赏带来的自豪感会增强意志力。公开挑战就是一种利用社会支持来增强意志力的方法。当你公开承诺要完成一个目标时，你会感到有责任去实现它，因为你不想在别人面前失败，你希望得到别人的赞赏。很多人每天都打卡背单词，在朋友圈里发布自己的完成情况，而且都能够坚持下来，就是用了这种方法。如果你觉得自己完不成挑战，不如在朋友圈公开，让别人来督促你。这种社会压力和支持可以极大地增强你的动力和意志力。

6. 把挑战变成集体项目

集体项目可以提供一种归属感和团队精神，这对于提高自控力非常有帮助。当你知道你不是一个人在战斗时，你会更有动力去坚持。例如，你想要提高学习时长和学习效率，你可以加入一个学习互助小组。通过互相监督，这种集体的参与感和责任感能够帮助你克服懒惰。

通过这些具体的例子和实践方法，我们可以看到，提高意志力并不总是需要巨大的努力或牺牲。这些策略不仅有助于我们实现短期目标，还可以帮助我们在长期内形成更健康、更有益的行为模式。

第二节　体能训练：是高效学习的耐力源，还是过度消耗的警示灯

体能对于职业效能至关重要，特别体现在体力劳动密集型职业如运动员、建筑工人和农民中。尽管在以思维劳动为主导的职业中，体能的作用常被低估，但它仍是工作效率和质量的基础，影响着我们管理情绪、保持专注、创新思考甚至投入工作的能力。对于警校生和警察而言，体能的重要性更是不容忽视。充足的精力是做好公安工作的基础，在基层实习过的同学会发现，有的人尽管能力出众，但个人体力精力不济，在高强度工作后往往出现疲态，工作状态和效率都下滑严重，这并不利于公安工作的长期开展。个人精力能力决定了自身应对各类突发情况的反应力和执行力，是在公安队伍中脱颖而出的基础。公安工作的性质要求你们随时准备应对紧急情况，这不仅需要快速反应的能力，还需要持久的耐力和力量。我们必须认识到体能在日常学习生活中的基础性作用。

从生理学角度分析，精力的产生依赖于氧气和血糖的化学反应。在日常生活中，精力的储备与我们的呼吸模式、饮食习惯、睡眠周期、白天的间歇性恢复以及整体健康状况紧密相关。为了维持精力的稳定，关键在于建立一个体能消耗与恢复的动态平衡。此外，通过适度的运动训练并给予身体适当的恢复时间，可以有效地提升体力，尤其适用于那些面临体能挑战的情境。

为实现“提升体能精力”这一目标，我们需要关注以下几个关键方面。

一、饮食要健康

培养好的饮食习惯对维持体能至关重要。合理的饮食能够提供必要的能量和营养，支持身体各项功能的正常运作。均衡摄取碳水化合物、蛋白质、脂肪、维生素和矿物质，有助于保持血糖稳定、促进肌肉修复、增强免疫力，从而保持身体活力和提高运动表现。

（一）到底应该怎么吃？（摄入量、进食时间及频率）

体力的维持与食物摄入密切相关。食物提供必要的糖原，进而转化为支持日常活动的能量。饥饿感不仅分散注意力，还影响认知和身体功能。所以只要吃得够饱，就能保持充沛的精力，对吗？其实不然。长期饥饿或过度进

食丝不利于健康，前者导致能量匮乏，后者可能引起肥胖和精力下降。相信大家也有这样的经历：吃饱了反而更困了！

这是因为进食过程中，人体胰岛素水平上升，不仅抑制了蛋白质分解，还促进了褪黑素的产生，导致睡意。同时，食物的摄入激发了副交感神经，增强了消化和营养吸收，但也引起血压下降和心率减缓，从而产生困倦感。此外，餐后食物在消化吸收的过程中，体内血糖水平上升，同时抑制了食欲素的分泌。食欲素水平低时，人就容易感到困乏、不想动弹。特别是进食淀粉类较易消化的食物时，血糖相对升得更快，也更容易犯困。

因此，每顿吃“七八分饱”为最佳。为将体能最大化，我们必须让自己更加熟悉自身“七八分饱”的界限。大多数人总是陷入两个极端，花了太长时间消化食物，又一次吃太多补回来。因为精力需求到夜晚会减少，新陈代谢也会减缓，因而早上多摄入热量、晚上少摄入热量是有科学道理的。

进食频率对于保持精力和维持专注状态也有显著影响。一天内吃五至六顿低热量而高营养的食物能够供应稳定的精力，因为即使最有营养的食物也不足以支持 4 ～ 8 小时的高效表现，但这是我们许多人两顿饭的间隔时间。纽约西奈山医院的一项实验中，受试者被安置在一个无法得知时间的场所，工作人员告知他们只要感到饥饿就可以进食，结果他们的平均进食频率为每 96 分钟一次。因此想要维持良好精力，不仅要定期进食，还要每次摄入足以维持 2~3 小时精力的食物。控制进食量在管理体重和管理精力两方面都很关键，多吃多餐跟少吃少餐一样有问题。两餐之间的零食热量应该控制在 100~150 卡路里，并选择低升糖指数的食物。

（二）吃什么才算吃得好？

“吃得好”不仅仅是满足口腹之欲，它关乎食物的营养价值和对身体的长期影响。那么，吃什么才算是“吃得好”呢？高糖高脂的食物和简单碳水化合物确实可以产生精力，但它们与低脂蛋白和蔬菜谷物等复合碳水化合物相比，不仅转化效率低，释放的能量也不如后者多。因此，并不是吃大鱼大肉就叫“吃得好”。真正的“吃得好”应该注重食物的营养均衡和对身体的益处。

我们可以通过“80/20”的原则来指导我们的饮食：如果你摄入的 80% 的

食物都是健康而高效的，剩下的 20% 可以是你喜欢的任何食物，只要份量控制得当。遵循“80/20”原则是迈向健康饮食的一种实用方法。为了进一步优化我们的饮食质量，我们需要了解每一餐的具体内容和最佳的饮食模式。

大脑的能量来源是葡萄糖，葡萄糖聚集在肝脏和肾脏中，一般只能贮存 8 小时。早晨起床时，8 ~ 12 个小时没有进食，即使你并不感到饥饿，血糖水平也在衰退，需要进食早餐来维持机体血糖水平，保证大脑精力充沛地投入上午繁忙的工作、学习和生活中。

怎么才算是营养充足的早餐？对于早餐，我们强调不仅要吃，更要吃得好。早餐提供的能量应占全天总能量的 25%~30%，原则是“营养全面、均衡”。一顿营养充足的早餐应该包括 4 类食物：①谷薯类如馒头、花卷、米饭等，主要提供碳水化合物、蛋白质、维生素和矿物质，是能量最经济的来源；②肉蛋类如鸡蛋、猪肉、鸡肉、牛肉、鱼肉等，主要提供脂肪和蛋白质以及多种维生素、矿物质；③奶豆类如纯牛奶、酸奶、豆浆等，主要提供优质蛋白质、维生素和矿物质；④果蔬类如西红柿、黄瓜、菠菜、苹果、香蕉等，主要提供多种维生素和矿物质。早餐应注意必须摄入足够的碳水化合物，所以，早餐一定要吃主食。

午餐在一天中起到承上启下的作用，对于保持下午的活力和效率至关重要。经过上午的活动，身体需要补充能量，因此午餐应占全天能量摄入的 30%~40%，并应包含充足的蛋白质、适量的碳水化合物以及必需的脂肪和纤维素。为了减轻身体负担，午餐应尽量少食用高脂肪、高糖和高盐食物。此外，避免过量进食有助于促进消化，并维持下午的精神状态。

晚餐作为一天的“收官”之餐，应注重清淡和易消化，以免干扰睡眠。理想的晚餐时间是睡前 2~3 小时，以确保食物得到充分消化。晚餐的能量摄入应占全天的 25%~30%，且营养均衡。应避免食用油腻、辛辣和高糖食物，以免引起肠胃不适和影响睡眠。晚餐后适当的轻度活动如散步，有助于食物消化，促进身心放松。

总而言之，无论是早餐、午餐还是晚餐，都应追求营养均衡，合理搭配食物种类和摄入量，以满足身体的能量和营养需求，同时还要考虑到对下午和晚上活动的影响。此外，每天尽量在固定的时间进食早餐、午餐和晚餐，这有助于消化系统形成规律。

（三）不喝水行不行?

喝水或许是最常被人忽略的体能再生方式。口渴不会像饥饿一样散发出明显的信号，等我们感到口渴的时候，身体或许已经缺水很久了。我们日常的饮水量需要根据体力劳动、运动量、出汗量和气温等因素进行适当的增减，通常建议采取少量多次的饮水方式，以保持身体的水分平衡。根据《中国居民膳食指南（2022）》中提出的建议，在温和气候条件下，低身体活动水平的成年男性每天适宜的水摄入量为1700毫升；女性每天适宜的水摄入量为1500毫升。我们也可以通过公式计算：体重（公斤）×0.03=每日健康饮水量（升）。

保持适当的水分摄入对于维持肌肉功能也十分重要。研究表明，肌肉若缺水3%，其力量和速度将分别下降10%和8%。此外，缺水还会影响大脑的认知功能，包括注意力和协调能力。总而言之，充足的水分摄入不仅有助于维持身体健康，还能促进长寿。

二、睡眠要充足

除了进食，睡眠是人类最重要的精力恢复来源。即便少量的睡眠缺失，也会深刻影响力量、心血管能力、情绪和整体精力水平。大约有50项研究表明，思维能力即反应时间、专注力、记忆力、逻辑分析及辩证能力，会随着睡眠不足而衰退。

睡眠需求因年龄、性别、基因和体能而异，但普遍的科学共识是：人体每晚需要7~8小时的睡眠才可以运转良好。还有数项研究发现，即使人们隔绝自然光或钟表，他们还是会每24小时睡眠7~8个小时。在一项大型的研究中，心理学家丹·克里普克（Dan Kripke）与同事追踪了100万人在六年间的睡眠模式，每晚睡7 ~ 8小时的人死亡率最低，睡眠不足4小时的人死亡率较前者高出2.5倍，而睡眠超过10小时的人死亡率相比高出1.5倍。简而言之，睡眠不足或过度睡眠都会增加死亡的风险。

睡眠的时间点也会影响精力储备、身体健康及学习工作表现。有很多研究表明，夜间工作的人比日间工作者的道路交通事故多出一倍，也更容易出现工伤。夜晚工作的时间越长、越连续、结束得越晚，你会变得越低效，也更容易犯错误。有调查显示，88.5%的受访大学生有过期末通宵复习的经历。对于警校生来说，期末周熬夜复习备考的现象也并不少见。大家可能会因为课程压力大、考试内容繁多或是平时学习不够充分而选择熬夜。这种做法虽然短期内可能提高复习量，但其实学习效率低、复习效果差，长期来看也为助长平时的惰性找了一个冠冕堂皇的借口。

除了精力再生，睡眠还是成长与修复的阶段，尤其是慢波和三角波主导的深层睡眠阶段。这段时期细胞分裂最旺盛，机体释放出最多的生长荷尔蒙和修复酶，白天持续紧张的肌肉得以恢复活力，我们的机体也在深层修复和成长。

因此，我们应该重视睡眠质量和睡眠时间，确保每天都能获得足够的深度睡眠。比如，建立规律的作息时间，确保每天都在相近的时间上床睡觉和起床；营造一个安静、黑暗、温度适宜的睡眠环境，避免在床上进行非睡眠活动；晚上避免摄入咖啡因和酒精，不要在临睡前大吃大喝；白天适量锻炼，不在睡前两小时内进行剧烈运动；睡前减少电子设备的使用，防止蓝光抑制褪黑素的产生进而影响睡眠等。恰好，警校的熄灯制度也为我们建立规律的睡眠习惯、创造有利于睡眠的环境提供了良好保障。

三、运动要适当

众所周知，适度锻炼有诸多益处，但大多数人还是不喜欢锻炼。原因很简单，提升力量与耐力需要我们踏出舒适区，体验不适的感觉，并且持续一定时间才能见效。但大多数人在看到明显的效果之前就放弃了，这种心理障碍往往导致人们在运动的道路上半途而废。此外，对于学生来说，在遇到紧张的期末周时，为了保证有足够的时间复习冲刺，很多人也会选择割舍运动锻炼的时间。

在快节奏的现代生活中，人们往往因为忙碌而忽视了锻炼的重要性。然而，体能的培养对于我们每个人来说都是至关重要的。它不仅能够提升我们的身体素质，还能够增强我们的精力和工作效率。对于警校生来说，体能训练更是职业生涯的基础。体能好的同学，在每学期的体能课程和综合体能测试中往往都能取得好的成绩，这不仅有利于同学们大学中的评奖评优，更可以为自己树立信心，为职业生涯打好身体基础，这就要求我们在日常生活中注重体能的锻炼和提升。

说了那么多运动的重要性，那么到底怎样运动才能达到最佳效果呢？

广州医科大学附属脑科医院的研究表明，每天 11:00 至 17:00 进行中等到剧烈的身体活动，能显著降低全因死亡率和心血管疾病死亡率。因此，如果条件允许，在这个时间段进行锻炼为最佳。但是考虑到警校生活实际，学生们实际锻炼时间大多集中在17：00至21：00。有研究指出，17：00至19：00身体的适应能力最佳，肌肉最为柔韧，人的体能达到顶峰，可以做一些比较高强度的运动，运动的时间也可以延长，如高强度间歇性运动（HIIT）等；而到了20：00~21：00，身体开始慢慢进入休息状态，适合进行一些强度较低的运动，如散步、拉伸运动等，减肥健身之余还可以帮助睡眠。

此外，根据国家体育总局发布的《全民健身指南》，体育健身活动可以划分为3个级别，每个级别分别有适配人群：（1）初期参加体育活动或体质较弱的人，可进行散步这类低强度运动，运动过程中，心率一般不超过100次/分钟；（2）有一定运动习惯、体质较好的人，可进行中等强度运动，例如健步走、慢跑、骑自行车、太极拳等，心率一般在100~140次/分钟；（3）健身达人可参加跑步、快速爬山、爬楼梯、网球等高强度运动，心率超过140次/分钟。这样的分级制度有助于不同体质的人选择适合自己的运动方式，从而更安全、更有效地参与到体育锻炼中来。

运动的持续时间也应根据个人体能和运动目的来确定。根据《全民健身指南》，建议成年人每周至少进行150分钟中等强度的有氧运动，或者75分钟高强度的有氧运动。这些活动可以分布在整个星期中，例如每次30分钟，每周5次，或者每次50分钟，每周3次。此外，世界卫生组织建议，为了达到最佳健康效果，成年人应努力实现每周300分钟中等强度或150分钟高强度的运动。这有助于提高心肺功能、肌肉力量和耐力，同时还能改善情绪和睡眠质量。

四、休息要保障

我们都知道，精力不足会影响到我们的注意力和做事的效率。我们在晚间经历多次睡眠循环，白天精力的潜能也在不断起伏。这种精力的波动与我们的生物钟密切相关，每90到120分钟为一个周期。但遗憾的是，很多人往往忽视了身体的这种自然规律，直到感觉精疲力尽。

在紧张忙碌的生活中，我们的身体会不断发出需要休息的信号，但这些细微的信号很容易被我们忽略。如果我们不主动休息，精力会在一天中多次下降，特别是在下午 3 点或 4 点，这是我们一天中最容易感到疲惫的时刻，被称为“极限点”。这也是为什么要有午休的习惯。

美国航空航天局在对抗疲劳的实验中发现，小睡 40 分钟效能可提高 34%，并达到完全的清醒。哈佛大学研究员也发现，参加多项任务的受试者精力可能会降低 50%，经过一个小时的午睡，人们的精力可以恢复到高峰状态。

作为一名警校学生，我们可以通过合理安排午睡时间、充分利用好课间小憩来提升休息效果。理想的午睡时长应控制在 20~40 分钟，以避免进入深度睡眠后醒来的疲惫感。利用下午的能量低谷，即“极限点”，进行短暂休息，如 5~10 分钟的闭目养神或简短散步，可以有效提高效率和情绪。此外，适当的休息姿势、避免午餐过量、保持饮食清淡、创造安静的休息环境，以及进行简单的身体活动，都有助于在日间间隙中实现高效休息。心理调适也很重要，放空大脑，远离学习和生活的压力，可以进一步提高休息质量。通过这些简单的方法，我们可以在紧张的日程中找到恢复精力的平衡点，从而在日常生活中保持最佳状态。

第三节　情感调控：是学习生活的润滑剂，还是情绪失控的加速器

情感，作为人类复杂心理活动的一部分，不仅仅是内心体验的简单反映，还是一种重要的精力形式。情感状态通过影响我们的生理反应、动机水平、认知功能和行为选择，进而影响我们精力的分配和使用。积极的情感能够激发我们的积极性，增强我们的动机，让我们更愿意投入精力去完成任务。相反，消极的情感可能会削减动力，分散我们的注意力，甚至导致我们做出冲动的行为，从而消耗或浪费我们的精力。

此外，情感还具有传染性，我们的情感状态不仅影响自己，还会影响周围的人，积极的情感可以提升集体的士气和效率，而消极的情感可能会降低集体的合作和生产力。因此，学会情感管理对于保持高效的精力至关重要。通过积极的心理策略和行为习惯，我们可以更好地控制情感对精力的影响，

从而提高我们的生活质量和学习工作效率。

一、如何在平时保持积极的情绪？

在快节奏的现代生活中，积极情绪的培养对于我们的心理健康和生活质量至关重要。积极情绪如快乐、感激、希望和爱，不仅能够帮助我们建立更强的社交关系，提高创造力，还能提升我们应对压力和逆境的能力。积极心理学的研究为我们提供了一系列的策略，帮助我们在日常生活中培养和维持积极情绪。

（一）学会心理暗示

心理暗示是一种有效的自我激励方法，通过自我对话和正面肯定来提升自信和情绪。每天对自己说“我很开心”或“我最棒”，可以改变我们的心态，让我们更加乐观和自信。这种自我暗示的效果与我们的大脑生理机制有关。根据积极心理学的研究，积极情绪可以激活大脑的奖励中枢，特别是与多巴胺系统相关的区域，如中脑边缘系统、基底神经节、眶额皮层等。当我们对自己进行积极的心理暗示时，大脑会释放多巴胺，这不仅让我们感到快乐，还能提高我们的认知功能，如注意力、记忆力和解决问题的能力。此外，积极情绪还能拓宽我们的认知范围，增加认知灵活性，使我们在面对问题时能够从更广阔的视角来思考，从而促进创造性问题的解决。对于警校生而言，每天可能会面对早操、列队、上课、体能训练等一系列学院的安排，部分同学可能因此感到疲惫、无聊、情绪低落，但只有时刻保持积极情绪，才能在各项活动中游刃有余，而不是在一味的抱怨下引发效率低下的恶性循环。

（二）“三件好事”练习

每天记录生活中最开心的三件事通常被称为“三件好事”练习。这种练习是由积极心理学之父马丁·塞利格曼（Martin Seligman）提出的，它要求参与者每天花时间思考并记录下当天发生的三件好事，这些好事可以是小而简单的，也可以是重大的或意义深远的，比如“我吃到了期待已久的美食”“我拍到了美丽的晚霞”“我看了一个很棒的综艺”。这个过程有助于培养积极情绪并增强对生活中美好事物的感知。通过专注于生活中的积极方面，增强了我们的积极情绪体验，这些情绪的积累有助于抵消消极情绪，进而提升心理健康。同时，这一实践也促进了认知重构，帮助我们以更积极的方式解读日常事件，减少消极思维。

因此，警校生可以在每天晚上熄灯前，在脑海里复盘三件积极的日常事件，可以简略地记录下它们发生的情境、引起的感受以及它们的个人意义，思考这些事件如何对你的生活产生影响，并想想如何在未来继续增加这类积极体验。如果有机会，还可以与家人、朋友或通过社交媒体分享这些正面经历。

如果你在阅读此章节的时候正值夜晚，那不妨思考并写下今天最开心和最值得记录的三件事吧：

（三）培养兴趣爱好

“兴趣爱好”顾名思义就是做自己喜欢做的事。它们是我们自愿投入时间和精力去享受的事物，不仅能够带来积极的情绪体验，还能极大地提升我们的成就感和满足感。兴趣爱好是平淡无奇的生活中不可或缺的调味剂。想象一下，在结束了一天的课程和训练后，我们可以打开一部脱口秀综艺给自己“充电”，尽情放声大笑；我们可以拿出一个好看的本子进行线条简笔画创作，沉下心来享受当下；我们可以在音乐教室唱歌跳舞，用声音和舞蹈找到宣泄情感的出口；我们可以举起相机，用镜头捕捉生活中美丽的瞬间；我们可以挑选一个好天气进行一些有氧运动，如游泳、跑步，或者参与飞盘、气排球、躲避球等集体运动项目……光是想象一下就很快乐。

（四）建立社交网络

“对人类来说，朋友绝非可有可无的附属品。”从科学角度来看，交友活动与多种能使人产生快感的神经递质和生化物质的释放有关。其中，催产素和内啡肽的作用最大。这些神经递质和生化物质的释放不仅增强了我们与他人的连接，还对我们的身心健康产生了积极影响。例如，催产素这种在人际互动中发挥作用的神经肽，它在拥抱、握手或任何形式的亲密接触时都会释放，有助于建立信任和安全感，减少焦虑和压力。内啡肽作为一种神经递质，在我们体验到快乐和满足时释放，能够减轻疼痛感，提升我们的情绪。参与社交活动，如与朋友一起吃饭、参加团队运动或者共同完成一个项目，都能刺激内啡肽的产生，从而让我们感受到愉悦和幸福。这些生化物质的作用不仅限于短暂的愉悦感，还与我们的长期健康和幸福息息相关。研究表明，拥有稳定社交圈的人往往更健康、更长寿。这是因为朋友能够提供情感支持，帮助我们在面对生活压力时保持韧性。在“深夜 emo”的时刻，你的情绪宣泄对象一定是你最好的朋友吧。

在更广泛的层面上，朋友还能拓宽我们的视野、挑战我们固有的思维模式。朋友的存在丰富了我们的人生体验，为我们带来了新鲜的冒险和无尽的启发，让我们的每一天都充满了新的发现和成长的可能性。

（五）进行户外活动

相信大家都听说过“公园 20 分钟”效应，这起源于《国际环境健康研究杂志》的一项研究，其中指出，每天在户外待上一小段时间就能够让人感到更加快乐，即便不做运动，只是到公园或其他能感受到自然气息的地方逗留 20 分钟，就能显著减少压力。不同于节假日逛公园的隆重感，“公园 20 分钟”侧重于亲近自然、抬脚能到的随性。据研究，置身自然环境，能显著降低人体内皮质醇（压力荷尔蒙）的水平。同时，自然环境有助于使大脑的控制中心，即前额叶皮质得到放松和休息，就像是给长期紧绷、使用过度的肌肉做放松按摩一样。对于警校生而言，也需要这种自然的疗愈。在紧张的课程和训练之余，感受大自然的风光，成了一种奢侈；短暂地逃离“书本堆”“训练场”“规律作息”，也是一种刚需。

相较于山野乡间，校园内的自然空间有着超高的“可及性”，不需要离开学校、不怎么耗时费力，着实性价比超高。警校生可以利用课间休息或是晚自习前的闲暇时光，到校园的草坪、绿化带或者操场等户外空间走一走，进行“公园 20 分钟”的活动，疗愈精神内耗。

二、如何拯救“被支配”的情绪？

当然，没有人能够一直保持乐观。人人都会有正面和负面的情绪，那为什么有些人能保持情绪稳定，而有些人备受情绪的困扰呢？

这当中的区别就在于，普通人害怕负面情绪带来的影响，所以会极力抵抗、否认，比较常见的就是通过持续刷手机等行为，转移注意力来逃避负面情绪。但这种无所事事、虚度时光的感觉，又会进一步引发更多的负面情绪，导致自己一直处在情绪的旋涡中，并没能解决问题。

而高手不惧怕负面情绪，知道负面情绪必然发生。在感受不好的时候，并不着急对抗、自责，而是会先觉知情绪，辨别当下的感受，然后接纳和允许自己此刻的所有情绪。等心情稍微平复后，再回溯情绪的来源，看看引发负面情绪的问题出在哪里，如何应对。这个方法背后的理论依据是心理学中的正念疗法，即有意识有目的地觉察，专注于当下的情况，且不去分辨好坏和对错。在这种状态下，我们能以一颗平静的心，觉察到自己情绪状态的波动，做到追本溯源，找到情绪生发的源头并解决问题，而非一直停留在自己的感受里。

当我们精准地了解情绪发生的当下我们在想什么、内心此刻想要什么，以及为什么会有这样的想法，就有机会积极引导自己接下来的行动，以及下次遇见此类事情时自己的反应。具体可以使用情绪修炼四步法，即先觉知情绪，知道自己当前处于情绪的状态当中，并且接纳这种状态。然后对情绪进行分析，再进一步地处理解决。

第一步，觉知。觉知就是觉察到我有情绪了，然后尝试从客观的外部视角跟自己的情绪保持一定的距离，来观察自己当下的情绪状态。我们可以想象自己的意识从身体里抽离出来，飘浮在头顶上空，用上帝视角来观察自己。亲切温柔地询问自己：你现在是不是很不开心，是不是被难以名状的负面情绪包围了呢？

觉知到具体的情绪后，第二步要做的就是接纳。情绪是先于理性产生的，所以此刻的情绪已然诞生，无论好坏都无法当作其不存在。这就更需要我们带着一颗理性的心，不走神，不评价，全然接纳当前的情绪状态。

允许情绪发生，找回相对安定的状态后，第三步要做的就是分析此次情绪的来龙去脉。首先要判断自己当下处在何种情绪当中，用精准的描述进行定义、贴标签，比如痛苦、焦虑、郁闷、嫉妒、不满、怨恨、烦躁、生气、内疚，而不要笼统地说“我很不爽”。

对于情绪体验，我们区分得越细，定义得越精准，后续的情绪处理就越容易。平时可以多积累一些情绪的词汇，提升我们对情绪感知和表达的敏感度。

这旦也给大家准备了一些常见词汇，可以作为参考。

高兴（开心、愉快、快乐）、欢喜、激动、不悦、烦躁、生气、气愤、恼怒、大怒、震怒、苦恼、难受、难过、伤心、悲伤、痛苦、郁闷、忧虑、忧伤、忧愁、害怕、恐惧、恐慌、惊恐、胆寒。

确定了自己的情绪感受，接下来我们就要一一分析：

这种情绪一开始是怎么被触发的？是因为什么人、什么事？

给我造成了怎样的身体感受和反应？

可能会引发什么冲动？导致什么行为？

从短期来看对我有帮助吗？

从长期来看对我又有什么影响呢？

分析之后，就可以进入第四步处理情绪了。处理并不等于解决，需要先判断当前的情绪自己是否有办法消解。如果有就从源头上解决，如果没有就只能选择接纳，并与这种情绪共存。

在警校生活中，我们经常会遇到一些情绪上的挑战，这些挑战可能来自学习压力、警务化管理的严格要求，或是人际关系中的小摩擦。面对这些“被支配”的情绪，掌握正确的应对策略至关重要。那么就让我们尝试用情绪管理四步法，来解决警校生活中可能遇到的情绪挑战吧。

（一）学习生活方面

场景一：周三下午，你正幻想着在宿舍悠闲地看个综艺、玩会儿手机，偷得浮生半日闲。突然，区队通知群一条消息打破了你的幻想：今天 15：00 有个讲座，全员参加。难得的休息时间就这样被占用，你感到很无力，对讲座的厌恶达到顶峰。

场景二：终于熬到周四了，你还在盼望着双休的到来，但周末体测的通知如同晴天霹雳般降临，你的双休计划瞬间化为泡影。原本期待的懒觉、悠闲的午后、与朋友的聚会，现在全被脑海里跑步时的喘息、肌肉的酸痛所取代。想到那令人生畏的跑道，你的心里充满了抗拒和不情愿，还有那无法言说的疲惫。

场景三：期末周了，感觉就像被时间追着跑，社团工作也越堆越多。平时上课没好好听，嘻嘻哈哈就过去了，总想着期末创造“一个晚上一本书”的奇迹，但真到了这个节骨眼上，复习就像看天书。一到晚上就很焦虑，变身“急急国王”，卷又卷不过，躺又躺不平。感觉每度过一天，复习不完的概率就更大一些。

场景四：考试出成绩了，平时他总是吊儿郎当，感觉学习不怎么上心，可是这门课的成绩却比我高。听说他和老师关系不错，经常一起聊天，可能老师给了他很高的平时分吧。我越想越难受，明明我上课认真听讲、记笔记，就因为没给老师留下印象，平时分还不如他高，这公平吗？

（二）警务化管理方面

场景一：今天到我轮值，起了个大早整理内务，离开宿舍之前还提心吊胆。果不其然，床底下有个不起眼的毛团，被督察指出了，我可真倒霉！好想消掉这条记录啊，我明明认真打扫了，感觉这个毛团就像凭空出现跟我作对一样，让我整天想着这件事郁郁寡欢。

场景二：每当早上 6 点 20 的闹钟响起，我心中就涌起一股莫名的抗拒和沮丧。一想到别的学院的同学还能在被窝里多待一会儿，而我却要在寒风中跑操，心里就很不是滋味。有时候，跑操的路上看到有人悠闲地去吃早餐，而我已经跑得有点喘不上气。这种对比让我心里充满了疑惑和不满，仿佛他们享受着某种特权，而我却要在这里受苦。我不禁开始质疑，这种严格的制度背后的意义到底是什么？为什么他们不需要受到这种制度的约束？

场景三：时间来到了联考冲刺期，我每天都在盼着集合制度取消，好让我可以长时间专注学习。但是队长却说：“集合制度不变，持续到考前一周。”这让我感到了前所未有的挑战。集合制度将我的复习时间切割得零散化，每次我沉下心来听一堂网课，却不得不被迫暂停，有种好不容易专注却又硬生生被拉回现实的感觉，让我很苦恼。

（三）人际关系方面

场景一：我很重视个人空间，床铺对我而言是私人领域，但舍友却未经我同意就坐在我床铺上，我感觉他没有边界感。每次我想开口警告他的时候，就想到我们还要相处四年，直接冲突可能会让关系变得尴尬。但他这种做法的确让我感到很不舒服，到底该如何开口，才能表达自己的不满，又不会破坏我们之间的和谐？

场景二：和对象吵架了，好郁闷。明明只是一件小事，却因为彼此的倔强和不肯让步，演变成了一场冷战。这种僵持让人窒息，心里堵得慌，不知道如何是好。冷战持续的每一分钟都是在消耗我们的感情，我感到迷茫和无助，不知道怎样才能化解这场不必要的纷争。

三、情绪急救术大公开（普适性方法）

面对批评、嘲笑或辱骂等负面情绪时，情绪调节策略对于个体控制反应、维护社交互动至关重要。情绪调节是个体管理和调整情绪的过程，以下主要介绍几种调节情绪的方法。

（一）呼吸放松调节法

“呼吸是快速减少愤怒和焦虑的首要和最有效的方法。”当你焦虑或生气时，你倾向于快速、浅薄地呼吸。这会向你的大脑传递一个信息，导致一个正反馈回路来加强你的大脑。这就是为什么长时间、深沉、缓慢呼吸会扰乱循环，帮助你平静下来。有各种各样的呼吸技巧可以帮助我们平静：

1. 腹式呼吸法

腹式呼吸是一种深度呼吸技巧，旨在促进放松和减轻压力。首先采取一个舒适的姿势，比如仰卧或端坐。随后，将一手置于胸部，另一手置于腹部，以增强对呼吸动作的意识。通过鼻子缓缓吸气，促使腹部上升，而胸部保持相对不动。接着，缓慢地通过嘴部呼气，同时监测腹部的下降。此过程的重点在于腹部的平稳升降，而非胸部的移动。通过重复这一循环，能让你慢慢平静下来。

2. 4–7–8 呼吸法

4–7–8 呼吸法是一种结构化的放松技术，通过协调吸气、屏气和呼气的时间比例来促进身心平静。使用此方法时，首先闭上嘴，通过鼻子缓慢吸气，同时心中默数至四，以确保有充分的氧气吸入。然后屏住呼吸，持续数七下，这一步骤有助于内化氧气。接着，通过嘴部慢慢呼气，发出轻柔的“呼”声，直至数到八，这一延长的呼气过程有助于释放紧张和焦虑。整个序列至少重复三次，以增强放松效果。这个方法能有效地调节呼吸，平复焦虑情绪，甚至让我们更快地进入梦乡。

3. 箱式呼吸法

箱式呼吸，亦称为四方呼吸，是一种节奏性呼吸技巧，旨在通过等时的吸气、屏气和呼气来增强个体的自我控制能力和情绪稳定性。在练习箱式呼吸时首先，选择一个安静的环境，舒适地坐下，并轻轻闭上双眼以减少外界干扰。接着，通过鼻子深深吸气，心中默数至四，感受胸腔的扩张和充满空气。随后，屏住呼吸，同样数到四，这一步骤有助于暂停呼吸节奏，集中注意力。紧接着，通过嘴巴或鼻子慢慢呼气，再次数到四，排空胸腔中的空气。最后，再次屏气数到四，完成一个循环。整个过程需重复四次，以增强放松效果。箱式呼吸有助于降低焦虑水平，提高注意力集中度，对于需要迅速冷静下来的场景尤为适用。

（二）运动宣泄法

心理学家研究表明，运动是调节情绪的有效方法之一。当人们体验到悲伤或愤怒时，生理上常常伴随有某些异常，如肌肉紧张、心跳加速等。通过运动，如跑步、打球、游泳等，人们能够促进生理状态的恢复，进而缓解负面情绪。运动促使大脑释放内啡肽等化学物质，有助于提升情绪，减少压力和焦虑。此外，运动可以改变大脑产生和使用神经递质的方式，影响多巴胺和血清素的通路，这些神经递质与情绪调节密切相关。例如，运动可以增加大脑中血清素的水平，血清素是一种与情绪调节相关的化学物质，有助于减少抑郁和焦虑的症状。

（三）注意力转移法

环境改变是一种简单而有效的注意力转移方法。通过改变所处的环境，如从教室或宿舍走出，到公园或户外散步，可以有效地打破情绪的恶性循环。新环境提供了新的感官刺激，有助于转移我们对负面情绪的关注，从而缓解心理压力。听音乐或播客也是一种有效的情绪调节手段。轻松的音乐或感兴趣的播客内容能够占据个体的意识，使其注意力从负面情绪上转移开；其中的韵律和节奏能够影响人的情绪状态，有助于缓解紧张和焦虑。看喜剧或轻松视频也可以帮助我们逃离不健康的情绪。幽默和欢笑能够激活大脑的奖励中枢，释放多巴胺等神经递质，从而缓解压力和提升情绪。喜剧提供了一种逃避现实的方式，使我们能够暂时忘却烦恼。

第四节　思维训练：是从警之路的领航灯，还是处理问题的绊脚石

思维精力对于警校生而言，不仅是情感能力的基础，也是提升思维技能的关键。警校生的学习成效在很大程度上取决于思维精力——包括灵活思考、专注力和乐观态度，没有什么比不能集中思维更能损害学习表现和投入程度了。与体能精力和情感精力相同，思维精力也需要平衡消耗和再生。保持敏捷、专注与乐观的秘诀在于间歇地变换思维频道，达到精力休息和再生的效果。警校生应通过间歇性休息和训练，平衡精力消耗与恢复，避免注意力涣散和消极情绪，以实现最佳学习表现。体能、情感和思维方面的精力是相辅相成的，需全面培养。

一、学会思考

在快节奏的现代生活中，我们常常被各种信息轰炸，忙碌于应对日常琐事，却忽视了思考的重要性。学会思考，不仅仅是提升个人认知能力的过程，更是一种生活的艺术。它要求我们放慢脚步，给自己的大脑一些空间，去反思、去探索、去创造。思考的过程中，放松与逻辑思维训练同样重要。放松可以帮助我们跳出固有的思维模式，而逻辑思维训练则能够让我们的思维更加清晰和有序。

（一）在放松中思考

在思考的过程中，我们常常忽视了间歇性休息的重要性。在许多学习环境中，普遍存在一种观念——持续不断地学习是取得优异成绩的关键。在这种观念下，定时的休息并不被鼓励，在学习之余进行适当的活动会被认为是不务正业，只有全身心埋头苦干才是值得称赞的。

然而，学习是一项极其消耗精力的活动。尽管大脑的重量仅占人体总重量的 2%，但它却需要消耗人体 25% 的氧气。如果学习过程中不给大脑提供足够的休息和恢复时间，可能会导致判断力下降、创新思维减弱，甚至无法正确评估信息。因此，为了保持学习效率和思维的清晰度，关键在于让大脑

在学习过程中获得适当的间歇性休息。《如何像达·芬奇一样思考》一书中，作者迈克尔·葛柏提出了一个颇具深意的问题："你通常在什么情况下最容易获得灵感？"经过长期搜集，他发现大多数人普遍认为灵感最容易在以下几种场合涌现：洗澡时、躺在床上放空时、在大自然中散步时、听音乐时。[①]

这并不是因为放松本身有多大的神奇效果，而是因为在放松时，大脑能够以最低的能量消耗进行工作。同时，大脑需要时间来重新整理记忆和逻辑连接，这一过程在专注思考时往往被忽略。当我们洗澡、躺在床上放空、在大自然中散步或听音乐时，大脑的默认模式网络（Default Mode Network，DMN）会变得更加活跃。DMN 与大脑的内部思维、记忆整合和自我反思有关，这些活动有助于巩固记忆和促进创造性思考。洗澡时的放松状态可以减少外界的干扰，让大脑有机会重新整理和加工信息，从而有助于灵感的产生；躺在床上放空时，大脑可能在潜意识层面继续处理问题，这有助于在意识层面形成新的见解；在大自然中散步时，环境的变化和新鲜空气可以激活大脑的感官，促进注意力的转移，从而有助于缓解精神疲劳并激发新的想法；听音乐则能够通过情感和认知的双重途径影响大脑，有助于放松和激发创造力。

因此，当你感到疲惫、思考遇到瓶颈时，不要再逼迫自己专注，而是短暂地离开学习环境适当放松。等再次回到座位前，或许你会对困扰的问题有了新的理解和判断。

（二）逻辑思维训练

正如体能训练对于身体的重要性一样，逻辑思维训练是锻炼大脑的"健身房"。它不仅能够提高我们解决问题的能力，还能增强我们的决策力和批判性思维。通过一系列系统的方法和练习，我们可以培养出清晰、有序的思考方式，从而在警校的学习和未来的职业生涯中，更加敏锐、专注和有效。

1. 掌握逻辑学基础知识

掌握逻辑学的基础知识对提升逻辑思维能力非常重要。逻辑学包括形式逻辑和非形式逻辑。形式逻辑主要研究命题、推理和证明，而非形式逻辑则更侧重于归纳和类比等推理方式。在警校中，形式逻辑通常作为必修课程，

---

① 盖尔布，M. J. 如何像达·芬奇一样思考 [M]. 杨立新译，中信出版社，2006.

教导学生如何运用逻辑规则来分析和构建论证。因此警校生应当充分利用好课堂教学资源，掌握逻辑学基础知识，这不仅有助于提高思维严谨性和准确性，提升分析和解决问题的能力，还能促进批判性思维的培养，使我们对各种信息和论证进行独立思考和评价。

2. 用“PREP 模式”表达

“PREP 模式”是一种结构化的表达方式，是指通过先提出观点（Point），再给出原因（Reason），然后举例说明（Example），最后重申观点（Point）的模式来阐述自己的观点、想法。在说或写的时候，我们往往习惯于按照“因为……所以……”的逻辑表达，这种方法其实不利于接收方快速理解我们所要表达的内容。更好的方法是反过来，即先说结论，再逐步、分层次地展开想法、分析或计划等具体内容，通过举一些例子，达到“点面结合”的效果，最后再重申结论或观点。使用“PREP 模式”表达，我们可以更有效地组织语言，使信息传递更加清晰和更有说服力。

3. 梳理电影的逻辑架构

看电影不仅是一种休闲娱乐活动，还能作为一种非正式的学习工具，有助于提升逻辑思维和记忆能力。悬疑、科幻、犯罪类电影因其复杂的情节和丰富的叙事手法，尤其适合用来锻炼分析和推理能力。既然如此，警校生们不妨在看完此类电影后，花 10~15 分钟的时间来回顾和梳理电影的主要情节和叙事线索。个人梳理完以后，再通过网络搜索其他观众或评论家的见解，与自己的分析作比较，看有无遗漏的细节，通过接触不同的视角和解读来拓宽思维。每周花费 2 小时左右的时间看一部电影并进行梳理，我们的逻辑思维和记忆力都会得到一定的提升。

提升逻辑思维能力还有很多方法，诸如参与逻辑游戏、学习编程语言、强化数学思维、进行辩论和演讲训练等。总而言之，逻辑思维的核心在于“条理性”，这意味着在日常生活中，无论是学习、工作还是解决问题，都应有意识地运用逻辑思考的方法。通过在实际运用中不断巩固和提升，使“有逻辑”成为习惯，进而在各个领域都能有出色的表现。

二、提高专注力

提高专注力是一个涉及多方面训练和生活习惯改善的过程，我想用“两有一无”来概括提高专注力的三个关键要素——有目标、有规律、无干扰。

“有目标”——设定清晰的目标是提高专注力的第一步。目标可以是短期的，比如完成一个章节知识点的学习；或者是长期的，比如准备一门考试。有了明确的目标，我们就能更有方向地投入学习，避免无目的的浏览和拖延。“有规律”就是通过设定专注和休息的时间段，养成规律的学习习惯。比如，每天固定在某个时间段进行学习，可以帮助大脑建立条件反射，一到这个时间就自动进入学习状态。同时，遵循一定的学习流程，如预习、听课、复习、练习，也可以提高学习效率。“无干扰”就是在学习环境中，尽量减少电子设备的使用，关闭不必要的通知，保持环境的安静和整洁。此外，告诉家人或室友你的学习时间，让他们在这段时间内不要与你交谈，也是减少干扰的有效方法。

其中“有规律”是提高和保持专注力的最关键要素。网络上有很多教大家如何提高专注力的文章，但我们首先要了解，人的专注力上限并不高，持续二三十分钟就已经是很不错的水平。然而，有时面对众多繁重的学习任务，我们需要保持数小时的持续高效学习。所以比起提高单次的注意力时长，更关键的是在分心时，能够及时觉察并重新回到学习状态中，以及在感到疲惫时及时休息。

美国的一家员工效率监测公司，发现了一个工作时间和休息时间的黄金分割比例，即工作 52 分钟，休息 17 分钟。在践行了各种方法之后，我们发现比较容易执行的提高专注力的方法是工作 45~50 分钟，休息 10~15 分钟。从时间上讲，工作加休息刚好是 1 小时，方便我们记录和统计。同时，较长的工作时间确保了工作产出，较长的休息时间能让我们充分活动身体，恢复精力。45~50 分钟的工作时间，如果担心自己会分心，还可以用及时阻断的方式来避免。在学习场景里也同样如此。具体做法很简单，就是在手机上找一个有倒计时功能的软件，开启一个 50 分钟的倒计时，再在旁边摆放一张纸和一支笔。在接下来学习的过程中，每当下意识地去看手机时，就记录一下屏幕上显示的时间，然后继续学习，等 50 分钟倒计时结束，再看看自己分心了几次。这个方法的关键，就是让我们在注意力开始不集中时，第一时间觉察并中断我们想要转移注意力的潜意识，提醒我们尽快返回学习状态。经常使用，还可以显著提升专注力。

手机上类似的倒计时工具有很多，可以用闹钟自带的功能，也可以用Forest这样带有一定趣味性的专注力培养软件。10~15分钟的休息时间，如果能把要做的事情大致固定下来，还能成为一套高效的学习启动仪式。比如我喜欢在休息时间里到楼梯间或者楼下走几步，做做简单的拉伸和深呼吸。准备重新进入学习之前，我会做固定的三件事：一是去一趟卫生间，二是喝一口水，三是将手机屏幕盖在桌面上。这三件事就组成了一套我个人的独特的学习启动仪式。这就好比跑步前的热身一样，借助身体动作，带动大脑快速运转起来，热身完直接开跑。

这样我们就有了一套高效的学习模式，借助闹钟提醒自己每工作45~50分钟，就休息10~15分钟，学习过程中用倒计时软件来阻断分心。休息期间让大脑和身体充分放松，再用一套固定的学习启动仪式，重新进入下一阶段的学习。

除此之外，健康的饮食、充足的睡眠、适当的休息这些“体能精力”也能为专注力的提升保驾护航。这里要再次重申适当休息的重要性。现在我们学习的场景大多是坐着，但是久坐的危害真的比我们想象的要大得多。第一个事实是久坐和许多疾病相关，比如容易造成颈椎病、腰椎间盘突出、肌肉量减少、增加内脏脂肪、二型糖尿病风险增加88%、心脏病风险增加14%、肺癌风险增加27%、肠癌风险增加30%、子宫癌风险增加28%。我们不需要去纠结这些数据到底准不准确，只需要牢牢地记住，久坐会影响到我们身体的方方面面。第二个事实是运动和久坐其实是不能相互抵消的，也就是说即使你每天运动两个小时，也不能弥补你久坐六七个小时甚至十个小时以上对身体造成的伤害。所以比起去加强运动，及时休息更加重要，也更需要我们将休息环节加入日常的学习和工作中。

三、保持乐观态度

看到这里，你可能会有一个疑问，乐观跟思维能有什么关系？难道我保持乐观，思维会更加活跃吗？的确如此。乐观是一种积极的情绪状态，它能够影响我们的认知过程、思维方式和行为模式。《精力管理》一书中指出：最有益于全情投入的思维精力是现实乐观主义——看清事物真相，却仍朝目标积极努力。

这是因为乐观者具有“积极偏见”的特质。他们倾向于关注积极的信息和结果，这种偏见使他们更加专注于机会而非障碍。在解决问题时，他们能够以创造性和高效的方式思考，因为他们总是寻找那些能够带来积极结果的可能性。这种积极的思维方式不仅帮助他们在挑战面前保持前进的动力，还能够激发他们探索新的解决方案。同时，他们有自己独特的归因风格，他们习惯于将成功归因于自己的能力和努力，而将失败视为外部、暂时的因素。这种风格鼓励个人对自己的行为负责，相信通过坚持不懈的努力可以克服困难和逆境。

因此，积极乐观的态度有助于我们培养正向思维，从而更好地指引我们解决问题。在实际层面，我们可以通过以下“三步走策略”，逐渐培养起积极乐观的态度。

第一步：降低预期。在追求目标时，如果设定过高的期望，可能会导致失望和挫败感。但降低预期并不意味着放弃高标准，而是要设定更加现实和可达成的目标。这样做可以帮助我们更好地管理期望，减少因未能达到过高目标而产生的消极情绪。我们应该学会欣赏自己的进步，即使这些进步没有达到最初的理想状态。

第二步：用提出解决方法取代抱怨问题。面对困难和挑战时，一味地抱怨可能会让我们陷入消极情绪的旋涡。况且抱怨解决不了任何问题，我们应该专注于寻找解决方案。这意味着要采取主动的态度，识别问题的根本原因，并探索可能的解决办法。这种积极的应对策略不仅能帮助我们更有效地解决问题，还能增强我们的自信心和控制感。每当我们成功地解决了一个问题，我们的乐观水平就会提高，因为我们知道自己有能力克服挑战。

第三步：学会庆祝成功。无论大小，成功都值得庆祝。庆祝成功不仅是一种奖励自己的方式，也是一种强化积极体验的方法。通过庆祝成功，我们提醒自己努力是有价值的，这有助于建立更强大的自我效能感。庆祝可以是简单的，比如奖励自己大吃一顿、看一部喜欢的电影、和朋友聚会。最重要的是要认识到我们的成就，并在心中给予肯定。

总之，乐观不仅是一种情绪状态，更是一种可以培养的思维模式。通过降低预期、积极寻求解决方案以及庆祝成功，我们可以逐步塑造自己的乐观态度。这种态度将赋予我们面对生活挑战时的勇气和韧性，让我们在困难面前不失希望，保持前进的动力。

精力管理是一门系统的艺术，它要求我们全面地关注和提升意志精力、体能精力、情感精力和思维精力。这四个方面相辅相成，共同构成了我们应对日常挑战和实现目标的能力。希望通过本章的学习，让你已经建立起一套有效的精力管理系统，从而在适应警校生活中保持最佳表现和持续的幸福感。

第六章 自律管理——在无序的生活中追求有序

本章从三个维度介绍自律管理：认识自律、学会自律和巩固自律。[①]第一部分通过阐释自律的意义和误区，揭示了警校生在追求自律过程中的内在挑战，并引导读者识别自身的自律障碍。第二部分着重构建有效的个人纪律，包括目标设定、定期复盘和自我激励等关键步骤，旨在帮助警校生打下坚实的自律基础。第三部分探讨了如何通过形成良好习惯来培养秩序感，提供了实用的方法，如找个学习伙伴、设置奖励与惩罚机制，以及实施打卡式学习，以确保自律的持续性和稳定性。本章的目标是指导警校生了解和加强自律能力，实现更有序的生活和更高效的学习。

在正式阅读本章具体内容之前，请你先在此框内写下对“自律管理”的理解：

等阅读完后，请再来写下新的理解，并对比有什么不同：

① 车纯纯．极简自律[M]．北京：中国纺织出版社，2023.

第一节　认识自律：通往自由的道路

自律，确实是一个既熟悉又略显模糊的概念。每当提到“自律”二字，很多人可能会首先联想到“坚持早睡早起”这样的具体习惯。但实际上，自律的核心并不在于“早睡早起”这一具体行为，而在于背后的“坚持”精神。换句话说，自律的关键在于一个人能否在没有外界强制的情况下，持续、自发地遵循自己设定的规则或习惯，无论这些规则是关于作息、饮食、学习还是其他任何方面。更通俗易懂地说，自律就是知道自己想要什么，并坚持为之付诸行动。而在警校中，属于自己的时间相对有限，如何在严格遵守集体规则的同时，平衡并维持个人的良好习惯，无疑是你将面临的棘手难题。希望通过本章节的探讨，能让你对如何在警校环境中践行自律有所启发。

一、自律的意义

在正式讨论如何在警校环境中践行自律之前，我想请你先自问自答三个问题：

“我想成为自律的人吗？”

“我认为自己现在是一个自律的人吗？”

“如果不是的话，是什么阻碍了我变自律呢？”

我想大概率，你对这三个问题的回答会是：

想。

不算是。

可能我太懒了，或者我使用的方法不对，原因很复杂，说不清楚。

在回答完这三个问题后，你可能会发现问题出在哪里——从“想”到“做”这一步，迟迟无法行动。造成这种情况的原因有很多，比如对自律有错误的认知、使用的方法不适合警校环境、没有自律的氛围难以坚持等。

还有一个关键原因是，自律这样一门如此重要的实践型学科，在我们从小到大近 20 年的学校教育和家庭教育中，却几乎处于缺失状态。在考入警校之前，我们的学习时间和内容基本由老师和家长安排。进入警校后，虽然有了更多的自主性，但面对自由支配的时间和精力，我们很容易陷入困惑：如果没人告诉我现在该干什么，我该干什么呢？

突如其来的自由与责任，看似轻松的没有束缚的警校生活，其背后却隐藏着更加沉重的使命：自己选择，自己负责。

于是一些人走上了探索之路，研究如何通过自我管理，更充分地利用好警校这个宝贵的资源，提升自己的体能、技能和综合素质；而另一些人则感受到一种巨大的解脱感，过上了训练摸鱼、学习敷衍的日子。

可想而知，几年警校生活结束后，这两类人的生活状态就会完全不同。前者每天忙而不乱，通过合理安排自己的训练和学习，不断地积累经验、提升认知、锻炼体能、磨砺意志，最终实现各项短期目标和长期规划，一步步构建自己理想的警察形象，在平凡岗位上做出了不凡的成绩。后者则混沌度日，仅按照最低要求完成训练和学习任务，身体素质和业务能力都停滞不前，毕业后步入了一个自己不太满意的岗位，面对繁忙的业务，感到疲惫、迷茫。重视自律和不重视自律的两类警校生，人生从此就走向了完全不同的道路。

摆脱家庭、学校乃至社会的约束，并不意味着达到自由的状态。真正的自由是你知道自己想做什么、在做什么、为什么而做，是一种知行合一的自由。而自律就是通往这种真正自由的唯一道路。

所以，今天我们在谈论警校生为什么要自律时，我们讲的不仅仅是单纯约束自己在什么时间做什么事，而是在讨论我们要如何引导活出自己想要的人生。

回顾历史，无论在人类发展的哪个阶段，巨大的成功都只属于能在同一时间集齐天时、地利、人和这三大要素的极少数人。但每个警校生都可以掌握自律的正确方法，通过自我管理活出更高效、充实、有意义的警校生活，为未来的警察生涯奠定坚实的基础。

在觉知清醒的状态下，按照自己的意愿，度过丰盛的一生，这就是自律的意义。

二、自律的误区

有一个非常反常识的事实：今天我们对自律的了解，并不是太少，而是太多了。来自各个媒体渠道的五花八门的信息，数量繁多又真假难辨，即使真的花时间一个个试下来，也不一定能找到适合自己的自律方案，反之还会消耗巨大的心力和意志力。所以在正式开启自律之旅前，我们非常有必要先一起破除自律的五大误区，解除自律焦虑，轻松上阵。

误区一：牛人才自律，就我不自律

自律如今是一个很热门的话题，有“哈佛凌晨四点半”这样人人皆知的自律故事，也有《全球公认最佳作息表》的自律指导方案，在各大平台上一搜，马上跳出各种精致的每日自律视频。

相信你一定看过类似下面这些题目的文章和视频：

1. 所有优秀背后，都是苦行僧般的自律。

2. 如何成为一个极度自律的人？

3. 你敢不敢用一年时间，彻底改变自己？

4. 唯有极度自律，才能成就梦想！

……

从这些用词中不难看出，大家对自律有着极其强烈的诉求，但反观我们的生活，看到的却大多是这样的场景：

场景一：下定决心要自律，坐在桌前，认真地写下一张计划表，包括：每天6点起床，看书1小时，每天运动30分钟……第二天闹铃响了，觉得还挺早，美滋滋地打开了手机上的短视频软件……然后，就没有然后了。

场景二：准备一份课堂PPT，明明还有一大堆资料没看，却趴在床上不停刷手机。其实事情本身并不复杂，内心也并没有觉得多排斥，但就是没办法开始找资料，拖着拖着就到“DDL”[①]了，只好晚上熬夜来做。

场景三：晚上想着辛苦一天了，看一集电视剧放松一下。结果一集看完意犹未尽，看了一集又一集，最终通宵看完了所有已更新的剧集。过程中甚至连上厕所都得憋到不行才肯去，或者带着iPad一起去……

这不得不令人疑惑，为什么拖延的自己和那些网络上自律的牛人，好像是完全不同的两个物种。这种强烈的对比导致很多人产生了一个巨大的误区——认为自律很难，只有极少数的牛人可以做到自律。

但事实上，与网络上的精修照片一样，这些展示出来的“特别完美”“非常强大”“极度自律”几乎都是被加工和包装过的。至少要去掉50%的夸

① DDL是DEADLINE的缩写，意思为截止日期或最后期限。

张程度，才大约是对方生活里真实的样子。

自律只是一种表现出来的状态，而非这个人本身。不存在完全自律的人，只有自律的行为。也不存在绝对拖延的人，只有拖延的行为。既有自律行为，也有拖延行为，这都是正常的。所以，努力提高自己自律行为的比例，减少拖延行为的比例，这样我们就已经算是一个自律的人了。

误区二：自律是固定某时某刻做某件事

在探讨自律的真正含义时，我们往往会陷入一个误区，即认为自律是成功的必要条件，而忽略了自律背后的实质——目标的实现。这种误区导致我们过分强调形式上的坚持，而忽视了自律的真正目的：通过自我管理，调动资源，达成目标。

让我们通过两个警校学生的例子来进一步说明这一点。

小李和小张都是警校大四的学生，正在公安联考备考冲刺期。在备考期间，小李周末也坚持六点半起床，但他每次都觉得自己起得很早，认为还有很多时间，经常磨磨蹭蹭，或者随意地浏览社交媒体，等到八九点才开始投入学习，学习过程中还时不时地刷视频放松一下。小张则喜欢周末多睡一会儿懒觉，给自己一些放松的时间。只有在工作日，小张才会按照学校的时间安排起床，而他一旦起床就会全神贯注地投入学习，每次都能完成自己的学习计划。

比较小李和小张，谁更自律呢？

显然，小张虽然在作息时间上不如小李规律，但能够更加专注于自己的目标，通过有效的自我管理和资源调配，实现了自己的学习目标。而小李虽然表面上看起来很自律，但实际上并没有真正投入实现目标的过程中。

这告诉我们，自律不应该仅仅被理解为一种形式上的坚持，而应该是一种内在的动力，驱使我们在正确的时间节点采取正确的行动，以达成我们的目标。自律的本质是自我管理，是对自己行为的控制和对未来的规划，而不是机械地重复某些行为。

因此，我们应该重新定义自律：自律不是指固定某时某刻做某事，而是一种灵活的、以目标为导向的自我管理能力。它要求我们能够识别并专注于那些真正有助于实现目标的行动，而不是盲目地坚持某些形式上的规范。拿到成果才是自律真正的目的，比坚持所谓“自律的行为”更重要。

误区三：自律是反人性的

几乎所有人都会认同“自律是反人性的”这个观点，认为人性当中固有的懒、贪婪、短视、三分钟热度等特性，让我们无法轻松自律。

但深究这段话，会发现一个非常矛盾的地方，那就是人性本身其实是很复杂的，包含好奇心、占有欲、食欲、性欲、敌意、善意、创造欲、破坏欲、表现欲、嫉妒心、保护欲、安全感、恐惧感、崇拜感、孤独感和懒惰等。

对照一下自己，以上这些人性的组成部分，我们在自己身上都能找到。

究其原因，我们要再退后一步，向动物学家学习，他们认为：生物和动物学所描述的才是客观真实的人。也就是说，动物性就是人的本性，就像刚出生的婴儿只知道吃喝拉撒，理性思考、遵守交通规则等行为，都是后天在社会群体中习得的。所以今天我们讨论“人性”时，就要同时考虑到动物性和社会性两个基本构成部分。

如果非要将复杂的人性构成，分成好坏两面的话，好奇心、善意、创造欲、表现欲应该都是人性当中正向的一面。而破坏欲、忌妒心、懒惰则代表人性当中的负面。其他大部分很难区分，只能算是中性的。既然人性的构成这么复杂，我们就不能直截了当地说自律是反人性的。更有趣的是，继续往下分析，就会发现这些所谓的人性的负面，或者说缺点，其反面也许是另一个人性的优点。比如懒惰本身是生物为了节约能量、维持更长久的生存状态。贪婪的背后也许是我们的好奇心在起作用，也许是我们为了应对充满不确定性的外在世界而采取的未雨绸缪的措施。短视换个角度看，就是活在当下。三分钟热度能够帮助我们广泛涉猎，增加碰到真正热爱的事的概率。

所以人性是复杂的，它有时候会出来帮我们，有时候会出来害我们，关键还是在于我们如何主动出击，聪明地调动自己的人性实现目标。

其实无论是牛人还是普通人，只要是人，就都有一样的人性。

比如著名学者胡适，就曾在他的日记中写到：

7 月 13 日 打牌。

7 月 14 日 打牌。

7 月 15 日 打牌。

7 月 16 日 胡适之啊胡适之！你怎么能如此堕落！先前定下的学习计划你都忘了吗？不能再这样下去了！

7月17日 打牌。

怎么样，是不是很像我们平时懊恼自责又重蹈覆辙的样子。

我们应该意识到，从人性出发，人人皆凡人。真正能够拉开人和人差距的，其实是如何科学自律的认知、工具和方法。

所以自律不是反人性的，正确的自律反而需要顺应人性。挖掘和调动人性中的积极面，接纳和应对人性中的消极面。

误区四：自律需要强大的意志力

在传统观念里，自律往往代表着坚持早起、坚持阅读、坚持健身。所以很多人一提到自律就认为，自律需要强大的意志力，能够做到自律的人都是意志力很强的人。

但实际上，正如前面章节所分析的那样，意志力既是一种能力，更是一种有限的资源。把意志力想象成一大桶水，每天早上每个人桶里的水都是满的。但在接下来一天的工作和生活中，我们需要把这些水再倒进不同的小桶里面，这些小桶包括学习、工作、锻炼、人际等。所以意志力虽然可以提升，但上限很低，牛人的意志力资源也是有限的。用好意志力的关键不是培养，而是有技巧地使用和分配意志力资源。

了解意志力的两个特点，能帮助我们更好地运用这一宝贵资源。

第一个特点是，意志力的强弱和人的精力、体力强相关。一般一天当中早上最强，然后逐步减弱，晚上最弱。这也是为什么把阅读、写作、锻炼等一些感觉对自己意志力要求比较高的行动，放在早上会更容易完成。

第二个特点是，一件事在启动的时候，对意志力的需求最大，一旦培养成习惯，做同一件事时，对意志力的需求就变小了。以培养阅读习惯为例，第一个月里每天都需要动用意志力才能让自己坚持阅读。但是到了第二个月，可能只有一半的时间需要刻意调用意志力，剩下的时间，我们下意识地就会去打开书阅读。两个月之后，阅读习惯已初步养成，大多数情况下我们都能主动去阅读，只有其他10%的情况，还需要再调动意志力。

所以，真正的可持续的自律，不是要求我们有多么强大的意志力，而是要掌握一套合理分配意志力的方法。

误区五：自律就是靠自己

很多人认为自律就是自我约束，自己管理自己，所以凡事都应该从自己身上找原因。但却忘了人是时刻生存在社会关系中的动物，脱离了他人以及社会影响来谈论自律，只会让自律变得愈加艰难。

这里我们需要引入一个与自律相对的概念：他律，指非自愿地受他人约束、检查和监督。

他律广泛地存在于社会的各类组织中，深刻地影响着我们的生活。例如，首先，我们首先受我国的法律和道德的约束。其次，在警校我们受所在学校规章制度的约束。最后，生活中每个家庭里也有一套持续运转的基本规则。这些外部约束看似是他人在管理我们，但也实实在在地削弱了自我管理的压力。社会有清晰的法律条文，我们就不会去做害人害己的事；警务化管理规定，让我们更容易进入规律的生活状态；家庭有内部的分工协作，我们就会承担起自己应该负的责任。

除此之外，没有任何外部管理和约束的区域和时间，就要纯靠自己的自律了。

这也能解释为什么我们在图书馆自习时学习更容易进入状态，而周末在家则难以完成学习计划。因为前者需要自律的时间少、压力小，更加从容。而后者缺乏他律约束，所有的事都需要调动自己的意志力来安排，任务重、损耗大，很难自律。

所以，环境对自律的影响远超我们过往的认知。别想着只靠自己自律，而要努力置身于他律的环境中，借用他律分担自律的压力。比如去图书馆自习，与舍友一起跑步打卡等。

总结一下，常见的五大自律误区以及我们需要更新的认知如表 6–1–1 所示。

表 6–1–1　常见的五大自律误区及对应正解

序号	自律误区	自律正解
1	牛人很自律，就我不自律	不存在完全自律的人
2	自律是固定某时某刻做某件事	要成事只需正确行动
3	自律是反人性的	正确的自律顺应人性
4	自律需要强大的意志力	自律需要正确分配和使用意志力
5	自律就是靠自己	正确借助他律，分担自律压力

因此，自律并非超人的属性，也非与人性对抗的苦差事。相反，它是一种可以通过合理方法和适度的外部支持来实现的个人管理技巧。理解到这一点，我们就可以更加科学地培养自律，而不是盲目追求一个不切实际的自律形象。这样的自律，才是可持续的，也是更符合我们真实生活需求的。

三、警校生的自律难在哪里

破除了上述五个自律误区，你可能以为自己已经掌握了自律的诀窍。但实际情况可能是，你依然在自律的道路上挣扎。这种挣扎并非毫无缘由，它可能源自更深层次的心理因素和你所处环境的特点。

（一）缺乏职业认同感

职业认同感是个体对自身职业角色的认同和归属感，它对个体的自我约束和行为规范有着重要的影响。很多警校生缺乏对警察职业的深入了解和体验，读警校只是为了毕业能有一份稳定的工作。这种想法会导致他们对职业的认同感不强，从而影响到他们的自律性。职业认同感的缺失会使警校生在日常生活中放松对自己的要求，因为他们觉得，警察职业只是一份普通工作，即使在校期间表现平平，毕业后依然能够获得稳定的工作，所以躺平对自己是没有影响的。

（二）受警校教育环境影响

警校往往更注重纪律性和规范性，而忽视了对学生个性化职业规划的指导，这种教育模式可能会导致学生缺少对自己未来职业路径的清晰规划。没有宏观目标的指引，具体到每一段时间应该做什么、怎么做，也就更无从下手。此外，警务化管理制度之下的行为模式化、时间零碎化，可能会让大多数人感觉自己一直被约束，所以一旦有属于自己的时间就想“放飞自我”。

尽管职业认同感的缺失和教育环境的限制构成了自律的双重挑战，但请记住，真正的自律来自内心。我们或许无法改变环境，但我们可以逐步塑造自己的认同感，用科学的自我管理方法，一步步引导自己成为一个自律的人。我们不必总是把自己逼到极限，而是要学会在努力与躺平之间找到平衡，这样即使在疲惫时，也能心安理得地给自己一个喘息的机会。

第二节　学会自律：建立有效的个人纪律

上节内容介绍了自律的意义和误区，解决了“知”的问题，为我们奠定了理论基础。接下来，本节将带你深入了解如何通过自我认知、目标设定、定期复盘、自我激励四个关键步骤，开启自律之旅，将“知”转化为“行”，真正做到知行合一。

一、自我认知

自我认知是自律的基石，它要求我们诚实地审视自己，了解自身的优势和不足。这是理解自身内在动机和行为模式的起点，也是将知识转化为行动的前提。自我认知涉及对个人外观、生理状况、感知、思考、体验、意图和行为等方面的全面了解。它要求我们不仅要认识到自己的外在特征，更要深入探索内在心理活动和过程。这种自我认知的过程有助于我们建立一个真实、全面的自我形象。在自我认知的基础上，我们能够设定符合自身实际情况的目标，这些目标将引导我们的行动。通过持续的自我审视和目标调整，我们可以逐步实现自律。自我认知不仅帮助我们“知道”，更重要的是激励我们“做到”，让自律成为我们生活的一部分。

（一）从N个维度评价自己

自我评价是自我认知的重要组成部分，它可以帮助我们更好地了解自己。通过自我评价，我们能够识别和分析自己的内在需求和动机，从而更有针对性地设定个人目标和发展计划。这种自我反思的过程有助于提高自我意识，增强自我调节能力，是形成有效自律策略的基础。现在，请你找一张纸，或者打开WPS跟我一起来进行自我评估吧。

1. 座右铭

座右铭是一个人的生活哲学，通常用来提醒和激励自己遵循特定的行为准则或追求特定的目标。它可以是名人名言、一句通俗易懂的话，甚至可以是一个词语，只要当你迷茫或沮丧的时候它能给你力量，就是一个独属于你的座右铭。比如，我的座右铭是“做人最重要的是开心”，这表示追求积极的情绪状态是我做一件事情的最终目的。当我必须做一件我不喜欢的事情时，我会告诉自己，既然无论开心还是不开心我都得做，那就赶紧做，做完就开心了。

2. 个性特质

目前最流行的个性特质评估是 MBTI 性格类型，包括外向 / 内向、感觉 / 直觉、思考 / 情感、判断 / 知觉四个维度，记录自己的 MBTI 类型时，可以详细地记录这四个维度在哪些方面表现得最为明显，当然也不要忽略了自己某些不符合这个类型的表现。比如我 MBTI 的第一个维度是 E，这体现在我喜欢跟朋友们待在一起，也热衷于认识新的朋友。但是，在与长辈交谈时，我表现得非常腼腆，甚至不会接话。此外，还可以把自己拥有的最喜欢和最不喜欢的特质写下来（不局限于 MBTI），并写下理由。这有助于个体深入理解自身的心理动态、行为倾向以及潜在的改进空间。

3. 能力评估

进行能力评估应全面考虑个人的专业技能、沟通能力、解决问题能力、领导力、自我管理能力、学习能力、应急处突能力等。评估时，我们不能只依赖自己的感觉，因为有时候我们可能会高估或者低估自己的表现。这时候，家人、朋友和老师的看法就显得特别重要，他们能从一个更客观的角度来评价我们，为我们提供真实的第三人视角。最后我们要把这些评价和自己的反思结合起来，看看自己在哪些方面做得好，哪些方面还需要提高。这样，就能更清楚地知道自己的实力，也能为将来的发展制定更好的计划。

4. 学习风格

学习是终身的事业，这是我将学习风格放在自我评价层面的重要原因。了解和识别自己的学习风格可以帮助我们选择最适合自己的学习方法，提高学习效率，终身受益。用感官偏好可以概括以下几种常见的学习风格。①视觉学习风格，表现在偏好阅读，观看图表、图片和视频，例如喜欢用彩色标记笔画重点，制作思维导图。②听觉学习风格，表现在通过听讲座和音乐、进行讨论来学习，例如喜欢听有声书；还可以通过重复朗读来记忆信息。③触觉学习风格，表现在通过实践、实验和模拟来学习，例如通过做实验来理解复杂概念。④语言学习风格，表现在通过写作、阅读来学习，例如喜欢写笔记；还可以通过讨论来厘清概念。

当然，在实际的学习过程中，虽然多感官参与是常见的现象，但通常存在一种主导的学习方式。比如我的主导方式是视觉学习风格，因为我最喜欢在学习时制作思维导图，可以帮助我厘清逻辑脉络、拓展思路，再搭配其他方法深化理解，这对我来说事半功倍。因此，明确个人的学习偏好对于选择适宜的学习资源和策略至关重要，这有助于提高学习效率并优化学习成果。

5. 社交关系

社交关系是指人与人之间在社会交往中形成的各种联系和互动。在这里，特指基于共同的兴趣、价值观、目标或需要而建立的，并随着时间和互动的增加而发展和变化的朋友关系。西塞罗曾说，“朋友是另一个自我”，择友标准可以在很大程度上反映一个人自身的品格。选择朋友时所考虑的因素，往往与个人的价值观、生活方式和道德标准相吻合。近朱者赤近墨者黑，思考社交关系可以帮助我们确定哪些关系对我们的成长和发展更重要，从而优先投入时间和精力，识别并减少与那些可能对自己产生负面影响的人交往。

比如，曾经我有一个玩得还不错的朋友，他的分享欲很强，和他待在一起不会冷场，总是有无尽的话题。但是相处得越久就越能接近人的本来面目，我发现他的分享欲逐渐变成吐槽欲，总是负能量满满。我慢慢意识到，我们的价值观存在差异，性格不合的矛盾也逐渐暴露，每次与他相处，我都有种不快和压抑，这时我才明白，这段社交关系对我产生了负面影响。因此，我决定逐步与他保持距离，转而接触那些能够带给我正能量的人。

6. 兴趣爱好

从兴趣爱好的维度评价自己，可以帮助你了解自己的个性和生活态度。想想看，你的爱好是不是包罗万象，如果是，那就说明你对新事物充满好奇，而且很可能适应力超强。再深入一点，你对某项活动是不是特别有激情，这种激情往往是你内心深处热爱和擅长领域的反映。然后，观察一下你的爱好是否持久，这能透露出你是否具备专注和持之以恒的品质。最后，思考一下你的兴趣爱好是否促进了你技能的提升，这不仅展现了你的学习欲望，还说明你有自我提升的动力。通过这样的自我审视，你不仅能更好地认识自己，还能发现自己的成长空间和潜力所在。

兴趣还有很多类别，不局限于运动、艺术、手工等，请尽可能详尽地列举你的爱好和开始时间。

（二）尝试给自己写一份简历

看到这里，希望书本前的你可以尝试给自己准备一个个人自传库，内容包括但不局限于个人简介、教育背景、实践经历、能力特长、获得奖励等。此外，可以将所有在大学期间用过的简历和材料形成自己的专属模板，统一放到一个文件夹里，方便以后再需要撰写类似材料时可以直接复制粘贴再加工，极大地节省了时间，如表 6–1 所示：

表 6–1　个人自传库示例

自我评估	本人在校期间遵规守纪、好学上进，积极参与各项活动，具体表现评估如下： 思想上，本人拥护中国共产党领导，政治立场坚定，热爱祖国、热爱党，认真学习习近平新时代中国特色社会主义理论，增强“四个意识”、坚定“四个自信”、做到“两个维护”，在思想上政治上行动上始终同党中央保持高度一致。 学习上，本人严格要求自己，刻苦钻研、勤奋好学，学习成绩优异，曾获 ×× 奖学金、×× 称号；积极参与科研等。 工作上，本人曾担任 ××，认真负责，获 ××。 纪律上，本人严格遵守校规校纪和警务化管理要求，时刻保持良好的警容风纪，具有良好的自律能力，牢固树立良好的预备警官形象。 生活上，养成良好的生活习惯，生活充实而有条理，有着严谨的生活习惯和生活作风，乐于助人，诚实守信，与老师、同学相处十分融洽；积极参加社会工作实践和社会志愿活动，在公安专业实习中，热情投身业务工作，提升专业技能。
学习经历	×年 ×月 –×年 ×月　就读于 ×× 小学 ×年 ×月 –×年 ×月　就读于 ×× 中学 ×年 ×月 –×年 ×月　就读于 ×× 中学 ×年 ×月 –×年 ×月　就读于 ×× 大学 ×× 学院
实践经历	×年 ×月 –×年 ×月，参与 ×× 活动 / 实习，获 ×× 奖励
奖惩情况	奖励情况： ×年 ×月被授予 ×称号，获 ×奖学金 ×年 ×月被授予 ×称号，获 ×奖学金 …… 惩罚情况：无

（三）学会做自我介绍

自我介绍是自我认知的一种外在表达，是在社交、面试场合中建立第一印象的关键。光会做简历还不够，自我介绍不仅考查个体的自我认知能力，更重要的是展现沟通能力和语言表达能力（包括肢体与非肢体语言）。自我介绍的时间一般控制在 1~3 分钟，这意味着要在如此短的时间内尽可能多地展示你希望被认知的形象、特质、能力等。

自我介绍在不同的场合有不同的侧重点。对我们而言，最常见的是社团面试、公务员考试的半结构化面试以及公务员考查面试。前两种面试的自我介绍中最需要注意的是“岗位匹配度”，也就是在自我介绍时，要特别突出你有何特长或潜质可以胜任这个职位，最好是有相关的获奖情况和任职经历予以佐证。而公务员考查面试，需要尽可能全面地介绍你自己，让考官能够感受到你是一个综合素质强且积极向上的人。

作自我介绍一般可以从 3~4 个维度出发，比如学习、工作、生活三个维度。当然，如果直白地按照这些维度来分类，无法突出个人特色，也不能给考官留下深刻的印象。我建议大家用一组数据，或者一组词语、一组句子来区分自我介绍的维度。

比如，在我的自我介绍中，我用 1、16、正无穷作为自我介绍的三个维度。“1”代表我的学习维度，意思是我在学习上力争第一，重视个人发展。“16”代表我的能力维度，表示自从上学以来我接触某一领域 / 拥有某一特长已经有 16 年，培养了许多相关的能力。“正无穷”代表我的生活维度，说明我对生活始终抱有探索的热情，勇于尝试新鲜事物，不惧挑战。

通过我的例子，为给大家提供了一些做自我介绍的思路，希望在看到本节内容的时候，你也可以花些心思研究出一套属于你自己的自我介绍模板。

二、目标设定

这一小节中，我们将深入探索一种高效的目标管理工具——OKR 目标管理法。OKR 是 Objectives and Key Results 的缩写，翻译成中文就是“目标与关键结果”，是一套设定并跟踪目标达成情况的管理工具、方法和思维模式。OKR 的本质是目标 O 和实现目标的具体手段 KR。

目标 O 解决目标管理的第一个问题：我要做什么？关键结果 KR，解决目标管理的第二个问题：我如何确定我做到了？ 使用 OKR 进行目标管理的过程，就是不断询问自己这两个问题，并持续推进行动落地，最终实现目标，拿到结果的过程。在这本书中，我们主要讨论 OKR 在个人目标管理中的运用，简称个人 OKR。用个人 OKR 做个人的目标管理，能帮助我们解决目标管理中常见的两个痛点：

一是看不到目标和执行路径之间的关系。不知道每天该做些什么，才能在一个月或者一年后实现自己的目标。在做目标管理时，很多人因为设定的计划总是无法达成，就渐渐对个人能力产生了质疑。觉得自己欠缺执行力，甚至给自己贴上“拖延症”“懒惰”“没有上进心”的标签，心理学把这种心理状态叫作“习得性无助”。传统的个人目标管理工具，比如“愿望清单”“人生九宫格”等，虽然帮助我们列出想做的事，但如何将这一个个想法付诸行动，从愿望细化到执行动作，却是比较模糊的。与这些方法不同，OKR 本身有很具体的操作规范和一套简单易懂、人人都可以迅速上手的书写流程，能够完整地呈现我们在设定目标到达成目标的过程中，大脑思考的全部细节。

二是计划常常缺乏灵活性。所谓计划赶不上变化，目标达成的道路从不是一帆风顺的，我们很有可能花了一个月落地践行，却发现自己当前的资源、精力和能力，短期看都不足以支持目标达成，或者其他外部客观因素突然出现，导致目标实现直接失去可能性。而 OKR 具备极强的灵活性，用在企业管理中时，大多以季度或者双月为一个周期。用在个人目标管理时，甚至可以缩小到月目标的管理。这种极强的灵活性和实操性，让我们在提交年度成绩单前，有了至少 12 次调整的机会。这样我们就不必等到年底，才能验证自己的梦想清单是否能完成，而是在一年当中的每个月，都可以快速践行、快速调整。对于确实无法实现的目标，我们也能及时止损，重新回顾现阶段的重点，保证个人精力能持续投入在产出比较大、更能提升幸福指数的地方。

（一）个人 OKR 落地的底层逻辑

个人 OKR 落地的底层逻辑，是先设定年度个人 OKR，再拆解到季度 OKR、月度 OKR。并基于月度 OKR，进一步细分到周计划、日事项，进行一个整体的倒推制定及拆解。同时匹配上日复盘、周复盘、月复盘、季度复盘和年度复盘，进行正向的执行及追踪。但因为年度 OKR 和季度 OKR 的设定跨度大、不确定性强，适合在初步掌握 OKR 目标管理法之后再进行尝试。

所以本小节主要以月为单位，手把手带你设定月度 OKR、周计划和日事项，以及完成日复盘、周复盘和月复盘的闭环追踪。不同时间跨度的 OKR 目标管理法，其底层逻辑是相通的。在行有余力的前提下，你也可以自己尝试制定季度目标和年度目标（见图 6–1）。

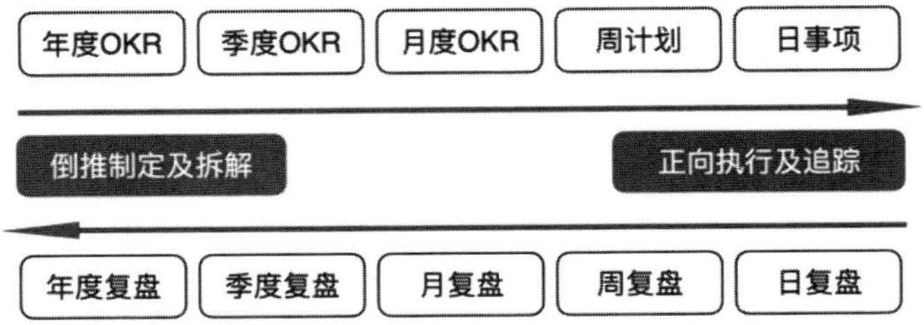

图 6–1　OKR 落地的底层逻辑

了解了 OKR 的基础知识后，我们就要正式进入 OKR 的学习和落地了。使用个人 OKR 实现目标的步骤，可以简单分为四步：

第一步：选择，找出当前阶段最重要的目标；

第二步：制定，设定目标并拆解出对应的行动计划；

第三步：执行，按照计划行动；

第四步：复盘，对比行动结果和预期目标，并作出下一步调整。

这一节，我们先学习前三步，选择和制定目标，也就是找到自己的目标 O，并拆解出具体的达成路径 KR。

在长期实践的过程中，我们发现第一步选择目标是最重要的。一旦做出了选择，接下来一个月的主要精力，都将投入在被选择的目标上。如果目标选错了，再努力也无法获得理想成果，可以说是“一着不慎，满盘皆输”。不但浪费时间精力，还会打击未来我们实现目标的信心。

我将大学阶段的个人目标分成了六类，即学习目标、财富目标、人际目标、健康目标、发展目标和体验目标。

前四个都很好理解，第五个发展目标，是指参与一些对个人发展有利的社会实践活动，比如参与区队建设、公安实习、社团工作或志愿活动等。第六个体验目标，就是指兴趣爱好、娱乐休闲这一类丰富人生体验的事情。你也可以根据自己的理解，创造自己的分类方式。

不同的人生阶段，有不同的目标优先级。要想判断选择的目标是否符合当前自己的实际情况，我们可以问自己三个问题：

1. 这个目标是我现阶段最重要的事情吗？

2. 这个目标能给我的学习和生活带来实质性的变化吗？

3. 这个目标是我发自内心渴望，想要达成的吗？

如果这三个问题，你的回答都是肯定的，那么恭喜你，你选择的目标一定能够充分激发你的执行力，达成之后也能助你实现学习和生活真正的突破。反之，如果对于其中的一个或者两个，甚至三个都存疑，那说明选择的目标并不能解决当前阶段的真实问题，需要重新思考。

做目标 O 的选择时，还有两个注意事项和一个建议。

注意事项一：同一时间段专注的目标 O 不要超过三个。

从六大类中选择自己当月的目标 O 时，可以根据自己当前的学习和生活需要来选择 1~3 个当前最想突破的。比如到了期末考试周，当你想要平衡考试复习、社团工作、锻炼身体三大任务时，你就可以相应地确定本月的三个目标。目标的数量限定为 1~3 个，是为了将主要精力聚焦在更少但更重要的事情上，提升目标的达成概率。我们做目标管理的最终目的是达成目标，拿下成果，切忌因为贪心而设定过多目标，导致最终哪个都没有完成。要根据你当前实际的情况，从六大类目标当中，找到你当前最想取得突破的几个目标。

注意事项二：选择目标 O 之后要进行优先级排序。

目标管理的精髓就是将我们有限的时间和注意力，分配给那些真正重要到能改变我们工作和生活的事情上。所以从六大类目标中，选择了 1~3 个想要实现的目标 O 之后，我们还需要再对已经选择的目标 O 进行排序。从重要的几个目标 O 中，再次确认最重要的、一定要实现的目标 O 到底是什么。目标 O 的优先级排序，同样要结合人生现阶段的重点。比如，冲刺期末考的学生，目标 O 的优先级排序可以是学习目标、发展目标、健康目标。如果考试结束了，想要喘口气放松一下，那目标 O 的优先级排序可以设定体验目标、健康目标、人际目标，在修养身心的同时，体验生活、陪伴亲朋好友。

建议：可以把排在第一的目标 O 设置为月度主题。

设计月度主题可以让我们时刻想起，这个月最重要的目标是什么，也能在一定程度上，反映出一年当中，我们在不同时间段的重点。

比如每年的 1 月，刚结束一年的忙碌，又即将迎来春节，很适合沉浸下来，系统地梳理和复盘过去一年的收获，想一想新的一年又要立什么“flag”呢？所以 1 月可以以体验目标为主，设定为体验月。过年前后，是人际交往的高峰期，适合拜年、聚会，和很久不见的朋友重新联系起来，所以 2 月可以设定为人际月。3 月伊始，步入新学期，又要开启新一轮的奋斗了，所以 3 月适合设定为学习月。

工作和生活中的重大事项，也可以使用这个方法命名，比如打算花 2~3 个月的时间健身塑形，就把这几个月命名为健康月；比如把重大考试前的 2 个月设定为学习月。月度主题能将一年 12 个月进一步地细化和区分开来，让我们能在取舍和兼顾中尽力做到平衡。

人的精力永远是有限的，好目标从聚焦开始。经过认真选择、优先级排序和月度主题的确认后，我们就将本月的注意力锁定在了 1–3 个目标上。

（二）根据三大原则制定目标 O

确定了目标的类别和大致方向后，接下来，我们就要根据目标 O 的三个制定原则，来制定出具体的目标 O 了。

原则一：目标 O 一定要能够激励你自己。

很多人会把目标和任务混为一谈，但这两者最大的差别是，目标是你发自内心想达成的，只要看到这个目标，或者想象目标达成，你的内心都会涌起非常强烈的愉悦感。

这就需要我们在书写目标 O 的时候，也要描述一种能够持续激励自己的理想状态。例如，设定学习 O：每天认真听课，就太过平淡，可以改成学习 O：在期末考试拿到前 5 的成绩，这样听起来是不是更加斗志满满？再如，锻炼健身，这是个老生常谈的目标。使用目标 O 的定制方法，我们可以设定健康 O：每天都精力充沛，神采奕奕。大家不一定真心热爱汗流浃背的感觉，但每个人都希望自己有饱满的精神来开启一天的生活。

为什么一定要设置一个可以激励自己的目标？因为只有令自己心动的目标，才能够引领我们前进。

原则二：目标 O 一定要有挑战性。

相信你应该已经发现了，OKR 的使用是需要投入精力和时间的，所以不要用 OKR 来完成一些常规性的事务。而是要尝试利用目标管理的方法，突破自己的舒适区，挑战那些原以为不可能完成的事情，发展潜能、拓展优势。

比如学习 O：每天认真听课，这是每一个学生的义务。但是换成学习 O：在期末考试拿到前 5 的成绩，就具备一定的挑战性了。再如很多学生想提升公文写作能力，那我们可以把目标写成学习 O：成长为战略写手。难度是增加了，但也更加有趣味性和挑战性，提升公文写作能力的意愿本身也会得到加强。

所以大家在制定 O 的时候，一定要记住，不用努力就能完成的目标，那叫常规事务。目标 O 一定要有挑战性，即使目标达不成，我们的收获也会远超只设定一个平庸的目标。

古语说，求其上者得其中，求其中者得其下，求其下者无所得。讲的就是这个道理。

原则三：同一时期的目标 O 要相互协同。

这个原则主要体现了一个宗旨：力往一处使。

个人的时间、精力和金钱资源，本来就是上限很低的，如果再分散在各个毫无关系的目标中，就很难真正地把事做成。所以在制定目标时，要让目标跟目标之间的实现能够产生协同。

比如我们在实习的时候，制定发展目标 O：评为优秀实习生。为了达成这个目标，可以匹配学习 O：深入学习案件办理处置流程和注意事项，再加一个人际 O：向优秀的前辈们取经。这样梳理下来，学习目标 O 和人际目标 O 都能直接给发展目标 O 提供支持。学习目标 O 也能帮助我们学习到公安知识，在人际交往时获得更多人的认可和信任。

这样，不同目标之间就不再是平行关系，而是“1+1+1>3”了。

所以，在使用 OKR 制定个人目标时，一定要记得，目标和目标之间不是完全独立的，一定要相互协同、相互加持。

目标 O 的选择可以说是 OKR 当中最关键的一步，只有找准了真正适应你当下发展的 O，你后续做的所有的拆分、落地、追踪才有意义。

（三）设定 KR 的五个核心原则

确定了目标 O，下一步就是为目标匹配相对应的关键结果 KR，也就是说，当我们完成一个个关键结果 KR 时，我们就能支持目标 O 达成了。设定关键结果，也有五个原则可供参考。

原则一：关键结果 KR 必须符合 SMART 法则。

SMART 法则是目标管理中的经典衡量标准，5 个字母分别代表具体、可衡量、可实现、相关性和有时限，我们来一一举例说明。

S 代表 specific，意为具体，指的是描述具体行动以及对应产出。比如关键结果 KR：做好思维导图，这就非常模糊，没有说清楚具体方式和对应的产出数量。正确的 KR 撰写方式是：用 Xmind 软件做《刑法学》第一章的思维导图，这就描述清楚了具体行动以及对应产出。

M 代表 measurable，意为可衡量，指的是明确定量或定性指标。比如 KR：读文章学习，就缺乏指标，不知道读哪种类型的文章，读多少。可以修改为 KR：阅读关于正当防卫的研究文章 5 篇，这样既讲明了文章的类别，也讲明了具体的阅读数量。

A 代表 attainable，意为可实现，指的是设定目标要基于实际情况，不能定得太高或太低，太高会打击积极性，太低又缺乏挑战性。比如一年阅读 100 本书，对于绝大部分人来讲是不可能实现的，也没有那个必要。可以参考自己去年的阅读量，如果去年阅读了 20 本书，那么今年可以给自己设定阅读 30 本书的关键结果，这样就同时具备了可实现性和挑战性。

R 代表 relevant，意为相关性，指的是 KR 和 KR 之间要有关联性。在学习的目标 O 下面，设置选 3 本书和跑 5 公里两个关键结果就不合适，因为跑 5 公里应该是衡量健康 O 是否实现的关键结果。这里可以修改为学习目标 O 下面，KR1：选 3 本书，KR2：完成这 3 本书的阅读，这样两个 KR 就都是围绕学习这件事情来进行了。

T 代表 time bound，意为有明确的时间限制。相信大家已经感受到了，OKR 是一个自带时间限制的工具。比如月度目标 O，那么它自带的时间限制就是本月一定要达成。但同时，目标实现是阶段性的，不能把所有的任务都堆到最后一周再完成。所以与其设定 KR：背 600 个单词，不如设定 KR：每周六前背完 150 个单词，以更好地凸显时间限制。

在撰写目标 O 匹配的关键结果 KR 后，一定要再结合 SMART 法则，一一进行检查，只有真正能支撑目标达成的关键结果，才能指引我们实现目标。

原则二：每个 O 至少对应 3~5 个 KR。

我们在设定个人 OKR 时，对于每月能够达成的目标 O 的数量，以及每个目标 O 对应的 KR 的数量要遵循一定的数量规范。前面说过一个月的目标 O

建议在 1~3 个，对应的 KR 则建议在 3~5 个。

KR 超过 5 个，工作量太大，不容易执行；少于 3 个，则不一定能支持目标 O 的达成。

比如，设置学习 O：打开刑法学的大门，如果关键结果 KR 只写一个，KR：阅读两本与刑法学有关的书，很显然是无法支持目标实现的。在此基础上，我们进一步扩充到三个关键结果 KR。KR1: 查找并筛选出一份刑法学领域内的经典书籍和论文书单；KR2：从书单中选择并阅读 2~3 本刑法学书籍，且完成相关的案例分析；KR3：每本书输出一篇学习心得，不低于 1000 字。对于了解一个新领域的学习 O，从筛选书单开始，到阅读书籍，再到输出，形成完整的闭环，这样的三个关键结果 KR 就更能支持我们的目标 O 实现了。

原则三：每个 KR 必须能直接支持 O 的实现。

还是刚才的学习 O 案例，学习 O：打开刑法学的大门，对应的三个关键结果如果设定为：看一部犯罪电影、和几个同样感兴趣的同学交流、做一篇案例分析。设定完检查的时候就会发现，这三个关键结果 KR 可能有助于我们去了解一些刑法学边缘的信息，但跟正统地学习刑法学是完全不同的概念。也就是说，这些关键结果 KR，即使全部达成，也不能直接支持我们入门刑法的目标实现。修改之后，三个 KR 由筛选刑法学经典书籍、读书和输出学习心得组成。每一个关键结果的达成，都能够支持我们目标 O 的实现。

原则四：KR 也要按照优先级排序。

继续用刚才的学习 O 举例，因为入门一个新领域，学习动作本身是存在时间逻辑的。所以 KR 的顺序是先查资料、筛选书单，再到阅读、输出笔记。所以在撰写 KR 的时候，也要按照这个事情发生的顺序来排序。

除了按照时间顺序的优先级排序方式，还有空间逻辑和事物逻辑。时间顺序，比如按照事情发展时间的前中后；空间逻辑，比如按照事情发展的地点；事物逻辑，主要展示的是事物之间的关系，比如因果逻辑、一般和特殊，等等。大家可以先把所有想到的关键结果都写下来，再选择某一种排序方式进行梳理。

原则五：KR 要设置信心指数。

一组完整的 OKR 应该是这样的：

学习 O：打开刑法学的大门。

KR1：查找并筛选出一份刑法学领域内的经典书籍和论文书单（10/10）。

KR2：从书单中选择并阅读 2~3 本刑法学书籍，且完成相关的案例分析（7/10）。

KR3：每本书输出一篇学习心得，不低于 1000 字（5/10）。

在这个 KR 的最后，加一个小括号，里面填写 ×/10，就是信心指数的表示方式。后面的这个 10 代表满分十分的信心指数，前面这个 × 代表我们当前的信心指数。信心指数的撰写，我们一般使用单数数字来完成，比如 3、5、7。

3 代表难度太大，几乎不可能完成，我们在设定时如果发现有关键结果后面标注 3，那就一定要小心，做好无法完成的准备，并且尝试能否用其他的关键结果来替代。5 代表我们有一半的信心来完成，具备挑战性，是非常好的关键结果的衡量数值。7 代表我们有信心完成，标注为 7 的关键结果，最后一般都是能够达成的。

信心指数这个衡量标准非常重要，它能够帮助我们预判实现目标的可能性，同时均衡挑战性和落地性，所以大家一定要根据自己当前实际情况，对自己设计的关键结果进行预判，确保做到心中有数。

（四）计划 P 让目标与现实接轨

了解了目标 O 和关键结果 KR 的制定方式之后，我们还需要将月目标进一步拆解到周、日，精准落地，最后结合复盘追踪纠偏，帮助我们一步步踏实地完成目标。我们继续用学习 O：打开刑法学的大门来举例，完成了 OKR 的制定之后，我们要开始思考，为了实现这几个关键结果，我们需要做哪些事情。

在这里我们使用 P，也就是英文单词 Plan 的首字母来代表计划。

KR1：查找并筛选出一份刑法学领域内的经典书籍和论文书单。这个关键结果本身就是一项可以直接进行的计划，所以把它写成 P1。

KR2：从书单中选择并阅读 2~3 本刑法学书籍，且完成相关的案例分析。继续往下拆解，可以拆解为 P2：每周二、四、五晚上阅读两小时。也就是从阅读时间的维度，对阅读任务进行了进一步拆分。

KR3：每本书输出一篇学习心得，不低于 1000 字。可以进一步转化成月度计划 P3：读完书当周内完成学习心得输出 1000 字。

这样我们就得到了一份具体到执行计划的目标达成方案：

学习 O：打开刑法学的大门。

KR1：查找并筛选出一份刑法学领域内的经典书籍和论文书单（10/10）。

KR2：从书单中选择并阅读 2~3 本刑法学书籍，且完成相关的案例分析（7/10）。

KR3：每本书输出一篇学习心得，不低于 1000 字（5/10）。

P1：查找并筛选出一份刑法学领域内的经典书籍和论文书单。

P2：每周二、四、五晚上阅读两小时。

P3：读完书当周内完成学习心得输出 1000 字。

写完月计划之后，还需要进一步将这些月度要做的事情，拆解到四个周里面去。按照事情完成的先后顺序，我们可以这样安排：

P1 即查资料，放在第一周的第 1 个计划完成；P2 即每周的读书时间安排，均衡地拆分到四周里面，因为每周都有这个相同的计划；P3 的心得输出，按照我们的计划，大约每两周读完一本书，所以这项计划分别安排在第 2 周以及第 4 周。

为了便于检视，我们可以使用 OKR 目标管理表格进行统筹。这份表格共有四个格子，左上角为本月目标 O，右上角为本月计划 P，左下角为本周计划 P，右下角为当前的执行状态（见表 6–2）。

表 6–2　个人 OKR 目标管理表示例

本月目标 O	本月计划 P
学习 O：打开刑法学的大门 KR1：查找并筛选出一份刑法学领域内的经典书籍和论文书单（10/10） KR2：从书单中选择并阅读 2~3 本刑法学书籍，且完成相关的案例分析（7/10） KR3：每本书输出一篇学习心得，不低于 1000 字（5/10）	P1：查找并筛选出一份刑法学领域内的经典书籍和论文书单 P2：每周二、四、五晚上阅读两小时 P3：读完书当周内完成学习心得输出 1000 字
本周计划 P（第 1 周）	**状态指标**
P1：查资料，放在第一周的第 1 个计划完成 P2：每周二、四、五晚上阅读两小时	良好：计划有序完成 待提升：锻炼比较少，身体疲惫

所谓执行状态，就是对当前自己的身体、情绪、心态、事情进展情况等的综合描述。我们可以简单分为两种：一个是良好，另一个是待提升。如果计划都在有序进行，就可以在状态栏标注，良好：计划有序完成。但在忙碌工作时如果健康亮了红灯，也可以标注出来提醒自己注意，待提升：锻炼比较少，身体疲惫。

由于个人 OKR 的难点在于缺乏团队的监督和推动，个人很容易在做的过程中给自己降低标准，或者只关注了当前做的事，而没有注意到自己正在做的事是否能促进月度目标的达成。所以我按照月目标、月计划、本周计划和状态这样的顺序进行四个格子的排序，也是引导大家，在设定和拆解的时候，多回到月计划去检查一下，自己有没有把精力和时间投入在本月真正最重要的事情上。

（五）日事项 ABC：成事的最小单位

我们已经一路从目标 O，拆解到关键结果 KR，再到月事项和周事项 P。接下来，我们还需要将周计划进一步拆分到每日事项当中。

事项的分类我们采用 ABC 来代表，将第 1 周的计划继续往下拆分到星期一要做什么，这时候我们会发现，P1 查资料和 P2 读书这两个计划是由学习这个目标一路拆解下来的，但是星期一当天可能还会有其他比如上课、锻炼、会议等安排。

也就是说，我们一路从不同目标 O 中拆解出的具体事项，最后都会在每日安排中汇合，汇合之后我们再根据当日事项的重要性和时间限制进行排序并执行，例如周一的日事项如下所示：

A1：上午第一、二节宪法课（学习）；

A2：上午第三、四节新生研讨课（学习）；

A3：查找并筛选出一份刑法学领域内的经典书籍和论文书单（学习）。

B1：和 × 沟通周三的公众号推送主题（发展）；

B2：15：00 开中队会（会议）；

B3：一定要记得拿快递（生活）！

为便于大家理解，每个事项的结尾，用小括号标注了该事项所属的目标分类。前三项 A 级 123 中，都是跟学习相关的，其中 A3：查资料，才是我们从之前的学习目标 O 当中拆解到星期一那天具体要做的事情。除此之外，还有 B 级的 123 等其他的事务。

这里需要注意的是，计划 P 和事项 ABC 的排序方式是不同的，每周最重要的三个计划为 P1，次重要为 P2，并且 P1、P2、P3 每个级别均不超过三件事。但是三个同等级别的 P 之间是不强调排序的，这三件事都是本周很重要的事情。

但到了当天的事项 ABC，排序决定了我们做事的顺序。

比如最重要的 A1、A2、A3，做事的顺序就一定是先完成 A1，再完成 A2 和 A3。这个也很好理解，周的事项不是特别强调完成的先后顺序，因为有些事项是日程类的，只要本周全部完成就可以了。但是当天的事项就一定要有先后顺序，因为一天的时间就只有 24 个小时，必须先保证当日最重要事项的完成。

为了方便书写，我们可以把周事项 P 拆解及每日事项综合在一张表格中，如表 6–3 所示：

表 6–3　个人周事项 P 及每日事项

3 月第一周计划	周一	周二	周三	周四	周五	周六	周日
P1：查资料，放在第一周的第 1 个计划完成 P2：每周二、四、五晚上阅读两小时	A1：上午第一、二节宪法课（学习） A2：上午第三、四节新生研讨课（学习） A3：查找并筛选出一份刑法学领域内的经典书籍和论文书单（学习） B1：和 × 沟通周三的公众号推送主题（发展） B2：15：00 开中队会（会议） B3：一定要记得拿快递（生活）						

先完成每天最重要的三件事，这个观点最早来自博恩·崔西的经典时间管理著作《吃掉那只青蛙》。他在书中说：每天要花 80% 的时间吃掉三只青蛙，青蛙代表的就是那些重要又困难、经常让我们感到头疼的大事。所以我

结合 OKR 目标管理，将这个法则优化了一下，首先通过 OKR 制定及拆解，一步步落实到每天的三只青蛙是什么。然后先花 80% 的时间吃掉三只青蛙，另外 20% 的时间还可以用来吃 5 只蝌蚪。青蛙代表重要的大事，蝌蚪就是那些我们也得去做、但是没有那么难的小事。而在每日实践过程中，最好是大事小事交替进行，青蛙、蝌蚪混合食用，才能够让我们保持体力、脑力和精神状态，更大程度地提高效率。

为什么有些人看起来总是井井有条，而有些人总是当天才制定他们的计划，还觉得忙忙碌碌却没有结果？其区别就在于有没有目标思维。是否能够通过拆解，分析出自己当天要做的重要的事情到底是什么？

俗话说，凡事预则立，不预则废。大家可千万不要觉得这个过程复杂，如果在这一步没有用心地去拆解，那么不管你多么刻苦，最终的努力可能都是白费的。

（六）MECE 法则：OKR 的核心拆解逻辑

到此为止，我们已经完成了从月度目标 O 到日事项 ABC 的整体拆解示范，但你可能还会有些困惑，这个拆解看起来好像挺复杂的，能不能再进一步讲详细些呢？

OKR 的拆解大逻辑，是先拆事情，再排时间。

我们先来看事项的拆解，事项的拆解逻辑主要使用 MECE 法则。

MECE 法则，源自《金字塔原理》这本书，是 Mutually Exclusive Collectively Exhaustive 的缩写，中文意思是“相互独立，完全穷尽”。也就是对于一个重大的议题，能够做到不重叠、不遗漏的分类，而且能够借此有效把握问题的核心，并解决问题的方法。

我们在使用的时候，关键记住两个点：不重复，不遗漏。这个法则能够帮助我们思考问题更全面，帮助我们将 OKR 拆解得更准确、更落地、更容易达成。

我们通过案例具体学习一下 MECE 法则运用的 3 种方式。

1. 二分法

找出一个维度，将事物分为两个部分，比如说 A 和非 A，这样就能全部概括。比如把知识分成专业知识和其他知识。按照这个二分法，如果学习 O 是成为公文写作高手，那么 KR1 就可以设置为深入阅读 5 本讲如何公文写作的书籍，KR2 设定为泛读 10 本其他书籍。这样就通过二分法，把我们要学习的内容分成了学习公文写作系统知识和其他知识两类。

2. 过程法

把事物根据过程进行划分，按照事情发展的时间顺序、流程、程序，对信息进行逐一分类，过程法常见于策划活动等有清晰流程的事项。

发展 O：增强区队凝聚力。

KR1：策划一场区队团建活动（7/10）。

为了达成这个关键结果，我们使用过程法对 KR1 进行具体计划事项的拆分。

P1：了解并列举活动项目，设置活动预算，并在通知群内发起投票。

P2：确定活动项目，提前准备物料，做好注意事项提醒。

P3：复盘活动开展的不足之处，为下次策划提出改进意见。

3. 二维四象限法

找到一个事物的两个维度，作为参考系，列出四象限矩阵。

例如，我们将评估一个警校生学习情况的维度，分成基础能力和学习状态。得到四种学生的分类：基础好＋状态好，基础好＋状态不好，基础不好＋状态好，基础不好＋状态不好。

设定目标 O：全面提升警校生学习成绩，就可以根据这个二维四象限拆分出三个关键结果，有针对性地提供帮助和辅导，保证落地效果。

KR1：为基础好、状态好的警校生提供额外的 1 对 1 咨询。

KR2：为基础不好、状态好的警校生提供集中加强培训。

KR3：为基础好、状态不好的警校生提供心理疏导。

KR4：对基础和状态都不好的警校生，先协助解决情绪问题，再补基础培训。

运用 MECE 法则对 OKR 事项拆解后，第二步就是放入时间逻辑进行具体安排。在制定月度 OKR 时，月的维度包括目标 O 和关键结果 KR，以及月度计划，进一步从月计划拆解到周的维度，形成周计划，再由周计划拆解到日的维度，形成当日待办事项。这就是 OKR 的先事件逻辑、后时间逻辑的整体拆解方式了。

三、定期复盘

（一）复盘的目的及三大原则

我们讲过个人 OKR 落地的底层逻辑。现在我们已经学习了 OKR 的倒推拆解，基于月度 OKR，进一步细分到周计划、日事项。为了保证目标能够达成闭环，我们也要在执行的过程中，通过复盘进行正向的跟进和追踪。

复盘指的是将做过的事重新推演，从中总结成功的经验，吸取失败的教训。

做复盘的终极目的，就是帮助我们对同一件事，能够从不知不觉到后知后觉，再到当知当觉，最后能够发展出先知先觉的能力。就是帮我们摆脱混沌的状态，一步步优化自己的心智模式，帮助自己不断做出更明智的决策。

在做复盘时，我们需要遵守三大原则：

客观原则。我们要明白复盘的目的，不是指责任何人，而是找出改进的方向。

即时原则。复盘非常讲究时间，复盘得越及时，细节记忆得越清楚，效果越好。如果是对事情的复盘，最好是在事发之后不超过两天的时间进行。

持续原则。复盘的威力，越持久越强大，日周月年，坚持下来，就能水滴石穿，彻底升级自己的认知和心智模式。

客观、即时、持续，做到了这三点，复盘才能为我们提供足够的反馈素材，也才能指导我们的下一步计划和行动。

复盘对于个人 OKR 的落地实在太重要了。当我们认真设定、选择和拆解了目标 O，填好了计划表后，唯有复盘才能让我们验证，自己到底有没有按照做好的计划执行。如果做了，是否达成了预期的标准，如果没做，又是什么原因。在追求目标达成的道路上，我们会遇到很多现实无法预知的问题，也唯有复盘，才能及时告诉我们方向和路径是否正确，该做何调整。

（二）日、周、月复盘：角色不同，同等重要

倒着拆解目标，正着复盘成果，我们按照日复盘、周复盘、月复盘的顺序，来讲一下不同阶段的复盘该如何做。

1. 日复盘

日复盘的魅力在于用极短的时间快速浏览一天的事项。如何在简化复盘模式的同时还能保证复盘效果呢？我们可以从“复盘到底盘什么”这个问题来思考。

首先，复盘一定要盘一下今天的成果；其次，明天的计划也需要提前安排；最后，可以从收获、待提升、自我鼓励、感恩他人四个方面，快速清晰地对自己的一天进行全面审视。

如此一来，我们就可以得到这样一个极简的3分钟日复盘模板（见图6–2）：

> 今日是（ × ）月（ × ）日，星期（ × ）
> 今日成果（前三个为昨日计划）
> 1.
> 2.
> 3.
> 明天计划完成的三件事：
> 1.
> 2.
> 3.
> 【今日收获】
> 【可以提升】
> 【自我加持】
> 【一句话感恩】

图 6–2　分钟复盘模板

虽然叫作“3 分钟日复盘”，但我们第一次上手的时候，由于不熟悉，可能需要7~10分钟。但后续用熟练了，一般需要3~5分钟，就足以完成一份全面、详细、有反思、有指导规划的日复盘了。复盘一天可能没什么大不了的，但如果坚持一周，我们就会对这周做了哪些事，获得了哪些成果了如指掌，再也不会觉得时间都荒废了。

写日复盘的时间建议是晚上睡前，比如洗漱后坐在桌前，回顾这一天的经历并完成复盘。日复盘工作量小、花费时间少，但却能为我们一天的忙碌做一个很好的收尾。

从我与身边人的亲身经历来看，写完日复盘，看到自己一天下来无论如何都有些许收获，焦虑的情绪一下子就缓解了。写明日计划的时候，也能激发内心对第二天的向往。带着这样充实又期待的心情去睡觉，是一件感受特别棒的事，所以也容易坚持下来。

2. 周复盘和月复盘

OKR 的周复盘和月复盘可以使用以下格式，共包括 5 个部分。

① OKR 完成情况：检视完成情况，及时追踪纠偏。

人们对越远的时间感知越弱，所以设定完月度目标后，会自然觉得时间还绰绰有余，结果到了月底才发现目标几乎没什么进展，时间却已经过完了。所以，以周为单位，及时检视 OKR 完成情况，给自己增加 3 次追踪纠偏的机会，是十分必要的。

我们可以采用 1 分满分制的判断方式，如果完成情况是 0~0.4 分，要反思是否不够努力或者目标设定太高；0.4~0.7 分，正常，其中 0.6~0.7 是优秀，说明目标有挑战性；0.7~1.0，反思是否目标设低了。不过因为缺乏来自外部团队的他律和鼓励，个人在写 OKR 时，可以尽量将达成率维持在 0.7~1.0，这样有助于增强自信，持续坚持下去。

② OKR 达成经验：及时地总结和积累我们完成目标能用到的经验和规律。

③ OKR 变化情况：KR 可以调整，但是 O 不能轻易换。

在执行目标的过程中，目标和关键结果有可能因为主观或客观因素产生变化。特别要注意的是，如果觉得关键结果 KR 不能支持目标 O 的达成，要及时修改。但一般建议大家不要轻易更换目标 O，除非有不可抗的外力，或者自己努力尝试后确实无法达成，在没有其他推进办法的情况之下再去更换目标 O。因为个人 OKR 的周期只有一个月，在这么短的时间里做较大的调整，有可能导致我们之前的积累完全无效。

④最开心的事：本周 / 月 / 季的高光记忆，最美好的经历。

在做一件事时，我们所处的情绪会影响我们对这件事的感受。在复盘中加入对愉快经历的回忆，会让人不自觉地微笑再重温一遍，这也会让我们对复盘这件事本身产生积极情绪，下次更愿意花时间来认真完成。

⑤对自己下周 / 月 / 季的期待：自我鼓励及加持。

在复盘表上留下一些自我鼓励以及加持的话语，能够点燃我们对光明未来和更优秀自我的渴望。作为复盘的收尾环节，代表着我们有愿力、有信心去迎接未来的一周或者一月。同样地，这一步也会增加我们对复盘这件事的正面情绪，愿意持续做下去。

为了方便书写，我们可以把月度 OKR 拆解及每周落地计划和复盘情况，综合在一张表格中，如表 6–4 所示。

表 6–4　个人月度 OKR 目标管理及复盘

本月 OKR	本月计划 P	第一周计划	第二周计划	第三周计划	第四周计划
学习 O：打开刑法学的大门 KR1：查找并筛选出一份刑法学领域内的经典书籍和论文书单（10/10） KR2：从书单中选择并阅读 2~3 本刑法学书籍，且完成相关的案例分析（7/10） KR3：每本书输出一篇学习心得，不低于 1000 字（5/10）	P1：查找并筛选出一份刑法学领域内的经典书籍和论文书单 P2：每周二、四、五晚上阅读两小时 P3：读完书当周内完成学习心得输出 1000 字				
状态指标		第一周复盘	第二周复盘	第三周复盘	第四周复盘
良好：计划有序完成 待提升：锻炼比较少，身体疲惫					

这样，我们就有了从月度目标拆分到关键结果，再到月计划、周计划，以及周计划的执行及复盘情况的全部记录。为我们的整个目标达成过程，留下了清晰的行动轨迹。

不难发现，OKR 运用的这套落地表格并不复杂，因为像月、周、日复盘这些常态、长效的做法，最好足够简单，这样我们才容易持续重复做下去。

3. 月复盘文章

在日、周、月复盘的基础上，也推荐大家尝试每月写一篇月度复盘文章。为什么是月度呢？因为一周时间太短，一个季度对于个人来说又太长，用一篇文章系统地梳理和记录自己一个月的行动收获和认知变化，容量和长度都刚刚好。

再结合个人 OKR 设定时有关月度主题设定的建议，每个月都有专属主题，能让生活充满更多趣味性和新鲜感。同时，如果一年结束，我们能留下 12 篇月度复盘文章，也是积累了一笔宝贵的人生财富。

月复盘文章的写作方法并不复杂，一共包括三个部分。第一部分开篇整体概括，写出本月的关键词，对当月进行整体满意度打分，表达整体感受以及最大的得和最大的失。

第二部分，按顺序罗列当月 OKR 的达成情况。此前因为已经使用个人 OKR 目标管理表格，做好了完善的过程和结果记录，所以我们已经有了清晰的数据，这里只需要复制粘贴过来，并在每个关键结果 KR 的结尾，标注当月的完成情况。完成就打勾并标注完成率，没完成的就打叉，备注一下是推迟还是取消。

在罗列完之后，我们就可以为这些成果匹配各种图片和视频素材。比如发展目标方面可以有社团的合影、举办的活动海报等。学习方面，可以是当月考取的学习证书，或者是阅读的书籍封面。健康方面，可以是你的运动数据或者是运动时拍的照片。人际方面，可以放一些社交活动的合影。最后一部分体验，可以放上这个月享受过的好看的、好玩的、好吃的，等等。财富部分的结果，大家可以另外做一个个人理财规划报表，来及时记录复盘。

所谓没有记录就没有发生，当你尝试去整理自己这一个月拍的照片以及收集的素材之后，一定会惊喜地发现，本以为平淡无奇的日子，其实有很多精彩的瞬间，留下了很多宝贵的人生回忆。

第三部分，可以罗列一下本月的认知收获。这一部分的撰写也比较简单，使用清单体的写法，按照 123 条罗列就可以了。摘录的部分建议注明来源，方便我们之后回溯查看。

那么写一篇这样的月复盘文章，需要哪些条件呢？第一，时间。一般从收集信息到梳理再到撰写完毕，大概需要三个小时，建议大家利用每月的最后一天或者下个月的第一天来完成。第二，储存。既可以选择自己创办一个公众号，用发布文章的形式储存，也可以存在一些文档软件里，比如印象笔记、石墨、Word 文档等，建立一个月复盘文章文件夹，方便之后查找。第三，素材。素材主要包括我们当月的 OKR 表格、当月拍摄的照片，以及我们平时在豆瓣记录的看过的书、电影，听过的音乐等。

复盘自己一个月的生活，真的是一件非常有意思的事情。只要你尝试过一次，就能够意识到生活中没有平凡的日子，只要是属于你的日子，每一天都弥足珍贵。

（三）AAR 复盘法：从每一次行动中学习

如果说日常的日、周、月、季、年的复盘，是在帮助我们校准方向，留下宝贵的回忆，那么事项复盘就是成年人最好的学习方式之一。

对于具体事项的复盘，推荐大家使用来自美军的 AAR 复盘法，即 After Action Review。这个方法共包括四个步骤，分别是回顾目标、评估结果、分析原因和总结经验。能够对一件已经发生的事情进行深度剖析，从中获得对于事项本身和个人成长的具体指导。

我们拆开来看看，每一步具体如何操作。

第 1 步：回顾目标。首先需要分清目的与目标，目的是为什么要做，也就是 why，而目标是要做成什么样，也就是 what。所以目标一定要量化或者是设定一个里程碑事件，按照这样的标准，如果之前设定的目标不清晰，那我们在复盘的时候就需要补充清晰，便于对照，并且帮助我们提高下次定目标的准确度。

第 2 步：评估结果。这一步需要我们实事求是，坦诚而深入，不自责、不抱怨或者不撇清责任。以这样的态度回顾过去，重现当时当地的情境，厘清过去实际发生了哪些关键事件以及关键事件是如何发生的，并从中找出成功的亮点和可提升的不足之处。

第 3 步：分析原因。这里要特别注意，对成功的剖析和对不足的分析同样重要。但是在我们分析成功原因时，要多想想客观的因素；分析失败原因时，要多深挖主观的因素。同时检视是否因目标设定明显有误才导致失败，否则我们进行的原因分析很可能是围绕着错误的目标展开。

第 4 步：总结经验。这时候我们要尽可能退得远，站在更大的视角，寻求更广泛的指导性，尽量不局限于就事论事。同时要小心谨慎，不要把一时一地的认识当作规律。要总结经验和规律，但也要分清经验和规律的不同。

为什么对一件事的复盘要做到这么细致呢？因为每个人的经历和经验都是有限的，更多时候，我们只能从他人的经验和书本里学习知识。所以当我们亲身经历了一件事，尤其是较为完整的任务时，就一定要认真复盘。这远比观摩他人行动、听取他人建议来得扎实。

（四）警惕过度复盘，学习内省不疚的智慧

伟大的哲学家苏格拉底曾经说过，未经审视的人生不值得过。复盘就是一个能帮助我们审视人生的方法。

但复盘也会容易进入一个误区：只要做事，就有一定的失败概率。如果缺乏面对失败的正确心态，我们就会逃避面对客观事实或者过度批判甚至攻击自己，导致越复盘越自责，越复盘越懊悔，甚至发展到迁怒于人。

所以刘擎教授补上了后半句，帮助大家形成了一个对复盘这件事更全面、客观的视角：未经省察的人生不值一过，过度反省的人生过不下去。[①]

愿我们都能有内省不疚的智慧，清醒自在，淋漓尽致地活好一生。

第三节　巩固自律：用习惯培养秩序感

相信大家通过目标管理，感受过一步步靠近并实现目标的喜悦后，都会忍不住问一个问题：我该怎么做，才能把这种持续行动的状态长期保持下去？

答案很简单，只有四个字：养成习惯。

什么是习惯？刷牙就是一个例子，虽然小时候父母教会我们刷牙花费了一些时间，但一旦刷牙的习惯养成，不刷牙反而是一件非常痛苦的事。所以，习惯就是和刷牙一样，轻松又自然，不做反而不舒服的事。

现代人每天的工作和生活都很忙碌，要思考的事务很多，如果能把想要坚持的行为培养成习惯，不仅能解放一部分大脑带宽，还能保障自己的身心健康。

一、习惯是如何养成的

丹尼尔·卡尼曼在《思考，快与慢》中指出，人的思考模式分为快思考和慢思考两个系统，也就是直觉思维系统和理性思维系统。直觉思维系统，顾名思义，依赖快速的、无意识的直觉，理性思维系统则需要我们主动控制、有意识地思考。

比如，走在路上，迎面过来一个在奔跑的人，我们会下意识闪躲到一边，

① 刘擎．刘擎西方现代思想讲义 [M]. 北京：新星出版社，2021.

这就是快系统在发挥作用。但面对25乘以36这样的问题，我们却没办法直接给出答案，因为回答这个问题，需要调动慢系统。

快系统几乎一直都处在自动运行的状态，帮我们立即感知和了解周围的环境，依据当下的感觉、直觉、情绪等心理反应，快速做出判断。慢系统常常处于放松状态，只有当快系统遇到了难以理解或者应对的问题时，大脑才会调动慢系统。也就是说，无法靠直觉得出答案时，我们才会调用理性。

慢系统和快系统之所以会产生这样的分工，是因为它们对大脑运力的要求截然不同。把大脑想象成一台计算机，快系统就是一个极其轻便的程序，不占据什么内存，就能轻松自如地运转。而慢系统虽然功能强大，但启动和运转会占据大量内存，一旦运转起来，就不能同时运转其他程序了。这也是为什么当我们正在专注地做一件事时，有时虽然能听到身边的人在对自己说话，却完全“听不懂”对方在说什么，因为大脑这时连解码语言的内存空间都没有了。

慢系统和快系统的存在，以及它们之间分工协作的方式，对我们养成习惯有什么启发呢？答案是，我们可以先调用慢系统，给自己量身定制一套科学的习惯养成方案。在执行的过程中，也要时不时借助慢系统保驾护航。等到想要养成的习惯，已经可以依靠快系统，低耗地、不假思索地去执行，我们就可以说，习惯已经养成了。

简单来说，就是先梳理出逻辑上认同的行为，然后依靠理性指导，训练成好习惯，用这些好习惯来指导和改变自己的生活。还记得当初学打字时的痛苦吗？一会儿低头一会儿抬头，在键盘上慌乱地找对应的字母。再回想下你今天的工作，你是怎么在电脑上敲出字的，完全不记得了，对吗？

没错，所有的习惯养成都是这样的，虽然一开始会有点手忙脚乱，但只要找到了正确的方法，我们终会游刃有余。

二、破除培养习惯的误区

在动用我们的慢系统，认真思考如何培养习惯之前，我们需要先破除两个影响深远的有关习惯养成的误区。

误区一：21天养成好习惯

很多人说“21天养成好习惯”，“21”非常清晰，看起来是不是特别真实？实际上，对于培养真正的习惯来说，只做 21 天显然远远不够。这个说法其实最早来自一本 1960 年的书，书名叫《心理控制术》，作者是美国的整容医生麦克斯威尔·马尔茨（Maxwell Maltz）。他在书中写到，截肢病人通常需要 21 天才能接受他们失去肢体的事实；而整容后的人，平均需要 21 天来习惯手术之后的新容貌。

相信你也发现了，这位医生讲的是他发现的人们接受生活中重大变化的时间，这和真正的习惯养成并不是一件事。此外，“21 天”理论还有个明显的漏洞，即习惯养成是量变到质变的过程。一方面，“量”无法精准预估；另一方面，不同习惯的养成需要的时间也不同。

日本的习惯培养专家古川武士就指出，不同习惯养成的困难程度是不一样的。一般大家会选择培养的习惯，可以分为三大类，分别是行为习惯、身体习惯和思考习惯。

行为习惯：读书、记账、写日复盘等；

身体习惯：早起、跑步、器械锻炼等；

思考习惯：逻辑能力、创新思维、批判性思维等思考方式。

相比而言，行为习惯是比较容易养成的，因为它只要求我们每天规律地做一件事。比如你能够坚持 30 天，每天睡觉前写 3 分钟日复盘，这个习惯也就基本养成了。身体习惯要求会更高一些，因为涉及身体的状态和改变，一般至少需要 3 个月。思考习惯就更难了，相当于要改变我们过往看事情的角度，需要时刻保持觉察，所以至少需要 6 个月的时间。

对习惯养成的困难程度有一个预判，能够帮助我们更合理地做预期，在遇到卡点的时候有勇气坚持下去。

误区二：只要我敢想，我就能做到

目前最被广为认可的培养习惯的方法叫作福格行为模型。福格行为模型的构成非常简单，B=MAP。B 是 Behavior（行为），M 是 Motivation（动机），A 是 Ability（能力），P 是 Prompt（提示）。也就是说，当人们有能力、有动机的时候，只要得到提示，行为就会发生。请你观察一下这个等式，回答一个问题：在这个等式中，动机、能力和提示三个要素中，哪一个最重要？为什么？

也许你曾听说过吸引力法则，或者看过许多告诉你诸如“只要敢想，当下就能立刻改变”类似观点的文章。这让你深信动机一定是这里面最重要的，但事实真的是如此吗？福格教授在研究人类行为时，发现我们一直仰赖的动机，其实并不可靠，具体原因有很多。

首先，动机很复杂。它有可能来自我们的内在动机，比如个人想要变得更好；也有可能来自外部的要求，比如人人都要纳税；还有可能来自环境的影响，比如遇见灾难性事件时，企业和名人纷纷捐款。

人们的行为动机，并不只是来于自己，也和环境以及他人的行为息息相关。

其次，动机冲上顶峰之后会迅速回落，强烈的动机只适合去做一次就能完成的真正困难的事情。比如，下定决心辞职，一口气扔掉家里所有的垃圾食品。还有一件几乎所有人都做过的事情，就是踩着点冲到机场搭飞机，或者冲到火车站赶火车。

而且，无论动机是什么，你的大脑都会很快把它们合理化。想一想减肥这个常见的场景，前一天信誓旦旦地说：我这个月一定要瘦 5 斤。第二天吃饭的时候又安慰自己说，吃饱了才有力气减肥，明天再开始吧！从“一定要瘦”到“先吃再说”的动机转变，就是非常典型的合理化。

将动机用于追逐抽象概念，也无法产生结果。比如一个月薪 3000 元的人，无论怎么梦想一夜暴富，赚钱的动机再强，都是无法实现的。

最后，仅凭动机，无法实现长期改变。因为想象很丰满，现实很骨感，真正要拿下成果，光想绝对是不够的。

了解了动机不可靠的诸多原因之后，下次再听到只强调动机的言论一定不要相信，例如足够渴望就能成功，足够有压力就能够成功。这些单薄的毫无依据的观点，只会让我们一夜间打满鸡血，但在第二天早上又不得不面对残酷的现实。

这同时也给了我们新的启发，不用因为自己的半途而废而沮丧，我们只是高估了未来的动机，即便是自控力极强的人也同样如此，我们并不是愚蠢轻浮或者容易上当受骗，我们都只是一个普通人。

三、巧借短期目标培养长期习惯

了解了福格行为模型，我们可以将它与月度 OKR 结合起来，用短期目标

O 来替换动机。在制定目标 OKR 的阶段，想清楚做什么以及为什么要做，后续就不再依赖最初的动机，只考虑如何执行了。

将目标和习惯结合，主要有两个难点：一是目标的选择，二是福格行为模型的应用。在第一步目标选择部分，大家需要注意，习惯要和目标强相关，选择养成的习惯要足够小。比如，目标是健康减肥，习惯可以是起床后空腹喝一杯温水；目标是提高公文写作能力，习惯可以是每天写 100~200 字的短公文。

比如，我们这一章的内容是讲“学会自律”，那么作为读者的你，动机可以是：希望看完这一章，我也能成为自律管理的高手！

将这个动机转化为目标，可以写出一个完整的月度学习 OKR：

学习 O：通过学习和实践成为自律管理高手。

KR1：本月初制定好月度 OKR 和对应周计划、日事项（5/10）。

KR2：完成 30 天日复盘打卡（7/10）。

KR3：本月底写一篇月复盘文章（5/10）。

在三个 KR 当中，第二个的行动频次最高，与目标强相关，同时“日复盘”这个行动也足够小，很适合作为习惯来培养。于是我们确定，借助达成学习 O 的过程，培养自己每日完成 3 分钟日复盘的习惯。

确定了想要养成的习惯之后，根据福格行为模型，我们需要找到培养习惯的三个关键点，分别是提示、能力和激励。

提示，指的是锚点时刻，所谓锚点，就是一个已经有的行为习惯，时刻一定是一个时间点，不是一个时间段。在此基础上，越具体越好。比如，一睁眼、一下床、一坐下、刷牙时、化完妆，以及一打开电脑的时候。

能力，指的是微习惯，就是一个绝对能做到的小规模的入门动作，不行就再小一点，越小越好。比如一开始如果做不到每日做日复盘打卡，就把目标动作缩小为打开打卡的工具。运动习惯不要从健身一小时开始，而要缩小成做两个深蹲。读书也不需要每天 30 分钟，能做到打开读两行就行。总之就是，这个入门动作的选择非常重要，一定要小到几乎不费力气就能启动起来。

激励，指的是只要做到了就马上庆祝，越即时越好。我们可以找一个自己喜欢的微庆祝方式，把之前的考试拿到证书就买一个名牌包包这样遥远的激励，变成看一页书就告诉自己你很棒，既不破费，又能即时获得满足。

所以，对于养成 3 分钟日复盘打卡的习惯，借助福格行为模型，我们可以这样设计：

目标习惯：睡前三分钟日复盘打卡；

锚点时刻：睡前洗漱完毕进入宿舍后；

微习惯：坐到桌前打开日复盘表；

微庆祝：给自己点个赞。

分析一下这套习惯养成方法的设计思路。首先，睡前洗漱是我们生活中的固定流程，一定会发生的事，所以可以把“洗漱完后走进宿舍”这个每晚一定发生的动作，设置为锚点时刻。其次，既然是微习惯，那就必须能毫无压力地做到。我们将完成“3 分钟日复盘”这件事，再往下拆解，发现第一步是有意识地把复盘表格打开。所以微习惯从“完成复盘”收缩为“打开表格”，确保一定简单到不会失败。做到之后，要给予及时奖励。简单的方式就是自己给自己比个赞，或者告诉自己“你真棒”。这样的即时激励，会让你的心情立即明亮起来。这样，这个习惯养成的过程就和愉悦的心情产生了直接联系，促使你下次还是愿意重新再来一遍。

就在这些有提醒、简单且愉悦的行动重复中，我们就能一步步养成好习惯了。

需要注意的是，是否充分理解提示、能力和激励三要素的关系，并设定合理的微习惯，是决定福格行为模型能否起作用的关键因素。所以我们在给自己设置微习惯的时候，还需要参考下面这张图，检查一下自己设置的微习惯是否在行动线上（见图 6–3）。

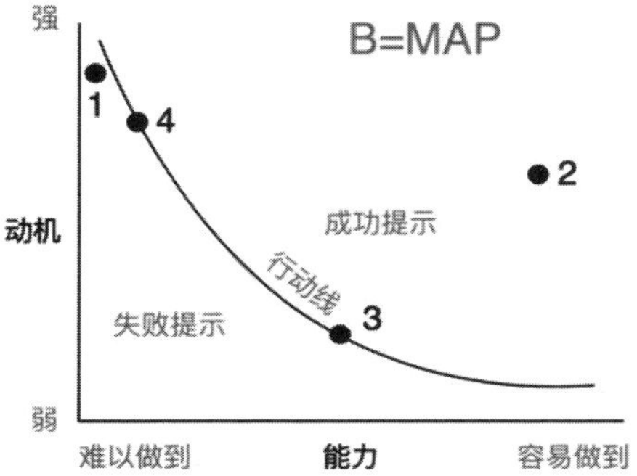

图 6–3　福格行为模型示意图

这张图的横轴代表能力，从左到右，依次为“难以做到”到“容易做到”。纵轴代表动机，从下往上依次由弱变强。曲线的上方，代表“成功提示”；曲线的下方，代表“失败提示”。

我们自己设计微习惯的时候，就可以把它放在这个图中，看看动机、能力和提示设置得是否得当，这个行为能否落在行动线上。

使用福格行为模型设计微习惯，也有一些小技巧。

1. 设计好动作后，重复几遍形成肌肉记忆。比如我们想养成睡前在电脑上做日复盘的习惯，就可以设定洗漱后回到宿舍的那一刻，立即在电脑前坐下，打开日复盘表格。设定好后，认真重复几次线路：从门口进来，走到椅子边坐下，打开电脑桌面上的表格。连续重复 7~10 次，让我们的身体开始适应这个流程，这非常有助于我们后续养成习惯。

2. 锚点时刻选择已经固定、会重复做的事。比如刷牙就是一个很好的锚点，我们每天早晚都要刷牙，可以设定早上刷牙的同时，做五个深蹲，或者在刷牙后喝一杯温水。在稳定的旧习惯的引导下，我们更容易养成新习惯。

3. 为设计好的行为，匹配合适的环境。环境也是影响行为发生的重要因素，如果我们想在睡前读书，就要在书桌上提前准备好要读的书，最好再准备一个书签，方便我们一打开就找到正在阅读的部分，更大程度地降低阅读的阻力。如果想起床后就锻炼，可以把要换的运动服放在床头，保证自己一醒来就能看得见、够得着。如果想养成多喝水的习惯，可以拿一个大水壶放在桌子上，方便自己想要喝水的时候，直接就可以拿起来倒进杯子里。

4. 失败了不要紧，检查问题重新设计。再好用的方法，在尝试的时候也难免会遇到问题，如果尝试用福格行为模型养成习惯失败了，不要紧，检查一下动机、能力、提示、环境这四个主要因素中，哪一个或者哪些有问题，修正后再继续就可以了。

比如希望自己能在起床后第一时间坐到桌前看书，但冬天室内温度低，虽然醒了但就是起不来。这个时候，我们从环境入手，提前准备一件保暖的厚外套放在床头，一起来就赶紧披上，保持身体的温度，降低寒冷带来的不适。这样我们从床上起来的难度就小了很多，冬天起床也没有那么痛苦了。

知道了如何养成好习惯，同样多的方法也可以用来戒除坏习惯。因为我们想要摆脱一个坏习惯时，有效的方式不是抵抗行为惯性，而是用一个新的好习惯来替代它。

比如把午间休息坐着改成午间休息散步，把睡前刷手机改成睡前看书。戒掉坏习惯和培养好习惯的方法其实是一样的，只需要找到已有坏习惯的锚点时刻、微习惯和感到愉悦的原因，替换掉具体的微习惯行为即可。

举个例子，很多警校生有下课回到宿舍就瘫在床上、在座位上刷手机的习惯，而且一开始就停不下来。想要戒掉这个坏习惯，我们可以替换成一进宿舍，就先喝一杯水，同时放着音乐，让自己的身心得到放松。这里的喝一杯水只是举例，大家可以根据自己的喜好，替换成想做的事。

当我们借助短期目标，顺利养成了新的好习惯时，目标也已经达成，要和我们告别了。这就是目标和习惯之间的关系，亦师亦友，也很像青出于蓝而胜于蓝。因为目标总有达成或者不得不放弃的时候，但养成的习惯会陪伴你再走很长一段路。

这样，从动机到个人 OKR 再到福格行为模型，一条从不可靠的动机到可视化、可操作的目标，再到形成长期习惯的路径，我们就顺利走完了。

四、克服习惯养成的三大难关

（一）培养习惯的三个标准和两大手段

福格行为模型能够用微习惯，帮助我们轻松地开启习惯培养之旅。但在真正实操的过程中，每个人都会遇到三大难关：1~7 天的反抗期，8~21 天的不稳定期以及 22~30 天的倦怠期。

在培养习惯失败的人群中，有 40% 的人在第一阶段就马上放弃了；还有 40% 的人，因为受到其他事情的干扰，止步于第二阶段；到了第三阶段，重复的行为让我们逐渐开始感到厌烦，最后 20% 的人也支撑不下去，放弃了。

所以，想要安全地度过这三个阶段，在出发前，我们就需要对即将遇到的阻力进行预判，并提前设计好应对方案。

首先再次检查自己设定的习惯培养方案，看看是否符合下面三个标准：

标准一：单一，同一时间只锁定一项习惯，不要同时培养多项习惯；

标准二：简单，运用福格行为模型设计启动动作时，越简单越好；

标准三：累加，要使用加法思维，不要在意一时得失，坚信积累大于持续。

这三个标准，能确保我们在一段时间里，将注意力集中在一项习惯培养上，充分调用慢系统来支持习惯养成，等快系统顺利接手后，再开启下一项习惯的培养。

确认习惯符合三大标准后，我们来了解一下两大必要手段——趋利和避害。

可以说，趋利和避害的天性是人类一切行为的原动力，趋利就是我们在做一件事前，总是要先判断一下，做这件事是有好处还是有坏处，确定有好处才会去做。相对来说，避害的影响力会更强，因为避开危险本身也是好处的一种。我们会普遍存在一种“安全边际”的心态，也就是说，我就算得不到好处，也不愿意给自己带来麻烦。

懒惰是人性，三分钟热度也是人性，趋利和避害同样是人性。我们要做的，就是主动借助人性，设计习惯养成的激励奖惩，来助力习惯养成。

首先，要调动趋利的积极性，有三个具体的切入点。一是物质奖励：假如一周里每天都完成了打卡，那就奖励自己在第二周第一天吃点自己想吃的零食。二是他人的认同：可以找一个打卡搭子，互相鼓励，互相“吹彩虹屁”。三是仪式感：最简单的仪式感就是准备好一个本子，画一个表格，每次完成任务就在上面打一个勾，或者画个笑脸。

在这样的激励下，打卡者会被趋利的本性驱动，积极完成学习任务，也就在不知不觉中养成日复盘的习惯。

其次，想要调动我们避害的积极性，也有四个实用方法。

一是金钱处罚：比如转给朋友 1000 元，请朋友帮忙监督自己，如果自己一个月没有坚持下来，就不返还了。二是加入有严格规则的社群：比如完不成任务就被移出群，这会迫使我们为了留下来而做出努力。三是对大众宣布自己的目标：请大家一起来监督自己，如果没完成就会“社死”，所以这是一个非常有力的公众监督手段。四是借用项目的 Deadline：给自己设置一个截止时间。

相信你也感受到了，读到这些方法的时候，我们就已经呼吸急促、压力猛增了，这就是避害本能的强大力量。

趋利和避害的具体方式还有很多，在使用的过程中要灵活组合，找到对自己有效的奖罚方式。

（二）逐一攻克培养习惯的三大难关

了解了这三个标准和两大手段之后，来看一看，每个阶段我们具体能做些什么。

第一阶段：反抗期，也就是前 1~7 天。这个时期的特点是容易从激情满满到三分钟热度，然后放弃。

针对性的解决方案有两个：一是使用福格行为模型，从小到不可能失败的行为开始，尽可能地降低失败的可能性。二是极简记录，用简单的方法，把自己已经做到的事记录下来，给自己增加正向的激励。

我们在做诸如阅读、运动打卡的时候，也要让打卡的方式极简化，可以准备一个本子，在上面画个简单日历，然后对照日期打钩或画圈就可以了。运动健康方面的记录，也有一种极简的方法，就是购买运动手环或者运动手表，让它自动记录睡眠和运动时间。

第二阶段：不稳定期，也就是 8~21 天，我们很容易被自己的身体状况或者外部突发的事务影响。比如定好了运动的计划，但是稍不注意拉伤了肌肉，或者女生正好赶上了生理期，都需要暂停几天运动计划。又如定好了自己的额外学习计划，结果刚好赶上学校期中考核，课程作业增多，难以完成自己的任务。一系列问题传导下来，原定的计划都被打乱了。

为做好预防，我们可以根据前 7 天的实际践行，将想要培养的习惯模式化，尽量固定内容、时间、地点和数量，比如将 3 分钟日复盘打卡具体到每晚睡前花 5 分钟完成一次日复盘打卡。这样即便生病卧床，或者白天十分忙碌，在睡前依旧能想起来做这个简单的动作。

对于意外情况，则需要灵活的处理方式。比如周六晚上，想放纵一下追个综艺或者玩会手机，洗漱之后就直接休息了，没有进行 3 分钟日复盘。那就可以在第二天早上起床后，补上前一日的复盘，顺便做当天的计划。

对于被不可控因素打断的计划，比起方法，更重要的是明白失败不可怕，可怕的是没有爬起来再战的勇气。

第三阶段：倦怠期，也就是 22~30 天。这时，我们可能厌恶了一成不变的行动，也可能因为还没有看见成效，而开始质疑习惯培养的意义。

应对这个阶段的倦怠感，我们可以先从制造新鲜感入手，给自己正在做的事增添一些变化。比如在3分钟日复盘当中，自己添加每日金句一项，收集当天看到的有启发的观点，增加每日复盘的趣味性。此外还可以同时开启下一项习惯，比如除了3分钟日复盘之外，我们可以开始每日10分钟阅读，并且和日复盘一起做记录。

也许你看下来觉得有点麻烦，为了养成一个习惯，为了应对过程中的困难想这么多方法。是的，这就是我们要在习惯养成计划的设计阶段，充分调动慢系统的原因，先学明白，想清楚，并设计好应对方案。这样当真正的困难来临时，我们才能游刃有余地应对，才能比其他人更好地坚持下去，直到习惯最终顺利养成。

第七章　时间管理——活在不焦虑的当下

对于警校生而言，时间管理不仅是提高学习效率的工具，更是培养纪律性和责任感的重要途径。正如李大钊先生所言："凡事都要脚踏实地去做，不驰于空想，不骛于虚声，而惟以求真的态度做踏实的工夫。以此态度求学，则真理可明，以此态度做事，则功业可就。"在警校的生活中，严守时间安排，合理规划每一分每一秒，正是践行这一理念的体现，它能帮助我们在未来的警务工作中，以严谨的态度履行职责。

看到这里你可能会很疑惑，做好时间管理也是自律管理的一部分，为什么还要独立成章？的确如此，但警务化管理下的时间安排有其特殊性，看完前面的章节，你对实际操作可能还存在疑问，因此我们想更加细致、更加深入、更具针对性地与你一起探讨如何规划时间，从而更好地实现自律的目的。本章将从五个维度出发，带你成长为"时间管理大师"。

在正式阅读本章具体内容之前，请你先在此框内写下对"时间管理"的理解：

等阅读完后，请再来写下新的理解，并对比有什么不同：

第一节　认知：警校生与时间管理

警校的生活是极其规律的，相信许多人和我一样，感觉这里的日子就像一首不断循环播放的歌曲。我们的日常生活被严格规划，包括起床、早操、上课、晚自习和就寝等各个环节。例如，根据公大的学生警务化管理规定，我们通常在早上 6:15 至 6:30 起床，晚上 10:30 熄灯就寝。

此外，还会有一些统一组织的集体活动，如政治理论学习、会议等通常都有固定的时间安排。例如，每周三下午可能会安排讲座、会议或乐跑活动，而周日晚上则被定为学生政治学习的时间。

是的，警校生的时间管理具有高度的组织性和纪律性，这虽然限制了我们在个人时间安排上的灵活性，但也有助于培养我们的纪律性和责任感。所以，如果你问我在警校学到了什么，我会说，除了专业的知识和技能，更重要的是学会了如何在规律和纪律中找到自己的节奏、如何在集体中保持个性，以及如何在严格的时间管理中依然保持对生活的热爱和追求。这不仅仅是警校生活的经验，也是我们未来职业生涯中不可或缺的宝贵财富。

一、在警校进行时间管理，难在哪里？

警务化管理无疑能够培养我们守时的习惯以及对规则的敬畏之心，然而，它有时也会让我们产生一种仿佛置身于无形框架之中的束缚感。在这种高度统一的环境下，个性的彰显往往面临挑战，可能不那么容易被展现，因为每个人都必须按照同样的步调行动，穿着统一的制服，剪着统一的发型，甚至思考问题的方式也趋于相似。这种统一的节奏可能会让你觉得自己的独特之处难以被发现或被重视。如果你是那种需要兴趣驱动的人，可能会觉得学习的乐趣减少了，因为你常常需要按照既定的课程和训练计划来，对于那些不是特别感兴趣但又必须完成的任务，可能会提不起劲。与此同时，那些真正令你心驰神往的事情，却因精力与时间的匮乏，难以有机会去探索。

这是因为自我决定理论指出，个体的内在动机和兴趣是在一定条件下被激发的，这些条件包括能力感、自主性和归属感。在学校里，虽然一切都被安排得井井有条，但这种安排可能会削弱你的学习自主性：你发现自己在没有明确指示的情况下不知道如何开始学习或完成任务。当依赖学校的安排成为习惯,可能会影响你的自我效能感,即你对自己完成特定任务的能力和信心。这会让你对自己的能力产生怀疑,在面对选择和解决问题时缺乏自信。因此长期下来,你可能会感到自己的学习行为是被外部规则强加的,而不是出于内在的兴趣和选择,甚至会降低你的学习动机。

因此在警校,时间管理的难度在于,你需要在“个性”和“统一”之间找到平衡。这不仅仅是关于如何在繁忙的日程中安排时间,更是关于如何在一个强调集体主义的环境中保持和发展你的个人兴趣和目标。你需要学会如何在团队活动中发挥自己的独特作用,同时也要认识到,即使在最严格的框架内,也有空间让你展现个性和创造力。

这是一个关于自律、自我发现和自我实现的过程。通过这个过程,你将变得更加坚韧、自信和有能力。

简单来说,警务化管理下的时间管理,就是教你怎样在有限的时间里,做更多有意义的事情,同时也不忘照顾自己的兴趣和梦想。这就像是在忙碌的生活中,找到自己的小确幸,让每一天都过得充实而有意义。

二、打破时间管理的几个误区

你一定非常熟悉这个场景:

某个晚上,你看了一个激励你进步的视频或者一篇文章,顿时感觉浑身充满了力量,下定决心好好规划自己的自习时间,并相信这一次一定能坚持下去!

然后你拿出了一张纸,开始认真罗列第二天自习时的学习计划。看着满满当当的一页纸,你感到非常满足,把它夹到明天要用的书里。

但到了第二天早上,那张计划表的魔力却消失了,一切仿佛又被打回了原形:第三四节课自习的时候,你觉得上完前两节课好困啊,打算眯一会儿,结果一觉醒来就到饭点了。下午没有课,你觉得时间还多着,先玩会儿手机放松一下再开始吧,结果 10 分钟、30 分钟、1 小时……时间就这么溜走了,今天的自习时间已经结束了。

更可怕的是,这样的循环,可能每隔几天就会重新上演。屡战屡败让你对自己逐渐失去信心,觉得自己糟糕透了,一点自控力都没有,根本无法做到自律。

回顾整个过程，你是否也会奇怪，为什么自己在做计划的时候动力十足，但到了执行的时候却像变了一个人呢？

其实，在我刚开始尝试时间管理时，也有很长一段时间陷在“计划—失败—计划—失败”的死循环里，对自己无比失望。后来我发现，要想打破这个无止境的循环，必须先破除做时间管理时常见的三大误区。

误区一：时间管理就是管理时间

做时间管理，常见的第一个误区是，认为“时间管理”就是管理好时间。

但让我们认真思考一下，时间真的能被管理吗？我们从出生，就坐上了时间列车，一刻不停地奔向死亡的终点站。在这个过程中，没有人能管理时间。唯一能做的事，是管理好自己。所以时间管理的真正含义是，通过管理自己更合理地利用时间，完成自己想做的事情。这也是为什么单纯地列计划没用的原因之一：只是列出来，并不能管理时间，真正要做的，还是要调动和管理自己的行为。

时间对每个人都是公平的，利用好自己的时间，就能帮助我们在社会竞争中取得极大的优势。

误区二：时间管理要从做计划开始

为什么看似完美的计划往往行不通？底层原因，是惯性的力量在牵引着我们。

研究发现，一个人一天当中，只有5%的行为是非惯性的，其他95%的行为都来自惯性。也就是说，我们看到的高效人士所谓的自律，只是行为的表象，实际是他们早已经习惯这么做了。他们早起后锻炼就和我们闹钟响了之后还要睡懒觉一样，都是习惯。只是不同的习惯，日积月累会造成不同的结果。直接从完美计划开始，就意味着我们妄想用一天，就养成别人花了一年，甚至几年的时间养成的习惯。

想清楚了这一点，就不难推导出，如果我们一天当中95%以上的行为都是惯性，而我们每天的24小时都已处于用满状态。那改变的路径有且只有一个，那就是逐步优化自己当前阶段的时间分配。

有一种方法叫作时间统计法，最早可以追溯到《奇特的一生》的主人公柳比歇夫，他是苏联著名的昆虫学家、哲学家、数学家，也是一位通过时间管理取得惊人成就的真正的高效能人士。

他一生做了哪些事呢？撰写了70多部专著、12500页论文，自学了三门外语，收集了13000只地蚤标本，其数量是动物研究所的5倍，并留下了大量的通信和回忆录。关键是，柳比歇夫一生都保持着一天睡10小时的习惯，作息规律，身体健康。

我想你看到这里，会忍不住惊讶，这是如何做到的？

其实柳比歇夫用的方法很简单，就是一五一十地，完全依据实际情况，把自己做每件事的时间记录下来，并且不断复盘调整。从26岁开始，他一天也没间断，整整记录了56年，直到他82岁与世长辞。

对比一下普通人和时间管理高手的时间管理方法，就可以看出，普通人习惯先计划再执行，但因为缺乏记录和反馈，没做几天就把计划抛诸脑后了。但高手会先记录自己真实的时间使用情况，从中找出可以优化的部分，再设定计划并执行。同时，他们还会把自己的执行情况再次记录下来，继续优化、执行，如此反复，逐步提升自己的时间使用效率。

所以，从记录开始，通过记录发现自己时间管理的状况，再逐步优化自己的时间分配，才是开启时间管理的正确姿势。

误区三：坚持的事只要中断，就是失败了

现在各种各样的打卡活动非常流行，而众多打卡比较一致的特征就是“一天都不能落”“每天都要坚持”。所以在大家眼中，高手就是那些每天都坚持锻炼、坚持读书的人。但自己却经常“三分钟热度”或者“三天打鱼两天晒网”，于是认为自己就是一个失败者，一个不自律的人。

但事实真的是这样吗？

抛开滤镜，任何牛人高手，也都只是一个活生生的人，也会有突发紧急的事，也会有身体不舒服的时候。我们不否认，这世界上也许真的有极少数人，能够排除万难做到每天坚持一件事。但我们更要承认，大部分人其实不具备这样的条件和能力。

当我们因为没睡好觉、生病、完成课堂作业DDL而感到焦头烂额，十分挫败时，我们确实没有更多精力再去坚持阅读一个小时或者跑步五公里。

所以，高手和普通人的生活都会有突发情况，真正的区别在于普通人辛辛苦苦坚持了七天，第八天因为一些事情没能坚持，就马上产生了极其强烈的愧疚和自责，然后就放弃了。但一个高手遇到这样的问题，会先坦然地面对现实，然后第二天继续行动起来。

从长远来看，断断续续的积累远好于短期冲刺式的坚持。

要想更生动地理解这个概念，我们可以这样想象，行动一次，就会获得一次的成果，这就相当于往家里搬了一块金砖。即使第二天你没做，前一天搬回家的金砖也不会消失。这就象征着我们每一次的努力都不会白费，它们会沉淀下来，成为只属于自己的财富。

所以中断了很正常，更重要的是有继续开始的勇气和行动。

明白了这一点，就不要再执拗于连续打卡了，做好时间管理，积累比连续更重要。

第二节　基础：构建时间管理的基石

一、破局之道：块时间 APP+ 闹钟

在充分认识了警校生时间管理的特点和误区后，接下来我们就需要着手构建时间管理的基石，为高效利用时间打下坚实基础。日本作家村上春树在谈及自己的写作与生活时曾说：“当自律变成一种本能的习惯，你就会享受到它的快乐。”而这一套科学的流程正是帮助我们将时间管理转化为习惯的关键，让我们在自律中感受时间掌控的乐趣。

（一）记录软件：“块时间”APP

在警务化管理的背景下，我们所能利用的时间显得更加碎片化，需要更高效的记录工具。我搜寻了所有市面上的软件，最后找到了一款叫作“块时间”[①]

① 笔者注：“块时间”APP 在安卓和苹果平台有不同的名字。安卓平台名为“块时间”。苹果平台有两个版本：免费版“时间块青春版”；收费版“时间块”，收费 12 元，比免费版有更多的功能选择。

的 APP。

这款软件设计的核心思路，是将每个小时划分为两块（或更多）来记录时间，帮助用户快速记录每天的时间分配。图 7–1 就是它的使用界面。在使用时，我们先在右侧栏当中，列出我们常做的事件分类。然后选中左边的色块，轻轻点一下即可完成记录，平均每天记录耗时约 10 分钟。

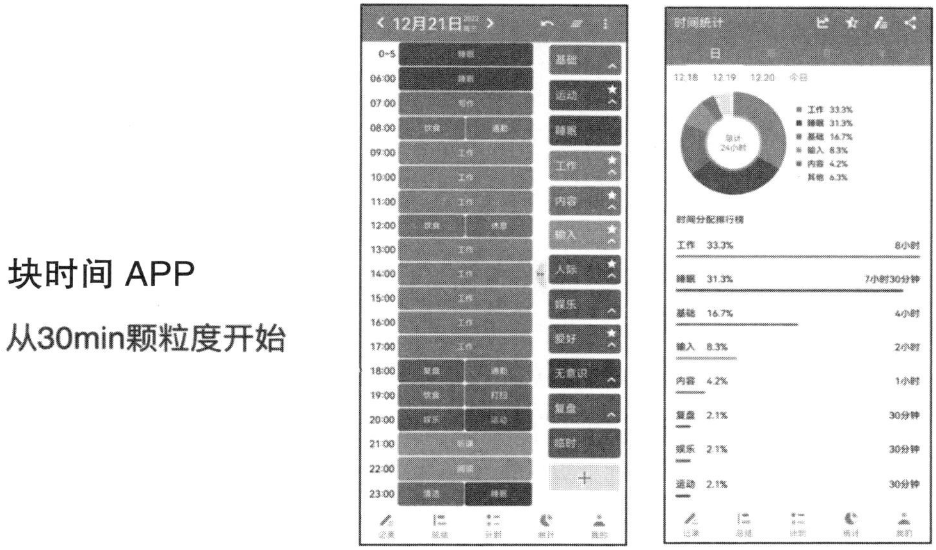

图 7–1　时间管理软件“块时间”APP 的时间记录和时间统计页面

这里要引入一个时间管理常用的概念：时间颗粒度，指的是一个人管理时间的基本单位。常见的时间度量单位包括年、月、周、日、半天、小时、30 分钟、5 分钟、1 分钟、1 秒钟等，这些不同的度量单位就是不同的“时间颗粒度”。

一开始，建议大家选择 30 分钟的颗粒度，然后再逐步过渡到更精确的 15 分钟颗粒度。看到这里，你可能内心在疑惑，这也太事无巨细了吧，而且如果根本不记得自己这一天干了什么，该怎么办呢？

（二）提醒软件：手机闹钟

那我们就需要搭配第二个工具了，这个工具人人都有，就是大家手机里的闹钟。

10 年前我第一次做时间记录的时候，发现自己总是想不起来去记录，于是一狠心给自己每半小时制定一个闹钟，强制自己停下来做记录。结果半个月后，我发现我的时间敏感度大大提升了，甚至可以做到不看表的情况下，就能精准判断现在是几点，误差不超过 15 分钟。

推荐大家玩一个游戏，叫作“疯狂的闹钟”，即从起床后开始，每整点定一个闹钟，一直定到晚上睡觉之前。在一天的“疯狂的闹钟”体验以后，我们就能知道自己每个小时都干了什么，提升我们对时间的敏感度，同时矫正我们对时间流逝的主观感知。有趣的是，由于每个小时都会被“中断”一下，这个方法对手机上瘾也有奇效，因为行为被外界提醒了，就多了一次重新做选择的机会：我是要继续玩手机，还是要去做手上最重要的事情。

这样，通过“块时间”APP 搭配“疯狂的闹钟”，我们就可以轻松地记录自己一天时间的使用情况了。

大家在具体使用的时候，因为“疯狂的闹钟”会有点干扰正常的学习和生活，所以只需要在工作日使用一天就好了。“块时间”APP 建议大家以周为单位，至少记录一周的时间使用情况。

这样一周下来，我们每一件事具体花了多长时间，一些原定的任务到底为什么没完成，浪费的时间都到哪里去了，就一目了然了。

二、从时间出发的时间管理三分法

（一）什么是时间管理三分法？

与其去纠结永远做不完的事情，以及工作和生活的不平衡，不如从有限的时间出发，认真盘点一下，自己一天的 24 小时到底都用来做了什么。用“块时间”APP 可以很直观地看到我们一整天的安排。原来除了学习，我们一天当中还要刷牙、洗脸、吃饭、通勤、午休、刷手机，也许还要运动、看书、和朋友约会、和家人聊天，以及做自己感兴趣的事。

也就是说，除了你计划给自己做的事，还有许许多多每天不得不做和自己非常想做的事。于是，我按照这个思路，从有限的时间出发，把一天 24 小时按用途归纳成了三类。

第一类包括睡觉、饮食、清洁、休息，这些是我们生存的基础，叫作基础时间。

第二类包括运动、娱乐、爱好、体验，这些是让我们身体和精神得以充电的时间，叫作蓄能时间。

第三类则是我们的主要任务：学习、工作、科研、社会实践等活动，这些事项本质上都是在创造价值，所以叫作创造时间。

这些事项都是从个人出发的，但人类是社会性动物，我们的工作生活中必然还有一些需要与他人合作的事情。在基础部分是关爱家庭，在蓄能部分是建立人际关系，在创造部分是与人合作。

如此一来，我们就可以得到一张这样的分类图（见图 7–2）。

	基础时间	蓄能时间	创造时间
自己	睡觉	运动	学习
	饮食	娱乐	科研
	清洁	爱好	社会实践
	休息	体验	工作
与他人	家庭	人际	合作

图 7–2　时间管理三分法

我将这种时间分类的方法，命名为时间管理三分法。三项基于时间的分类中，基础时间是一个人正常生活的基石，蓄能时间是为身体和精神充电，创造时间是创造价值与社会交换。

时间管理三分法还能帮助我们更清楚地认知每件事情的价值，避免无意义的精神内耗。比如这张表格中的休息，归属于基础时间，因为它是人的基本需要。明白了这一点，就不再会因为自己累了想休息，而感到羞耻或者焦虑。也不会再为了其他事项，拼命压榨自己的休息时间。

家庭时间同样归属于基础时间，因为亲情是人类的情感根基，每个人都渴望拥有一个温暖的家庭，这是人的底层精神需求，也是个人幸福的根源。娱乐时间很容易被误解，很多人会因为刷手机而自责不已，认为这是严重缺乏自制力的表现。但实际上，主动娱乐是健康正向的，也是人类的基本需求之一。在智能手机出现之前，人们也有各种各样的娱乐方式。问题不在于娱乐本身，而在于用于娱乐的时间是否过长，因而影响了其他事项的进展，甚至是影响健康。所以，我们完全不必因为刷短视频而感到愧疚。更健康的方式是主动给自己安排每日刷短视频的时间，然后充分投入地享受这个过程。

从这张表当中，我们还可以清晰地观察到，学习只是人生的一部分，不能也不应该肆意侵占其他事项的时间。

（二）基础、蓄能、创造的重要性排序

在区分了一天24小时的三大类用途后，还有一个我们必须弄清楚的问题：基础时间、蓄能时间和创造时间，三者的重要性该如何排序呢？

重要性就意味着优先考虑，尤其当现实生活中，两件事发生冲突的时候，我们该如何选择。比如早上的时间，是早起阅读还是睡个懒觉？复习计划完不成的时候，是先睡觉早上起来再做，还是熬夜做完再睡？

很多人会认为创造时间才是最重要的，因为它为我们提供了价值。但其实真相往往是反直觉的，基础、蓄能、创造三类时间，最重要的其实是基础时间，然后是蓄能时间，最后才是创造时间。

首先，基础时间做的事，如睡觉、饮食、清洁、休息和家庭，是我们最基本的生存需要。常见的误区，就是在觉没有睡饱的情况下，强撑着自己去学习、运动、工作，轻一点的免疫力下降，身体很久都缓不过来，严重的可能有猝死风险。身体是革命的本钱，这句话很多人已经听腻了，但真到病来如山倒的时候，就会意识到基础时间做的这些事，才是真正重要的。失去了健康的身体，获得再多的成果、荣誉、胜利和金钱都补不回来。

第二重要的就是蓄能时间，因为到了创造阶段，我们就必须直接开干，拿出成果。但是没有足够的能量，要怎么发挥创造力呢？因此蓄能中的运动也是保持精力必须做的事。学生时期大家都很年轻，通宵熬夜突击复习第二天还能精神抖擞地去考试。但伴随着年龄增长，步入社会参加工作，面对的挑战也逐渐增多。如果被分配到办公室，一天净坐在电脑前敲键盘，一坐就是八九个小时，若不专门安排运动时间，长此以往，身体过度透支，精力会严重下降。

蓄能时间的人际关系，也是容易被忽略的板块之一。从小到大的学校教育，都讲究以成绩为标准的单打独斗，但进入社会之后，能否快速领悟领导指示，与同事、合作伙伴高效协作，都会影响我们最终工作成果的好坏。

所以现实当中，我们常常会看到一个人在工作5年之后，身体开始出现

颈腰椎病、胃病、干眼症等各种毛病；由于没有拓展和维护人际关系的意识，对于自己手头工作之外的世界一无所知。无论是身体、能力还是人脉，都无法支撑在职场中的进一步发展，只好止步于基层。

造成这样的结果，就是因为弄错了基础时间、蓄能时间和创造时间三者的重要性排序。从基础到蓄能再到创造，是一个赋能的过程，反过来则是一个反馈的过程（见图 7–3）。

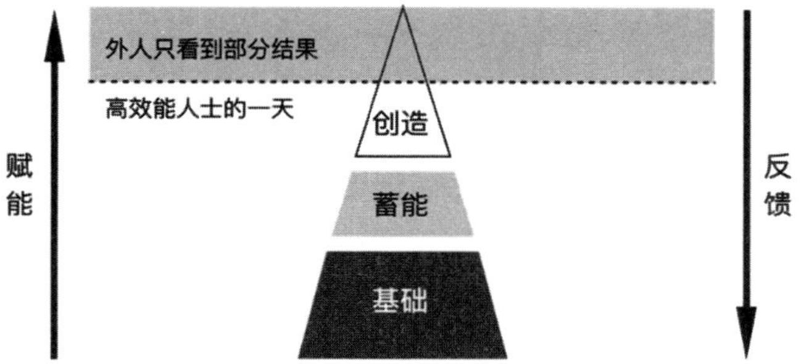

图 7–3　用三分法展示高效能人士的一天

一个高效能人士的一天必然是符合这样的安排，先吃好睡好，保持好的精力，用运动和娱乐来为自己提供能量，劳逸结合，最后才能呈现出高效率、高质量的学习成果。然而我们往往只能看到外在的部分，就误以为高效能人士所有的精力都用来学习了。

了解了时间管理三分法这种从时间出发的时间管理模型之后，我们可以把自己日常做的所有事都罗列出来，按照基础、蓄能、创造进行分类，并结合前面提到的“块时间”APP 的记录，来看看自己当前的时间安排，与自己理想的时间分配之间有哪些出入，列出可以优化的方向，并逐步改进。最后，别忘了 3 分钟日复盘！

三、高效学习五步法

了解了时间管理三分法，并通过“记录 + 复盘”的方式，梳理了自己当前的“基础、蓄能、创造”三种类型的时间分配后，我们就要开始根据自己的实际情况，有针对性地提升每个板块的时间利用效率。

虽然我们强调过，按照重要性排序，基础时间是最重要的，蓄能时间其次，最后才是创造时间，但当我们着手提升效率时，最先关注的应该是创造时间，也就是学习时间的效率。

试想一下，如果一整天都是满课，结果回去还要做课堂作业，自己给自己布置了做思维导图的任务，那么一天学习的时间可能会溢出 8 个小时，这会令人感到非常疲惫。如果不先把扩散的学习时间想办法收敛回去，争取能在 8 小时甚至更短的时间里完成，那就没有精力做学习以外的事，更谈不上管理基础时间和蓄能时间了。

既然提升学习效率这么迫在眉睫，那有没有什么用了马上就能出结果，甚至当天就能提升效率的方法呢？德国时间管理大师洛塔尔·丁·赛伟特在《把时间花在刀刃上》一书中所提到的“阿尔卑斯山时间管理法”，就很适合用来管理学习时间。为了便于大家记忆，我们在这里简称为：高效学习五步法，具体分为：

第一步：列出任务；

第二步：估计时间；

第三步：预留机动；

第四步：排序分配；

第五步：检查回顾。

看起来非常清爽简单的五个步骤，只要用起来，每一步都能针对性地解决我们学习效率的卡点（见图 7–4）。

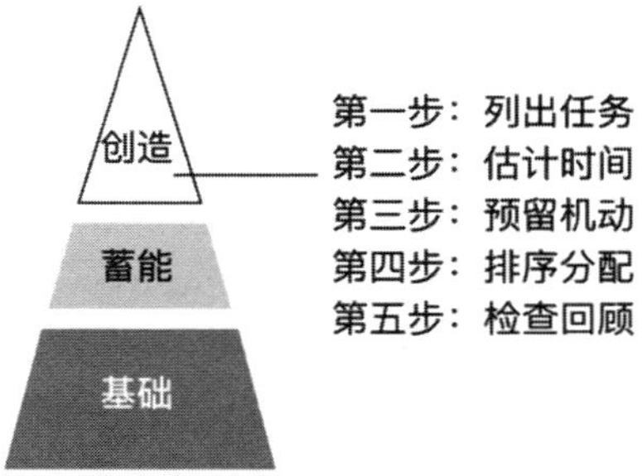

图 7–4　规划创造时间的五个步骤

第一步：列出任务

我们做学习计划时，经常想到什么写什么，这种方法很容易遗漏一些没想到但也存在的任务事项。如果想避免这个问题，应该按照分类来罗列。

比如，我们日常的学习任务大致可以分为四类：

第一类：每日上课任务；

第二类：自己计划要做的学习任务；

第三类：昨天没有完成推到今天的任务；

第四类：今日新增的学习任务（受老师启发或布置）。

参照分类标准，分门别类地把待办事项罗列进去，就不会担心遗漏了。

第二步：估计时间

时间管理领域里，有一个著名的帕金森定律，指的是工作会自动膨胀，直到占满你所有的时间。这个定律给我们的启发就是，为任务预留的时间越多，我们需要的时间也就越多，所以多预留时间反而会降低我们的效率。

要想跳出这个帕金森定律，我们可以坚持“记录＋复盘”自己的时间使用，直到可以精准地预估自己独立完成一些重复性事项的时间。比如，我每天早上做计划和晚上做复盘的时间，加起来需要 10~15 分钟。在学校期间，做思维导图时，完成一个章节的复习和思维导图，需要 20~30 分钟。

有了这个预判在前，我们就不会留太多的时间给自己，也就不会在不知不觉中浪费时间了。记录使用“块时间”APP 搭配“疯狂的闹钟”即可，一般一个星期左右，就能厘清各项常规工作所需的时间，给做计划提供有价值的参考。

第三步：预留机动

有时我们会遇到自己从来没做过的任务，经常感觉自己已经做了万全的准备，但执行起来，第一步就遇到各种问题，只能花更多时间来补救，前面设定好的计划和节奏全部被打乱了，这真的很令人苦恼。但这样的情况其实非常正常，人们往往会容易高估自己的能力，而低估事情的难度以及其他不可抗力因素。

想要解决这个问题，我们需要了解另一个可以运用在时间管理领域的定律：墨菲定律。它指的是事情如果有变化的可能，不管这种可能性有多小，它总会发生。这是什么意思呢？就是面对一个新的任务或挑战，即使我们准备得再周全，也一定会遇到意料不到的情况。所以碰到新的、不熟悉的任务时，一定要给自己多留一些时间。

比如我就会提前预留二到三倍的时间，同时我也不会花太多时间在初期准备上，因为我对事情的全貌没有把握，得先开始做了才知道，等开始之后再边做边调整。

除此之外，在我们的日常学习生活中，经常会碰到一些“突发事件”。比如，有时候做好了一天的学习计划，信心满满地开干。结果刚做完第一项，中午收到通知今天晚上开中队会，下午的自习时间被抽签去做活动观众等。导致一天结束后，任务清单上一半的计划都没完成，这种情况又该怎么办呢？

我在学校的时候也经常被各种计划外的事情打乱节奏，所以我想了一个办法，每天先留出 20% 左右的时间给意外事件。比如，每天我会给自己的学习时间留一到两个小时的空余（如果在一天满课的情况下，就不用再额外安排学习任务了），先不着急安排事项。等急事找到我的时候，如果我判断确实是当下或者今天必须完成的事，我就放入我的计划中，把留出的一两个小时用掉。

如果这一天很幸运地没有遇到突发事件，我就将原本计划第二天再做的事提前，或者用这段时间来做一些自己想做的事。有了这 20% 的时间作缓冲，我就既不用担心计划排太满完不成，也不用担心计划排太少浪费时间了。

第四步：排序分配

把所有任务列出来并预留出机动时间之后，我们要做的就是把这些事项进行排序。排序时要注意，先排时间，再排重要程度，然后根据预估的时间安排进日程中。

就拿我大一某一个工作日的事项清单来举例子：

1. 早上第 1、2 节课，上形式逻辑课；
2. 早上第 3、4 节课自习，做一篇四级英语听力，背 50 个单词（A1）；
3. 下午第 1、2、3 节课，上选修课；
4. 下午第 4 节课，整理今天早上课程相关内容的思维导图（A2）；
5. 18：30~20：00，完成一套英语四级题里的阅读部分（A3）。

其中 1、3 是固定时间要做的事项，剩下的三件事，我一般按照重要程度（A1、A2、A3）把它插入自习时间里，这样我们就得到了一份既能显示事件优先级，又有清晰的时间线的日事项清单。

你可能会想，如果这三件事情没有重要程度之分呢？那就可以按照自己舒适的节奏来规划，这份清单也是如此。比如，我早上第 3、4 节课的时候记忆力最好，脑子也比较清醒，所以我选择背单词和做听力；下午最后 1 节课，其实是一天比较疲惫的状态，所以我选择做一些简单的复习任务——做思维导图，恰好用这个时间捋一捋逻辑；下课吃完饭、运动完又恢复了精力，晚自习就适合专注地做一套英语阅读。晚上 8 点以后，除了洗漱还有大概 1.5 小时可供支配，我会按照做题进度来选择是把一套英语四级题的写作和翻译部分都写完，还是先做好阅读部分的修改和积累。

第五步：检查回顾

我们的大脑是很难同时记住很多事情的，列出事项就是为了解放大脑。但同时我们也会忘记还有这项任务，所以列完清单之后，正确的使用方式，是要在一天内多次回顾。

我一般会在前一天晚上，就在 3 分钟日复盘当中列出明日计划。每天早上到教室后的第一件事，也是检查当日待办清单，确认已经列好的任务，再把新增的任务放进去。上午的学习结束，午休之前，我会再检查一下上午的任务有没有按时完成，根据进度判断是否需要调整下午的计划。

所以，前一天晚上，今日早上上课前、中午休息前、下午上课前，多次查看事项清单，这样到了晚自习之前，我就已经至少做了 4 次今日事项的检查，这能保证我聚焦完成清单上的事项，基本不会发生遗漏或者耽误的情况。

善用工具辅助计划落地

高效学习五步法，一定要经常在实践中练习感悟，才能一步步真正完全掌握。

为便于实操，我们可以借助外部工具。比如我们熟悉的 Excel 表格或者可以在线编辑的石墨文档等电子工具表，方便自己设计各个板块的功能，且容易保存。但由于需要电脑编辑，更适合习惯带着电脑上课记笔记的同学。如果平时电脑用得少，可以使用一个叫作“日事清”的软件。除了计划型软件通用的功能外，它还有一个很棒的功能，就是可以直观地展示一整周的学习计划，什么时间需要做什么事，一目了然。手机、电脑、网页等多个平台都可以通用。

如果你已经有运用得非常熟练的工具或软件，也无须更换，因为不同工具本身其实差别并不大，关键在于如何使用。选择一个你喜欢的工具，立即把高效学习五步法应用起来吧！

第三节 实践：在日常生活中应用时间管理

如何将上述方法结合警务化管理安排，在日常生活中应用呢？我认为可以先区分出两种时间单位：工作日和休息日（包括普通周末、法定节假日、寒暑假），在不同的时间单位里灵活应用三分法来规划时间。

一、工作日

（一）基础时间：越规律越高效

基础时间通常包括睡觉、饮食、清洁、休息和家庭。对基础时间进行规划，一共有 4 个步骤：记录、调整、固定和优化（见图 7-5）。

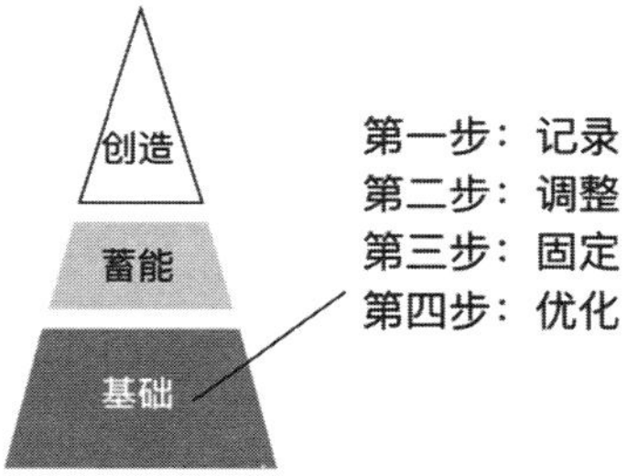

图 7-5 规划基础时间的四个步骤

我们在制定的时候，只需要遵循一个原则：基于当前的生活节奏，越规律越好。因为基础时间部分是每天都要做的事，规律一方面有利于健康，另一方面能培养好习惯从而节约意志力，让我们无须强迫自己，也能睡眠充足、饮食健康。

第一步记录，先了解自己当前的生活状态，找到其中的潜在规律。记录可以按照睡觉、饮食、清洁、休息和家庭这几个板块来分类。以我在校的时间为例：

1. 睡眠：

入睡：10:30~11:30，最晚不超过 11：30；

起床：6:20~6:25，最晚不超过 6:25；

午睡：12:35~13:18，40 分钟左右。

2. 饮食：

早餐：6:50~7:05 或 7:20~7:35，15 分钟（取决于是否轮值）；

午餐：11:00~11:30 或 11:30~12:00，30 分钟（取决于下课时间）；

晚餐：17:30~18:00，30 分钟。

3. 清洁：

洗漱护肤：7:10~7:30 或 6:50~7:10，20 分钟（取决于是否轮值）；

22:15~22:30，15 分钟；

洗澡：21:00~21:30，30 分钟；

打扫：轮值当日早晨 10 分钟。

4. 休息：每学习 40 分钟，休息 10 分钟。

5. 家庭：每周三和周五 21:00 后 和家人通话，20 分钟。

第二步调整，看看当前的基础时间分配，哪些部分是自己觉得不健康或者不合理的，尝试进行调整。比如睡眠时间，从 11 点半先调整到 11 点，再逐步调整到 10 点 40 左右能入睡，这个过程大约需要一周的时间。

第三步固定，适应了新的基础时间分配方式后，我们还需要践行 3~4 周，来巩固这套流程。这个过程中，如果能在一周七天里做到 4~5 次，我们就能判断自己已经基本适应了这个生活节奏。

第四步优化，有了对基础时间的基本把握后，我们就可以根据外部环境的变化，及时地调整优化，增强我们基础时间的弹性。比如你知道自己日常需要 7 到 8 小时的睡眠，但有时候想玩手机熬个夜，那就在第二天或者周末，及时地把睡眠补充回来；或者延长午睡时间，用这个时间来补觉。

结合以上四个步骤，请你按照时间顺序，梳理出适合当前自己生活节奏的基础时间分配方法。特别要注意的是，基础时间是我们生存的硬开支，千万不要觉得睡觉、吃饭耽误时间，或者因为不得不花时间来打扫房间而感到焦虑。

（二）蓄能时间：以周为单位轻松安排

找到了基础时间的规律，我们就可以着手规划蓄能时间了。

蓄能时间的规划方法主要有三步：做计划、估算时间、以周为单位安排（见图 7–6）。

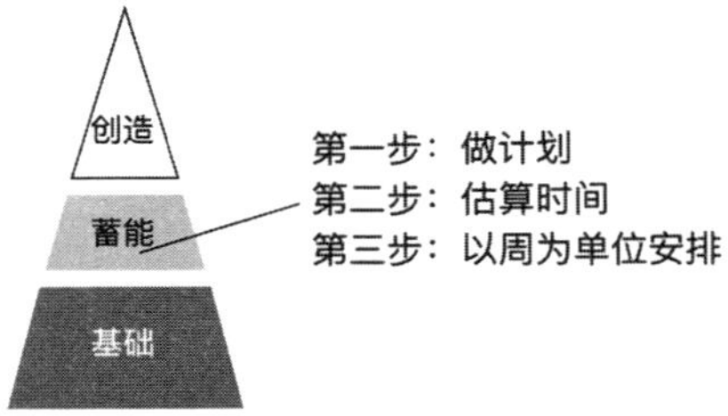

图 7–6 规划蓄能时间的三个步骤

第一步做计划：无论是锻炼还是娱乐，有趣的东西都很多，但我们的时间是有限的。所以安排蓄能时间时，需要先从各种选择中挑选自己最想做的事。

第二步估算时间：同一个人做不同的事需要花费的时间差别很大，不同的人做同一件事需要花费的时间差别也很大。比如一个善于阅读的人，看书速度可能是另外一个人的 2 倍；一个肢体协调的人，学习一支舞蹈的速度也会是别人的好几倍。我们一直强调的时间记录，也是为了清晰自己做每件事大概需要花费的时间。

第三步以周为单位安排：为什么是以周为单位呢？因为蓄能时间不像基础时间，每天都必须做；也不像创造时间，有固定的上课时间，还有组织和社会团体会协同管理。蓄能部分的时间，是个人的自由安排，但我们很难同时在一天里面，既读书，又健身，还能和朋友聚餐。

所以理想的方式，就是把想要做的蓄能事件，全部罗列出来，估算一下每项需要的大致时间，再合理地分配在一周的安排中。

以我个人为例，我工作日的蓄能事件，主要包括运动、娱乐、爱好和人际。我在做一周的蓄能时间规划时，会先列出我想做的每类事情具体有什么，然后再估算每一项的时间。

运动：锻炼 3 次，每次 1 小时，再加上每次路上 20 分钟时间，累计 4 小时。

娱乐：

（1）电影：1 部《网络迷踪》，1.8 小时；

（2）纪录片：1 集《守护解放西》，45 分钟；

（3）综艺：《脱口秀大会》，1.5 小时；

（4）上网：刷微博、刷短视频等，每天 1 小时，累计 5 小时；

（5）爱好：周三纪录片，1 小时；

（6）人际：和朋友吃饭 1 次，每次 2 小时，累计 2 小时。

明确了想做的事和需要的时间，就可以往周计划里面安排了。践行几周，就能找到每日、每周、每月安排的大致节奏，后续的蓄能时间都可以来参考这样的安排：

每日：12：00~12：30、21:45~22:15，玩手机、刷短视频共 1 小时。

每周：

（1）健身 3 次，每次 1 小时，另计 1 小时路程；

（2）周三下午打游戏 1 小时；

（3）看一集综艺，1~2 小时；

（4）看一部电影或纪录片，1~2 小时；

（5）散步 2 次，每次 30 分钟，共计 1 小时；

（6）每周五晚上和区队同学小团建，2~3 小时；

每月：与朋友 / 舍友 / 部门聚餐一次，2 小时。

相信大家注意到了，我在举例写一周事项时写得非常具体，读书就写清楚书名和全书字数，看电影就写清楚电影名和时间长度。这是因为对于这些选择很多的事项，临时做决定会遇到很多的干扰因素。所以在以周为单位安排的时候，一定要先把具体读的书、看的电影、做的运动都敲定下来，避免临时决策浪费时间。

蓄能时间的规划告诉我们，不可能有完美的一天，但可以有完美的一周。

（三）创造时间：填“任务”游戏

当我们前期用“块时间”APP 和闹钟记录下我们各种事项的所需时间并形成规律后，我们可以将基础时间和蓄能时间按照计划做成一张表格，再结合一周的课程表，就能清晰地知道自己还有哪些时间可供“创造”使用。或许你在做表格时会发现，每周的重复事项很高，毕竟每学期的课程表是不变的。因此，经过对多个时间管理、日程记录 APP 的对比，我们发现“最高端的食材往往只需要最原始的烹饪”——用手机自带的日历 APP 就可以实现每日事项的记录和规划。

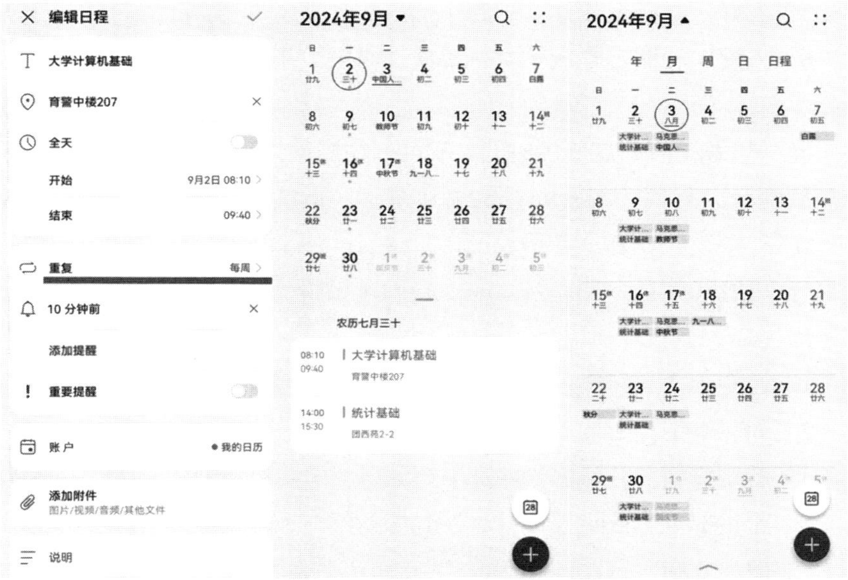

图 7–7　用日历记录每日事项

如图 7–7 所示，在每学期初使用日历添加课程表时，写好任务名称、地点、时间，在“重复”一栏选择“每周”（用“自定义”选择重复周期更为合理），就可以轻松记录重复事项。当导入好学期课程表后，就可以结合每月计划和每周计划来填充完善你的个性化日历。这样，每天的日程按时间线排列，每月的日程也变成了一幅可视化图，当月末对这样一张满当当的日历进行截图收录，是不是也能感觉到成就感满满呢！

二、休息日

休息日对于许多人来说，是一个期待已久的放松时刻。工作日里，我们常常被严格的时间管理和紧凑的日程安排所束缚，因此一到休息日，很多人便想着彻底放松，甚至“大摆烂”。然而，这种极端的放松方式往往会导致一个不良后果——休息日结束后，我们可能会发现自己难以恢复到平时工作日的活力和效率，甚至想要持续这种懒散状态。因此，如何合理安排休息日的时间，既让自己得到充分的休整，又不过度享乐，成为一个值得我们深思的问题。

但是，既然叫“休息日”，那么就给自己一些喘气的机会。诗人里尔克说：“耐心对待所有未解之事，试着去爱问题本身。”对待休息日同样需要这种智慧——它不是对纪律的背叛，而是对张弛之道的践行。此时，我们大可不必再拘泥于严格的时间管理三分法，而是可以根据自己的兴趣和需求来规划时间。

（一）分块管理周末

以我为例，我会将周末大致分为三个板块：周六全天、周日上午和周日下午。这样的安排能让我在享受休息的同时，也保持一定的时间灵活性，而不至于懒散地就度过了周末。

具体来说，我会将周六定为“户外日”，一整天的时间（除基础时间外）全部用于户外活动，比如计划去徒步、骑行或者逛公园等，通过接触自然环境来减轻心理压力，提升情绪状态，或者通过看展览、逛市集等文化活动，丰富精神生活，增强创造力和审美能力。

周日则被我定为“过渡日”。上午半天的时间我会用来睡个懒觉，让自己从一周的忙碌中恢复过来；或者懒散地刷手机，漫无目的地消磨时光。这是一种有效的心理调节手段，帮助个体从学习状态中抽离，进入放松状态，从而减少压力和焦虑。当然，这种放松并不意味着完全放纵，而是有节制的休息。我们可以为自己设定一个明确的休息时间段，比如周日上午的 8 点到 11 点，且每隔 50 分钟或 1 小时就要切换活动状态，可以活动活动身体，与身边的朋友聊聊天，避免过度放纵。当这段休息时间结束时，进行一个简单的仪式，比如写个日记、盘坐冥想或站在阳台上眺望远方，这有助于心理上从放松状态逐步过渡到半学习状态。下午半天的时间我会用于复盘整理前一周的事项以及制订下一周的计划，帮助自己从放松状态慢慢转换成学习状态，不至于得“周一综合征”。这个时间段的安排是至关重要的，它不仅帮助我们回顾过去，也为未来一周的工作和生活做好准备，让我们能够以更加饱满的精神状态迎接新的挑战。

总的来说，合理安排周末，既能够让我们得到必要的休息，也能够让我们在新的一周中保持高效和活力。

（二）做好假日攻略

对于警校生来说，法定节假日是难得可以申请隔夜假的机会，我们可以选择回家探亲，与家人朋友团聚；或者与大学同学结伴旅游，在有限的青春里尽可能多地去感受世界的魅力。

这些假期说长不长，说短不短，想要把时间用在刀刃上，还得变身为“攻略达人”。比如用好各类旅行 APP，提前规划行程、预订住宿和交通工具，查找当地的美食推荐和文化活动。例如，利用小红书来收集和整理旅游信息，包括推荐游玩点、住宿地点和特色美食；利用地图软件来确定游玩路线，确保行程的合理性，不走回头路；利用美团和去哪儿旅行等 APP 来对比酒店和民宿的价格和条件，选择性价比最高的住宿地。

提前做好攻略，才能把假期安排得明明白白，玩得尽兴。

（三）量身打造假期

以寒暑假为一个时间单位来给自己设定一些目标很有必要。相信很多人一到假期就在家颠倒昼夜，每天浑浑噩噩就过去了，这是对青春的极大浪费。我们可以为假期设置一些关键词，比如你这个假期就想用于旅游，那么就叫“探索计划”；用于参加实习、志愿活动，就叫“实践计划”；用于系统地学习一个知识或一项技能，就叫“提升计划”。当然，你也可以把假期分成好几块，每个阶段设置不同计划。制定好这些目标后，再用时间管理三分法来具体规划每一周、每一天的任务，以实现假期的最大化利用。

第四节　技能：掌握高效利用时间的技巧

知道如何安排基础、蓄能、创造的时间还不够，因为在实际的执行过程中，我们经常会遇到明明知道该做什么，但做的时候效率却很低的情况。

如果把我们记录的时间方块想象成一个个乐高颗粒，那么每个人的时间就是有限的乐高颗粒，而时间管理，就是在用有限的乐高颗粒搭建我们的人生。在这个时间有限的大前提下，如何深耕时间的利用率，提高单位时间的产出，就是我们一定要思考并解决的问题了。

一、找出效率低下的根本原因

想要提高单位时间的产出，就要先找到造成效率低下的根本原因：

第一，不想做，拖延症晚期；

第二，想做但不会做，或者思路不清楚；

第三，会做，但集中不了注意力。

（一）不想做？那就先做五分钟

“不想做”的原因可能有很多，但表现出来的形式都是一样的，那就是通过做各种其他的事情来逃避。有的人会一直刷手机，有的人会开始打扫卫生，或者去做一些特别简单的事，来回避眼前的任务。

我也曾经常沉浸在这种状态里，一天下来，最后规划的学习任务都没完成。后来我发现，这种状态可以用“混沌”来描述，眼前一片雾茫茫的，思路也不是很清晰，只感觉有一大堆任务在等着自己，没有勇气去面对和开始。

尝试了很多方法之后，我发现了破解这种状态的秘诀，就是将眼前的任务从“混沌”状态转变为“具体”状态。比如，“背单词”这个任务就很模糊，给人很大的压力。但如果转变成“背这本词典的前 20 个单词”，一下就变得清晰了。

有趣的是，只要我们突破了第一步，从混沌进入具体的状态，我们的行动力就能飞速运转起来。你可以结合过去的经历想一想，之前自己在做事的时候，是不是只要开始做了，就会越做越来劲。这是因为从具体的事情开始，混沌的困难会变成一个个具体的问题，每解决一个，你就会变得更加自信。但如果因为恐惧而迟迟不开始，事情就会变得越来越混沌，导致我们逐渐被焦虑淹没。

从“不想做”到“开始行动”，我们只是缺一个果断的开始。

著名心理治疗专家威廉·克瑙斯在著作《终结拖延症》中，分享了一个“五分钟法则”，就是把要做的事情最容易的部分放到第一个五分钟，先干起来。做完这五分钟，就不会轻易停下来了。因为一旦开始接触具体的事情，我们的注意力就会从焦虑转移到解决方案上来，自然而然地就开始行动了。

我以前不爱运动，但是听完这个方法后，我尝试打开运动健康 APP，随便挑一个运动先做 5 分钟。结果我不但做完了 5 分钟，还把一整段运动视频都跟下来了。之后我坚持使用这句咒语，每当自己不想运动的时候，就告诉自己：没关系，我就只做 5 分钟。只用了 1 个月的时间，就养成了每周运动 2~3 次的好习惯。

所以，下次遇到不想做的事时，记得念出这句咒语：我就先做 5 分钟。

（二）不会做？四步拆解启动执行

解决了第一个“不想做”的问题，开始启动之后，有时候会遇到一个新的问题：不会做。

比如，我以前在宣传部任职时刚开始接触公众号推送制作，就被安排去做一个校运会的推送。当时已经给我提供了文字稿和照片，并要求当天发出。所以我直接开始在编辑页面边挑选模板和字体，边把文字稿和照片附上去。这就导致有时候我没厘清文字稿的分层就开始往模板里填充，后续需要不断地调整删改，整体效率很低。最后好不容易做完提交上去，师兄师姐却帮忙调整了很多地方的字体样式和布局，既浪费了时间，最后也没有做出一个令自己满意的推送。

遇到这种感觉自己“不会做”的事项时，我们可以通过拆解的方式，把无从下手的大事，变成一件件简单可执行的小事。

拆解路径主要分为四步：一是确认事项目的；二是确认事项标准；三是确认有多少时间；四是按照做事的流程和每个部分需要的时间，拆出具体的执行步骤。

我们以老师安排的制作校运会推送的任务为例，看看这项任务如何拆解。

首先，确认这篇推送的目的，就是展示学生在校运会上的精彩瞬间。

其次，内容上按照赛事类别分成四个部分——障碍赛、田赛、径赛、格斗，每个部分的篇幅应大致相当；要求整体风格统一，不花里胡哨。

最后，这篇推送当天必须推出，除去后续修改和审核流程，还有大约 3 个小时供我完成。

了解了具体需求之后，再根据做推送的流程以及所需的时间做进一步的任务拆解：

第一步，已有照片、文字稿整理，需要花费 30 分钟；

第二步，确定整体风格和挑选模板，花费 20 分钟；

第三步，制作推送加匹配照片，制作插图，大概需要花费 40 分钟；

第四步，检查格式、有无错别字等，需要 20 分钟。

总共 3 小时，去掉上述的 1.8 小时，还剩下 1.2 小时预留的机动时间。

这样我们就把一个复杂的大任务变成了一项项小任务，再结合当前的工作计划情况，排进事项清单中就可以了。

同时，面对一个新的任务，我们可以通过三个方法快速地掌握拆解逻辑。

一是对原有的工作流程进行学习和使用。在面对一个新的挑战时，不妨先把目前已有的文件、培训都认真学习一遍，里面的各种标准化流程、范式就是马上可以落地的拆解逻辑。

二是通过网络搜索他人的拆解流程。例如学英语不知从何入手，就可以先确定自己当前的水平和期望达成的水平，如果刚过四级，希望半年后以 600

分以上通过六级考试。基于这个画像，去网上搜索分享类似经历的学习帖，深入了解对方的备考流程和学习资料。如果有时间，可以多搜集几位，将不同学习者的经验分享综合起来，给自己制定一套英语学习方案。

三是直接找身边有经验的人请教。这个方法效率很高，因为有实操经验的人能直接讲清事项的操作流程和需要注意的细节。我们一方面要积极主动地求助；另一方面要在提问前先做好功课，讲清楚自己已有的思路以及需要对方推动突破的卡点。

总而言之，突破“不会做”的关键，是千万别花时间自己去琢磨和原创，而是第一时间找到别人已经成功过的模板来使用。因为很多我们第一次做的事情，已经有无数前人做过并总结好了经验。

快速进步的秘诀，就是不要重复造轮子。

（三）不能做？打造防打扰时间和环境

解决了不想做、不会做的问题，就能提高效率吗？也不见得。当我们在学习中无法集中注意力时，学习效率就会大打折扣。分析各种导致我们无法集中注意力的原因，无外乎是两种：被外部打扰，以及自己分心。外部的打扰又分为来自沟通的打扰和来自环境的干扰。比如自习的时候，坐在旁边的同学可能会问你问题或者给你分享一些好玩的事情，使你不得不中断手头上的事情。其实大家并不是想互相干扰，而是各自的学习节奏不同，没有事先约好的非正式沟通，一定会导致一方正在做的事被中断，之后要再花时间回到学习状态中，直接影响效率。

为了应对来自沟通需求的干扰，我们可以主动设置自己的防打扰时间，也就是先设定一个希望不被打扰的时间段，并提前告知同伴，你需要计时学习，希望他们这段时间先不要和自己说话。

除了沟通，环境也常常是打扰我们学习工作的重要因素。减少环境干扰可以从两方面入手：一是减少外部信息干扰，二是打造适合自己的工作环境。

对于外部信息的干扰，大家一定都有过这样的体验，本来在集中注意力学习，突然弹出一条来自朋友或者新闻端的信息，当下点进去看了，就会不知不觉再看看别的，等想起来手头的学习任务时，已经不知不觉过去了十几二十分钟。另外，还有一个潜藏的专注力炸弹，就是各种信息纷杂的微信群。在警校我们可能会有各种各样的群聊，比如通知群、工作群、水群等，这些群消息会让我们觉得不看怕错过，但真的看了又发现其实不是什么紧急的事情。

为了预防这些问题，我们可以从根源上减少信息来源。首先尽可能地关闭所有非必要软件的提醒，如果担心错过群里的重要信息，可以挑选并关注重要的群成员，比如群主、管理员，当这些人在群里发消息时，你才能收到通知。

屏蔽了信息干扰后，我们还需要打造一个适合自己的学习环境。

为什么要特别强调“自己”，因为不同人对于学习环境的需求差别非常大。从环境音来说，有的人极其喜静，有的人则在咖啡厅、室外这样比较吵嚷的环境中更能集中注意力。从桌面布置来说，有的人一定要清理干净桌面才能进入工作状态，有的人则觉得乱糟糟的桌面更能带给自己灵感。

那如何判断自己到底适应哪一种学习环境呢？需要我们亲身体验，比较之后再做出选择。以工作时是否应该听音乐为例，对于喜好安静的人来说，如果把听歌作为一种屏蔽外界噪声的屏障，那么听歌是有用的。但如果当前的环境已经很安静，听歌只是为了放松心情，那大概率它会让你走神儿，比如听到熟悉的歌忍不住跟着哼起来，或者听到不喜欢的歌还得打开手机切换，等等。但对于喜好背景音的人来说，如果不听歌甚至无法进入工作状态。

个人喜好没有优劣之分，哪种方式更能让自己集中注意力，提高产出，就使用哪种即可。

二、提高时间利用率

深耕时间利用率的方法，除了提高单位时间的产出外，还有时间的精准化、精细化利用，以及时间叠加。

（一）精准化：降低时间分配的误差

时间的精准化利用，就是从事件出发，缩小做一件事的预估时间和实际使用时间之间的误差。

大家在做时间管理时，常常会遇到一个困惑：为什么自己预估的时间经常不准？仔细回想便能发现，我们每天做的事情可以分为两大类：一类是使用时间相对可控的，另一类是相对不可控的。相对可控的这部分，才是我们做精准化利用的关键。

拿读书来举例，你知道自己读完一本 24 万字的熟悉主题的书需要多长时间吗？如果不知道，在分配自己的阅读时间时，你很容易做出乐观的预测，觉得自己每天读1小时，一周就能读完这本书。但实际可能花了两周都没读完，大大打击了你的积极性，让你对自己的计划产生怀疑。

但实际上，我们只需要做四个动作，就能计算出一个比较准确的时间开销。

第 1 步，打开这本书，阅读 15 分钟，并统计总字数；

第 2 步，算出自己的阅读速度，比如 500 字每分钟；

第 3 步，算出自己一小时的阅读字数，也就是 500 字乘以 60 分钟，一共是 3 万字每小时；

第 4 步，可以得出答案，阅读 24 万字熟悉主题的书，你需要 8 个小时。

这样我们就能一开始就给这本书的阅读时间分配 8 小时，计划时间和实际使用时间的误差就能大大缩小，进而达到精准化利用时间的目的。

时间的精准化利用，可以全方面帮助我们提升对时间的把控。学习上，我们可以梳理出自己每天都要做的学习任务有哪些，每一项大约花多长时间；生活中，知道自己每日的吃饭时间、洗漱时间等，有助于降低时间管理计划与实际的出入。对于另一些相对不可控的事情，比如从未接触过的工作任务、生活中的挑战等，我们无法提前精准地判断会花费多少时间，但可以在认知上先预判一个区间。

霍夫斯塔特定律指出，事情总是要花费比你预期更长的时间，即使你把霍夫斯塔特定律也考虑在内。这是因为，人总是倾向于高估自己的能力，低估任务的难度，导致计划无法按时完成。

所以，当我们对任务完成的时间没把握时，设置截止日期的方式，就是先预估最坏的情况下需要花费的时间，再乘以 2。

同时，在心理上也要提前做好准备，对于无法精准预估的复杂任务，我们可以设定一个严格的最后期限，但别指望任务会按计划全部完成，结果大概率会比理想预期完成得少。

对于时间的精准化利用，就是从事件出发，相对可控的事件追求降低预估时间与实际用时的误差；相对不可控的事件则要在预估最坏的情况下，再多预留一倍的时间，同时降低预期，这样我们的计划才更可能实现。

（二）精细化：把 24 小时用成 48 小时

前文我们讲到了“时间颗粒度”的概念，而现实中人和人之间效率的差别，就体现在时间颗粒度的大小上。

比如有的人和你约时间，用的是“咱们下午见”，没有具体的时间点，这样的人的时间就是以半天为一个颗粒度来划分的。而另外一些人，会告诉你“我们 14 点 30 见，我会提前 10 分钟左右到占个位置”。这样的人，时间的颗粒度就可以精细到 10~15 分钟。

15 分钟的时间颗粒度比以半天、一天、一小时为颗粒度的人多出很多倍。即使其中有几个 15 分钟产出的成果质量不高，但一天下来，完成事情的总量上也要超过其他人很多。

以 15 分钟为颗粒度，并不意味着每 15 分钟就要换一次任务内容，很多学习任务是以小时为单位的。但和“先做 5 分钟”一样，以 15 分钟为节点提醒自己，在对时间流逝的觉察中做任务，要比一直闷头苦干，效率高得多。

除了主动切分颗粒度提高效率之外，关注单个颗粒度的时间能做什么，也能帮助我们提高时间利用率。与乌鸦喝水的道理一样，无论怎么安排，每天的时间里一定会有各种碎片化的时间。所以颗粒度越小的人，对于碎片化的时间运用也就越好，效率自然就更高。想要提升时间精细化的利用，我们可以提前列一个清单，想好每个颗粒度的时间都能做什么。

比如，15 分钟能做什么？可以背一组单词，做一组快速锻炼，给家人打一通电话。5 分钟能做什么？可以听一首音乐，做一组颈部拉伸，去一趟卫生间，快速回复几条消息。1 分钟能做什么？可以做一组深呼吸，10 个深蹲，快速扫一眼待办清单。

有了这样一张清单，在有碎片化时间的时候，我们就可以灵活运用起来了。

与时间精准化从事件出发不同，时间精细化是从时间出发，把时间的颗粒度拆分得越精细，我们能够做的事情就越多。

（三）时间叠加：一份时间两份收获

最后一个深耕时间利用率的方法——时间叠加，也就是在同一段时间里，同时做一件以上的事情。

随着网络、知识付费以及各类视频、音频平台的普及，现在大家已经很习惯这么做了。比如刷牙时背个单词，洗澡时听歌，打电话时四处走动活动身体。

在做叠加的时候需要注意，叠加的两件事之间不能相互干扰。比如听音乐和打扫卫生就可以叠加，但是听课和看娱乐视频就相互冲突。我们在做选择的时候，要确定以哪件事为主，哪件事为辅，顺带一起做的事，不能干扰主要做的事，例如一边看综艺一边做思维导图，看似叠加了时间，实际降低了学习效率，也没能真正享受看节目的快乐。

此外，当我们在记录时间时，遇到了时间叠加的情况，可以以价值更高的那件事为准，合并记录。比如散步的时候记英语，就可以标记为学习时间。边听歌边跑步，就可以标记为运动时间。

具体的时间叠加方式，大家可以在实践中继续探索各种有创意、有意义的叠加组合，帮助自己轻松实现一份时间两份收获。

三、灵活应对计划变动

在面对计划变动时，灵活应对的关键在于及时调整计划和学会妥协。警校生作为未来执法力量的预备军，不仅要在学术上有所成就，更要在实践中展现出高效的应对策略和适应能力。

根据心理学和组织行为学的研究，个体在面对不确定性和变化时的适应性是成功的关键因素之一。例如，根据心理学家 Kahneman 和 Tversky 的前景理论，人们在面对损失时往往表现出风险规避的倾向，而在面对收益时则表现出风险寻求的倾向。这种心理倾向在计划变动时尤为明显，人们往往对计划的变动感到不适，因为它打破了原有的预期和安全感。在警务化管理中，我们经常会遇到需要即时调整计划的情况，这要求我们必须具备高度的灵活性和适应性。

对于警校生而言，计划变动一般有两种情况。

第一种情况，任务时间预估不足，导致后续任务无法按计划进行。例如，当你原本计划花 30 分钟做某学科的思维导图时，结果因为做得太细致而实际花费了 1 小时，导致你后面的安排被打乱。这种情况下，我们可以采取的策略包括优先处理最紧急和最重要的任务，或者利用碎片化时间进行补充学习，以确保所有学习目标都能得到完成。这可能意味着你需要牺牲休息时间，或者把其他不那么紧急的学习任务往后推一推。

温馨提示，千万不要因为时间花费超出预期而感到焦虑。我们应当转变心态，把这种情况当作一次学习经验，重新评估自己为当前任务预留的时间是否充足、分析时间不充足的原因，帮助我们日后制定计划时能够更加精确地分配时间。

第二种情况，临时安排与原计划冲突。比如，你原定周三下午花费两个小时看一部纪录片，结果因为学校有临时的会议安排，导致你的私人时间被占用。

遇到这种情况，我相信每个人或多或少都会有负面情绪。因此，面对计划被打乱，我们最重要的是调整情绪、学会妥协。仔细思考一下，其实你的计划并非必须在此时此刻完成，我们完全可以寻找其他时间补看纪录片，或者干脆放弃这个计划。在这个过程中，我们要学会的不仅仅是时间管理，更是一种心态的调整。我们要把这种变化看作生活的一部分，而不是一种干扰。

看到这里，相信你也明白了，时间管理的艺术并不在于对每个细节的执着追求，也不在于对完美无瑕的坚持。计划永远赶不上变化，不要将自己束缚于完美主义的枷锁，学会接纳每一次不期而遇才是真谛！

请记住，人生没有那么多的必做题，活在当下即是一切。

第五节　进阶：碎片化时间利用策略

回溯每个人第一次高强度使用碎片化时间的场景，最早可能发生在备战高考时。在“提高一分干掉千人”的大红色标语下，不少人早餐时背单词，午休时背历史知识点，睡前 20 分钟还要再复习一遍当天的知识点。这种对时间的极致利用，展现了我们在特定阶段为实现目标所迸发的强大能量。

然而，一旦迈入大学，许多人失去了这样明确的目标，大学生活提供了更多的自由和选择，使得一些学生在面对众多可能性时感到迷茫，不清楚自己的长远目标是什么，也不清楚如何有效地规划和利用时间，对时间的紧迫感也随之减弱。

尽管如此，仍有许多人试图利用碎片化时间。新的挑战随之而来：我们有太多想做的事情。“学习绘画、编程、3D 建模、阅读书籍、观看电影……”但由于无法根据“重要性—紧急性”原则来排序，我们总想为每件事预留完整的时间，结果往往一事无成。

此外，当前主流社交平台上的信息越来越简短，无论是视频还是文字，表面上看，这似乎让人们能更频繁地在碎片化时间里获取信息。但实际上，这可能降低了工作和学习效率。因为在碎片化时间里获得的信息和知识往往是零散的、碎片化的，盲目追求在短时间内获取大量知识，实际上是通过压缩知识消化时间来实现的，用现代流行语来说就是“眼睛会了，但大脑还没会”。所以，我们在碎片化时间里接触到的大量信息，虽然看似有价值，但由于缺乏体系和深度，给人一种“损失”的感觉，好像丢掉了一大笔财富，导致人们产生损失厌恶心理。

因此，越来越多的人开始质疑碎片化时间的利用价值，感觉它并没有带来益处，反而增加了人们的焦虑感。那么，我们是否应该利用碎片化时间？如何有效利用？我们真正的需求是什么？要回答这些问题，我们可以从以下几个角度来探讨。

一、识别碎片化时间

对于警校生来说，学校将我们的日程安排得满满当当，如早操、集合、走队列、上课、晚自习等。实际上，除去我们的基础时间外，还有很多时间没有被安排和利用，比如课前课间 10 分钟、上午下课到午饭前、午饭后到午集合前、下午下课到晚饭前、晚饭后到晚集合前、晚自习后到熄灯前，以及排队等待和自由通勤时间等。

因此，我们可以将碎片化时间定义为在紧张的日常学习和训练中穿插的、非连续的、可灵活利用的时间段。这些时间虽然零散，但并不都是短暂的。碎片化时间的价值，取决于我们赋予它的仪式感。碎片有大有小，只要能利用好，同样能成为我们提升学习效率、增强身体素质、丰富个人生活的重要资源。

二、高效使用每日间隙时段

每日间隙时段可以包括课前课间十分钟、排队等待和自由通勤时间。这些时间虽然短暂，但是仍有其利用价值。

比如，利用这些时间为接下来需要花费大段时间的事项做准备。在课前，我们可以快速浏览即将学习的内容框架，为课堂学习做好准备，这不仅能帮助我们更快地进入学习状态，还能提高课堂参与度。课间，我们可以整理思路和疑问，即刻记录当下的思考，或者处理一些琐碎的学习工作，如布置任务、浏览消息等。如果感到疲惫，也可以选择趴在桌子上休息或走出教室放松身心，以便恢复精力。

我们也可以用碎片化时间来思考。很多好点子往往就是在闲暇时灵机一动的瞬间产生的。例如，我们可以在等待集合或是打饭排队时，思考目前科研项目的下一步计划，还有生活中没有解决的琐事、难题。

这些时间也可以用来搜集信息、浏览新闻、阅读文章或查找我们所需的学习资料。注意，这里我用的动词是“搜集”，也就是说我们只需要大致浏览这些内容是否为自己所需即可，而不用进行深度的记忆和学习。比如，将你想认真阅读的文章发给微信文件传输助手，或者添加至收藏夹，等到有大块的学习时间时再查看。这样，当你想进入沉浸式学习状态时，就不用再苦恼学什么了。

利用听喜马拉雅音频、刷短视频等方式进行非系统知识的学习也是不错的选择，这种学习方式适合在行走或等待时进行，既不占用大块时间，也能在不知不觉中积累知识。比如，听一听提高情商、幽默感等与人际交往能力有关的音频，刷一些科普知识、介绍风景的短视频，也能在悄无声息中拓展知识面。

这些间隙时段也是放空与观察的好机会。在这些时间里，我们可以选择放空自己，观察身边的人和事，培养感知力和洞察力。这种放空不仅有助于放松心情，还能提高对周围环境的敏感度。比如，我喜欢在食堂排队打饭时，观察其他同学的交流方式、语言习惯、口音，判断他是哪里人，他的性格特点等；如果我一个人走在路上，我也会留意身边人在聊些什么，说不定还能听到什么八卦，真的很有意思。

三、抓住相对完整的时间

当然，有些时间也不是那么的“碎片化”，像在上午下课到午饭前、午饭后到午集合前、下午下课到晚饭前、晚饭后到晚集合前、晚自习后到熄灯前等时间段，我们都可以分块进行使用。

就以这张表格为例（见表 7–1），这是我在警校时，结合警务化管理时间和个人时间划分出的时间安排表，其中，黄色高光部分就是相对完整的时间，单位长度在 30~40 分钟，我们可以用来做一套英语阅读理解、背英语单词，或者做一章节思维导图、复习上课所学知识点。除此之外，当然也可以用来看一部电影、跟练一个运动项目或者只是简单地散散步。相信你也发现了，这些相对完整的大块时间，其实就是你的蓄能时间和创造时间，请尝试用前面所学的方法将它们利用起来吧！

表 7-1　时间安排表

<table>
<tr><th>时间段（第 × 周）</th><th>周一</th><th>周二</th><th>周三</th><th>周四</th><th>周五</th></tr>
<tr><td>6 : 20~6 : 30</td><td colspan="4">起床和收拾床铺</td><td></td></tr>
<tr><td>6 : 30~6 : 50</td><td colspan="4">跑操</td><td></td></tr>
<tr><td>6 : 50~7 : 05</td><td colspan="4">吃早餐</td><td></td></tr>
<tr><td>7 : 10~7 : 35</td><td colspan="4">洗漱和收拾内务</td><td></td></tr>
<tr><td>7 : 40~8 : 00</td><td colspan="4">走队列</td><td></td></tr>
<tr><td>8 : 10~8 : 50（第一节课）</td><td colspan="4">上课</td><td></td></tr>
<tr><td>8 : 50~9 : 00</td><td colspan="4">休息</td><td></td></tr>
<tr><td>9 : 00~9 : 40（第二节课）</td><td colspan="4">上课</td><td></td></tr>
<tr><td>9 : 40~10 : 00</td><td colspan="4">休息</td><td></td></tr>
<tr><td>10 : 00~10 : 40（第三节课）</td><td></td><td>上课</td><td>上课</td><td></td><td>上课</td></tr>
<tr><td>10 : 40~10 : 50</td><td colspan="4">休息</td><td></td></tr>
<tr><td>10 : 50~11 : 30（第四节课）</td><td></td><td>吃午饭</td><td>上课</td><td></td><td>上课</td></tr>
<tr><td>11 : 30~12 : 00</td><td>吃午饭</td><td></td><td>吃午饭</td><td>吃午饭</td><td>吃午饭</td></tr>
<tr><td>12 : 00~12 : 30</td><td colspan="4"></td><td></td></tr>
<tr><td>12 : 40~13 : 20</td><td colspan="4">午休</td><td></td></tr>
<tr><td>13 : 20~13 : 30</td><td colspan="4">起床、收拾内务、集合</td><td></td></tr>
<tr><td>13 : 30~13 : 45</td><td colspan="4">走队列</td><td></td></tr>
<tr><td>14 : 00~14 : 40（第五节课）</td><td>上课</td><td>上课</td><td></td><td>上课</td><td>上课</td></tr>
<tr><td>14 : 40~14 : 50</td><td colspan="4">休息</td><td></td></tr>
<tr><td>14 : 50~15 : 30（第六节课）</td><td>上课</td><td>上课</td><td></td><td>上课</td><td>上课</td></tr>
<tr><td>15 : 30~15 : 40</td><td colspan="4">休息</td><td></td></tr>
<tr><td>15 : 40~16 : 20（第七节课）</td><td></td><td></td><td></td><td>上课</td><td></td></tr>
<tr><td>16 : 20~16 : 30</td><td colspan="4">休息</td><td></td></tr>
<tr><td>16 : 30~17 : 10</td><td></td><td></td><td></td><td></td><td></td></tr>
<tr><td>17 : 10~17 : 30</td><td></td><td></td><td></td><td></td><td></td></tr>
<tr><td>17 : 30~18 : 00</td><td colspan="4">吃晚饭</td><td></td></tr>
<tr><td>18 : 00~18 : 30</td><td colspan="4">背单词</td><td></td></tr>
<tr><td>18 : 30~19 : 10（第八节课）</td><td></td><td></td><td></td><td></td><td></td></tr>
<tr><td>19 : 10~19 : 20</td><td colspan="4">休息</td><td></td></tr>
<tr><td>19 : 20~20 : 00（第九节课）</td><td></td><td></td><td></td><td></td><td></td></tr>
<tr><td>20 : 00~20 : 30</td><td></td><td></td><td></td><td></td><td></td></tr>
<tr><td>20 : 30~21 : 00</td><td></td><td></td><td></td><td></td><td></td></tr>
<tr><td>21 : 00~21 : 30</td><td></td><td></td><td></td><td></td><td></td></tr>
<tr><td>21 : 30~22 : 00</td><td colspan="4">洗澡</td><td></td></tr>
<tr><td>22 : 00~22 : 15</td><td></td><td></td><td></td><td></td><td></td></tr>
<tr><td>22 : 15~22 : 30</td><td colspan="4">洗漱护肤</td><td></td></tr>
<tr><td>22 : 30 后</td><td colspan="4">睡觉</td><td></td></tr>
</table>

看到这里，你已经掌握了时间管理的绝大部分技巧和策略。正如那句老话所说，“师傅领进门，修行看个人”，理论知识的掌握只是成功的第一步，真正的关键在于你如何将这些知识应用到实际生活中，它需要你不断地尝试、调整和优化，以适应你的个人习惯和生活节奏。只有亲身实践，才能感悟时间管理的魅力。

时间管理是一场漫长而充满挑战的旅程，对于警校生而言，它更是关乎未来职业发展与个人成长的关键技能。每一次对时间的精准把控，每一个高效利用时间的行动，都是我们迈向成功的坚实一步。现在，是时候将这些理论付诸实践了——尝试用好“块时间”APP、Excel表格和日历工具，来帮助你更好地规划和追踪你的时间，谱写出你的时间管理独家秘籍！

下篇

行努力之实

第八章　理论学习——万丈高楼平地起

第一节　校内理论：纸上得来不觉浅

警校生的日子，充实得如同满汉全席，每一口都是满满的干货与挑战。特别是前三年的学习生涯，就像是马拉松的前半程，课程密集得让人喘不过气来，仿佛是为了最后的公安联考大冲刺积蓄全身力气。而在这紧张的日程中，训练、集合等公共项目又无情地占据了大量时间，留给书本的时间少之又少。即便开学时我们怀揣着“每课必精”的雄心壮志，也很快在课程的汪洋大海中迷失方向，直至期末才匆忙抓住题库这根救命稻草，祈求临时抱佛脚能带来奇迹。如此，一学期就在浑浑噩噩中悄然溜走。

如何在精力有限的条件下，精准把握学习的规律，让学习成绩突飞猛进，这简直就是警校生面临的哥德巴赫猜想。但话说回来，谁要是解开了这道谜题，掌握了警校学习的独门秘籍，就是找到了通往品学兼优的警校生宝座的“传送门”。而这扇门的钥匙，就藏在“课程体系”这四个字里，它既是解锁学习奥秘的金钥匙，也是铺就未来职业道路的金砖。

即便是已经步入大二、大三的老师兄，对警校课程体系的认知，往往还停留在“我的专业有啥课？”“哪些是选修课，哪些是必修课？”以及“我还差几分才能修满学分或我还差多少分才能毕业？”的初级阶段，对课程体系仍未形成系统性的理解和把握。然而，一旦你掌握了课程体系这个“全地形地图”，便如同拥有了学习路上的指南针，让你的努力事半功倍，甚至可能成为你未来职业生涯的加速器。

警校的学习之旅，就像是一场全方位的特种兵训练，既要掌握扎实的理论知识，又要练就一身过硬的实战技能。课程体系里，不仅有专业知识的高深莫测，也有思想政治教育的“灵魂洗礼”，还有语文、数学、英语的“通识大餐”，更有防卫与控制、射击等实战技能的“刺激体验”，简直是知识的“满汉全席”。

一旦你洞悉了课程体系的奥秘，就可以根据自己的兴趣和职业规划来量身定制一套“个人成长套餐”，有针对性地提升理论体系和技能水平，让自己在警校这片沃土上茁壮成长。

那么，警校的课程体系究竟是什么“神秘配方”？简单来说，它由通识课程、公安基础课程、专业课程和集中实践课程四大“营养模块”构成，而这些模块又分为必修课和选修课的“大小份”。学校就像是一位大厨，通过精心设计的“人才培养方案”，将这些课程巧妙地融合在一起，烹饪出一道道色香味俱全的“知识大餐”，最终在学生毕业时，实现人才培养的“完美出锅”。

接下来，就让我们一起揭开课程体系各个模块的神秘面纱，看看它们到底学什么？培养什么？又该怎样学？

一、通识课，警察生涯的“全面盘”

（一）通识“配菜”，学问大着呢！

通识课，也有口语化称其为“通修课”，目的就在于拓宽学生知识视野、提升文化素养、培养独立思考能力和跨学科能力。但遗憾的是，有些同学却把它当成了“挂机刷课”的代名词，这简直就是对通识课的一种误解和亵渎。

实际上，通识课远不止于此，它的精髓在于“广”和“杂”，就像是一个大杂烩，把人文、社科、自然科学这些不同领域的佳肴都端了上来，让我们大快朵颐，打破学科之间的界限，实现知识的“跨界融合”。这样一来，我们就能拥有更加宽广的知识体系，在面对复杂问题时，能从容不迫地从多元的视角分析，并解决问题。

公安业务更需要“跨界”，什么问题都得来点儿技术、来点儿语言沟通，还得来点儿综合协调。所以，公安技术的同学们，不妨选修几门文学课程，让自己的语言表达能力和文化理解力更上一层楼；而公安学的同学们，可以尝试学习基础编程或数据分析，让自己的逻辑思维和技术应用能力更上一层楼。这种跨学科的学习模式，绝对能让你们在未来的公安工作中大放异彩！

当然，通识课和专业课有着本质的区别。专业课就像是一道“私房菜”，专注于某一领域或技能的培养；而通识课则更像是“配菜”，虽然看起来不那么显眼，但却能提升我们的全面素质。其实在警校中，例如《马克思主义基本原理》《大学语文》《大学英语》和《大学生心理健康》等课程都属于通识课的范畴，而这类课程一般称为通识必修课。而同学们一听到通识课就会想到网课、慕课，它们就像是通识选修课里的“自助餐”，让我们可以根据自己的口味和兴趣来选择。但有些同学却把它们当成了“修学分”的工具，只是简单地“挂机刷课”，这简直就是对优质教学资源的极大浪费，对同学们来说其实非常可惜。

（二）通识“配菜”，绝非可有可无！

通识课不仅为我们的专业知识体系增添了丰富的色彩，更是我们心灵成长的沃土，让每一位警校生在学习专业课的严谨之外，也能拥抱人文的温情、社科的智慧与自然科学的理性。它绝非简单的“配菜”，而是让整桌警校生涯大餐更加鲜美、层次分明的秘制酱料。

通识课，就像是一副知识的广角望远镜，引领我们跨越学科的界限，探索未知的领域。比如《大学语文》，不仅教会我们文字的韵律与美感，更在字里行间培养了我们对人性的深刻理解与同理心。在未来的执法过程中，这份对语言的敏感与对人心的洞察，将使我们能够更加细腻地处理警民关系，用文化的桥梁连接起法律与民心，让正义的声音更加温暖人心。而《经济学原理》则像是一把剖析社会现象的锐利手术刀，让我们学会用经济的逻辑去审视犯罪背后的动机与影响。在打击经济犯罪、维护市场秩序时，这份对经济活动规律的把握，将使我们能够更精准地定位犯罪，更有效地制订预防策略，成为守护社会经济安全的坚强后盾。《心理学》则如同一本心灵的解码书，教会我们如何洞察人心，如何了解犯罪者的心理状态。在谈判桌上，这份对心理动态的敏锐捕捉，将帮助我们更好地把握谈判的节奏，用智慧与耐心化解危机；在心理疏导中，它让我们能够更贴心地关怀受害者，用温暖的话语抚平创伤，让正义的光芒照亮每一个角落。

通识课是思维的健身房，能锻炼我们的批判性思维，激发我们的创新能力。在这里，我们学会了质疑，学会了从不同角度审视问题，这种能力对于警察来说，是应对复杂案情的利器，是不断创新侦查手段的源泉。它让我们在警校的每一天，都在不断突破自我，成长为更加全面、更加优秀的警务人才。

更重要的是，通识课是终身学习的灯塔，点燃了我们对知识的渴望，培养了我们自主学习的能力。在警校的有限时光里，它让我们明白，学习不仅仅是为了考试，更是为了自我成长，为了更好地服务社会。它能够让我们在离开校园，走上警察岗位后，依然保持对新知识的好奇心和对未知领域的探索欲，这才是真正让每一个警校生终身受益的好习惯。

（三）选课江湖，寻宝之旅！

在警校的选课江湖里，挑选通识选修课就像是一场寻宝之旅，既得慧眼识珠，又得心有灵犀。作为警校生，不能像那些“挂机刷课”的小侠客，把通识课当成可有可无的路边草。通识课是警界大侠修炼内功的“九阳真经”，看似平淡无奇，实则暗藏玄机，能让警校生涯大放异彩！

对警校生有工具性价值的通识课程大致可以划分为沟通与表达、社会科学与通用能力、科技应用与数据分析、人文素养与心理健康四大类别，它们如同四把钥匙，分别打开了警校生通往高效沟通、深刻理解社会、科技赋能警务以及滋养心灵的大门。

沟通与表达类通识课程，比如演讲类课程，就像是给警校生们装备了一副“金嗓子”，让你们在未来的日子里，无论是面对社区的宣讲，还是紧急情况下的指令发布，都能字正腔圆，掷地有声，让每一句话都直击人心。而辩论类或谈判类课程则更像是教会了你们如何在审讯室内，用智慧和逻辑作为利剑，披荆斩棘，化解一个又一个难题，攻克一个又一个犯罪分子的内心。

社会科学与通用能力类通识课程，为警校生们搭建了一座理解社会、洞悉法律的桥梁，让你们不仅能学会用社会学的显微镜去观察犯罪的根源，还能学会各种招数处理社会矛盾。这些知识，就像是一副望远镜，助力你们在未来的执法道路上，能够看得更远、判得更准。

科技应用与数据分析类通识课程，是当前时代攻坚克难的利器。如大数据、计算机、编程类课程，让警校生能够掌握利用数据说话的艺术，能够在海量的信息中抽丝剥茧，找到案件的线索。而信息安全、网络安全类通识课则像是给你们穿上了一层“隐形战衣”，在保护公民信息安全的同时，也让自己在网络空间的战斗中无懈可击。

人文素养与心理健康类通识课程，可以为每位警校生建立一个强大的内心。

通过这类课程的学习，你们可以学会如何与自己对话，如何理解他人的情感，如何在高压的工作环境中保持一颗平和的心，闲看庭前花开花落。

那么，作为警校生，面对如此琳琅满目的通识选修课程，该如何选择呢？

从多年的公安经验来看，现在公安机关最紧缺的是“复合型人才”。公安学的同学们，别光顾着啃书本，也得学点技术活儿，比如选点计算机基础、数据分析课程，让自己成为一个“技术小能手”，将来办案子那可是如虎添翼。公安技术的同学们，也别整天沉浸在代码、实验里，选点文学、历史课程，培养自己的人文素养，让自己成为既有技术又有情怀的“复合型人才”，那才叫文武双全。

如果你的重心在公安联考，选课时就要更加有针对性地选择与考试内容紧密相关的课程。公安联考除了公安专业科目考查的是专业，其他两科考查更多的是通用能力，因此要着重选择社会科学与通用能力类通识课程。目前，很多警校在通识课中围绕国家公务员考试、公安联考、行政能力测试和专业科目考试及面试技巧等设置了选修课，抢到这类选修课，让你在修学分的同时，也能在联考备考中快人一步。

而如果你有志于考研深造，那么在选择通识选修课时，不妨多关注一些与你未来研究方向相关的课程，如果你对犯罪心理学感兴趣，那就选点心理学的基础课；想研究社会治理，那就选则社会学、公共管理的课程。比如《心理学与生活》《社会学概论》等，都是打基础的好课，将来考研复试、写论文都能用得上，那可真是“书到用时方恨少，课选对了不白跑”。

选课不是看自己学分缺哪里补哪里的“打补丁”，而更像是一场智慧的旅行，每一步都充满了选择与探索。作为警校生，你们要用自己的慧眼去识别那些能够助力自己成长的课程，用自己的双脚去丈量那些通往梦想的道路。愿你们在通识这场旅行中，能够收获满满的知识与技能，也收获属于自己的那份快乐与成长。

二、公安基础课是警察生涯的“基本盘”

（一）公安基础课，警察生涯的“原材料”

同学们，你们是不是有时也犯迷糊，警校四年读下来，还搞不清楚哪些是公安基础课，哪些是专业基础课，哪些又是专业课？别急，今天咱们就来一场“大揭秘”，看看这些构成警察生涯“原材料”的公安基础课，到底藏着哪些门道。

简单来说，专业基础课，就像是某个专业的“专属套餐”，只要选了这个专业，就得把它吃得透透的。专业课，那就是“独家秘方”了，只有你这所警校有，别的警校想尝都不一定能尝到！公安基础课就像是警校的“必修课”，无论你是哪个专业的警校生，这些课程都是你必修的“原材料”清单。它们就像是一块块未经雕琢的璞玉，等待着你去学习、去理解、去内化，最终将它们加工成你警察生涯中的“独门绝技”。

公安基础课这个原材料库里，可是应有尽有。从类型上看，包括公安理论课程、法律类课程和警务实战技能课程三大种类。首先，公安理论课程就是烹饪警校课程体系的“锅具”，大一、大二时，你们可能会被公安基础理论、犯罪学、侦查学等课程折磨得死去活来。这些课程看似理论性太强，实则蕴含着警察工作的精髓和智慧。它们为你构建起一个完整的警察知识体系，让你在日后的工作中能够游刃有余。

而法律类课程，则是原材料中的“砧板”，是处理食材、准备佳肴的必备之物。宪法学、刑法学、行政法、民法……这些法律条文和案例，就像是个个精心挑选的食材，放置在砧板上，等待我们去切割、去调配。它们让我们明白，法律是警察工作的基石，是保护自己和民众权益的坚固盾牌，也是衡量我们行为准则的标尺。

警务实战技能课程，无疑是那道大餐中的“锋利菜刀”。防卫与控制、警用射击、警务战术……这些课程不仅考验着你们的身体素质和反应能力，更锻炼着你们的意志力和团队协作能力。它们就像是一把把锋利的“厨刀”，让你在面对危险和挑战时，能够迅速而准确地作出反应。这些“原材料”看似简单，实则蕴含着无穷力量。它们需要你用心去学习、去领悟、去实践，这样才能将它们巧妙地融合运用，烹制出属于你们自己的警察生涯。

（二）公安基础课是真正的“核心硬通货”

公安基础课，作为警校教育体系中的“核心硬通货”，是每位矢志成为人民卫士的警校生不可或缺的必修科目，融合了深邃理论与实战精粹，构建了一幅全方位、多层次的公安知识画卷，既有高大上的理论，也有接地气的实战技能。

先说公安理论课，这是构建全能警察的知识框架。

公安理论课一：公安基础理论，是公安学的主干和基础，有助于掌握公安工作的全貌，增强公安人员的使命感。通过学习公安基础理论，可以了解公安工作的历史、现状、性质、任务、权限、原则等基本理论、基本知识，为其他公安专业学科的学习提供普遍指导意义。简单来说，就像是给大脑装了个“导航系统”，让咱们在公安工作的海洋里不迷路。了解了公安的历史、性质、任务这些大框架，我们才能更有底气，为我们是一名人民警察而感到骄傲。

公安理论课二：犯罪学，是以犯罪现象为研究对象，探索犯罪发生的原因及其规律。学习犯罪学有助于同学们更好地了解犯罪行为的本质和特征，为打击和预防犯罪提供科学依据。简单来说，这门课就像是“犯罪心理大师班”，让咱们能钻进犯罪分子的脑袋里，看看他们到底在想什么，从而“对症下药”，预防犯罪于未然。

公安理论课三：警务心理学，专门研究警务工作中人的心理与行为的规律性，包括警察、犯罪人和警务活动中的其他相关当事人的心理与行为。这可是个“心灵鸡汤”课，不仅教咱们怎么读懂犯罪者的心思，还教咱们怎么在高压环境下保持冷静、怎么跟群众打交道，让警察形象更加亲民。

公安理论课四：公安管理学，是研究公安组织结构、警务保障等方面的基本知识和理论。就像是“警察界的 MBA”，教咱们怎么管人、管事、管资源，让咱们以后不仅能破案，还能当个好领导。

公安理论课五：警察公共关系，是指警察组织围绕塑造良好的组织形象、建立和维护和谐的组织发展内外环境的目标，与内部公众和社会公众开展多种形式的信息沟通。这可是个“外交课”，教咱们怎么跟媒体打交道、怎么在公众面前树立警察的好形象，让咱们成为“正义的代言人”。

公安理论课六：侦查学，是研究刑事犯罪侦查活动的规律和方法，那可是侦探小说里的真实写照，教咱们怎么搜集线索、分析案情、追踪嫌疑人，让咱们在迷雾中找到真相。

公安理论课七：治安管理学，是研究社会治安秩序维护和管理。学习治安管理学有助于了解社会治安的现状和问题，掌握治安管理的基本理论和方法，提高维护社会治安秩序的能力。这门课就是“城市守护者”的培训课，教咱们怎么维护社会治安、处理突发事件，让咱们成为城市的守护神。

公安理论课八：公安情报学，是研究公安机关为了维护国家安全和社会稳定，收集、分析、传递和利用情报活动的课程。公安工作也是“信息战”的前沿阵地，这门课能够教咱们怎么收集、分析、利用情报，让咱们在“信息海洋”中捕捉到犯罪的“蛛丝马迹”。

再来看看法律类课程，这可是咱们的“法律武器库”。

法律类课程一：宪法学，研究国家根本制度和根本任务，就像是“国家宪法小百科”，让咱们了解国家的“基本大法”，树立宪法意识，成为“法治的守护者”。

法律类课程二：刑法学，研究犯罪与刑罚；刑事诉讼法学，是研究刑事诉讼活动的规律和方法，这两门课“合璧”就是“犯罪与刑罚”的说明书，教咱们怎么定罪量刑、怎么保证诉讼的公正性，让咱们在法律战场上无往不胜。

法律类课程三：行政法，是研究国家行政机关依法行使行政职权、管理公共事务的法律规范，就像是“政府行为的规则书”，让咱们了解行政机关的职权和职责，确保咱们在执行公务时“不越界”。

法律类课程四：民法学，研究民事法律关系，就像是“民事纠纷的调解员”，教咱们怎么处理涉及民事法律关系的问题，让咱们在调解民间纠纷时能游刃有余。

最后说说警务实战技能课程，这可是咱们的“硬核技能”。

警务实战技能课程一：防卫与控制，是公安民警在执行公务过程中保护自身和他人安全的基本技能，就像是“武术大师班”，教咱们怎么在关键时刻保护自己、制服犯罪分子，让咱们成为“武林高手”。

警务实战技能课程二：警用射击，是每个警察的必备技能，虽然希望你永远用不上这个技能，但是必须会。

警务实战技能课程三：警务战术，是公安民警在执行公务过程中运用策略和技巧的方法，教咱们怎么在不同情况下制定策略、运用技巧，让咱们在“实战演练”中成长为“指挥官”。

打好了公安基础课的地基，就如同为未来的警察生涯铺设了一条坚实的道路。它让我们的专业学习有了根基，实习实践有了方向，每一次出手都更加精准有力。在侦破案件的迷雾中，我们能凭借扎实的理论基础迅速找到线索；在维护治安的第一线，我们能以科学的管理方法有效化解矛盾；在法治的舞台上，我们能以深厚的法律素养确保公正无私。公安基础课的基础性作用，不仅仅体现在它为我们的职业生涯奠定了坚实的基础，更在于它为我们塑造了一种精神、一种态度、一种永远向正义前行的力量。在这条通往警察荣耀的道路上，公安基础课如同一座灯塔，照亮了我们前行的方向，确保我们在未来的警察生涯中，无论面对何种挑战，都能游刃有余，不负使命，不负韶华。

（三）教你如何“弯道超车”

在公安基础课的学习征途中，掌握高效的学习方法是通往成功的关键。每一门课程都如同一块拼图，共同构建起我们警察生涯的宏伟蓝图。上面为大家介绍了每一块拼图在我们宏伟蓝图中的作用，下面，就为大家揭示如何在上好每一门课的同时，在课后悄悄“超车”的独家秘诀。

公安理论课一：公安基础理论。课上，紧跟老师的思路，理解公安工作的历史脉络、性质任务，将每一个知识点都融入自己的知识体系。课下，可以阅读《警察法若干问题研究》《警察学原理》等权威教材，辅以公安部官网的最新政策解读，加深理解。同时，利用在线学习平台如“中国大学MOOC”上的公安基础课程，巩固理论，拓宽视野。考试前，通过制作思维导图梳理知识体系，确保理论知识的扎实掌握。

点睛：公安联考占比较重，公安学考研核心考点。

公安理论课二：犯罪学。课上，要特别注意老师对犯罪原因、类型的分析，积极参与案例讨论，培养自己的批判性思维。课后，推荐阅读吴宗宪老师的《西方犯罪学史》《犯罪心理学》、恩里科·菲利的《实证派犯罪学》等书籍，结合“Coursera”（在线教育平台）上的犯罪学课程，深入了解犯罪背后的心理机制和社会因素。考试时，通过撰写案例分析，将理论与实践相结合，展现自己的综合分析能力。

点睛：有志考犯罪学研究生的同学，这门课一定要吃透。

公安理论课三：警务心理学。课上，要认真体会警察、犯罪人及公众的心理变化，参与角色扮演等活动，增强同理心。课后，可参考尼古拉斯·布莱顿的《警务心理学》一书，并观看“B 站”上的心理访谈视频，加深对警务心理的理解。

点睛：有志考犯罪心理学、心理学研究生的同学，这门课一定要吃透。

公安理论课四：公安管理学。课上，要系统学习公安组织结构、警务保障等内容，积极参与团队管理项目，提升领导力。课后，推荐阅读魏永忠老师的《公安管理理论思辨》、赵炜的《公安改革探论》等书籍，结合“中国大学 MOOC”的管理学原理网课，了解现代管理理念。

点睛：公安联考中占比较重，有志考公安管理学研究生的同学，这门课要学精。

公安理论课五：警察公共关系。课上，重点学习危机公关、媒体沟通等技巧，参与模拟新闻发布会，提升公关能力。课后，可阅读郑晓均、林小龙老师的著作《现代警察公共关系的理论与实战研究》，并关注警方微博、公众号，学习实际案例。

点睛：有志从事公安宣教工作的同学要认真听讲。

公安理论课六：侦查学。课上，紧跟课堂教学进度，学习线索收集、案情分析方法，参与模拟侦查活动。课后，推荐阅读陈汉彬老师和项琼的著作《刑事侦查实务》、小罗伯特 · R. 奥格尔和莎伦 · L. 普洛特金的《犯罪现场调查与重建（第四版）》，结合《今日说法》等大案要案分析视频，学习侦查技巧，深化理解。

点睛：公安联考中占比较重，部分公安院校公安学研究生必考科目。

公安理论课七：治安管理学。课上，系统学习治安管理的基本理论和方法，参与社区治安管理方案设计。课后，可以通过观看《守护解放西》等公安业务纪录片，关注社会治安动态，提升实践能力。

点睛：公安联考中占比较重，治安学研究生考试的重要科目。

公安理论课八：公安情报学。课上，学习情报收集、分析、利用的方法，参与情报研判实践。课后，可阅读约翰 · 马丁格的著作《秘密线人》、伯特 · 查普曼的著作《国家安全与情报政策研究：美国安全体系的起源、思维和架构》，利用“知网”“万方”等学术平台查阅最新研究成果。

点睛：有志报考公安情报学研究生的同学要重点学习。

法律类课程一：宪法学。课上，深入理解宪法原则，关注国家制度变迁。课后，结合“学习强国”APP 上的宪法学习资源，加深理解。

点睛：公安大学公安学研究生考试科目、法考重点考试内容。

法律类课程二：刑法学、刑事诉讼法学。课上，系统学习犯罪构成、刑罚体系及诉讼程序，参与模拟法庭，提升法律实践能力。课后，可以通过“B站”看一看罗翔老师的授课视频培养兴趣，并结合“法考”相关课程，加深理解。

点睛：中国刑事警察学院公安学研究生考试科目、法考重点考试内容。

法律类课程三：行政法。课上，学习行政职权、职责及行政行为规范，参与行政法案例分析。课后，阅读《行政法与行政诉讼法学》《警察法学》，关注行政法改革动态。

点睛：法考重点考试内容、公安联考占比较重。

法律类课程四：民法学。课上，理解民事法律关系，参与民事纠纷调解模拟。课后，推荐仔细阅读《民法典》，结合“中国民法典”APP，学习最新法规。

点睛：法考重点考试内容、公安联考占比较重，基层公安机关必备知识。

警务实战技能课程：防卫与控制、警用射击、警务战术，这些课程强调实战技能。课上，认真跟随教官学习动作要领，积极参与实战演练。课后，可结合“中国警察网”上的视频教程，加强练习。

点睛：公安机关人民警察保护群众和自己的必要手段、警务指挥与战术研究生考核内容。

学习公安基础课，既要注重理论知识的系统学习，又要加强实践技能的训练。课上认真听讲，积极参与。课下才是更重要的，要主动学习、拓宽视野，才能在考试时结合丰富的案例分析，取得优异的成绩。也只有这样，我们才能在未来的警察生涯中，真正地学以致用，赢在起跑线上，以扎实的理论基础和过硬的实战技能，守护正义、守护平安。

三、专业课是警察生涯的“进阶盘”

（一）专业课，各大警校的“私房菜”

前面我们提到过，专业课就像是一道“私房菜”，专注于某一领域或技能的培养，每所学校都根据自己的办学特点、师资力量和培养体系，在这道菜里下足了功夫。虽然都是专业课，但各警校的“菜谱”可谓大相径庭、各有千秋。不过，别担心，接下来咱们来个大盘点，把这道“私房菜”拆解成三道“小菜”：专业基础课、专业必修课和专业选修课。

专业基础课，就像是吃大餐前的开胃小菜，你得先尝尝这个，才能更好地品味后面的硬菜。这可是你踏入专业领域前必须打下的基础，一般在大一或大二上学期，学校就会端上这道菜，一般包含以下课程（见表 8–1）：

表 8–1　警校的专业基础课课程

专业名称	专业基础课
侦查学	侦查学导论、刑事侦查学基础
治安学	治安学导论
公安管理学	管理学、公安秘书学
公安情报学	公安情报学总论、概率论与数理统计
警务指挥与战术	警务战术学、枪械应用射击
网络安全与执法专业	计算机网络、数据库原理
刑事科学技术	刑事科学技术概论、基础化学
食品药品环境犯罪侦查技术	食品药品环境犯罪侦查技术导论

专业必修课，就是大餐里的主菜了，分量足、味道浓，是你选了某个专业后，四年里必须细细品味、慢慢消化的。这些课程是各大警校的“金字招牌”，学好了才能算是真正入了这个行当的门，一般包含以下课程（见表 8–2）：

表 8–2　警校的专业必修课课程

专业名称	专业必修课
侦查学	犯罪现场勘查、侦查措施、刑事案件侦查、预审学
治安学	治安案件查处、治安秩序管理
公安管理学	公安政治工作学、公安人力资源管理、公安决策学
公安情报学	公安情报分析、公安情报信息搜集、公安情报技术
警务指挥与战术	警务指挥学、警务战术行动处置、警务参谋学
网络安全与执法专业	网络犯罪侦查、网络攻防技术、信息网络安全监管
刑事科学技术	文件检验、痕迹检验、法医学、刑事图像技术
食品药品环境犯罪侦查技术	刑事化验、食品犯罪取证技术、药品犯罪取证技术、自然资源犯罪取证技术

专业选修课，就像是餐后甜点，各警校根据自己的特色，为你量身定制

了一些专业相关的“小点心”。这些课程从不同的角度服务于专业学习，你可以根据自己的口味和兴趣，随意挑选。不过，别小看这些甜点，它们是能让你在专业领域里更加如鱼得水、游刃有余的关键！不同警校的专业选修课有很大的区别，在这里就不一一赘述了。

（二）一场座谈中的专业课“悟道”

为了让各位同学对专业课的学习有一个全面、深入的理解，我们有幸邀请到了几位警校的授课教师和警校大四的学生，来深入探讨这个话题——警校为什么要学专业课？究竟应该怎么学？让我们通过一场别开生面的座谈会，来揭开这个谜底。

主持人：

首先，我想请问在座的各位，你们认为警校的专业课是什么？它们在我们的学习过程中扮演着怎样的角色？

警校学生 A（侦查学专业）：

在我看来，警校的专业课就像是我们的“秘密武器库”。无论是侦查技巧、现场勘查，还是刑事科学技术，这些课程都为我们提供了实战中必不可少的技能和知识。它们不仅让我们了解了犯罪的本质和规律，还教会了我们如何运用法律武器来打击犯罪，维护社会秩序。

教师 A（刑事科学技术）：

我完全同意 A 同学的看法。专业课是警校教育的核心，它们不仅涵盖了丰富的法律理论知识，还包括了各种实战技能的培养。比如，在我们的刑事科学技术专业中，学生需要掌握指纹识别、痕迹检验、声纹技术等高科技侦查手段。这些技能在实际案件中发挥着至关重要的作用，能够帮助我们迅速锁定犯罪嫌疑人，为案件的侦破提供有力的技术支持。

主持人：

听起来专业课确实非常重要。那么，能否请几位同学分享一下，在学习专业课的过程中，你们遇到过哪些挑战？又是如何克服这些挑战的？

警校学生 C（治安管理专业）：

我记得在学习治安管理课程时，最让我感到困惑的是如何处理各种突发事件。比如，如何在短时间内疏散人群、如何有效控制现场秩序等。为了克服这些挑战，我参加了学校组织的多次模拟演练，通过实际操作来提升自己的应变能力。此外，我还经常向有经验的教师和同学请教，从他们的经验中汲取智慧。

警校学生D（犯罪学专业）：

我在学习心理学课程时，最大的挑战是如何将理论知识应用到实际工作中。比如，在面对犯罪嫌疑人时，如何运用心理学原理来突破他们的心理防线？为解决这个问题，我参加了学校组织的心理咨询实践活动，通过与真实案例的接触和分析，逐渐掌握了将心理学知识转化为实战技能的方法。

主持人：

非常感谢几位的分享。接下来，我想请几位教师分享一下，您认为警校的专业课对学生的未来发展有哪些重要影响？能否结合一些实际案例来说明？

教师B（侦查学）：

当然可以。以我们侦查学专业的学生为例，他们在学习过程中会接触到大量的侦查案例。这些案例不仅涵盖了各种犯罪类型和手段，还涉及法律程序、证据收集等多个方面。通过学习这些案例，学生能够更好地理解和应用法律，提高办案效率和执法公正性。

比如，学生实习时遇到了一起复杂的入室抢劫案，我们的学生通过现场勘查、取证、审讯等一系列侦查手段，成功锁定了犯罪嫌疑人。在审讯过程中，他们运用所学的心理学知识，帮助民警突破了犯罪嫌疑人的心理防线，获取了关键证据。最终，这起案件得以迅速侦破，为受害人挽回了损失。

教师C（网络安全与执法）：

我再补充一个案例。随着科技的发展，网络犯罪日益猖獗。在我们网络安全与执法专业中，学生需要掌握网络安全攻防技术、数据取证等方面的知识。

去年实习中，我们专业的一名学生参与了一起跨国网络诈骗案的侦破工作。他提出了课堂上我给他们讲过的一个创新技术，给民警的侦破提供了思路，运用这个方法很快追踪到国内犯罪嫌疑人的网络行踪，发现了他们的藏匿地点并开展了及时的抓捕，把受害人被诈骗的钱财冻结在了国门以内，为受害人追回了巨额损失。这个案例充分展示了专业课学习对学生未来职业生涯的重要影响。

主持人：

非常感谢几位的分享。通过刚才的问答，我们深刻认识到警校专业课的重要性。那么，对于即将报考警校的同学来说，他们应该如何准备这些专业课的学习呢?

《刑事侦查学基础》授课教师 D：

首先，我想强调的是“理论与实践相结合”的学习方法。在警校的学习中，理论知识是基础，但更重要的是如何将这些理论应用到实践中去。因此，同学们应该注重将所学知识与实际操作相结合，通过模拟演练、实习实训等方式，加深对理论知识的理解和记忆，同时提升实践技能。

以我所教授的《刑事侦查学基础》为例，这门课程不仅涉及侦查学的基本理论和原则，还要求学生掌握一定的侦查技能。因此，在教学过程中，我会结合具体的侦查案例，引导学生分析侦查过程、探讨侦查策略，并组织学生进行模拟侦查活动。这样，学生不仅能够掌握理论知识，还能够通过实践加深对知识的理解和应用。

警校学生 E（食品药品环境犯罪侦查技术专业）：

我非常赞成 D 老师的观点，理论与实践相结合确实是非常重要的学习方法。除此之外，我还认为持续学习与自我提升对于警校生来说也至关重要。警察工作是一个不断发展和变化的领域，新的犯罪手段和技术层出不穷，因此我们必须保持持续学习的态度，不断更新自己的知识和技能。

以我所熟悉的《犯罪现场勘查》为例，这门课程要求学生掌握现场勘查的基本方法和技巧。然而，随着科技的发展，新的勘查技术和设备不断涌现。因此，我在学习这门课程时，不仅注重掌握基本的勘查技能，还积极关注最新的勘查技术和设备，通过阅读最新的研究动态、参加老师组织的外出参观培训活动等方式不断提升自己的专业水平。

《公安情报分析》授课教师 E：

我认为，在警校培养批判性思维与创新能力是非常重要的。警察工作不仅需要我们遵循既定的程序和规定，还需要我们具备独立思考和创新能力，以应对复杂多变的犯罪情况。

以我所教授的《公安情报分析》为例，这门课程要求学生具备从海量信息中筛选、分析和预测情报的能力。在教学过程中，我会鼓励学生运用批判性思维去审视和分析情报信息，质疑信息的来源和可靠性，并提出自己的见解和预测。同时，我也会引导学生尝试运用新的分析方法和工具，以提高情报分析的准确性和效率。

《痕迹检验》授课教师 F：

各位说得都很全面了，我最后补充一点，团队合作与沟通能力。在警校的学习和未来的公安工作中，我们都需要与不同背景、不同专业的人进行合作和交流。因此，培养良好的团队合作和沟通能力是非常重要的。

以我所教授的《痕迹检验》为例，这门课程往往需要我们与其他侦查人员进行协作，共同完成案件的侦查工作。在教学过程中，我会组织学生进行小组合作，模拟真实的侦查场景，让他们在实践中锻炼团队合作和沟通能力。同时，我也会鼓励学生积极参加各种学术交流活动，与同行进行深入的交流和探讨，这与以后的工作一样，很多难以侦破的案件，多碰撞碰撞思想、多沟通沟通细节，案件就破了。我的很多学生也是，每次出去和大家交流完，都能带来一些新创意、新想法，也能为我的教学带来很多帮助，教学相长嘛！

主持人：

非常感谢几位的精彩分享。通过今天的对话，我们不仅了解了警校专业课的重要性和学习内容，还得到了许多宝贵的学习建议。希望这些分享能够对刚上警校的同学有所帮助。

（三）一点祝福和建议

主持人：

在结束今天的问答之前，请问在座的各位，你们对警校专业课还有哪些感悟或体会，能否每人送一句建议或祝福？

教师 A（刑事科学技术）：

知是行之始，行是知之成。

警校学生 A（侦查学专业）：

工欲善其事，必先利其器。

警校学生 C（治安管理专业）：

不畏浮云遮望眼，自缘身在最高层。

警校学生 D（犯罪学专业）：

会当凌绝顶，一览众山小。

教师 B（侦查学）：

不积跬步，无以至千里；不积小流，无以成江海。

教师 C（网络安全与执法）：

我走得很慢，但我从不后退。

主持人：

非常感谢几位的分享和感悟，今天到这里就结束了。希望通过今天的分享，能够让更多的同学更加深入地了解警校专业课的重要性和学习方法，为未来的警察生涯奠定坚实的基础。谢谢大家！

四、毕业论文，警察生涯的“启航点”

（一）毕业论文：学业之终与警察之始

警校的毕业论文，是每位警校生在毕业前夕必须完成的一项重要任务，也是他们警察生涯的初步探索。在学校的规定和导师的指导下，学生需要选择一个与公安学科紧密相关的论题，进行深入而系统的研究。这一过程，不仅要求他们综合运用所学的专业知识、方法和技能，更需展现出一定的学术价值和创新性。

毕业论文，这份凝聚着学生心血和智慧的学术成果，是公安高等教育不可或缺的一部分。它兼具学术性与实践性，是人才培养方案中的集中实践环节，也是对学生专业知识掌握程度、研究能力和创新思维的一次全面考验。对于警校生而言，毕业论文的撰写不仅是对学业的一次总结，更是对未来警察职业生涯的一次预热和准备。

在警校的最后一年，学生在紧张备考公安联考的同时，还需投入大量精力撰写毕业论文。虽然时间紧迫、任务繁重，但这份挑战也磨砺了他们的意志和毅力。特别是公安学专业的学生，他们的毕业论文更多地侧重于理论探讨和思维创新，虽不涉及实验室的实操或具体的设计作品，但同样要求他们具备严谨的学术态度和深入分析的能力。

因此，警校的毕业论文不仅是学生学术能力的展示，更是他们警察生涯初步探索的见证。它标志着学生从理论知识的学习者逐渐成长为能够独立思考、解决问题的研究者，为他们未来在警察岗位上发光发热奠定了坚实的基础。

（二）毕业论文，警校生涯的宝贵财富

在警校学业之旅的尾声，毕业论文不应被轻视为一项例行公事或单纯的毕业门槛，当警校生们站在校园生活的尾声，毕业论文如同一束穿透迷雾的光芒，不仅照亮了学业征途的终点线，更照亮了通往警察职业生涯的广阔航道。它扮演着桥梁的角色，巧妙地联结起理论的殿堂与实践的疆场，承载着每一位警校学子对未来的无限遐想与壮志凌云。

这绝非一项简单的学术作业，而是一次全方位的能力跃迁，是对自我极限的挑战与超越。在撰写毕业论文的过程中，警校生们将经历从知识汲取到创新思考的华丽蜕变，心智将得以磨砺，视野将得以拓宽，解决问题的能力将得到前所未有的提升。这一过程，犹如在警校生涯的画卷上添上了浓墨重彩的一笔，为即将踏上的正义之路铺设了坚实而稳固的基石，不仅为职业生涯的开启提供了强大的动力源泉，更为终身的学习与成长奠定了不可动摇的基础。因此，正确认识并充分利用毕业论文这一宝贵机遇，将是警校生们收获知识宝藏的关键所在。

1. 个人成长的试炼场

毕业论文的撰写过程，首先是对警校生个人综合素质的一次全面考验。在这个过程中，学生需要独立选题、查阅资料、设计研究方案、收集并分析数据、撰写论文，这一系列环节无一不考验着学生的自主学习能力、问题解决能力、时间管理能力和抗压能力。正如一位即将踏入社会的警察需要面对复杂多变的案件一样，毕业论文的撰写也是对学生心理承受力和适应能力的锻炼。通过这一过程，学生学会了如何在压力下保持冷静、如何高效地解决问题，这些能力对于未来的警察工作至关重要。

2. 学术能力的飞跃

毕业论文是警校生学术研究的初次尝试，它要求学生不仅要掌握扎实的专业知识，还要学会如何运用这些知识去探索和解决问题。在撰写过程中，学生需要阅读大量文献，了解前人的研究成果，这不仅拓宽了学术视野，也培养了批判性思维和创新能力。通过文献综述，学生学会了如何站在巨人的肩膀上，寻找研究的空白点和创新点；通过数据分析，他们学会了如何用数

据说话，用科学的方法验证假设。这些学术能力的提升，不仅为毕业论文的完成提供了支撑，更为学生未来在公安领域内的深入研究打下了坚实的基础。

3. 职业素养的培育

对于警校生而言，毕业论文的撰写不仅仅是一次学术练习，更是一次职业素养的培育。在撰写过程中，学生需要严格遵守学术诚信原则，确保论文的原创性和真实性，这既是学术道德的体现，也是警察职业精神的体现。同时，毕业论文的撰写还要求学生具备严谨的逻辑思维、清晰的表达能力和良好的沟通技巧，这些都是警察在执法、调查、报告撰写等工作中不可或缺的职业素养。通过毕业论文的撰写，学生逐渐形成了严谨、细致、负责的工作态度，为日后成为一名优秀的警察奠定了职业素养的基础。

4. 职业发展与研考的敲门砖

毕业论文不仅是警校生学术探索的璀璨成果，更是他们未来职业发展与继续深造的双重敲门砖。在公安系统的招聘、晋升及职称评定中，毕业论文的质量是衡量个人学术造诣、研究潜能及创新能力的重要标尺。而对于有志于进一步深造、报考研究生的警校生而言，一份高质量的毕业论文更是成为他们展现学术实力与研究热情的闪亮名片，为他们在激烈的考研竞争中增添一抹亮色，同时也为他们明确了研究生阶段的研究方向与目标。即便当下不选择考研，如果工作后想要在职深造，本科毕业论文也将成为硕士生导师评价申请人学术基础、研究能力及发展潜力的重要依据。

5. 理论与实践的结合

警校教育注重理论与实践的结合，而毕业论文正是这一教育理念的具体体现。通过撰写毕业论文，学生能够将所学的理论知识应用于实际问题的研究中，实现理论与实践的深度融合。这种融合不仅加深了学生对理论知识的理解，也提高了他们解决实际问题的能力。对于公安学科而言，理论与实践的结合尤为重要，因为警察工作本身就是一项实践性极强的工作，需要学生在掌握理论知识的同时，具备将理论转化为实践的能力。

6. 培养终身学习的习惯

毕业论文的撰写过程也是培养学生终身学习习惯的过程。在这个过程中，学生学会了如何自主学习、如何持续更新知识、如何批判性地思考，这些能力对于警察这一需要不断学习和适应新挑战的职业来说至关重要。在快速变化的公安领域，只有不断学习、不断创新，才能保持竞争力，而毕业论文的撰写正是培养这种终身学习能力的最有效途径。

（三）警校生毕业论文攻略

毕业论文的撰写无疑是一项至关重要的学术任务与实践挑战。它不仅是对学生专业知识掌握程度、理论联系实际能力的一次全面检验，更是对未来公安工作者创新思维、解决问题能力的初步预演。接下来，我们将详细探讨如何高效、规范地完成这一重要任务，同时注重研究时间的合理规划、资料的全面收集以及研究方法的科学运用。

1. 明确研究目标，科学规划时间

明确研究目标是毕业论文撰写的起点。警校生应结合自身兴趣、专业方向及公安工作的实际需求，选定一个既具有研究价值又能体现专业特色的题目。这一过程需要学生对公安领域的前沿动态有深入了解，对公安工作的实际问题有敏锐洞察。选题确定后，接下来便是制定详细的研究计划与时间安排。一般而言，毕业论文的撰写周期较长，从选题到最终提交，可能需要数月甚至更长的时间。因此，合理规划时间显得尤为重要。学生应根据学校的具体要求，将整个研究过程划分为若干阶段，如文献综述、资料收集、实地调研、数据分析、论文撰写与修改等，并为每个阶段设定明确的时间节点与任务目标。这样，既能确保研究的有序进行，又能有效避免拖延与慌乱。

2. 广泛收集资料，构建研究基础

资料收集是毕业论文撰写的基础。对于公安院校的学生而言，资料的来源应多元化，既包括学术文献、专著、期刊论文等理论资料，也涵盖实践案例、政策文件、公安简报等实战资料。在收集过程中，警校生应充分利用学校的图书馆、数据库等资源，通过关键词搜索、引用追踪等方式，系统梳理相关研究领域的理论与实践成果。同时，还应在实践中收集资料，如实习、见习、调研等，从一线民警那里获取第一手资料，了解公安工作的真实情况与存在的问题。此外，利用互联网资源也是资料收集的重要途径，但需注意信息的真实性与可靠性，避免被虚假或误导性的信息所干扰。

在资料收集的过程中，还应注重资料的整理与归类。可以将收集到的资料按照主题、来源、重要性等进行分类，建立资料库或文献目录，以便后续研究时能够快速准确地找到所需信息。同时，对于重要资料，还应进行深度阅读与笔记整理，提炼出核心观点、研究方法、数据支撑等关键信息，为论文的撰写奠定坚实的基础。

3. 科学选择研究方法，确保研究质量

研究方法是毕业论文撰写的核心。公安院校的学生在选择研究方法时，应充分考虑公安工作的特殊性与复杂性，选择最适合自己研究主题的方法。以下是一些本科生毕业论文常用的研究方法及其在公安领域的应用。

文献研究法：通过系统梳理相关领域的文献，了解研究背景、现状、趋势及存在问题，为论文的撰写提供理论支撑与文献依据。在公安领域，文献研究法常用于研究公安政策、法律法规、警务模式等宏观问题。

问卷调查法：通过设计问卷、发放回收、数据分析等步骤，收集研究对象的相关信息，了解他们的态度、看法、行为等。在公安领域，问卷调查法常用于研究公众安全感、警务满意度、犯罪预防效果等微观问题。

访谈研究法：通过与研究对象进行面对面或电话访谈，深入了解他们的经历、感受、观点等。在公安领域，访谈研究法常用于研究一线民警的工作体验、犯罪嫌疑人的心理特征、受害者的遭遇与需求等深层次问题。

案例分析法：通过选取具有代表性的案例进行深入剖析，揭示问题的本质与规律。在公安领域，案例分析法常用于研究重大案件侦破过程、警务改革实践、社区警务模式等具体案例。

实地调研法：通过实地考察、观察记录、数据分析等方式，了解研究对象的真实情况与存在问题。在公安领域，实地调研法常用于研究公安机关的运作机制、警务活动的实施效果、社会治安状况等实地问题。

在选择研究方法时，学生应根据研究主题、研究目的、研究对象及研究条件等因素进行综合考虑，选择最适合自己研究的方法或方法组合。同时，还应注重研究方法的科学性与规范性，确保研究过程的严谨性与研究结果的可靠性。

4. 深入研究分析，提炼创新观点

资料收集与研究方法的选择为论文的撰写奠定了坚实的基础。接下来，学生需要深入研究分析收集到的资料与数据，提炼出创新性的观点与结论。这一过程需要学生具备扎实的理论基础、敏锐的洞察力与强大的分析能力。

在研究过程中，学生应注重对资料的深度挖掘与多维度分析，避免浅尝辄止或片面理解。同时，还应注重理论与实践的结合，将理论知识应用于实际问题的分析与解决中，体现出公安院校学生的专业素养与实战能力。

在提炼创新观点时，学生应敢于挑战传统观念、勇于探索未知领域。公安工作是一项复杂而多变的系统工程，需要不断创新与改革以适应时代发展的需要。因此，学生在论文中提出的观点与结论应具有前瞻性、创新性与实用性，能够为公安工作的改革与发展提供有益的参考与借鉴。

5. 精心撰写论文，注重规范表达

论文的撰写是毕业论文工作的最终呈现。在撰写过程中，学生应注重论文的结构布局、逻辑连贯、语言规范与格式统一。论文的结构一般包括引言、文献综述、研究方法、研究结果、讨论与分析、结论与建议等部分。每个部分都应围绕研究主题展开，内容清晰、条理分明。在语言表达上，学生应使用准确、简洁、专业的语言，避免使用模糊、冗长或口语化的表述。同时，还应注重论文的格式规范，如标题设计、目录编制、页码标注、引用格式等，确保论文的整洁美观与易读性。

在撰写过程中，学生还应注重论文的修改与完善。初稿完成后，可以放置一段时间再进行审阅与修改，以更加客观、冷静的心态去发现并纠正存在的问题。同时，还可以邀请导师、同学或专业人士对论文进行审阅与指导，虚心接受他们的意见与建议，不断完善论文的质量与水平。

6. 总结、展望和致谢也要重视

在毕业论文的构架中，总结、展望和致谢的重要性往往会被低估，其实这也是重要的一环，它们共同构筑了论文的深度、广度与温度。总结，作为研究的精髓，凝练成果，反思局限，为后续探索奠定基石；展望，则以前瞻视角预见未来，激发学术与实践的新灵感，推动领域前行；而致谢，则是情感的流露，感恩导师、同学与家人的支持，传递学术温情，增强论文人文关怀。这三者不仅提升了论文的学术价值与实践意义，还展现了作者的学术严谨、创新思维与感恩之心，是论文完整性、深度与情感表达的重要保障，共同构成了一篇优秀毕业论文不可或缺的灵魂。

（1）总结。总结部分是对整个论文研究工作的概括性回顾，旨在突出研究的主要成果、创新点以及研究过程中的重要发现和体会。撰写时应遵循以下原则。

高度概括：用简洁明了的语言总结论文的核心内容，包括研究目的、方法、主要发现或结论等，避免冗长和重复。

突出亮点：强调研究中的创新点、独特见解或重要发现，这些是论文的价值所在，也是读者最关心的部分。

客观评价：对自己的研究进行客观评价，既要肯定成绩，也要指出不足和局限性，体现学术诚信和批判性思维。

逻辑清晰：总结部分应条理清晰、逻辑严密，可以按照研究过程或论文结构进行组织，使读者能够快速把握论文要点。

示例："本研究通过……方法，对……问题进行了深入探讨。研究发现……这一发现不仅丰富了……理论，还为……实践提供了有力支持。尽管研究取得了一定成果，但也存在……不足，有待后续研究进一步完善。"

（2）展望。展望部分是对未来研究方向或实践应用的预测和设想，体现研究的前瞻性和实用性。撰写时应注重以下几个方面。

基于研究：展望应紧密围绕论文研究主题，基于已有研究成果进行合理推测，避免脱离实际。

明确方向：明确指出未来研究可能的方向或领域，以及这些研究可能带来的理论或实践意义。

切实可行：提出的展望应具有可操作性，考虑研究资源、技术条件等实际因素，避免过于空泛。

积极向上：展现对未来研究的乐观态度，激发读者对研究主题的兴趣和期待。

示例："未来研究可以进一步探索……领域，通过……方法，深入剖析……问题。这不仅有助于深化我们对……的理解，还可能为……提供新的解决方案。随着……技术的发展，相信未来在这一领域将取得更多突破性成果。"

（3）致谢。致谢部分是对在研究过程中给予帮助和支持的人或机构表达感谢，体现作者的感恩之心和学术道德。撰写时应注重以下几个方面。

真诚感人：用真挚的语言表达感谢之情，避免套话和空洞的表述。

全面覆盖：感谢所有对研究有直接或间接帮助的人，包括导师、同学、家人、研究机构等。

具体说明：简要说明感谢的原因，如提供指导、数据、资金、精神支持等，使感谢更加具体和有针对性。

适当顺序：一般按照贡献大小或关系亲疏排序，先感谢导师或主要指导者，再感谢其他人员或机构。

示例："首先，我要衷心感谢我的导师……教授，他不仅在学术上给予我悉心指导，还在生活上给予我无微不至的关怀。其次，感谢……同学，在数据收集和分析过程中给予我的大力协助。再次，我要感谢……研究机构为我提供了宝贵的实验条件和资源。最后，我要深深感谢我的家人，他们的理解和支持是我不断前进的动力。没有他们的帮助和支持，我无法完成这项研究。"

回顾整个毕业论文的撰写过程，我们不难发现，这不仅仅是一次学术任务的完成，更是一次对公安事业深刻认识与热爱的升华。通过选题的确立、资料的收集、方法的选择、研究的深入与论文的撰写，公安院校的学生不仅掌握了科学研究的基本方法与技能，更在理论与实践的结合中锻炼了自己的思维品质与创新能力。同学们学会了如何以公安人的视角去审视社会问题，如何以科学的方法去解决实际问题，如何以创新的思维去推动公安事业的发展。

展望未来，毕业论文将继续成为连接理论与实践、梦想与现实的桥梁。每一位警校生都将带着这份宝贵的学术经历与实战经验，踏上守护社会安宁、维护公平正义的征程，将以更加坚定的信念、更加扎实的技能、更加创新的思维，为公安事业的蓬勃发展贡献自己的力量。而毕业论文，将永远成为他们心中那座永恒的丰碑，见证着他们成长的足迹与奋斗的汗水。

（四）毕业论文答辩小贴士

毕业论文答辩，对于警校生而言，可不仅仅是一场普通的"找碴儿"，它更像是一次智慧与勇气的双重考验！想象一下，一群在公安领域深耕多年的专家、教授，他们将以最敏锐的洞察力，为你的论文"把脉问诊"。这时，不少同学或许会感到心跳加速，生怕被老师的火眼金睛盯上，闹出尴尬。但请记住，既然已经披上了警察的战袍，走到了答辩的舞台，无论论文是精心打磨还是紧急出炉，都得拿出警察的那份沉稳与干练，全力以赴！

首先，你要把自己那篇论文仔细研读，确保每一个细节、每一个术语都了如指掌。可别像某些马虎的同学，当老师从论文中随意提取出几个关键词、几句核心观点时，却一脸茫然，仿佛在看别人的毕业论文。这种情况，不用多说，抄袭的嫌疑可就大了，对于毕业论文答辩来说，这可是大忌！

接下来，你要把论文的研究背景、基本观点、论证过程以及结论这些关键点梳理得井井有条，然后制作成 PPT 等演示文稿。答辩前，自述材料也得准备得充分且精彩。给老师介绍你的毕业论文时，最好能脱稿，用流畅的语言和清晰的逻辑征服他们。如果实在记不住，也别完全依赖稿子，至少要跟老师有个眼神交流，让他们感受到你的自信和对公安事业的热爱。

当然，有时老师可能因为事务繁忙，答辩前没能仔细阅读你的论文。这时，你就当他们是在现场阅卷，耐心等待，用你的专业和热情去感染他们。

最关键的是，答辩过程中遇到老师的质疑时，要机智应对、耐心解释。但切记，千万别跟老师较劲，毕竟在公安领域的知识和经验上，老师们可是咱们的前辈和导师。而且，人都是要面子的，特别是在这种正式的场合。你要是跟老师对着干，那可就真的既失了风度，也丢了分数。

总之，毕业论文答辩这场“找碴儿”挑战，虽然看似紧张刺激，但其实也是公安学子未来职业生涯的一次重要演练。无论是为了未来的案件侦破还是公安工作的汇报展示，这样的训练都是必不可少的。所以，同学们，别紧张，放轻松，用一名人民警察的智慧和幽默去迎接这场挑战吧！

第二节　校外理论：躬行实践价也高

在这个日新月异的时代，理论与实践的完美结合，犹如剑与鞘的相依，成为锻造高素质人才的必备法门。对于公安专业的莘莘学子而言，书本中的知识如同武林秘籍中的招式，虽精妙绝伦，但若不经实战演练，终难成大器。因此，将所学知识运用到实际工作中，通过实践的炉火纯青来锤炼和提升自己的能力，就显得尤为重要。于是，校外理论学习与躬行实践，便如同鸟之双翼、车之两轮，共同驱动着公安学子在成长道路上疾驰前行。

一、见习：警校生实战之初

公安见习，作为公安实战教学的第一个环节，为学生揭开了公安工作的神秘面纱，让他们有机会近距离接触公安工作的实战现场，深入了解公安机关基层单位的性质、职能和任务。在这场实战演练中，学生将深入派出所等基层单位，亲身参与公安工作的每一个环节，从接处警的紧张刺激，到案件办理的抽丝剥茧；从内勤管理的烦琐复杂，到外勤巡逻的风雨无阻，全面感受公安工作的烦琐与复杂，也在实践中锻炼了自己的综合素质，为未来的职业生涯奠定坚实的基础。

（一）接处警中有奇妙

公安见习，不仅仅是一场初步的实习之旅，更是一次对公安工作全方位、深层次的探索与体验。它像是一扇通往公安实战世界的大门，为公安学子敞开了一片广阔的天地。在这里，学生将不同于以往在学校里穿着警服，而是要变身成为真正的“警察学徒”，深入派出所等基层单位，与一线民警并肩作战，亲身感受公安工作的点点滴滴。

学生们将参与到公安工作的每一个环节，从接处警的第一现场，到案件办理的幕后工作；从内勤管理的琐碎事务，到外勤巡逻的街头巷尾。他们将亲眼见证公安民警如何与犯罪分子斗智斗勇，如何维护社会治安的稳定与和谐。通过这场实战演练，同学们不仅将加深对公安工作的认识和理解，更将在实践中提升自己的业务能力和综合素质，为未来的职业生涯铺就一条坚实的道路。

为了让同学们直观了解见习的各项事务，我们特别邀请到几位经验丰富的公安民警和几位已经实习过的警校生，就公安见习中的各项工作进行座谈。

主持人：

各位民警，还有各位同学，大家好！今天，我们齐聚一堂，聊聊公安见习中的接处警工作。接处警，是公安工作的基石，对我们见习学生来说，既是挑战也是锻炼。那么，接下来就请大家分享一下自己的经验和体会吧。

民警 A：

接处警时，冷静和警惕是关键。我记得有次晚上值班，接到报警说有人持刀伤人。我和同事迅速赶到现场，只见一名男子手持刀具，情绪激动。我们保持冷静，慢慢靠近，趁他不备迅速将其制伏。这次经历让我深刻体会到，无论警情大小，都要时刻保持清醒头脑，迅速判断警情性质。还有一次，接到报警称有炸弹威胁，我们立即启动应急预案，疏散人群，最终发现是虚惊一场。但这也让我更加明白，冷静和警惕是处理警情的第一要务。

实习生 B:

我实习时，也遇到过虚惊一场的情况。有一次，一个报警人说家里进贼了，我们火速赶到现场，却发现是他们家的猫把花瓶碰倒了。虽然只是虚惊一场，但这次经历让我学会了在紧张情况下应保持冷静，不能轻易被报警人的情绪影响。还有一次，我处理了一起邻里纠纷，双方因为一点小事吵得不可开交。我耐心倾听，慢慢引导他们沟通，最终化解了矛盾。这让我深刻体会到，作为警察，我们不仅要处理大案要案，更要关注这些看似琐碎的小事。

民警 C:

接警时，准确记录报警人信息和警情详情至关重要。有次，我们接到报警称有人失踪，但由于报警人情绪激动，提供的信息非常模糊。我们费了好大劲才找到失踪者的线索，结果却发现是因为报警人和失踪者之间的小误会。这次经历让我深刻认识到，每一个细节都可能影响案件的走向。所以，接警时我一定要认真倾听报警人的陈述，确保信息的准确性和完整性。还有一次，我们接到了一起交通事故报警，由于报警人提供了准确的地点和伤情描述，我们得以迅速赶到现场，及时救助了伤者。这让我更加明白了信息准确的重要性。

实习生 D:

我实习时，有次因为没听清楚报警人的地址，绕了好大一个圈子才到达现场。那次是有人报警说家里被盗，我急得满头大汗，结果却因为地址不清耽误了时间。这次经历让我深刻体会到了准确记录信息的重要性。从那以后，我每次接警都会反复确认地址和其他关键信息，确保万无一失。还有一次，我处理了一起寻人警情，由于报警人提供了详细的失踪者特征和最后出现的地点，我们迅速展开了搜寻工作，最终成功找到了失踪者。这让我更加明白了信息准确对于案件处理的重要性。

民警A（继续补充）：

接警后，及时向上级汇报警情，并根据指令迅速出警也是非常重要的。有一次，我们接到报警称有人跳楼，我立即向上级汇报，并火速赶到现场。在消防队员的配合下，我们成功救下了欲跳楼者。这次经历让我深刻体会到了作为一名警察的责任感和使命感。还有一次，我们接到了一起持枪抢劫报警，我迅速向上级汇报，并按照指令展开了围堵行动。最终，我们成功将嫌疑人制服，并缴获了枪支。这让我更加明白了迅速出警和果断行动对于案件处理的重要性。

实习生E：

我实习时，也遇到过紧急警情。有一次，我们接到报警说有人跳楼，我和同事们立即赶到现场。只见一名男子站在楼顶边缘，情绪激动。我们一边安抚他的情绪，一边迅速联系消防队员。在大家的共同努力下，我们成功救下了欲跳楼者。那次经历让我深刻体会到了作为一名警察的责任感和使命感。还有一次，我参与了一起抓捕行动，我们根据线索迅速锁定了犯罪嫌疑人的位置，并成功将其抓捕归案。这让我更加明白了警察工作的艰辛和荣耀。

民警B：

与报警人的沟通也是非常重要的。有一次，我接到一个报警电话，报警人因为家里被盗而情绪非常激动，几乎说不出话来。我一直耐心地安慰他，让他慢慢说清楚情况。通过他的描述，我逐渐了解了案件的来龙去脉，并成功获取了有价值的线索。最终，我们顺利侦破了案件。这次经历让我深刻体会到了与报警人沟通的重要性。我们要用平和的语气和专业的态度来安抚他们的情绪，引导他们提供更有价值的信息。还有一次，我处理了一起诈骗案件，报警人一开始并不愿意配合调查，认为自己的钱已经追不回来了。我通过耐心沟通和解释，让她明白了配合调查的重要性，最终成功追回了部分损失。这让我更加明白了沟通在警察工作中的重要性。

实习生F：

我实习时，也遇到过类似的情况。有一次，一个报警人因为邻里纠纷而情绪激动，几乎无法沟通。我一直耐心地倾听她的诉说，并用平和的语气引导她说出问题的关键。通过我的努力，她逐渐平静了下来，并提供了有价值的线索。最终，我们成功化解了这起邻里纠纷。这次经历让我深刻体会到了耐心和沟通在警察工作中的重要性。还有一次，我参与了一起交通事故处理，双方因为责任划分问题争执不下。我通过耐心倾听和沟通，让他们明白了各自的责任和义务，最终达成了和解。这让我更加明白了警察在维护社会和谐稳定中的重要作用。

主持人：

通过这次座谈，我们深刻体会到了接处警工作在公安工作中的重要性和复杂性。也明白了作为一名公安实习生，在接处警时需要关注的事项和具备的能力。总而言之，接处警工作虽然看似简单，实则蕴含着无尽的智慧和挑战。它需要我们保持冷静和警惕、准确记录信息、及时汇报警情、迅速出警以及善于与报警人沟通。只有这样，我们才能更好地完成接处警工作，为公安事业贡献自己的力量！而这一切的智慧和技能，都需要我们在公安见习中不断地学习和实践、不断地锤炼和提升！

（二）自我保护：公安见习中的安全基石

公安工作，作为一项高风险、高压力的职业，对从业人员的身体素质、心理素质以及专业技能都有着极高的要求。对于公安见习生而言，这不仅是一段职业生涯的初探，更是一次对自我保护意识的全面锤炼。在公安见习过程中，增强自我保护意识不仅关乎个人安危，更直接影响到公安工作的效率和质量。公安工作处处充满危险，处理突发事件、执行抓捕任务、日常巡逻，哪个不是危险重重。记得有一次，一个见习生因为缺乏实战经验，在控制嫌疑人时差点被其反击受伤。所以，增强自我保护意识，学会在危险情况下迅速作出判断并采取相应措施是至关重要的。如果民警因为受伤而无法继续工作，整个团队的战斗力都将受到影响。

另外，自我保护意识还关系到工作效率和形象问题。想象一下，如果能迅速识别风险、评估形势，并采取有效的自我保护措施，那后续的执法行动不就赢在起跑线上了吗？反之，如果缺乏自我保护意识，一旦受伤或陷入危险境地，那可就拖了整个团队的后腿，还可能损害公安机关在公众心中的形象。

1. 体能训练不能少，身体素质要过硬

公安工作，身体素质是硬指标！跑步、力量训练、格斗技巧练习，一个都不能少！有次接处警，一个见习生因为平时体能训练不到位，在追赶嫌疑人时很快就气喘吁吁，结果让嫌疑人趁机逃脱。所以，咱们要加强体能训练，提高自己的耐力、力量和反应速度。这样，在执行任务时才能迅速追上嫌疑人，确保任务顺利完成。同时，良好的身体素质也能让咱们在面对暴力抗法等情况时，有足够的力量进行自卫和反击。

为了提升体能，咱们可以制定科学的训练计划，每天坚持跑步、做力量训练，还可以学习一些实用的格斗技巧。这样，不仅能在执行任务时派上用场，还能增强自己的信心和应变能力。

2. 法律知识要学好，法治观念要牢记

作为执法者，要熟悉并掌握相关的法律法规。有次接处警，一个见习生因为对法律条款不熟悉，在处理一起纠纷时，被当事人问得哑口无言，最后还要请老民警出面解决。所以，必须认真学习法律知识，了解执法程序和权限范围，确保自己在执法过程中能够依法行事、合规操作。

为了学好法律知识，咱们可以多看法律书籍、参加法律培训，还可以向老民警请教。这样，不仅能提高自己的法律素养，还能在执法过程中做到有理有据，让当事人心服口服。

3. 实战技能要掌握，应变能力要提高

实战技能是公安民警的“看家本领”！见习生们应多参加实战训练，模拟抓捕、应急处置、防暴演练，一个都不能少！记得有次接处警，一个见习生在执行抓捕任务时，因为缺乏实战经验，嫌疑人挣脱了，还差点儿让嫌疑人逃跑。因此，见习生要在训练中学会如何迅速识别风险、评估形势、制订策略并采取行动。

为了提高实战技能，可以多参加模拟演练、向老民警学习经验，还可以自己琢磨一些实用的战术和技巧。这样，在执行任务时才能游刃有余、应对自如。

4. 警惕心态要保持，风险意识要增强

公安工作充满了未知和变数，要时刻保持警惕心态，无论是在执行任务还是日常生活中，都得时刻注意周围环境的变化，留意可疑人员和异常行为。有次接处警，一个见习生在巡逻时，因为疏忽，没发现正在行窃的小偷，等小偷跑了才反应过来。因此，应增强风险意识，一旦发现异常情况，要立即报告并采取相应措施。

为了保持警惕心态，可以养成观察周围环境的习惯，学会从细节中发现异常；还可以加强自己的心理素质训练，提高自己在面对突发情况时的应变能力和冷静程度。

5. 团队协作要学会，互助意识要增强

公安工作是个团队任务，见习生们应学会团队协作。在执行任务时，要遵守团队纪律，服从指挥安排，与队友保持良好的沟通和协作。有一次接处警，一个见习生在执行任务时，因为缺乏团队协作意识，与队友之间出现了配合失误，差点儿让嫌疑人逃脱。因此，应增强互助意识，遇到困难和危险时，要及时向队友求助并共同应对。

为了学会团队协作，可以多参加团队训练活动，提高自己的团队协作能力和默契程度；还可以在日常生活中多与队友交流沟通，增进彼此之间的了解和信任。这样，在执行任务时才能形成合力，共同应对各种挑战。

（三）纪律意识：公安见习的定海神针

在公安这条充满挑战与荣耀的道路上，见习期是每一位警校生必经的重要阶段。这不仅是对书本知识的实战考验，更是对纪律意识的全方位锤炼。纪律，如同公安民警的铠甲，是公安工作的定海神针。《中华人民共和国人民警察法》明确规定了人民警察的职责、义务和纪律要求。公安工作涉及维护社会治安、打击犯罪、服务群众等多方面任务，没有严明的纪律，就无法确保工作的有序进行。见习期间，警校生必须深刻认识到纪律的重要性。

例如，在处理一起复杂的刑事案件时，侦查人员需要严格遵守侦查程序，确保证据的合法性和有效性。如果因为疏忽或违反程序而使证据失效，那么整个案件可能会因此功亏一篑。这不仅是对犯罪分子的纵容，更是对法律尊严的践踏。因此，纪律是确保公安工作公正、高效进行的重要保障。《公安机关人民警察内务条令》对民警的着装、仪容、举止等方面都有明确规定。

见习期间，警校生应严格遵守这些规定，将良好的形象展现在人民群众面前。比如，在接待群众报案时，民警的着装整洁、态度热情、语言文明，都会给群众留下良好印象。相反，如果民警着装不整、态度冷漠、语言粗俗，那么群众对公安机关的信任度就会大打折扣。因此，纪律是塑造公安民警良好形象的重要手段。

公安工作具有一定的风险性，特别是在处理突发事件和暴力犯罪时，民警的生命安全时刻受到威胁。民警的执法行为、工作纪律等方面都有严格规定，见习期间，警校生必须牢记这些规定，时刻提醒自己注意安全。例如，在处理一起暴力事件时，民警需要保持头脑冷静，迅速判断形势，并采取有效的防护措施。如果民警因为违反纪律而暴露自己或疏忽防范，那么后果将不堪设想。因此，纪律是保障公安民警自身安全的重要防线。

1. 加强学习，让纪律意识深入内心

见习期间，警校生应积极参与公安机关组织的各种培训和学习活动，深入学习《中华人民共和国人民警察法》《公安机关人民警察内务条令》等法律条文和规章制度。通过学习，更深刻地认识到纪律的严肃性和必要性，坚定坚守纪律的决心和信念。在学习过程中，可以结合具体案例进行分析和讨论。比如，分析一起因违反纪律而导致的执法过错案件，探讨其中的原因和教训。通过这样的学习方式，可以让警校生在实际工作中自觉遵守纪律规定。

2. 严格遵守着装规范和警容风纪

《公安机关人民警察内务条令》对民警的着装规范和警容风纪有明确规定。见习期间，见习生应严格按照规定着装，保持警容严整、举止端庄。这不仅是对个人形象的塑造，更是对公安机关形象的维护。具体来说，警校生在着装时应做到衣着整洁、穿戴整齐、标识清晰。在执行任务时，应保持严肃认真的态度，不得嬉笑打闹或作出其他有损公安机关形象的行为。同时，还应注意自己的言谈举止，做到文明执法、热情服务。

3. 严格遵守执法程序和工作纪律

在处理案件和执行任务时，警校生必须严格遵守执法程序和工作纪律。包括立案、侦查、移送起诉等各个环节都要按照法定程序进行，不得随意变通或违反规定。例如，在侦查一起盗窃案件时，见习生应严格按照侦查程序进行调查取证工作。不得采用非法手段获取证据，不得侵犯当事人的合法权益。同时，在执行任务时还应遵守工作纪律，如按时上下班、坚守岗位等。只有严格遵守执法程序和工作纪律，才能确保案件的公正处理和任务的顺利完成。

4. 增强风险意识，提高防范能力

公安工作具有一定的风险性，因此警校生在见习期间应增强风险意识，提高防范能力。这包括学会识别潜在的风险和威胁，掌握有效的防护技能和应急处置方法。比如，在处理一起突发事件时，警校生应迅速判断形势并采取相应的防护措施。在面对暴力犯罪分子时，应学会使用警械和武器进行自卫和制止犯罪。同时，还应掌握一些基本的急救知识和技能，以便在紧急情况下能够及时进行救治和处理。

5. 加强团队协作，共同守护纪律的尊严

公安工作是一项团队任务，需要民警之间的相互配合和协作。见习期间，警校生应注重与同事的沟通和协作，共同守护纪律的尊严。在团队协作中，警校生应学会尊重他人、理解他人，积极与他人沟通交流。在遇到分歧和矛盾时，应寻求妥善的解决方式，不得因个人情绪而影响团队合作。同时，还应积极参与团队活动，增强团队凝聚力和向心力。只有加强团队协作，才能共同应对各种挑战和困难。

（四）深入实践，让纪律成为第二本能

1. 日常警务中的纪律实践

在日常警务工作中，警校生应时刻牢记纪律要求，将纪律意识融入日常工作中。比如，在巡逻执勤时，应严格遵守巡逻制度和规定路线，不得擅自离岗或改变巡逻路线。在处理群众报警时，应迅速出警、认真调查、及时处理，并做到文明执法、热情服务。此外，在日常警务工作中还应注重细节和规范。比如，在制作法律文书时，应严格按照格式和要求填写内容，不得随意涂改或遗漏；在保管涉案物品时，应做到登记清楚、存放有序、交接明确，确保涉案物品的安全和完整。

2. 突发事件中的纪律坚守

在突发事件中，警校生更应坚守纪律要求，保持头脑冷静和沉着应对。

比如，在遇到群体性事件时，应迅速（跟随民警）赶到现场并控制局面，防止事态扩大和恶化。在处理暴力犯罪事件时，应当协助出警民警做好现场处置，比如拉警戒线、疏散群众，确保自身安全和群众安全。在突发事件中坚守纪律不仅是对个人素质的考验，更是对公安机关形象的维护。警校生在确保安全的前提下应做到临危不惧、勇往直前，用实际行动践行纪律要求并赢得群众的认可和尊重。

3. 案件侦办中的纪律意识

在案件侦办过程中，警校生应始终保持纪律意识并严格遵守执法程序和工作纪律。比如，在立案阶段应向办案民警学习经验，配合办案民警认真审查案件材料和证据；在侦查阶段应严格按照侦查程序和规定进行调查取证工作；在起诉阶段应依法制作起诉意见书并移送检察机关审查起诉。同时，在案件侦办过程中还应注重保护当事人的合法权益和隐私。比如，在询问证人时应尊重其意愿和权利，不得强迫其作证；在搜查住所时应出示搜查证并按照规定程序进行搜查；在处理涉案财物时应依法进行扣押、冻结并妥善处理。

纪律塑造职业素养。纪律是塑造公安民警职业素养的重要基石。通过严格遵守纪律规定，警校生可以逐渐培养出良好的职业素养和工作习惯。比如，按时上下班、坚守岗位可以培养出严谨的工作态度和时间观念；文明执法、热情服务可以培养出良好的服务意识和群众观念。这些职业素养不仅有助于警校生在见习期间更好地适应公安工作，更能为其未来的职业生涯奠定坚实的基础。只有具备了良好的职业素养，才能在公安工作中游刃有余、屡建奇功。

纪律促进个人成长。纪律不仅是对个人的约束，更是对个人的锤炼和提升。通过遵守纪律规定，警校生可以锻炼自己的意志品质和心理素质，增强自己的责任感和使命感。比如，在面对困难和挑战时，坚守纪律可以激励警校生勇往直前、不畏艰难；在面对诱惑和考验时，坚守纪律可以促使警校生保持清醒头脑、坚定立场。这些经历都将成为警校生宝贵的财富，并促进其个人成长和进步。

总之，在公安见习期间增强纪律意识是每一位警校生必修的课程。只有严格遵守纪律规定，才能确保公安工作的有序进行；只有让纪律成为第二本能，才能在公安道路上走得更远、更稳。

二、公安专业实习：警校生实战之重

公安专业实习与公安见习在公安教育体系中扮演着举足轻重的角色，两者都旨在提升学生的公安专业素养和实践能力，但在实习目的、时长、内容、深度及对学生的要求等方面存在显著的区别。公安见习作为初步接触公安工作的窗口，主要安排在第一学年，时长较短，其目的在于让学生初步了解公安机关基层单位的性质、职能和任务，通过熟悉治安行政管理与服务、110 接处警、治安行政案件办理、刑事案件办理、内勤综合管理等派出所相关业务工作，为学生构建一个对公安工作的基本认知框架。

相较于公安见习，公安专业实习则更加深入和全面，是公安教育体系中一个更为重要的实践环节。它一般被安排在第三学年和第七学期，时长一般长达数月，旨在让学生系统地掌握办理刑事案件、治安行政案件及处理民事纠纷等工作流程规范，全面提升学生的群众工作、公安勤务、公安情报、公安宣教、应急处突等公安专业能力。公安专业实习不仅要求学生了解公安工作的基本流程，更强调实战能力的提升，要求学生能够在实习指导教官的指导下，亲身参与公安执勤、案件办理、民事纠纷处理等工作，通过实践锻炼，将理论知识转化为实际操作能力。

公安专业实习的重点在于系统性和实践性。系统性体现在实习内容的全面性上，学生需要掌握从案件接报到处理结束的整个流程，包括现场勘查、证据收集、案件分析、法律文书制作等各个环节。实践性则强调学生的动手操作能力，要求学生不仅要学会如何做事，更要学会如何做好事，如何在实际工作中运用所学知识解决问题。这种实践性的学习方式，不仅有助于学生加深对公安工作的理解，更能培养他们的实战素养和团队协作精神。

在公安专业实习中，学生需要面对各种复杂多变的实际情况，这要求他们不仅要具备扎实的专业知识，还要有良好的心理素质和应变能力。在实习过程中，学生可能会遇到难以预料的困难和挑战，例如如何处理突发事件、如何与群众有效沟通、如何协同作战等，这些都是对公安专业素养和实践能力的考验。通过实习，学生可以学会如何在压力下保持冷静、如何迅速做出正确判断、如何有效地解决问题，这些都是公安工作中不可或缺的能力。

同时，公安专业实习也是培养学生职业素养的重要途径。在实习过程中，学生需要遵守实习单位的规章制度，尊重同事和群众，保持良好的工作态度和职业操守。这些职业素养的培养，不仅有助于学生在实习期间更好地融入工作环境，也为他们未来的公安职业生涯打下了坚实的基础。

综上所述，公安专业实习与公安见习各有侧重，共同构成了公安教育体系中不可或缺的实践环节。学生应积极参与公安专业实习，通过系统学习和实践锻炼，全面提升自己的公安专业素养和实践能力，为未来的公安工作做好充分准备。

（一）公安专业实习访谈实录：面对案子的学习、操作与思考

1. 访谈背景

在公安专业实习中，警校生们将亲身参与到公安工作的实际运作中，面对形形色色的案件和复杂多变的实际情况。为深入了解实习警校生在面对案子时的学习、操作与思考过程，我们特地组织了一次访谈，邀请了五位在不同岗位上实习的警校生，请他们结合自己的实习经历，分享面对案子时的心得体会。

2. 访谈对象介绍

李明（化名）：在某市公安局刑警大队实习，主要负责刑事案件的侦查工作。

张华（化名）：在某区公安分局治安大队实习，主要负责治安案件的办理和社区警务工作。

王丽（化名）：在某市公安局交警支队实习，主要负责交通事故的处理和交通秩序维护工作。

赵雷（化名）：在某市公安局网安支队实习，主要负责网络安全事件的处置和网络侦查工作。

刘芳（化名）：在某市公安局法制支队实习，主要负责法律文书的审核和法制宣传教育工作。

3. 访谈实录

主持人：

各位警校生，大家好！欢迎参加今天的访谈。在公安专业实习中，你们一定遇到了不少案子，也积累了很多宝贵的经验。今天，我们就来聊聊，面

对同一个案子，你们是如何去学习、去操作、去思考的。首先，请李明同学分享一下你的经历。

李明：

好的，主持人。在我实习期间，参与了一个非常复杂的盗窃案件侦查工作。这个案子发生在一个高档住宅小区，被盗物品价值不菲，而且作案手法相当狡猾。接到报案后，我们立即展开了侦查工作。

首先，我学习了案件侦查的基本流程，包括现场勘查、证据收集、线索分析、嫌疑人排查等各个环节。在现场勘查环节，我跟着师父仔细观察了案发现场，寻找可能留下的痕迹和证据。我们发现了嫌疑人留下的指纹和脚印，这些证据为后续的侦查工作提供了重要线索。在证据收集环节，我跟着师父走访了小区居民，调取了监控录像，对嫌疑人的行踪进行了追踪。通过对监控录像的分析，我们发现了一个可疑人员多次出现在案发现场附近，而且行为举止十分可疑。在嫌疑人排查环节，我们根据掌握的线索，对可疑人员进行了深入调查。通过比对指纹和 DNA 等生物检材，我们最终锁定了嫌疑人身份，并将其成功抓获。

通过这个案子，我深刻体会到了案件侦查工作的复杂性和挑战性。在面对案子时，我认为首先要保持冷静和细心，仔细观察现场和收集证据；其次要善于分析和推理，从纷繁复杂的线索中找出关键信息；最后要善于沟通和协作，与同事和群众保持良好关系，共同推进案件的侦破工作。

主持人：

非常感谢李明的分享。接下来，请张华同学谈谈你在治安案件办理过程中的经历和感受。

张华：

好的，主持人。在我实习期间，参与了一个涉及邻里纠纷的治安案件办理工作。这个案子发生在某小区内，两户居民因为一些琐事发生了口角，进而升级为肢体冲突。接到报案后，我们立即赶到了现场。

到达现场后，我们首先进行了现场控制，防止事态进一步恶化。然后，分别向双方当事人了解了事情经过，听取了他们的陈述和申辩。在这个过程中，我学会了如何与群众进行有效沟通、如何引导他们如实陈述事实、如何收集证据和固定现场。

在处理这个案子的过程中，我深刻体会到了治安案件办理工作的琐碎和复杂。很多时候，案件本身并不复杂，但涉及的人和事却往往错综复杂。这就要求我们在处理案件时，要耐心细致，充分了解双方当事人的诉求和利益点，寻求一个公正合理的解决方案。

通过这个案子，我认识到治安案件办理工作不仅仅是简单的执法行为，更是一种社会管理和服务。我们需要通过公正合理的执法行为，维护社会稳定和公平正义，同时也需要关注当事人的感受和利益，帮助他们解决问题和化解矛盾。

主持人：

非常感谢张华的分享。接下来，请王丽同学谈谈你在交通事故处理过程中遇到了什么。

王丽：

好的，主持人。在我实习期间，参与了一个非常严重的交通事故处理工作。这个事故发生在一条主干道上，两辆车发生了剧烈碰撞，导致多人受伤。接到报警后，我们立即赶到了现场。

到达现场后，我们首先进行了现场勘查和证据收集工作，对事故现场进行了拍照和录像，记录了事故车辆的碰撞位置、受损情况和现场痕迹等关键信息。同时，我们还对伤者进行了初步救治和转运工作。

在处理这个事故的过程中，我学到了很多关于交通事故处理的知识和技能。例如，我学会了如何快速准确地判断事故责任，如何与伤者及其家属进行有效沟通，如何协调相关部门进行事故处理和善后工作。同时，我也深刻体会到了交通事故处理工作的紧迫性和重要性。交通事故往往伴随着人员伤亡和财产损失，需要我们迅速作出反应和决策。在这个过程中，我们需要保持冷静和理智，严格按照法律法规和程序规定进行处理，确保事故得到公正合理的解决。

通过这个案件，我认识到交通事故处理工作不仅需要扎实的专业知识和技能，还需要良好的心理素质和应变能力。只有不断提升自己的专业素养和实践能力，才能更好地履行交警的职责和使命。

主持人：

非常感谢王丽的分享。接下来，请赵雷同学谈谈你是如何处置网络安全事件的。

赵雷：

好的，主持人。在我实习期间，参与了一个涉及网络诈骗的网络安全事件处置工作。这个诈骗案件涉及面广、金额巨大，给受害者造成了巨大的经济损失和心理创伤。接到报案后，我们立即展开了调查工作。

首先，我学习了网络安全事件处置的基本流程和技巧，包括网络侦查、证据收集、线索分析、嫌疑人排查等各个环节。在网络侦查环节，我跟着师父对嫌疑人的网络活动进行了追踪和分析，发现了嫌疑人使用的 IP 地址、登录账号等关键信息。在证据收集环节，我跟着师父调取了相关网络日志和交易记录等证据材料，对嫌疑人的作案手法和资金流向进行了深入调查。通过比对和分析这些证据材料，我们最终锁定了嫌疑人身份，并将其成功抓获。

在处理这个案子的过程中，我深刻体会到了网络安全事件处置工作的复杂性和挑战性。网络空间是一个虚拟而又复杂的环境，需要我们具备扎实的专业知识和敏锐的洞察力才能发现其中的问题和隐患。同时，网络安全事件处置工作也需要我们具备高度的责任心和使命感，因为我们的工作直接关系到人民群众的财产安全和信息安全。

通过这个案子，我认识到网络安全事件处置工作不仅需要专业的知识和技能，还需要良好的团队协作精神和沟通能力。只有与同事和相关部门保持密切协作和沟通，才能共同应对各种复杂多变的网络安全事件。

主持人：

非常感谢赵雷的分享。接下来，请刘芳同学谈谈你在法律文书审核和法制宣传教育工作中学到了什么。

刘芳：

好的，主持人。在我实习期间，主要负责法律文书的审核和法制宣传教育工作。虽然我没有直接参与到案件的侦查和办理过程中，但我的工作同样对案件的公正处理起着至关重要的作用。

在法律文书审核方面，我学会了如何对各类法律文书进行仔细审查和核对，确保其内容的准确性、合法性和规范性。我深知每一份法律文书都代表着公安机关的权威和形象，因此必须做到严谨细致、一丝不苟。

在法制宣传教育工作方面，我参与了多次法制宣传活动和讲座，向群众普及法律知识和防范意识。通过这些活动，我深刻体会到了法制宣传教育的重要性。只有让更多的人了解法律知识、增强法律意识，才能更好地维护社会稳定和公平正义。

在审核法律文书和进行法制宣传教育的过程中，我也深刻体会到了自己工作的价值和意义。虽然我的工作不像侦查员和办案人员那样直接参与到案件的侦查和办理过程中，但我的工作同样为案件的公正处理提供了有力保障。同时，我也通过不断学习和实践，提升了自己的专业素养和实践能力。

主持人：

非常感谢各位同学的分享。通过你们的讲述，我们深刻体会到了公安专业实习的重要性和挑战性。那么，在面对同一个案子时，实习的警校生应该如何去学习、去操作、去思考？请你们给师弟师妹们一些建议。

李明：

我认为面对同一个案子时，实习的警校生首先要保持冷静和细心，仔细观察现场和收集证据。同时，要善于分析和推理，从纷繁复杂的线索中找出关键信息。此外，还要善于沟通和协作，与同事和群众保持良好关系，共同推进案件的侦破工作。

张华：

我觉得在处理治安案件时，实习的警校生需要耐心细致，充分了解双方当事人的诉求和利益点，寻求一个公正合理的解决方案。同时，还要注重法律法规的运用和程序规定的遵守，确保案件得到公正合理的处理。

王丽：

在处理交通事故时，我认为实习的警校生需要具备快速准确的判断能力和应变能力。要能够迅速作出反应和决策，确保事故得到及时有效的处理。同时，还要注重与伤者及其家属的沟通和协调，帮助他们解决问题和化解矛盾。

赵雷：

在网络安全事件处置方面，我认为实习的警校生需要具备扎实的专业知识和敏锐的洞察力。要善于发现和分析网络空间中的问题和隐患，及时采取有效措施进行处置。同时，还要注重团队协作和沟通，如与同事和相关部门保持密切协作和沟通，共同应对各种复杂多变的网络安全事件。

刘芳：

虽然我的工作主要集中在法律文书审核和法制宣传教育方面，但我认为在面对案子时，实习的警校生同样需要具备严谨细致的工作态度和高度的责任心。要对每一份法律文书进行仔细审查和核对，确保其内容的准确性、合法性和规范性。同时，还要注重法制宣传教育工作的普及和深入，提高群众的法律意识和防范意识。

主持人：

通过这次访谈，我们深刻体会到了公安专业实习的重要性和挑战性。面对同一个案子，不同的实习警校生可能会有不同的学习、操作和思考方式，但无论采用何种方式，都需要具备扎实的专业知识、敏锐的洞察力、良好的团队协作精神和沟通能力。只有不断提升自己的专业素养和实践能力，才能更好地履行公安职责和使命，为维护社会稳定和公平正义作出更大的贡献。同时，也希望同学们能够珍惜专业实习的机会，积极参与公安工作实践，将所学知识运用到实际工作中，为自己未来的警察生涯打下一个坚实的基础。

（二）主动学习思维：公安专业实习中的核心驱动力

随着科技的迅猛发展和社会的不断进步，公安工作面临着前所未有的挑战与机遇。新型犯罪手段层出不穷，网络安全威胁日益严峻，这些都要求公安工作者必须具备快速学习、持续更新的能力。在公安专业实习中，实习生若能展现出强烈的主动学习思维，便能更迅速地适应这些变化，掌握最新的法律法规、技术手段及侦查策略，从而在未来的工作中占据主动。

公安专业实习是理论知识与实践操作相结合的重要平台。然而，单纯的理论学习往往难以应对复杂多变的实际情况。通过主动学习，实习生能够更深入地理解理论知识背后的原理与逻辑，同时将其应用于实践操作中，通过不断尝试、反思与调整，形成属于自己的知识体系和实践技能。这种理论与实践的深度融合，是公安专业实习生成长为优秀公安工作者的必由之路。

在公安专业实习这一关键的学习与成长阶段，实习生的主动学习意识不仅关乎其实习成效，更对其未来职业生涯的发展具有深远影响。公安工作作为维护社会稳定、保障人民安宁的重要力量，对从业者的专业知识、技能及综合素质提出了极高的要求。因此，在公安专业实习中，如何有效培养并实践主动学习思维，成为提升实习质量、深化专业素养的核心议题。

1. 明确学习目标，制订个性化学习计划

在公安专业实习之初，实习生应首先明确自己的学习目标。这些目标可以是掌握某项具体技能、深入理解某个法律条文、熟悉某种侦查策略等。在明确目标的基础上，实习生应制定个性化的学习计划，合理安排时间，确保学习目标的顺利实现。例如，一位希望掌握网络侦查技能的实习生，可以制定一个详细的学习计划，包括学习网络安全基础知识、掌握网络侦查工具使用方法、参与实际案例的分析与讨论等。

2. 积极参与实践活动，勇于尝试与挑战

公安专业实习的本质是实践操作与经验积累。因此，实习生应积极参与各种实践活动，如参与案件侦查、治安管理、交通指挥等。在实践中，实习生应勇于尝试与挑战，不畏困难与失败。通过不断尝试与调整，实习生能够更深入地理解公安工作的本质与规律，掌握解决实际问题的方法与技巧。例如，在参与案件侦查过程中，实习生可以主动承担调查取证、分析案情等工作，通过不断尝试与反思，逐渐提升自己的侦查能力。

3. 主动寻求反馈与指导，不断优化学习方法

在公安专业实习中，反馈与指导是提升学习效果的重要途径。实习生应主动向导师、同事或经验丰富的公安工作者寻求反馈与指导，了解自己的优点与不足，并据此优化学习方法与策略。例如，在参与交通指挥实习时，实习生可以主动向交警师父请教交通指挥的技巧与要领，同时观察师父的实际操作过程，通过对比与分析，找出自己的差距与不足，并据此进行针对性改进。

4. 培养批判性思维与问题解决能力

公安工作往往涉及复杂多变的实际情况与问题。因此，实习生在实习过程中应培养批判性思维与问题解决能力，学会从不同角度分析问题、寻找解决方案。例如，在参与群体性事件处置实习时，实习生可以主动收集相关信息、分析事件背后的原因与动机，同时结合法律法规与实际情况，提出合理的处置方案。通过不断锻炼与实践，实习生的批判性思维与问题解决能力将得到显著提升。

5. 利用现代科技手段辅助学习

随着科技的不断发展，现代科技手段在公安工作中的应用日益广泛。实习生应充分利用这些科技手段辅助学习，提高学习效率与质量。例如，通过在线学习平台学习最新的法律法规、技术手段及侦查策略；利用大数据分析工具对案件数据进行深度挖掘与分析；运用虚拟现实技术进行模拟演练与实

战训练等。这些科技手段不仅能够帮助实习生更快速地掌握新知识、新技能，还能提升其实战能力与应对复杂情况的能力。

6. 注重团队协作与沟通能力培养

公安工作往往涉及多个部门与环节的协作和配合。因此，实习生在实习过程中应注重团队协作与沟通能力培养，学会与同事、上级及群众进行有效沟通和合作。例如，在参与案件侦查过程中，实习生应与同事密切配合，共同分析案情、制订侦查方案；同时，还应积极与群众沟通交流，收集线索与信息。通过不断锻炼与实践，实习生的团队协作与沟通能力将得到显著提升，为其未来的职业发展奠定坚实的基础。

案例一：网络诈骗案件侦查中的主动学习。

在某市公安局网安支队实习的小张，面对一起涉及金额巨大、手段狡猾的网络诈骗案件，展现出了强烈的主动学习意识。他首先通过在线学习平台学习了最新的网络诈骗手段与侦查策略；然后主动向导师请教如何运用大数据分析工具对案件数据进行深度挖掘与分析；同时，他还积极参与案件侦查过程，与同事密切配合，共同分析案情、制定侦查方案。通过不断尝试与调整，小张最终成功锁定了嫌疑人身份，并协助同事将其抓获归案。这一案例充分展示了主动学习意识在公安专业实习中的重要性与实践价值。

案例二：群体性事件处置中的主动学习。

在某区公安分局治安大队实习的小李，参与了一项涉及众多群众的群体性事件处置工作。面对这一复杂多变的实际情况，小李展现出了强烈的主动学习意识。他首先通过查阅相关资料与案例，了解了群体性事件处置的基本原则与策略；然后主动向经验丰富的同事请教如何与群众进行有效沟通和交流；同时，他还积极参与事件处置过程，与同事密切配合，共同制定处置方案。通过不断锻炼与实践，小李逐渐掌握了群体性事件处置的技巧与要领，为未来的职业发展奠定了坚实的基础。

公安专业实习是公安专业学生学习与成长的重要阶段，也是其未来职业生涯的起点。在实习过程中，主动学习意识的重要性不言而喻。通过明确学习目标、制定个性化学习计划、积极参与实践活动、主动寻求反馈与指导、培养批判性思维与问题解决能力、利用现代科技手段辅助学习以及注重团队协作与沟通能力培养等途径，实习生能够更充分地利用专业实习意识，提升自己的专业素养与综合能力。未来，随着公安工作的不断发展与进步，主动学习意识将成为公安专业实习生必备的核心素养之一，为其未来的职业生涯注入源源不断的动力与活力。

在公安专业实习的广阔舞台上，每一位实习生都应怀揣着对公安事业的热爱与追求，以主动学习的姿态迎接每一个挑战与机遇。通过不断学习与实践，他们将成为公安领域的佼佼者，为维护社会稳定、保障人民安宁贡献自己的力量。

（三）案件复盘意识：公安专业实习中的成长加速器

在公安专业实习的广阔天地里，实习生们不仅接触到了公安工作的实战前沿，更在无数个案件的侦破过程中，体会到了理论与实践的深度融合。其中，复盘案件作为一种重要的学习方法，对于提升实习生的专业素养、实战能力和理论理解具有不可替代的作用。下面将深入探讨公安专业实习中案件复盘意识的重要性，以及如何有效进行案件复盘，让实战经验反哺理论学习，为公安人才的培养提供新的思路。

深化理论认知，架起理论与实践的桥梁。公安工作是一项高度实践性的工作，其理论基础深厚，但真正将其运用于实战，却需要实习生们具备将理论转化为实践的能力。复盘案件，就是一个将理论与实践紧密结合的过程。通过复盘，实习生可以回顾案件侦破的全过程，在接警、出警、现场勘查、证据收集、嫌疑人审讯、案件分析等各个环节中，将课堂上学到的法律知识、侦查技巧、心理分析等理论与实际案例相对照，加深对理论知识的理解，同时发现理论在实战中的应用瓶颈，为未来的理论学习指明方向。

提升实战能力，培养敏锐的案件洞察力。公安工作的复杂性在于，每一个案件都是独一无二的，都有其特定的背景、动机、手段和结果。复盘案件，就是要求实习生像侦探一样，重新梳理案件的每一个细节，从中寻找线索，分析犯罪嫌疑人的心理和行为模式，锻炼自己的逻辑推理能力和案件洞察力。这种能力的培养，不仅有助于实习生在当前实习中更好地完成任务，更为其未来的职业生涯打下了坚实的基础。

强化团队协作，塑造良好的职业素养。公安工作不是一个人的战斗，而是需要团队之间的紧密协作。在复盘案件的过程中，实习生需要与指导老师、同事共同回顾案件，分享各自的观点和见解，讨论案件处理中的得失。这种团队协作的过程，不仅有助于增进彼此之间的了解和信任，更能培养实习生的沟通能力和团队协作精神，为其未来成为公安队伍中的一员，具备良好的职业素养打下基础。

促进反思总结，形成系统的思维习惯。复盘案件不仅仅是对过去案件的简单回顾，更是一次对自我认知的深刻反思。通过复盘，实习生可以审视自己在案件处理过程中的表现，思考哪些地方做得好，哪些地方做得不够，为什么会出现这样的问题，如何在下一次遇到类似情况时做得更好。这种反思和总结的过程，有助于实习生形成系统的思维习惯，提高其自我认知和自我提升的能力。

1. 建立复盘机制，确保复盘工作的系统性

在一个单位实习，同学们应建立健全案件复盘机制，明确复盘时间、复盘地点、参与人员、复盘内容和复盘流程，确保复盘工作的系统性和规范性。同时，带队老师应鼓励同学们积极参与复盘，将其视为实习过程中的一项重要任务，而非可有可无的附加环节。

确定复盘时间：案件结束后，应尽快安排复盘，以免时间过长，导致案件细节被遗忘。

选择复盘地点：复盘地点应安静、舒适，便于参与者集中注意力，深入讨论。

明确参与人员：复盘应邀请案件的主要处理人员，包括指导老师、实习生、一线民警等，确保复盘的全面性和深入性。

确定复盘内容：复盘内容应涵盖案件的全过程，包括案件背景、侦破过程、证据收集、法律适用、嫌疑人审讯、案件结果等。

规范复盘流程：复盘流程应包括案件回顾、问题提出、讨论分析、总结提炼等环节，确保复盘的条理性和有效性。

2. 细化复盘内容，确保复盘工作的全面性

复盘案件，不是简单地回顾案件过程，而是要深入剖析案件的每一个细节，从中汲取经验和教训。

案件背景分析：分析案件发生的社会背景、地理环境、人际关系等，了解案件发生的必然性和偶然性。

侦破过程梳理：梳理案件的侦破过程，包括接警、出警、现场勘查、证据收集、嫌疑人锁定、抓捕行动等，分析侦破过程中的得失。

证据收集与评估：评估收集到的证据是否充分、有效，是否符合法律要求，分析证据收集过程中的问题和不足。

法律适用探讨：探讨案件处理过程中涉及的法律问题，包括罪名的认定、法律的适用、量刑的考虑等，加深对法律知识的理解。

嫌疑人审讯分析：分析嫌疑人审讯的过程和技巧，探讨审讯中的心理战术和语言策略，提高审讯能力。

3. 强化讨论分析，确保复盘工作的深入性

复盘案件的核心在于讨论分析，通过集思广益，碰撞出思想的火花，深化对案件的理解。

鼓励多元视角：邀请不同专业背景的参与者，如法医、心理咨询师、法律顾问等，从多元视角分析案件，拓宽思路。

引导深度讨论：实习生应深入思考，提出问题，发表见解，培养批判性思维和问题解决能力。

记录讨论要点：记录好讨论要点，确保讨论的成果得以保存，为后续的学习和研究提供素材。

4. 注重总结提炼，确保复盘工作的实效性

复盘案件的最终目的是总结提炼，将实战经验转化为理论知识，提升实习生的专业素养。

提炼经验教训：总结案件处理过程中的经验和教训，形成案例报告，为未来的案件处理提供参考。

完善知识体系：将复盘中学到的知识和技巧融入现有的知识体系，完善自己的知识结构。

制订改进计划：根据复盘结果，制订个人改进计划，明确未来的学习方向和目标。

公安专业实习是公安人才培养的重要环节，而复盘案件则是实习过程中不可或缺的一部分。通过复盘案件，实习生可以深化对理论知识的认知，提升实战能力，培养敏锐的案件洞察力，强化团队协作意识，形成系统的思维习惯。为了有效进行案件复盘，实习生应该细化复盘内容，强化讨论分析，

注重总结提炼。同时将其视为实习过程中的一项重要任务，认真对待，深入思考，从中汲取经验和教训，提升自己的专业素养和实战能力。

三、国家大型安保活动：警校生实战之机

国家大型安保活动，通常指在国家举办的重大庆典、会议、体育赛事等活动中，为确保活动顺利进行和参与者安全而进行的全方位、多层次的安保工作。这些活动往往规格高、规模大、参与人数多，对安保工作提出了极高的要求。作为公安院校的一项至关重要的实践活动，不仅承载着维护国家安全与社会秩序的神圣使命，更为警校生提供了宝贵的实战锻炼平台。在这些关键时刻，警校生们以高度的责任感和使命感，投身于安保工作的第一线，用实际行动诠释着忠诚与担当。

（一）国家大型安保活动的特点

1. 规格高、影响大

国家大型安保活动通常涉及国家层面的重要事务，如国家庆典、国际会议等，其影响力和关注度极高。因此，安保工作的任何疏漏都可能引发严重的后果，对国家的形象和声誉造成不可估量的损失。

2. 规模大、参与人数多

大型活动往往吸引数以万计的参与者，包括国内外嘉宾、观众、媒体记者等。这要求安保工作必须做到面面俱到，确保每一个环节都安全无虞。

3. 需求复杂多变

大型活动的安保需求往往复杂多变，既包括对活动现场的安全保卫，也包括对交通、住宿、餐饮等各个环节的安全监管。这要求安保人员必须具备全面的安全知识和应对各种突发情况的能力。

4. 时效性强、压力大

国家大型安保活动通常具有极强的时效性，要求安保人员在短时间内迅速熟悉环境、明确任务、投入工作。同时，由于活动的重要性和影响力，安保人员面临着巨大的心理压力和工作压力。

（二）警校生在国家大型安保活动中的角色定位

作为国家未来公安力量的储备军，警校生在国家大型安保活动中扮演着

举足轻重的角色。他们不仅承担着维护活动现场秩序、保障参与者安全的基本职责，更在实战中锻炼和提升了自己的实战能力和理论水平。

1. 站岗执勤，维护现场秩序

警校生在安保活动中，通常被安排在关键区域和重点部位进行站岗执勤。他们需要保持高度的警惕性，密切关注现场动态，及时发现并处理潜在的安全隐患。同时，他们还需积极引导参与者遵守活动规则，维护现场秩序，确保活动顺利进行。

例如，在某次国际会议的安保工作中，警校生小李被安排在会场入口进行站岗执勤。他始终保持高度的警惕性，认真检查每一个入场人员的证件和随身物品，成功阻止了一名携带违禁物品的人员进入会场，有效维护了会场的安全秩序。

2. 安全检查，排除安全隐患

安全检查是安保工作中至关重要的一环。警校生在安保活动中，负责对活动现场及周边区域进行全面的安全检查，包括消防设施、电气设备、建筑结构等方面的检查。他们需要运用所学的专业知识和技能，仔细排查每一个可能存在的安全隐患，确保活动场所的安全可靠。

例如，在某次大型演唱会的安保工作中，警校生小张负责现场的安全检查工作。他凭借敏锐的观察力和扎实的专业知识，对演唱会的舞台、观众席、疏散通道等关键区域进行了细致入微的检查。在检查过程中，他发现了一处电线裸露的安全隐患，并及时报告给相关部门进行处理，有效防止了可能发生的事故。

3. 人员疏散，确保人群安全

在大型活动中，人员疏散是一项极为重要的任务。警校生需要熟悉活动现场的疏散路线和疏散方案，确保在紧急情况下能够迅速、有序地引导参与者疏散。他们还需要具备应对突发事件的能力，能够在紧急情况下保持冷静、果断处置，确保人群的安全。

例如，在某次体育赛事的安保工作中，警校生小王负责观众席的人员疏散工作。他提前熟悉了疏散路线和疏散方案，并在比赛过程中始终保持高度的警惕性。当比赛结束后，他迅速组织观众按照疏散路线有序离场，确保了观众的安全，维持了良好的秩序。

4. 处理突发事件，保障活动顺利进行

在大型活动中，突发事件的发生是不可避免的。警校生需要具备处理突发事件的能力，能够在紧急情况下迅速作出判断、采取措施，有效应对各种突发情况。无论是治安事件、火灾事故还是医疗急救，警校生都需要能够迅速反应、妥善处理，确保活动的顺利进行。

例如，在某次庆典活动的安保工作中，警校生小赵遇到了一名突然晕倒的参与者。他迅速上前查看情况，并立即联系了医疗急救人员。同时，他还积极安抚周围群众的情绪，维持了现场的秩序。在他的及时处理下，该名参与者得到了及时的救治，活动也得以顺利进行。

（三）珍惜安保机会，铸就利剑尖兵

国家大型安保活动不仅为警校生提供了宝贵的实战锻炼机会，更在实战中锤炼和提升了他们的实战能力，安保活动为警校生提供了在实践中学习和运用各类知识的“宝贵舞台”。

1. 提升快速反应能力

在大型安保活动中，情况瞬息万变，要求警校生具备高度的快速反应能力。他们需要在短时间内对突发情况作出准确判断，并采取有效措施予以应对。这种快速反应能力的锻炼，对于警校生未来的公安工作具有重要意义。

通过参与安保活动，警校生能够在实战中锻炼自己的快速反应能力。他们需要在短时间内熟悉环境、明确任务、投入工作，对突发情况作出迅速反应。这种实战经验的积累，使得警校生在未来的公安工作中能够更加从容地应对各种突发情况。

2. 提升团队协作能力

大型安保活动往往需要多部门、多警种的协同作战。警校生在参与安保活动时，需要与同事、上级以及其他相关部门保持密切联系，共同制订和执行安保方案。这种团队协作能力的锻炼，对于警校生未来的公安工作至关重要。

通过参与安保活动，警校生能够学会如何与同事密切配合、共同完成任务。他们需要在实战中相互支持、相互信任，形成强大的团队合力。这种团队协作能力的提升，使得警校生在未来的公安工作中能够更好地融入团队、发挥个人优势。

3. 提升执行力

执行力是安保工作的生命线。警校生在参与安保活动时，需要严格按照安保要求执行任务，确保各项措施得到有效落实。这种执行力的锻炼，对于警校生未来的公安工作具有决定性意义。

通过参与安保活动，警校生能够学会如何高效执行任务。他们需要在实战中保持高度的警惕性，随时准备应对突发情况。同时，他们还需要严格按照安保要求执行任务，确保各项措施得到有效落实。这种执行力的提升，使得警校生在未来的公安工作中能够更加坚定地执行命令、完成任务。

除了实战能力的提升，国家大型安保活动还对警校生的理论水平提出了更高的要求。通过参与安保活动，警校生能够将所学的公安理论知识与实际工作相结合，加深对公安工作的理解和认识。

4. 熟练运用公安相关法律法规

在大型安保活动中，警校生需要熟悉并运用公安法律法规来处理各种情况。无论是维护现场秩序、处理突发事件还是进行安全检查，都需要依据法律法规来进行。这种对公安法律法规的运用和实践，使得警校生能够更加深入地理解和掌握公安法律法规的精神和实质。例如，在治安事件的处置中，警校生需要依据《中华人民共和国治安管理处罚法》的相关规定来处理涉案人员。他们需要准确判断案件的性质、情节和后果，并依法作出相应的处罚决定。这种对公安法律法规的运用和实践，不仅提升了警校生的法律素养，也增强了他们的法治意识和法治思维。

5. 拓展公安业务知识

大型安保活动涉及公安工作的各个方面，如刑事侦查、治安管理、交通安全、公共安全防范等。通过参与安保活动，警校生能够接触到不同类型的案件和任务，拓展自己的公安业务知识。在大型活动的安保工作中，警校生可能参与到刑事侦查工作中，协助警方调查盗窃案件。他们需要运用所学的刑事侦查知识和技能，对案件进行现场勘查、证据收集和分析判断。通过这种实战经验的积累，警校生能够更加全面地了解刑事侦查工作的流程和方法，提升自己的刑事侦查能力。

6. 强化公共安全理念

国家大型安保活动的核心目标是确保公共安全和社会秩序。通过参与安保活动，警校生能够深刻体会到公共安全的重要性，强化自己的公共安全理念。

在大型安保活动中，警校生需要时刻保持高度的警惕性，关注现场的安全状况。他们需要及时发现并处理潜在的安全隐患，防止事故的发生。同时，还需要积极宣传公共安全知识，提高参与者的安全意识和自我保护能力。这种对公共安全的关注和实践，使得警校生能够更加深刻地认识到公共安全的重要性，并在未来的公安工作中积极践行公共安全理念。

对于警校生而言，国家大型安保活动不仅是一次任务的执行，更是一次实战能力与专业水平飞跃的独特机遇。在这样的活动中，警校生们能够身临其境地感受到公安工作的紧张与刺激，也能将自己所学的理论知识与实践紧密结合，实现能力的全面提升。在安保活动中，警校生们被分配到各个关键岗位，直接参与到安保工作的各个环节。他们有机会近距离观察并学习资深警官的指挥调度、现场处置和应急应变等实战技能。在面对突发情况时，警校生们不再只是旁观者，而是积极的参与者。他们需要在实践中运用所学的法律知识、业务技能和战术策略，解决实际问题，这种实战经验的积累是他们成长道路上宝贵的财富。

同时，大型安保活动也为警校生提供了检验自己专业水平的舞台。在活动中，他们需要将课堂上学到的理论知识运用到实际工作中，如人群控制、现场勘查、信息研判等。通过实践，他们能够发现自己的不足之处，明确自己需要提升的方向。这种自我认知的过程，对于专业成长具有极其重要的意义。

抓住大型安保活动的机会，警校生不仅能够提升自己的实战能力和专业水平，还能够锻炼自己的团队协作精神和责任意识，学会如何在团队中发挥自己的优势，如何与同事相互支持、共同面对挑战。这些经验的积累，将为他们未来的公安工作打下坚实的基础。

四、社会生活中的学习：警校生的多元成长之路

警校，作为培养未来公安民警的摇篮，其教育体系不仅仅局限于校园之内。社会，这个广阔无垠的舞台，同样为警校生提供了丰富多样的学习机会。在社会生活中，警校生通过与其他社会大学的交流、参与各类活动，以及与其他行业的深入接触，不断拓宽视野，提升自我，为将来的公安工作打下坚实的基础。

（一）与其他社会大学的学习交流、活动：拓宽知识边界，增进相互理解

在警校的严谨氛围中，警校生们接受着系统的公安专业教育和严格的体能训练。然而，公安工作并非孤立存在，而是与社会各个层面紧密相连，需要广泛的知识储备和多元的思维视角。因此，警校生们应该积极走出校园，与其他社会大学开展学习交流，参与各类联合活动，以拓宽自己的知识边界，增进对不同领域、不同文化的理解。

走近综合性大学、政法类院校，能够为警校生打开通往更广阔知识领域的大门。在这些大学校园中，警校生们有机会旁听法学专家的讲座，深入了解法律体系的构建与运作；他们可以参与模拟法庭的辩论，锻炼自己的法律思维和口头表达能力；还能与法学专业的学生一起进行案例分析，共同探讨法律实践中的疑难问题。这些经历，不仅让警校生对法律知识有了更深入的理解，也使他们更加明白法律在维护社会治安中的重要作用。

除了与法学领域的交流，警校生还应积极参与与其他专业领域的合作活动。例如，走近医学院校，能够让警校生了解基本的医疗急救知识，学会在紧急情况下如何进行初步救治；走近工科学院，能让警校生接触到最新的科技装备和技术手段，如无人机侦察、大数据分析等，为他们在未来的公安工作中运用科技手段提供了可能。

警校生还应该经常参与与其他社会大学的文体交流活动。在这些活动中，警校生们既能够展示飒爽英姿和过硬素质，同时也能够从其他大学的学生身上学到不同的文化理念和思维方式。通过篮球赛、文艺晚会等形式多样的活动，警校生与其他大学的学生建立了深厚的友谊，增进了相互之间的理解和尊重。

在与其他社会大学的学习交流中，警校生们能够不断拓宽自己的知识边界，增进对不同领域、不同文化的理解，学会如何与不同背景的人沟通交流，如何在多元的环境中协作共事。这些经历，为他们在未来的公安工作中处理复杂问题、应对多变局势提供了有力的支持。

1. 跨校学术研讨：思维的碰撞与融合

警校生应该积极参加警校与其他社会大学的学术研讨，带着对公安工作的独特见解和实际问题，与其他专业的学生和学者展开深入的讨论。例如，在一次关于“城市安全与公共管理”的学术论坛上，警校生小李就城市治安

管理中的难点问题发表了自己的观点。他结合自己在实习中的经历，分析了当前城市治安面临的挑战，如流动人口管理、新型犯罪手段的防范等。他的发言引起了在场师生的热烈反响，大家纷纷就相关问题进行了深入的探讨。

通过多多参与法学、社会学、管理学等领域的各类研讨会，警校生们能够拓宽视野，对公安工作有更全面的认识。意识到公安工作不仅仅是打击犯罪、维护治安那么简单，它还涉及社会管理的方方面面，需要与其他部门和社会力量紧密合作。这种跨学科的学术研讨，让警校生们学会了如何从不同角度审视问题，如何运用多学科的知识和方法解决实际问题。在学术研讨中，警校生们还能够锻炼自己的思维能力和表达能力，学会如何在有限的时间内清晰地阐述自己的观点，如何有力地论证自己的论据，如何巧妙地反驳对方的观点。这些技能，对于他们在未来的公安工作中进行决策、协调、沟通等方面都具有重要的意义。

2. 联合实践活动：能力的锻炼与提升

除了学术研讨，警校生还应该积极参与与其他社会大学联合开展的一系列实践活动。这些活动不仅让警校生有机会将所学知识应用于实际，也让他们在实践中锻炼了自己的组织协调能力和团队合作精神。

例如，在一次与医学院校的联合救援演练中，警校生们与医学生们共同模拟了一场突发事件的救援过程。警校生负责现场的安全警戒、人员疏散和秩序维护，而医学生则负责伤员的初步救治和转运。在演练过程中，警校生们充分发挥了自己的专业优势，迅速有效地控制了现场局势，为医学生的救治工作提供了有力的保障。同时，他们也从医学生身上学到了基本的医疗急救知识，如心肺复苏、止血包扎等，提升了自己的应急救护能力。

此外，警校生还应积极参与与各大工程学院联合开展的科技创新实践活动，例如，与工程学院学生一起研发一款基于大数据分析的智能预警系统。该系统能够实时分析城市中的各类数据，如人流密度、车辆流量、犯罪发生率等，及时发现潜在的安全隐患，为公安部门提供决策支持。在这个过程中，警校生能够了解大数据技术的原理和应用，学会如何运用科技手段提升公安工作的效率和准确性。

通过这些联合实践活动，警校生们不仅锻炼了自己的实践能力，也增强了与其他专业学生的合作和交流，学会了如何在团队中发挥自己的优势，如何与不同背景的人协作共事，如何共同面对挑战、解决问题。这些经历，为他们在未来的公安工作中处理复杂问题、应对多变局势提供了有力的支持。

（二）与其他行业的交流学习：拓展职业视野，增强综合素质

公安工作作为一项复杂而艰巨的任务，需要警校生具备广泛的职业视野和综合素质。因此，警校生们还应该积极走出校园，与其他行业进行深入交流学习，以拓展自己的职业视野，增强自己的综合素质。

在与科技行业的交流中，警校生们能够了解最新的科技发展趋势和应用前景，通过参观高科技企业，如人工智能研发公司、大数据分析中心等，了解这些技术在公安工作中的潜在应用。例如，人工智能技术可以用于智能监控、人脸识别等方面，提高公安工作的效率和准确性；大数据分析技术则可以帮助公安部门预测犯罪趋势、制订防范策略。通过与科技行业专家的交流，警校生们对科技在公安工作中的重要性会有更深刻的认识，也能够激发他们对科技应用的兴趣和热情。

除了与科技行业的交流，警校生还应积极参与与金融、教育、文化等行业的合作活动。在金融领域，他们能够了解金融犯罪的手段和防范措施，学会如何识别和打击金融诈骗等违法行为；在教育领域，他们可以参与校园安全知识的普及活动，为师生们提供安全防范的建议和指导；在文化领域，他们能够参与文化遗产的保护工作，了解文物保护的重要性和艰巨性。在与这些行业的交流中，警校生们不仅学到了专业知识，也锻炼了自己的沟通协调能力和应变能力。他们学会了如何与不同行业的人建立合作关系，如何共同解决问题，如何在复杂多变的环境中保持冷静和理智。这些经历，对于他们在未来的公安工作中处理跨领域、跨部门的合作事务具有重要的意义。

1. 科技行业的深度探访：未来警务的启迪

在科技日新月异的今天，警校生要深刻领会科技对于公安工作的重要性。因此，警校生要积极走进科技行业，深度探访那些引领未来科技发展的企业，以汲取灵感和智慧，为未来的警务工作做好准备。

比如，某公安院校组织的一场意义非凡的参观活动，带领警校生走进了一家在人工智能领域享有盛誉的研发公司。这次参观，对警校生们而言，无疑是一次科技与警务深度融合的视觉盛宴和思维碰撞。

在公司展示厅，警校生们亲眼见证了人工智能技术在公安领域的无限应

用潜力。他们聚精会神地观看了智能监控系统的现场演示。这套系统如同一位不知疲倦的“电子哨兵”，能够实时捕捉视频画面中的每一个细节，自动识别出异常行为，并迅速锁定、追踪犯罪嫌疑人。它的高效与准确，让监控工作焕然一新，极大地提高了公安部门的反应速度和破案效率。

接着，警校生们又深入了解了人脸识别技术的最新进展，即使在人流如织的公共场所，也能在毫秒之间迅速识别出特定人员，为公安部门提供宝贵而准确的线索。警校生们纷纷感叹，这样的科技应用无疑为公安工作插上了翅膀，让犯罪无处遁形。来到大数据分析中心，这里数据的海洋浩瀚无垠，而大数据分析技术则如同一位智慧的导航者，引领着公安工作迈向更加精准、高效的新阶段。他们详细了解了大数据分析技术在犯罪预测、警力调配等方面的应用。通过数据分析，公安部门可以洞察犯罪动态的微妙变化，制订出更加具有针对性和前瞻性的防范策略。警校生们深刻认识到，数据已经成为公安工作的核心资源，掌握数据分析技能，就意味着掌握了未来警务工作的主动权。

在参观过程中，警校生们不仅开阔了眼界，更激发了对科技应用的无限思考和探索。他们开始深入思考，如何将这些前沿科技更好地融入实际的公安工作中，如何利用智能监控系统提高巡逻效率，如何利用人脸识别技术快速锁定犯罪嫌疑人，如何利用大数据分析技术预测犯罪趋势、优化警力配置。

这次深度探访，不仅让警校生们对人工智能和大数据等前沿科技有了更加直观、深入的了解，更激发了他们对未来警务工作的无限憧憬和热情。警校生们深刻认识到，数据已经成为公安工作的重要资源，掌握数据分析技能对于未来的警务工作至关重要。在科技行业的深度探访中，警校生们不仅开阔了眼界，也激发了对科技应用的思考和探索。他们开始思考如何将这些科技应用到实际的公安工作中，如何提高警务工作的效率和准确性。这种思考和探索的精神，将为他们在未来的公安工作中创新务实、开拓进取提供源源不断的动力。

2. 跨行业合作项目的实践：综合能力的锤炼

在警校的学习生涯中，除了深入探索科技行业的奥秘，警校生们还应积极投身于教师的各类跨行业合作项目，以此作为锤炼自身综合能力的宝贵舞台。这些项目不仅是一次次跨领域的探索，更是对警校生们协作精神、创新思维及实战能力的全面考验。

回想起我的一位师弟在警校期间参与的一项由其老师主导的课题项目，以下为其采访整理：

“那是一次与金融界和IT领域精英并肩作战的难忘经历。我们团队会聚了金融专家、IT工程师以及我们这些怀揣梦想的警校生，共同研发了一款旨在预防金融犯罪的预警系统。这款系统如同金融领域的‘守护者’，能够24小时不间断地监测海量的金融交易数据，敏锐地捕捉并分析出异常交易行为，为公安部门打击金融犯罪提供精准而及时的线索。

在这个过程中，我和警校的同学们充分发挥了我们在法律、侦查等方面的专业优势。我们负责系统的安全架构设计，确保系统在处理敏感信息时的万无一失；同时，我们还参与了系统的严格测试工作，与IT工程师们紧密合作，对系统的每一个细节进行反复推敲和优化，共同筑起了一道坚不可摧的安全防线。这段经历让我们深刻体会到了理论与实践相结合的重要性，也锻炼了我们在复杂环境中快速适应和解决问题的能力。

更为宝贵的是，与金融专家的深度合作让我们得以窥见金融犯罪的复杂面貌和狡猾手段，也让我们对金融领域的知识有了更为深入和细致的了解。金融专家们向我们详细讲解了金融市场的运作机制，包括股票、债券、期货等金融工具的基本原理和交易规则。我们学习了如何分析财务报表，通过资产负债表、利润表等关键指标来评估企业的财务状况和风险水平。这些知识对于我们理解金融犯罪的动机和手段至关重要。金融专家们还向我们揭示了金融犯罪的各种常见手法，如洗钱、内幕交易、市场操纵等。他们详细解释了这些犯罪行为的运作方式和隐蔽性，以及它们对金融市场和投资者造成的严重危害。通过这些交流，我们深刻认识到了金融犯罪的复杂性和危害性，也增强了我们对金融犯罪防控的责任感和使命感。

此外，我们还从金融专家那里学到了许多防范金融犯罪的策略和技巧。他们分享了如何建立有效的风险管理体系，如何通过数据分析和监测来及时发现和预警潜在的金融风险。这些知识对于我们未来在警察工作中预防和打击金融犯罪具有重要的指导意义。

这次跨行业合作项目的实践，不仅丰富了我们的知识结构，提升了我们的专业技能，更激发了我们对未来警察生涯的无限憧憬和坚定信念。我们深刻体会到，作为新时代的警察，不仅要精通法律知识和侦查技巧，还要具备跨领域的合作能力和创新思维，才能更好地应对日益复杂多变的犯罪形势，守护社会的安宁与正义。这次经历无疑为我们未来的警察生涯奠定了坚实的基础，也让我们更加坚信，通过更多跨行业的互动和学习，我们定能成为真正的刑侦专家。”

第九章　自我提升——享受成长的过程

在警校的严格训练和纪律要求下，自我提升是每位警校生成长和职业发展不可或缺的一环。本章将带你具体了解如何在警校环境中通过实际行动实现自我提升。我们会讨论考级考证的重要性，以及如何准备这些考试，以获取对职业发展有益的资格证书；讲清楚参与学生工作的重要性和意义；探索如何参加科研竞赛、完成一个科研项目；介绍社团活动、公益活动的类别以及如何选择和参与这些活动。

这些活动不仅为你的警校生活增添色彩，也是你未来职业生涯中不可或缺的技能和素质。我们将一起探讨如何通过参与这些活动来提升自己，帮助你成为一个发展更全面的警察。

第一节　考级考证：是职业发展的敲门砖，还是学习负担的堆砌

在考虑职业发展时，许多人认为进入警校就等同于获得了一个稳定的工作，即所谓的“铁饭碗”。然而，现实情况是，许多岗位对于报考者的资格有特定要求，包括英语四六级、法律资格证书等。例如，2025 年国考岗位中，外交部、司法部、国家移民管理局、银行、出入境边防检查站等相关岗位明确要求报考者通过英语四六级考试。这表明，考级考证在职业发展道路上扮演着至关重要的角色，它不仅是进入特定职业领域的敲门砖，更是专业能力的认证。通过本节，我们来聊聊在警校本科四年中，可以考取哪些有利于个人发展、职业发展的证书。

一、必考项 1：英语四六级

尽管目前许多警校并没有将英语四六级考试与毕业挂钩，也不将其作为

公安联考的必要条件，但如前所述，部分公务员岗位对英语四六级的成绩有明确要求。此外，对于希望继续深造、攻读研究生的人来说，英语能力是必不可少的。从实际就业的情况来看，不少已经步入工作岗位的师兄师姐反映，优秀的英语四六级成绩能够为个人简历增色添彩，有时甚至能够帮助他们在单位中分配到更好的部门。因此，英语四六级的重要性不言而喻。

英语四六级考试一般在每年的 6 月和 12 月中下旬举行，详情可以关注报考官方网站：https://cet.neea.edu.cn。对于大一警校生来说，我强烈建议大家在警训后就着手准备英语四级考试。虽然有些警校可能在大一下学期才允许一部分学生报名考试（参加入学第二年 6 月的四级考试），但是语言学科需要保持语感和手感，况且大一有大学英语课程，持续地学习英语既对课程绩点有帮助，也让你日后冲刺考试时更加得心应手。对于英语能力强的同学，保持好英语优势，在日后学校组织的全国大学生英语竞赛时也能脱颖而出。

（一）英语四级备考计划

许多警校生英语基础好，只要平时在大学英语课上听课、练习，保持题感，再到考前冲刺 1 个月也完全能通过四级考试。但想冲刺 600 分以上的高分，需要有一个完整的备考计划。于我个人而言，我打算冲刺高分且保持好的英语题感，所以在大一警训结束不久，就开始了解相关信息并开始备考，备考顺序及方法如下：

1. 查阅相关资讯

了解报名时间、查找经验贴，结合个人英语能力和备考时间，选择适合自己的备考方法，主要用到三个“工具”——纸质真题、活页笔记本、背单词 APP。

2. 制订备考计划

以我大一备考为例，从我计划备考四级（11 月）到参加考试（次年 6 月）大概有 7 个月，时间非常充裕，我将其划分为 4 个阶段：

（1）11 月初 ~12 月末。决定备考开始，先完整地做完 1 套真题，不需要计时，主要是了解难度和题型，以方便制定备考计划。这 2 个月我以每个工作日背 20~30 个单词扩充词汇量为主，结合当时的大学英语课程学习，并针对薄弱点进行专项训练，如听力、写作与翻译，保证每周刷 3 套以上专题训练，并在后期开始计时。

（2）12 月末 ~2 月末。赶上期末周和寒假，因特殊时期，大概有 2 个月的时间，我对自己降低要求，每个工作日背 15~20 个单词，平均每周做 1 套专题训练，在假期结束前计时做 2 套完整的四级真题。但如果是英语基础薄弱的同学，可以借助这段时间“弯道超车”，巩固语法知识查缺补漏，比如每周听 2~3 节网课并做对应练习。

（3）3 月初 ~4 月末。这段时间正好赶上了大学生英语竞赛（一般在 3 月 10 日前后发布考试通知，4 月末进行考试，备考经验在后续提及），所以我的重心主要放在刷竞赛题和背单词上，同时完成大学英语课程任务。如果是没有参赛意愿的同学，就 1~2 周完成 1 套真题（可以选择分板块做或者一次性做完，并且针对薄弱点做专题训练），保证一周完成 2 篇以上听力，持续每个工作日背 20~30 个单词。

（4）5 月初 ~ 考前。这个月我以计时刷真题为主。除分板块刷题以外，我开始背六级单词（每个工作日 20 个以上），持续扩充词汇量，为后续六级备考做准备。

（二）英语六级备考计划

四级考完以后，距离英语六级考试还有不到半年的时间，基础薄弱或者想冲刺高分的同学，可以开始着手六级备考。因正好赶上暑假和新学期的开始，我将六级备考划分为三个阶段：

1. 暑假（6 月末 ~8 月末）

着手备考时，先刷 1 套六级真题感受难度和用时。这段时间的备考以背单词（每个工作日 20 个以上）和专题训练（每周至少 2 个板块，每个板块各 1 篇）为主，六级的词汇量非常之大，更要注意在刷题中积累词汇。

2. 9 月初 ~10 月末

结合大学英语课程背单词（每个工作日 30 个以上），分板块计时刷真题，保证这 2 个月共完成 6 套以上真题，并对薄弱板块多刷 1 套练习题。

3. 11 月初 ~ 考前

大约一个月的时间，每周完成 1 套真题、3 篇以上听力，持续做好词汇和固定搭配的积累、复习。

以上备考计划仅是笔者个人习惯，有些小伙伴喜欢短期内冲刺，而我是细水长流型。大家在决定备考前可以多看几条经验贴，主要关注备考周期划分以及每个题型的做题技巧，做好适合自己的备考计划，并在实践中不断进行动态调整。

（三）备考小妙招

为大家介绍一些英语四六级备考中的注意事项：

1. 用好背单词 APP

我们主要以利用好背单词来提升词汇量，利用好背单词工具可以起到事半功倍的效果。对比了市面上的一些背单词 APP，我个人推荐“不背单词”APP，因为其背词页面设计简洁，复习机制比较轻松，并且学习新词数与复习旧词数是持平的。我习惯每个工作日背 20~30 个单词，由于学的新单词越来越多，此后某一段时间可能要复习的旧单词也越多，可以适当调整学新单词的数量，但至少保证每个工作日背 30 个旧单词。大家可以根据自己的备考周期调整背单词数量。

2. 做好积累

要结合大学英语课程、刷真题来做好积累。以我为例，我将活页本分为四个板块做积累——普通单词、固定搭配、翻译、写作。“普通单词”包括在书本、题库里看到的陌生词汇；“固定搭配”主要是短语及句型结构；“翻译”则特指在中英翻译中常出现的专业名词、句式；在写作板块主要积累可以用于文章写作开头和结尾的模板、名人名言。

3. 学会复习

在英语四六级备考期间一定不要忘记“回头看”。每 3 天花 15 分钟浏览复习近段时间积累的内容；将每 2 周作为一个周期，挑出大概 2 小时的时间，对该段时间内在做题时积累的词汇、固定搭配和短句等进行复习。在这 2 个小时里，要拿出一张新的活页纸来记下不熟悉甚至陌生的内容，这样在下个周期复习的时候，对于上个周期的内容，只需要复习这张活页纸即可。

（四）全国大学生英语竞赛

作为公安院校学生，我们能参加全国大学生英语竞赛 C 类（以下简称“大英赛”）。大英赛一般在 3 月初开展报名工作，4 月底校内初赛，5 月全国决赛。详情需及时留意校园内网或官方网站：https://www.chinaneccs.cn/。校内初赛获奖即可获得国家级比赛证书，综测加分多，而且备考词汇与六级高度重合，实现“一鱼两吃”。所以笔者非常建议大家在大一警训后就着手规划好大一的英语学习，在这一年的时间里速通英语四级、英语六级、大英赛及大学英语课程高绩点。

如前所述，大英赛备考大约需要 2 个月的时间，但其实在此之前的四级备考和英语课程也为我们打下了基础。我将大英赛备考分为三个部分：

1. 提前背单词

如果大家能在大一下学期开学之前背完四级单词，就可以用“不背单词”APP 开始专门背诵大英赛的词汇书，根据考试时间规划每个工作日需要背的单词数量。

2. 利用好真题

很多人初次参加大英赛最大的困扰就是题目太多，写不完。因此刷真题非常必要。建议大家先定时做完整套试卷，并记录自己在每个板块所花费的时间，后续刷题时也要计时，直至在规定时间内可以做完，然后集中刷薄弱题型，考前做 1~2 套真题卷。

3. 题型解析

（1）听力：拿到卷子就要开始熟悉听力题目。我建议优先看最后面的 dictation 和 summary 部分。因为这两部分难度最大。这两部分做完了一定要仔细检查填进去的内容并联系上下文检查有无语法错误。

（2）选择：这一部分考查的主要是词汇量与语法。语法不好的同学可以专门多练几套选择，从错题中总结出自己薄弱的语法点，然后集中解决。

（3）完形填空：这部分和高中题型一样。但有几道题根据字母猜单词考的是“灵机一动”，第一下想不出来就跳过，不要浪费时间。

（4）阅读部分：追求高效、准确。根据题目关键词快速检索。这部分比较简单，所以尽量缩短时间。

（5）翻译：把标准答案里的表达方式吃透化为己用。

（6）改错：注意大英赛改错的规则和高考改错题的规则是不一样的，这一部分也是关注语法，学会自己总结错误类型。

（7）IQ 题：找规律的题在考前熟悉破解一下，其他题的投入时间性价比很低，无须花时间专攻。

（8）作文：大英赛要求写两篇作文，一篇图表描述，一篇长作文。要想能够完卷，一定要掌控好这部分的时间，所以要提前总结好写作类型和模板。

二、必考项 2：驾驶证

警校生考取驾照是职业发展的必要准备，因为驾驶技能是警察职业的基本要求，对于执行工作任务至关重要。根据《公安机关人民警察训练条令》，驾驶技能是警务实战能力的重要组成部分。公安工作中，无论是日常巡逻、追捕嫌疑人、执行紧急任务，还是处理交通事故，均需熟练掌握驾驶技能。部分警种（如交警、特警）在招录时明确要求具备驾驶证，且实际工作中需通过单位内部驾驶技能考核方可独立执行任务。例如，某地公安分局 2023 年招录特警时，对无驾驶证者直接取消面试资格，理由为“无法满足全天候机动化作战需求”。

此外，驾驶证对警校生来说绝非“可有可无的生活技能”，而是贯穿从警生涯的核心竞争力之一。通过科学规划、技巧性备考，完全可以在不影响学业的前提下高效拿证。鉴于毕业后工作忙碌、休息时间少，在校期间考取驾照可以节省未来的时间和资源。如果大家在入学前还没有取得驾照，建议大家利用好大一寒假或暑假集中考取，避免与后续公安联考、实习冲突。

三、必考项 3：计算机等级考试

全国计算机等级考试（National Computer Rank Examination，NCRE）是由中国教育部教育考试院主管的一项全国性的计算机技能水平测试。该考试每年举行两次，分别在 3 月和 9 月进行，而报名时间则安排在每年的 1 月和 6 月，具体可以留意官网信息：https://ncre.neea.edu.cn/。

警校生考取计算机等级证书具有多方面的好处。首先，计算机等级证书在警校中通常被用作综合测评加分、奖学金评定、保研加分等奖励的评定标准之一。其次，对于公安技术类的学生来说，一些导师在招收研究生时会要求考生具备一定的计算机水平，而计算机等级证书可以作为这一能力的证明。此外，计算机等级证书在求职时可以作为敲门砖，增强警校生的竞争力，尤其是在国企、银行、外企等单位的招聘中，有些职位明确要求应聘者必须持有该证书，在一线城市如北京、上海，计算机等级证书甚至能成为落户的加分项。国考或事业单位考试中，很多岗位也要求必须有这个证书，可以作为筛选竞争者的一个门槛。最后，计算机等级证书是国家级别的证书，一旦考取，永久有效。

目前，计算机等级考试可以跳过一级、二级直接报考三级、四级，但在三级考试未通过的情况下，四级证书只能保留6个月。结合大部分警校实际来看，考取计算机三级证书的综测加分多、考取难度较低。大一课程相对较少，通常有更多的自由时间可以用来学习额外的技能或准备考试，因此也建议大家了解好报名政策后，在大一就规划利用1个月左右的时间准备计算机三级网络技术。当然，学习效果因人而异，要结合在校的课程内容和时间安排，估算自己是否有充裕的时间和精力同时去准备多门考试（别忘了还有英语四六级）。

此外，计算机四级虽然考试难度大，但综测加分更多，而且有助于体制内的职称评定和职业发展，如果学有余力，建议大家报考。即使在校期间没有充足的精力备考，我们也鼓励公安技术类专业的警校生们在步入工作岗位后持续学习，尽快考取计算机四级证书。而对于非计算机专业的警校生来说，计算机二级 WPS Office 证书的实际应用更为广泛，因为 WPS Office 是国内自主研发，更符合体制内办公需求，在一些简单的台账登记、数据处理上，掌握这些技能可以提高工作效率。因此，也非常建议大家在毕业前学习计算机二级 WPS Office 相关知识，即使不考取相关证书，也要做到熟练运用。

通过前面内容的介绍，大家应该已经注意到，我将“必考证书”的准备时间主要安排在大一阶段。这样做的原因在于，大一的课程相对较为轻松，而且从“事后诸葛亮”的角度来看，大二的课程安排较为繁重，大三需要参与实习并开始逐步明确个人的未来发展方向，大四则疲于准备公安联考和毕业论文。因此，大一是最适合进行考级考证的时期。在这个阶段，许多同学可能还未确定自己未来的职业目标，正处于探索和尝试的阶段。我的建议是——先行动起来！

四、其他有助于就业的“个性化”考试

为了有效应对现代警务工作的复杂性，必须培养一支多元化、专业化的警察队伍。这意味着每位警务人员都应当致力于成为各自领域的专家，通过不断学习和实践，提升个人技能。比如，法律职业资格证对于法律从业者来说，是基本的“敲门砖”和“通行证”；财会类证书在审计、财会、金融三大板块中有着广泛的应用，对于公安经侦方向的警校生来说，这些证书有助于提

升职业素养和业务能力；随着大数据时代的到来，警务工作对数据分析和应用的需求日益增长，警校生掌握数据分析、信息安全等新兴技术也变得尤为重要。

因此，我们不仅要完成“必答题”，还要在“选修课”上下功夫，努力成为一个具备核心竞争力的警务人才。

（一）法律职业资格考试

法考是中国含金量非常高的职业资格证书，对于警校生中的法学专业学生来说，通过法考可以增加就业竞争力，许多国考、省考岗位明确要求报考者考取“国家统一法律职业资格考试（A 类证书）”，如法院、检察院、法制部门等。但需要注意的是，2018 年以后入学的警校非法学本科生无法直接参加法考，需要从事法律工作满三年后再考。

在公安系统内，通过法考对于个人职业发展具有显著的积极影响。它不仅能在评优评先时作为加分项，还能在职务晋升时作为一个重要的参考因素。虽然法考证书本身并不直接导致职务级别的提升，但它显著提升了持证者的专业素养和职业竞争力，为持证者增加参与重大案件或专项任务、借调到法制部门等专业岗位的机会，拓宽职业路径。因此，建议各位毕业后步入公安系统或其他从事法律工作行业的同学们，也要持续学习法律知识，在工作满三年后考取该证书。

（二）财会类证书

在校警校生可以考的财会类证书包括初级会计师、初级审计师、初级经济师、银行从业资格证等。此外，毕业后可以报考税务师、注册会计师（CPA）。对于警校生来说，这些证书可以增强我们在财务、审计等领域的就业竞争力。

对于经侦方向的学生，可以在学习相关课程的同时备考初级会计职称，例如，将《初级会计实务》与警校课程《经济犯罪侦查》《涉税犯罪侦查》《金融犯罪侦查》《司法会计》等结合学习，通过会计科目理解洗钱路径。而对于非经侦方向的学生，在考虑是否报考财会类证书时，应该结合自己的兴趣爱好和择业方向，以免增加不必要的学习压力。如果在涉税、审计、银行等金融领域有从业目标，可以在入职后规划备考相应的证书，以提升个人竞争力。

值得注意的是，我们要结合个人实际来确定是否有足够的时间和精力投入到财会类证书的备考，避免盲目跟风而影响日常课程学习，本末倒置。

（三）数据类证书

公安大数据战略推动传统警务革新，警校为了适应公安大数据战略和高等教育现代化的趋势，也在积极推进专业课程设置和实战化教学改革。部分警校新增《公安信息化与大数据应用》等与大数据警务紧密相关的专业课程，还有的警校设立了数据警务技术专业，培养“技术+业务”复合型人才。这表明，掌握大数据技能已成为提升警校生自身竞争力的关键。

目前在校大学生可考性强的数据类证书主要是BDA数据分析师证书，该证书重视工具应用（Python/SQL）、业务逻辑、数据分析报告撰写，适合警务数据分析场景，但报考费用较高，需理性评估投入产出。

笔者介绍此类证书的目的并非让大家盲目追求数据类证书的堆砌，而是鼓励大家以考取证书为契机，深入学习和掌握数据分析的实用技能。比如，可以通过警校课程、全国大学生数据分析竞赛（免费）积累相关知识和经验。

（四）教师资格证

教师资格证作为教育行业从业者的基本资格认证，对警校生而言属于“定向增值项”，其价值需紧密结合个人职业规划判断。

若未来有意向从事警务教育、职业教育或参与支教保研等项目，考取该证书能有效证明教学能力并提升竞争力（尤其在支教、保研中可能成为隐性加分项），且随着教育行业专业化趋势，部分支教项目或逐步将其列为申请门槛；但若职业目标明确指向公安一线实战岗位（如侦查、特警等），则无须分散精力备考，应优先保障公安联考、体能训练及法律实务能力提升。

需要注意的是，教师资格证备考需投入至少100个小时的系统学习，若与警校核心任务冲突，建议理性评估投入产出，避免因盲目考证影响主业发展。简言之，此证仅适用于教育相关职业路径的警校生，对多数从警者并非必选项，决策关键在于“目标精准匹配”。

（五）特种技能证书

这里所提的“特种技能”主要是指与身体素质和心理素质相关的技能。

特种技能证书是警校生提升实战能力的重要补充，其核心在于强化身体素质与特殊场景处置技能。以游泳为例，随着水域救援、抗洪抢险等任务常态化，游泳已成为现代警察的必备能力，中国人民公安大学、中国刑事警察学院等院校不仅将其列为必修课，还通过“深水证换取学分”机制激励学生精进技能——掌握200米连续游泳等能力，可在溺水警情处置、涉水追捕等任务中快速反应，降低执法风险。

此外还有一些证书可以结合个人的兴趣爱好去考取，如摩托车驾驶证、无人机相关证件等，虽非警校强制要求，但能显著提升在特警、交巡警、边境缉查等岗位的适配性和就业竞争力。需要注意的是，此类证书需结合个人体能基础与职业方向选择，例如水性较弱者应优先攻克游泳使其达标，而意向山地警务发展的学生则可侧重摩托车驾驶训练，避免盲目考证导致精力分散。

当然，证书只是技能的载体，更重要的在于个人所具备的专业素质和核心竞争力，而非证书本身。拥有过硬本领能力，对于职业发展来说，远比单纯拥有一纸证书更为关键和实用。只有当每个人都致力于成为警务领域的专业人才时，我们的警察队伍才能更加多元化，更好地适应现代警务的挑战。

第二节　学生干部：是平衡时间的艺术，还是分散精力的陷阱

在大学生活中，许多人认为担任学生干部是一种锻炼领导力和组织能力的好机会，它能够为个人简历增色添彩，也是未来职业生涯的加分项。然而，实际情况是，学生干部的工作往往伴随着承担繁重的责任和时间管理的挑战。例如，学生干部需要组织活动、协调区队、处理突发事件，这些任务可能会占用大量的学习和休息时间。的确，担任学生干部是一把“双刃剑”，一方面它提供了增强个人能力的平台，另一方面它也成为消耗个人精力的挑战。通过本节，我们来探讨在大学四年中，担任学生干部如何平衡好工作、学业、生活三个部分，从而在提升个人能力的同时，确保学业和个人发展不受影响。

一、学生干部的角色与责任

警校的规章制度中，学生干部的角色被特别强调，他们被视为学生管理工作中的重要一环。例如，中国人民公安大学的学生警务化管理规定中明确了学生干部在政治纪律、内务管理、警务实践中的职责。这些规定不仅要求学生干部在个人行为上作出表率，还要求他们在组织活动、维护纪律等方面发挥积极作用。学生干部不仅是学生群体中的骨干力量，也是学校管理和学生自我管理的重要桥梁。以下是警校三种主要的学生干部类型及其职责：

（一）区队干部

区队干部是区队的核心领导者，负责组织和领导区队的日常学习和生活，包括区队长、生活副区、学习副区、心理副区等。他们的职责包括确保区队同学遵守学校规章制度、组织学习活动、维护课堂纪律，以及处理区队内部的事务。比如，正区队长负责在课前或紧急情况下组织集队、清点人数，并向队长或值班人员准确汇报实到和应到的人数，以及未到人员的具体情况，确保队伍的整齐和纪律；此外，他们还是中队长与区队成员之间的联络员。他们需要传达上级的指示和要求，同时收集和反馈区队成员的意见和问题，确保信息的畅通和有效沟通。副区队长则负责关注区队同学的生活和学习情况。例如，生活副区队长监督区队同学在宿舍内的日常生活，确保他们保持良好的生活习惯和宿舍卫生标准，同时也协助正区队长管理本区队，共同维护区队的秩序和确保效率。

除此之外，每个区队还单独设立团支部。警校区队团支部是警校共青团工作的重要组成部分，其班子成员包括团支部书记、组织委员、宣传委员等，各司其职，共同推动团支部工作的开展。团支部书记负责团支部的全面工作，包括传达党和上级团委的决议指示、定期召开会议、制定工作计划，并监督执行，同时关注团员的思想、学习和工作动态，确保团课教育的顺利进行。组织委员则专注于团支部的组织建设，开展“三会一课”活动，管理团员的登记、注册，以及团费收缴等工作，确保团员遵守团章团纪。宣传委员负责学校的政策理论和活动宣传，利用多种宣传方式进行教育工作，并鼓励团员积极投稿，参与校园媒体活动。

综上所述，区队干部的职责涵盖了队伍管理、沟通协调和生活关怀等多个方面。他们不仅是区队运作的组织者和领导者，也是区队同学之间以及学生与学校管理层之间沟通的桥梁。通过履行这些职责，区队干部能够培养出坚定的领导力、出色的组织协调能力和沟通交往能力，为未来的警察生涯打下坚实的基础。

（二）督察队干部

督察队干部的职责在于监督和检查学生的行为规范，确保学生遵守警校的纪律要求。他们负责检查学生的着装、内务、队列纪律、课堂纪律等，以及对违规行为进行记录和报告。督察队干部还需要具备敏锐的洞察力，能够及时发现并解决问题，维护校园秩序。例如，《中国人民公安大学学生警务化管理督察工作办法》中明确了学生督察工作的具体职责和流程，包括警容风纪、内务卫生、队列等。通过这样的实践，督察队干部能够锻炼出敏锐的洞察力和公正的判断力，这对于未来从警生涯中的纪律检查和执法工作具有重要意义。

（三）团学组织、学生社团的干部

警校的团学组织和学生社团涵盖了警务技能、理论学术、文化艺术、体育竞技、志愿服务等多个领域，旨在全面提升学生的综合素质和专业技能。这些组织和社团干部的职能与普通大学并无不同，主要负责组织和开展各类学生活动，包括文化、体育、社会实践等。他们需要具备创新思维和活动策划能力，以吸引学生参与并丰富校园文化生活。同时，他们还需要与学校管理层和其他学生组织协调合作，确保活动的顺利进行。以四川警察学院警务技能战术协会为例，该协会作为学校最具影响力的社团之一，其成员在学习、训练、服务等方面都展现出高度的责任感和团队精神，这对于培养未来警察的团队协作能力和公共服务意识很有帮助。

二、解锁学生干部的三大成长密码

担任学生干部无疑是一项充满挑战的角色。尽管有些人可能最初是出于综测加分的目的而加入学生组织，但很快他们就会发现，加分并不多，而肩上的责任却很重，甚至可能会挤占个人的学习和休息时间。面对这样的现实，一些人选择了退出社团、辞去职务，或者在团学组织中浑水摸鱼、敷衍了事。

然而，即便如此，我们仍然要问：我们为什么还要担任学生干部？

这个问题的答案很简单——它是利好的。这个“利好”不仅仅是指短期的综测加分，而是一个更广泛、更深远的概念。担任学生干部是警校生实现“能力跃迁”的黄金途径，本质是“低成本试错”的职业预演场。它关乎个人成长、在长期的实践中不断锻炼和提升自己的全方位能力。担任学生干部所带来的价值远远超过了短期的加分。

（一）个人成长加速器

1. 责任担当者

担任学生干部首先意味着承担起责任。学生干部需要组织活动、管理团队、协调资源，这些任务要求我们具备高度的责任心。正是在这些责任的重压下，我们学会了如何承担重任，逐步发展成为具备承担责任能力的领导者。

在担任学生干部的实践过程中，我们不可避免地会面临各种挑战和困难，比如组织大型活动的压力、解决团队内部的冲突，或是在资源有限的情况下实现目标。每一次的困难都是对我们能力的考验，也是对我们意志的磨砺。然而，正是在这些挑战中，我们学会了如何平衡各方利益、如何在紧张的时间内推动项目进展、如何在不确定性中作出决策、如何在失败后重新站起来。

在这个过程中，我们不仅能积累宝贵的经验，更重要的是，我们培养出了一种“堪当重任”的责任感。这种能力不仅仅是完成任务的能力，更是一种在面对重大责任时不退缩、不逃避的勇气和决心。它是一种在困难面前展现出的坚韧不拔和适应变化的能力，也是一种在团队中发挥领导力、激励他人并共同达成目标的能力。

而无论是在学术研究还是在职业发展中，这种“堪当重任”的能力都将使我们在竞争中脱颖而出，成为值得信赖和依靠的领导者。

2. 沟通协调达人

学生干部在日常工作中需要与不同的人沟通，包括同学、老师和校外的合作伙伴。这种跨角色的沟通协调能力对于未来的从警生涯尤为重要，因为公安就是与人打交道的行业。我们要听懂群众呼声，才能回应人民关切；我们要领会领导意图，才能正确传达指令；我们要理解同事想法，才能协作完成任务。

学生干部日常工作中，调解冲突和促进合作是潜在任务。每一次对话都成为我们学习与成长的平台，让我们逐渐掌握了如何运用合适的言辞和策略来调解同学间的矛盾、如何运用沟通技巧来实现协调分配任务的目标。

在未来步入工作岗位时，你一定会遇到这样的场景：领导指派你去对接某项事务，他只向你提供了对接人员的基本信息和事情的大致框架，而你完全不清楚具体细节。本质上这是一项沟通任务，它考验着你的沟通技巧和协调能力。

面对这种情况，你首先需要建立起与对接人员的初步联系，通过礼貌而专业的询问，开始逐步展开事情的细节。与不同人沟通时，由于他们的身份和需求各异，如果没有沟通经验，我们很难察觉信息不对称的地方，也难以获得我们所需的信息。这时，我们在学生干部工作中积累的沟通经验就开始发挥作用。我们在潜移默化中懂得了如何通过开放式问题引导对方分享更多信息、如何倾听对方的言外之意，以及如何在对话中寻找线索，以便更深入地了解事情的全貌。

只有在实践中通过一次又一次的沟通协调，我们才能够迅速识别和解决潜在的沟通障碍，才能够在复杂的人际关系中游刃有余。随着沟通经验的积累，我们会变得更加自信和从容，能够在保持自己立场的同时，尊重和理解他人的立场，从而在未来的各种工作场景中建立有效的工作关系。

3. 问题解决专家

学生干部的核心任务是“在约束条件下达成目标”。这就要求我们具备快速有效解决问题的能力。这种能力在任何职业领域都很“吃香”，因为工作中常常需要面对复杂多变的情况。通过担任学生干部，学生可以在实践中学习如何分析问题、制订解决方案，并最终解决问题。

比如，在组织活动方面，当你担任区队干部时，你可能要策划一次区队户外团建。这需要你精心策划活动方案、合理规划活动经费、安排合适的通勤方式和时间、选择合适的用餐地点、准备必要的团建道具，并明确注意事项等各个环节。而当你步入工作岗位，领导让你组织一个反诈宣传活动时，你会发现，在学生干部时期积累的解决问题的能力和经验，都能在新的工作环境中发挥重要作用。你将能够运用那些策划活动时掌握的技巧和策略，解决工作中遇到的问题。

无论是制定宣传方案、管理预算、协调资源，还是确保活动的顺利执行，你都能够凭借之前的经验，更加从容不迫地应对。这些经验不仅让你在策划活动时更加得心应手，也让你在面对难题时更加自信，帮助你在职业生涯中不断成长和进步。

（二）社交网络构建者

1. 人脉拓展家

作为学生干部，你将有机会结识来自不同专业领域的老师、教授，不同年级、专业的师兄师姐、师弟师妹，他们之中或许就会有隐藏的科研大拿和联考大神；在组织校外联谊活动时，还能与其他院校的学生和老师建立联系。这样的多元化社交网络，让你有机会与各类杰出人才交流互动，从而在实践中学习他们的思考方式、工作方法和解决问题的策略。正所谓，“优秀的人是彼此的镜子”，在这些宝贵的实践经历中，你不仅能拓展人脉，还能吸收他们优秀的品质和能力。通过担任学生干部，你积累的社会资本，包括人际关系网和他们的信任与支持，将成为你未来职业发展的坚实基石。特别是在警校这样的特殊环境中，当你遇到不同领域的难题时，这些来自不同学校、不同专业的人可以成为你的宝贵资源，他们的知识和经验可以为你提供指导和帮助。

2. 团队协作能手

学生干部在组织活动和执行任务时，需要与团队成员密切合作，共同达成目标。通过担任学生干部，学生可以在实际工作中学习如何与不同性格和背景的人合作，提高领导能力和团队协作能力。这种能力在公安实战中尤为重要，因为大多数任务都需要我们在不同情境下快速分析问题、权衡利弊，在有限的时间和信息内作出决策。此外，在团队中难免会出现意见分歧或矛盾，我们需要充当“调停者”的角色来处理纠纷、协调多方合作，以确保团队成员之间的默契和融洽，高效完成复杂任务。

（三）职业发展助推器

1. 实战经验积累者

如前所述，我们在谈学生干部给个人成长带来的好处时，始终离不开“经验”二字。没错，学生干部在组织和参与各种活动时，总是能够积累宝贵的实战经验。这些经验包括活动策划、资源协调、现场管理等，这些都是步入岗位后不可或缺的技能。

就以离我们最近的公安联考为例，面试环节中，最需要的就是这些实战经验。学生干部时期积累的经验可以在面试中转化为言之有物、从容不迫、胸有成竹的表现，这些都是非常现实的好处。例如，结构化面试里经常会出现解决群众纠纷、应对突发事件的问题，考生需要展现出对警察职业的深刻理解和应急处突能力。学生干部在组织活动时所积累的团队协作和现场管理经验，可以帮助他们在面试中更好地理解问题，并给出具体、实际的答案。

2. 荣誉、奖励收获者

在大学，表现优秀的学生干部可能会获得荣誉证书或其他形式的奖励。这些荣誉和奖励不仅是对学生干部工作的认可，也成为他们简历上的亮点。担任学生干部的经历能够显著提升学生的就业竞争力。

对于警校生而言，承担学生干部工作会获得相应的任职加分，如参加组织的勤务、大型安保活动等获得荣誉称号的同时也可以获得额外加分，是作为学生组织发展、评奖评先、推荐选拔干部等方面的重要依据。这意味着，警校生在担任学生干部期间的表现，不仅能够获得综测加分，还能在入党推优、评优评先、奖（助）学金评定、毕业与就业等方面获得实质性的好处。

3. 公共服务意识塑造者

担任学生干部并不只是意味着拥有了一定的领导权力，更重要的是履行起服务师生、服务集体的职责。对于警校生而言，通过服务师生和集体，能够培养他们对公共服务的热爱和责任感，这种服务意识将直接影响他们未来作为公安民警的工作态度和效果。

公共服务意识的塑造有利于他们在未来从警生涯中更好地贯彻群众路线，更好地遵循全心全意为人民服务的宗旨，因为它涉及对社会的贡献和对他人的关怀。警校生作为未来的公安民警，他们肩负着维护社会治安、预防、制止和侦查违法犯罪活动的重任。在这个过程中，我们需要给广大人民群众提供法律服务、普及法律知识，预防违法犯罪问题，以确保能够有效地保护公民的合法权益和社会秩序。而警校生在学生干部的角色中，可以通过实际行动践行“知行合一”的思想，将对服务的认知和思想与实际服务行动相结合，提升自己的思想政治素质和道德水平。

这种理论与实践相结合的方式，有助于警校生在将来的工作中更好地理解和执行公安工作，提高服务质量和效率。

三、六边形战士是如何养成的

（一）客观事实："DDL[①]是第一生产力"

当看到那些获得国家奖学金的学生能够在保持高绩点的同时，还能承担学生干部工作和参与各种活动和比赛，我们不禁会问：是因为他们拥有更多的时间吗？并非如此，而是因为他们拥有更高的效率。

还记得在我大二最忙的时候，不仅要在期末周完成复习任务、继续撰写科研报告，同时我还担任着校级学生组织的干部，需要完成老师交办的任务。但那个学期的绩点却是我大学四年最高的一次。为什么明明是我复习时间最短的时候，反而获得了最好的效果呢？

原来当我们在忙碌时，大脑高速运转，使得在"时间紧任务重"的情况下，办事效率非常高。这就是为什么有人戏称"DDL（DEADLINE)是第一生产力"。

当然这也是有科学依据的。帕金森定律揭示了一个现象：任务会自动延展以填满分配给它们的全部时间。这意味着，当任务的截止日期临近时，人们往往会感到紧迫，从而提高工作效率，以确保在DDL前完成任务。

进一步的科学研究发表在《Management Science》期刊上，通过实验证实了DDL作为一种管理工具的有效性。研究发现，个体对DDL的反应受到记忆和注意力限制的影响，说明在DDL的压力下，人们会因为记忆和注意力的集中而提高工作效率。此外，相对较短的DDL不仅能加速人们的反应，还能在DDL后100天内持续提高任务完成率，这可能与记忆和注意力的限制有关。当DDL较长时，人们可能会遗忘之前要完成的任务，导致风险率相对较低。

来自德国曼海姆大学的研究进一步表明，在高工作负荷预期的情况下，持有积极压力观念的员工会采取更多趋近型应对方式，从而带来更高的活力和绩效水平。这表明，在DDL将至时，那些对于"压力"本身持有更积极认知的人往往更倾向于采取更多积极的应对行为，这些行为使他们能把注意力

① DDL是DEADLINE的缩写，意思为截止日期或最后期限。

集中在问题解决上，获得更多控制感，增加目标达成的可能性，从而也能降低焦虑，感受到更大的活力。

DDL 的存在使得我们在面临时间限制时，能够更集中注意力、提高工作效率，并在一定程度上激发潜能和创造力。

所以，我们不必担心参与学生工作会占用很多时间，实际上，它是一个帮助你集中精力和提升工作效率的好方法。至于如何在 DDL 前合理分配时间以完成任务，这在之前关于目标管理和时间管理的讨论中已经有所涉及，这里不再赘述。

（二）主观接纳：将“时间牺牲”重构为“能力投资”的底层逻辑

不可否认的是，承担学生干部工作必然会让你失去一些休息和娱乐的时间，但我们要从内心认识到这些时间的牺牲并非毫无意义，其回报周期远超即时娱乐。我们要用投资人的视角，将牺牲的休息时间转化为成长和发展的宝贵机会。

通过参与学生干部工作，我们不仅能够提升自己的组织能力、沟通技巧和团队合作精神，还能帮助我们培养时间管理技能，学会在有限的时间内高效完成任务。这些短期内看似无以为报的牺牲，其实正在“偷偷地”转化为个人综合素养。

此外，学生工作为我们提供了一个平台，让我们能够结识来自不同背景的人，建立广泛的社交网络，这些联系在未来可能会转化为职业机会或个人支持。我们也可以通过参与学生工作实现自我价值，为学校作出贡献，获得成就感和满足感。在这个过程中，我们还能学会适应和抗压，这是现代工作环境中的一项重要技能。通过反思和自我提升，我们可以更好地了解自己的强项和弱点，并据此进行改进。

有时，参与学生工作本身就是一种乐趣，享受这个过程，从中找到快乐和满足感，也是这些时间被牺牲的回报之一。这些被牺牲的时间不是线性消耗品，而是可增值的“个人能力期权”。或许未来某个出谋划策的瞬间，会有一个鬼点子一闪而过——原来是曾经在深夜改方案的你带来的肌肉记忆。

当你看透这个转化机制，所有的“牺牲”都将变成对未来自己的超额投资。

第三节 科研竞赛：是深入钻研的必由之路，还是学业道路的额外负担

科研竞赛是什么？可能对于大部分本科同学来讲还没有一个具体的认知。我曾经问他们对科研竞赛的看法，总结得到的回答可以归为：科研竞赛是很有用的，甚至如果获奖会对你的保研、评奖有很大帮助。但是感觉科研很“高端”、很“复杂”，自己的水平不足以参加。可是实际真的是这样吗？这里我先告诉大家，科研竞赛并不可怕，它是一种以科学研究为主题的竞赛活动，本质是针对具体问题或者现象进行调查、解释或解决，旨在培养学生的创新思维、科学研究能力和团队合作精神。换句话说，科学研究就是在某个科学主题下，将自己对于某项具体问题的调查内容予以表述、思维想法加以实现的过程，科学研究本身就是你自己的“想法 + 实践”。因此，它并不是想象中的那样不可接触，是提供给你来展示自己才华和成果的平台。只要你有一个好的想法，去问、去学、去做就够了。

一、是什么——了解科研竞赛的项目类型

（一）科研竞赛项目类型

一般科研竞赛的项目类型包括三类：社会调查报告、项目计划书、科技发明创造。

1. 社会调查报告类

社会调查报告类是针对社会生活中的某一情况、某一事件、某一问题，进行深入细致的调查研究，然后把调查研究得出的情况真实地表述出来，以反映问题，揭露矛盾，揭示事物发展的规律，向人们提供经验教训和改进办法，为有关部门提供决策依据，为科学研究和教学部门提供研究资料和社会信息的书面报告。

案例：在疫情期间，人们在口罩用完后基本上都是直接和其他垃圾一起扔进垃圾桶，有的甚至随手乱扔，没有经过任何处理，这样不仅会污染环境，浪费资源（口罩的主要成分是聚丙烯），还会有一定风险。于是你就针对这

种现象，通过问卷调查、访谈等手段去深入了解，然后整理汇总形成材料，并根据结果提出如何去改善这种现象。

2. 项目计划书

项目计划书是聚焦于某个现象或者层面，项目方为了达到招商融资和其他发展目标等目的所编制的计划书。

案例：在美丽乡村政策背景下，你发现在某个村庄中仍然有随手乱扔垃圾的现象，并且经过调查得知，这种情况不仅影响环境，而且一直影响着村干部和许多居民的日常生活，于是你根据这种情况，思考制订出了一套垃圾分类回收方案，能够解决这类村庄所遇到的垃圾乱扔问题，并且将这个村庄作为实验点，发现具有很好的实施效果，受到了村干部的高度认可，于是你将想法结合实际整理出来，并详细阐述项目背景、主要内容、特点、效益等内容，最终汇总形成计划书。

这里要注意项目计划书与项目策划书的关系。策划书主要用于规划项目，确定项目的关键要素，为项目启动提供指导和规划。而计划书则是在项目策划的基础上编制的详细计划文档，用于指导项目的执行和监督。虽然策划书与计划书的定位不同，但在竞赛中，参赛人员都追求尽可能详细描述。

3. 科技发明创造类

顾名思义，是利用科学技术解决技术领域中特有问题而提出创新性方案、措施的过程和成果。一般有三个原则：一是有实用性。学会观察生活，体验生活，了解日常及生产活动中急需解决的问题后，再从实际出发设计产品。二是有先进性。作品要能反映科学技术的发展水平，运用多种新技术手段，并与实际相结合，让评委耳目一新。三是有可行性。发明作品不光在于理论先进，在实际中也得行得通，作品设计要考虑到各种情况的变化与限制，减少在现实中遇到的障碍。

“挑战杯”科技发明制作类作品写作指南对这类项目进行了详尽解释：https://tiaozhanbei.net/d330/article/48771/（“挑战杯”科技发明制作类作品写作指南网址）。

最后，科技发明创造类需要具备一定的相关知识和主题背景。对于文字水平有一定要求的文科专业来讲，绝大多数的选择建议是社会调查报告类和项目计划书。

（二）常见的科研竞赛

对于大学生来讲，目前最常见、可参与性高且含金量高的科研竞赛主要包括：中国国际“互联网 +”大学生创新创业大赛、“挑战杯”全国大学生系列科技学术竞赛和全国大学生创新创业训练计划。

1. 中国国际“互联网 +”大学生创新创业大赛

此大赛涉及范围很广，主赛道涉及新工科、新医科、新农科、新文科，人工智能项目，另外还设有青年筑梦红色之旅赛道、产业命题赛道、职教赛道以及萌芽赛道。大赛每年 4 月或 5 月开始报名，6~8 月复赛，10 月决赛，设立金奖、银奖、铜奖以及各类单项奖项（见图 9–1）。

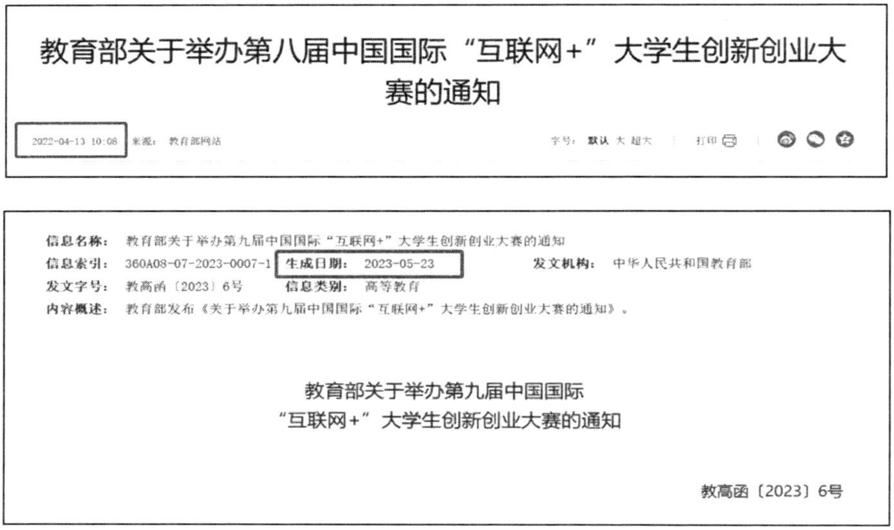

教育部关于举办第八届中国国际“互联网+”大学生创新创业大赛的通知

2022-04-13 10:08 来源：教育部网站 字号：默认 大 超大 打印

信息名称：教育部关于举办第九届中国国际“互联网+”大学生创新创业大赛的通知
信息索引：360A08-07-2023-0007-1 生成日期：2023-05-23 发文机构：中华人民共和国教育部
发文字号：教高函〔2023〕6号 信息类别：高等教育
内容概述：教育部发布《关于举办第九届中国国际“互联网+”大学生创新创业大赛的通知》。

教育部关于举办第九届中国国际
“互联网+”大学生创新创业大赛的通知

教高函〔2023〕6号

图 9–1 “互联网 +”大学生创新创业大赛网上通知

“互联网 +”大赛相对来讲，更注重创新性、科技性和商业性。大赛一般采用校级初赛、省级复赛、总决赛三级赛制。校级初赛由各院校负责组织，省级复赛由各地市负责组织，总决赛则在全国范围内由各地按照大赛组委会确定的配额择优遴选省赛获奖项目予以推荐参加。

“互联网 +”大赛的相关要求每年基本不会变化，如果第一次参赛，想了解相关规范，可以前往中国国际“互联网 +”大学生创新创业大赛官网阅读前一届大赛的通知：http://www.moe.gov.cn/srcsite/A08/s5672/202405/t20240513_1130304.html。

2.“挑战杯”全国大学生系列科技学术竞赛

“挑战杯”全国大学生系列科技学术竞赛每年都举办，竞赛类型分为“大挑”和“小挑”，具体信息如下（见表 9–1）：

表 9–1 “挑战杯”竞赛类型

竞赛类型	“大挑”	“小挑”
全称	“挑战杯”全国大学生课外学术科技作品竞赛	“挑战杯”中国大学生创业计划竞赛
举办时间	奇数年举办	偶数年举办
比赛时间	校赛一般在 3~5 月，省赛 5~6 月，总赛 7~11 月	校赛一般在 3~4 月，省赛 5~6 月，总赛 10~11 月
奖项设置	特等奖、一等奖、二等奖、三等奖等其他奖项	金奖、银奖、铜奖等其他奖项
特点	注重学术科技发明创作带来的实际意义	注重市场与技术服务的完美结合，商业性强
参赛作品	参赛作品可以是科研成果、科技发明创造、社会调查报告等材料	一般为项目的商业计划，即一本商业计划书
限制	分为专本科组、硕士组、博士组，进行分开评审。国赛最多可以报八人	无学历限制，最多可以报十人

3. 全国大学生创新创业训练计划

全国大学生创新创业训练计划简称“大创”。参与大创的项目不会进行评奖排名，因此它并不属于竞赛性质，更偏向于一个帮助培养学生科研能力和提升科研兴趣的平台。大创项目的申报级别共有三级：校级、省部级、国家级。校级立项、结项难度较小，要求较低；国家级立项、结项难度较大，要求较高。大创项目周期一般为每年6月至次年5月，分为三个阶段：立项阶段、研究阶段、结项阶段。

立项阶段：需搜集资料、做好项目安排，填写并提交项目申请书、项目信息表。在此之后，学校邀请相关专家老师对上交材料进行评审，决定该项目是否值得研究、是否可行，从而决定是否给予立项支持（包括资金）。

研究阶段：对给予立项支持的项目，项目组成员进行研究。

结项阶段：到了大创周期后期，需要将研究成果以论文或报告的形式呈现出来提交给学校，由学校决定研究是否达到相应价值，是否予以结项。

但是由于大创的具体安排每年是由学校直接下发，因此想要去深入了解有关大创的信息可以在校园网上搜索“大学生创新创业训练计划”，阅读相应文件。

最后，除了这三个外，还有其他的科研竞赛，比如北京市大学生节能节水低碳减排社会实践与科技竞赛、全国高校安全工程与应急技术创新创业大赛，等等。如果想要参加这些竞赛，需要同学们及时关注校园网发布的信息，尤其是对于校级的科研竞赛项目，只有通过校园网才能够及时找到相关通知。

二、怎么做——参与科研竞赛的一般过程

（一）如何去做一个项目

制作科研竞赛项目的步骤虽因人而异，但是在流程上高度相似。这里以社会调查报告或项目计划书类为例，将其项目制作流程总结如下：

1. 阅读竞赛通知，了解竞赛相关信息

学校会有专门负责科研竞赛的相关工作人员通过校园网或者微信、QQ 群组下发竞赛通知。竞赛通知中会详细说明本次竞赛的赛制、侧重点、时间安排、奖项设置、获奖比例、评审要求等信息，同时还有对于参赛人员、指导老师、作品内容、提交日期等的限制。参与人员需要对上述信息有一个充分的掌握。

竞赛往往会有一个主赛道和若干给定主题的专项赛道。每个赛道都会有专门文件或在文件中由专门模块进行讲解，案例如图 9–2 所示。

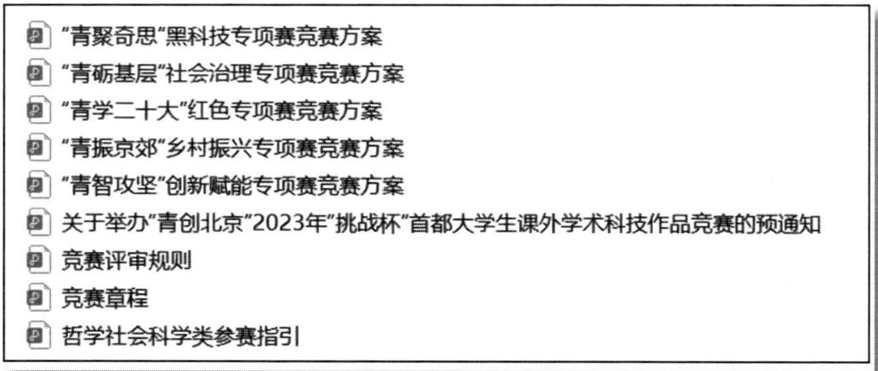
“青聚奇思”黑科技专项赛竞赛方案
“青砺基层”社会治理专项赛竞赛方案
“青学二十大”红色专项赛竞赛方案
“青振京郊”乡村振兴专项赛竞赛方案
“青智攻坚”创新赋能专项赛竞赛方案
关于举办“青创北京”2023年“挑战杯”首都大学生课外学术科技作品竞赛的预通知
竞赛评审规则
竞赛章程
哲学社会科学类参赛指引

图 9–2　科研竞赛通知

另外，如果竞赛有预通知文件下发，一般会在正式竞赛前一个月左右公布，内容会包含竞赛的相关主题要求及大概时间，让参赛人员留有时间去思考准备（见图 9–3）。

关于举办“青创北京”2023 年“挑战杯”首都
大学生课外学术科技作品竞赛的预通知

图 9–3　科研竞赛下发预通知文件

2. 搜集资料，形成大致的方向

参赛人员在阅读完比赛的相关信息，尤其是了解到比赛主题后，需要广泛收集资料，根据自己所学确定与比赛主题相关的研究方向。

或者参赛人员已经有比较感兴趣的研究方向，在这种情况下，参赛人员就可以不改变研究方向，通过转换研究角度来和比赛的主题产生联系。

一般来说，科研竞赛都会有多个不同主题的赛道，涉及范围广，因此参赛人员尽管去大胆尝试，只要是你感兴趣的研究方向，基本都可以与其中一个赛道产生联系。

那么，从哪里找选题呢?

途径一：参考往年相同竞赛获奖名单的研究方向。这种方法可以让你了解过去哪些研究方向受到评委的青睐，同时可以发现一些持续受到关注的研究领域。

途径二：收集上课时老师所提问题。老师在课堂上提出的问题往往反映了学科中的难点和热点，这些问题可以激发你的思考，帮助你发现值得深入研究的课题。

途径三：紧跟前沿新闻热点。新闻热点往往反映了社会的关注点和迫切需要解决的问题，从这些热点中寻找选题，可以让你的研究更贴近实际，具有更强的现实意义和应用价值。

3. 确定研究思路

在确定了研究方向之后，参赛人员要围绕这个研究方向去构建一个研究框架，也就是对如何科学、合理地达到你的研究目的去做一个规划。这里的规划具体是指进行这个研究的过程设计，如要得到哪些数据、使用哪些方法以及怎样得出结论。

4. 和老师沟通，寻找队友，确定题目

将自己的想法和老师沟通，听取老师的意见，再根据项目的需要来寻找队友，与队友商讨，完善项目思路，确定题目，确保团队的思路统一。

注意：要寻找什么样的队友？——态度、经验与能力

第一点：态度踏实，品行端正。一个踏实的态度意味着队友愿意投入必要的时间和精力，对待工作认真负责，不轻易放弃。品行端正则表明他们具有良好的职业道德和团队精神，尊重他人，公平地分享工作成果。这样的队友能够为团队带来稳定性和信任感。

第二点：尽可能有一名或几名有经验的同伴。有经验的队友能够凭借过往的项目经历，为团队提供可靠的解决方案。他们通常对项目流程十分熟悉，能够在遇到问题时迅速找到应对策略，减少团队在摸索中浪费的时间。另外，有经验的队友还能够指导和帮助新手更快地适应项目要求，提高整个团队的工作效率。

第三点：按实际需要寻找同伴。举几个例子，如果项目涉及大量的数据处理，那么拥有数据分析和统计学背景的队友将是最佳选择，他们能够运用专业知识，对数据进行有效分析，为项目提供数据支持。对于需要高质量图表和视觉呈现的项目，擅长美编和设计的队友能够确保项目的视觉效果达到专业水准，这对于提升报告的吸引力和说服力至关重要。此外，如果项目的主题涉及特定的领域知识，那么就要寻找对该领域有一定熟悉程度的队友。

5. 划分任务，分工合作

在项目管理中，有效的任务划分和分工合作是成功的关键。首先，需要对项目的整体目标和要求有清晰的认识，然后根据每个队友的专业技能、兴趣和可用时间来分配任务。例如，项目需要制图，可以指派擅长图形设计和软件操作的队友负责；对于描述性工作，可以交给文笔流畅、表达能力强的队友；而对于技术操作部分，则可以由具有相关技术背景的队友来承担。确保每个成员都清楚自己的职责和期望成果，这样可以提高团队的工作效率和项目完成的质量。

6. 汇总材料，形成初稿

在各个队友完成自己负责的部分后，需要确定一个具体的时间点来汇总所有的材料。这个时间点应该在项目计划中提前设定，以确保所有成员都能按时提交自己的工作成果。汇总时，要仔细检查每个部分的完整性和一致性，确保所有内容都能够流畅地衔接起来，形成一个连贯的初版材料。这个初稿将作为后续修改和完善的基础。

7. 查漏补缺

在形成初稿后，需要仔细审查和补充。首先，要确保内容的逻辑性和合理性，避免出现内容重复、逻辑混乱或错别字等问题。这需要团队成员之间进行交叉检查，互相提出修改意见。其次，要确保所有涉及的附件和补充材料都已经整理完毕，包括图表、数据、参考文献等，这些都是支撑项目报告的重要部分。

8. 提交给老师审查

在完成初稿和查漏补缺后，需要将材料提交给老师进行审查。这是一个至关重要的步骤，因为老师的反馈和建议可以帮助团队发现可能忽视的问题，并提供改进的方向。在提交材料时，要特别注意时间管理，确保在截止日期前留有足够的时间供老师审查和团队进行后续的修改。

9. 修改并形成终稿

在收到老师的反馈后，团队需要根据老师的意见和建议进行最后的修改和调整。这可能包括对内容的进一步深化、对逻辑结构的优化、对语言表述的润色等。所有的修改都应该以提高报告的质量和说服力为目标。在完成所有必要的修改后，团队将形成最终的报告，这将是团队努力的成果，也是项目成功的重要标志。

（二）参加竞赛有什么流程

1. 注意学校通知，关注竞赛的截止时间以及所要提交的内容

通知下发后，学校的绝大部分科研竞赛（大创除外，大创立项阶段只需要提交项目申请书）在截止日期前就需要将申报书 + 项目计划书或者项目申请书 + 社会调查报告同时提交（申报书 + 项目计划书 / 社会调查报告 +Excel 信息表或作品汇总表）（见图 9–4）。

图 9–4　项目提交

2. 提交项目，等待学校通知

在此重点关注三项内容。一是确认项目是否通过了校审。二是关注是否需要进行网上报名，这通常涉及项目信息的官方登记。三是检查是否需要提交纸质材料和附件，以准备校内答辩，这可能包括项目报告、研究数据等关键文件。

3. 学校推选

学校推选过程是由学校层面负责的，与参赛人员无直接关系。这一阶段，学校会根据项目的质量和潜力，以及符合竞赛的标准和要求，来决定哪些项目将被推荐参加更高级别的比赛。

4. 若被学校推选，进入复赛，需准备复赛答辩

复赛的通知会详细说明需要准备的材料和答辩的具体要求。根据通知，参赛人员需要准备 PPT 和其他介绍材料，这些材料应该能够清晰、准确地展示项目的核心内容和研究成果，以便于评委和观众理解。

5. 敬候佳音

科研竞赛的获奖比例是比较高的（在 30%~50% 都有可能），获奖名单的公示基本在答辩后的两天左右。针对有复赛答辩的比赛，一般情况下只要进入复赛答辩就能够获得二等奖以上奖项。另外，复赛是用来优中选优的，因此并不是未进入复赛答辩的项目就不会获奖，未进入同样也会有机会获得三等奖以上奖项（见图 9–5）。

> 竞赛设特、一、二、三等奖，奖项比例分别为 5%、10%、20%、55%。自然科学类学术论文、哲学社会科学类社会调查报告、科技发明制作分别按上述比例设奖。本专科生、硕士研究生两个学历层次作者的获奖作品数与入围评审作品比例基本一致。专项赛道独立评审，作品参照特等奖、一等奖、二等奖、三等奖的等次设置相应奖项，获得“揭榜挂帅”机制专项赛特等奖的团队原则上需决出 1 个“擂主”。

图 9–5　2022 年某科研竞赛奖项设计

注：揭榜挂帅模式是给定一个具体问题以及相关解决要求，在这个前提下参赛人员给出具体方案，对不同方案进行评比。

第四节　社团活动：是兴趣爱好的延伸，还是时间管理的考验

在大学校园里，社团活动是学生生活的重要组成部分，不仅丰富了校园文化，也为我们提供了一个展示个人才华和兴趣的平台。许多新生在进入大学后，拥有了更多的自由时间，他们渴望学习自己感兴趣的事物，因此基于个人爱好，纷纷加入了多个社团。然而，他们往往没有考虑到社团活动可能带来的时间冲突以及其他挑战。

社团活动不仅仅是关于兴趣的追求，还是我们社交技能、团队合作能力以及领导力培养的重要场所。通过参与社团活动，我们能够学习如何与不同背景的人合作、如何解决冲突，以及如何有效地管理时间和资源，在忙碌的学业和社团活动之间找到平衡。

因此，在选择社团时，除了个人兴趣爱好，还要考虑时间安排与课程是否冲突、自己是否有足够的精力和时间来平衡学业和社团活动，以及社团的整体氛围与所提供资源是否符合个性和期望。只有这样，才能找到真正适合自己的社团，避免“三分钟热度”。

一、社团的种类

（一）文化艺术与体育类

大学中的文化艺术与体育类社团是校园文化的重要组成部分。文艺类如音乐、舞蹈、戏剧、摄影等，包括警乐团、鼓乐团、街舞社、合唱团等；以及体育类如篮球、足球、羽毛球、乒乓球、武术等社团。作为大学校园里最为传统、最为常见的一类社团，会经常组织大型活动和比赛，给我们提供展示自己的机会，通过参与这些活动，我们能够释放压力、培养审美和创造力，同时增强体质和团队合作精神。

（二）科技创新与语言文学类

科技创新与语言文学类社团是大学校园内知识探索和文化传承的重要载体。科技创新类社团如编程、机器人、天文等，鼓励我们投身于科学研究和

技术创新，培养批判性思维和解决问题的能力。语言文学类社团，包括话剧社、文学社、辩论社等，致力于提升语言技能和文学素养，促进跨文化交流。这些社团不仅能够增强我们的学术背景，也为个人发展和职业规划提供了宝贵的经验。通过参与，我们能够在专业领域内深化知识，同时锻炼沟通和表达能力。

（三）社会服务与专业学术类

社会服务与专业学术类社团在大学中扮演着连接理论与实践、校园与社会的桥梁角色。社会服务类社团主要致力于志愿者服务、公益慈善等，比如法律法规宣讲队、禁毒宣传志愿服务队等，通过组织各类公益活动，培养学生社会责任感和奉献精神，同时提供实践平台，让我们在服务中学习与成长。专业学术类社团则聚焦于学科专业和学术研究，如法学社、电子数据取证社团、网络特警队、心理学社等，能深化我们对专业知识的理解和应用，激发对学术探索的热情。

（四）文化交流与职业发展类

文化交流类社团，如文化体验和语言学习社团，致力于促进不同文化之间的理解和沟通，通过组织国际文化体验和语言学习活动，帮助学生了解不同文化，增强跨文化交流能力，为我们打开国际视野。职业发展类社团则专注于职业规划和学术交流，如职业发展协会和各类专业协会，帮助我们规划未来职业道路，提升专业技能，为步入工作岗位做好准备。这些社团通过举办讲座、提供实习机会，给予我们宝贵的实践经验和职业发展资源，使我们能够在全球化的背景下更好地适应和竞争。

（五）休闲娱乐与心理健康类

休闲娱乐类社团，如游戏类、旅游类等，不定期举行一些游戏比赛和集体出行活动，为我们提供放松身心、享受生活的机会，帮助学生在忙碌的学业之余找到乐趣和平衡。心理健康类社团则致力于提供心理健康支持和自我成长的机会，如心理协会和减压工作坊，通过举办活动和提供资源，帮助我们应对压力，促进个人发展。这些社团不仅丰富了校园生活，还有助于我们建立积极的生活态度和维持健康的心理状态。

二、如何选择社团

在选择社团时，我们首先可以通过参加社团招新活动、面试或试水期，亲身体验社团活动，了解社团的运作和活动内容，看看是否与自己的期望相符合。其次可以与社团的现有成员交流，了解他们对社团的看法和感受。此外，还可以咨询师兄师姐、辅导员或其他同学，听取他们的经验建议，了解他们对不同社团的评价和意见。通过这些途径，可以更全面地了解我们心仪的目标社团，为自己的选择提供参考。以下是选择社团时需要考虑的因素。

（一）兴趣爱好与个人热情

在选择社团时，兴趣爱好无疑是一个核心的考量因素。一个人如果能够从事自己热爱的活动，不仅能够提高参与的积极性，还能在享受过程中获得更深的满足感。当社团活动与个人兴趣相契合时，成员更有可能全身心投入，这种投入不仅仅是时间上的，更是情感和精力上的，且有助于成员在社团中获得更深刻的体验和更全面的成长。兴趣驱动的参与还能帮助成员在面对困难和挑战时保持积极的态度，因为对活动本身的热爱会成为他们坚持下去的动力。此外，兴趣还能激发个人的创造力和潜能，使得在社团中的学习和成长变得更加自然和高效。

因此，在选择社团时，要优先考虑那些能够激发你热情、与你兴趣相投的社团，这不仅能丰富你的大学生活，还能帮助你在享受活动的同时，实现自我提升和个人发展。

（二）个人发展与职业规划

社团活动是大学生提升个人技能、积累实践经验的重要平台。通过参与社团，我们可以在实际活动中锻炼和提升自己的领导力、团队合作和沟通能力，这些软技能对于未来的职业发展极为重要。

例如，担任社团的组织者或领导者，可以让学生在策划活动、管理团队的过程中，学习如何有效领导和激励他人。同时，社团中的团队项目和合作任务，能够锻炼学生的团队协作能力，学会如何在团队中发挥自己的作用，以及如何与不同背景的人有效沟通。

如果社团活动与我们的职业目标紧密相关，那么这些活动不仅能提供实际操作的机会，还能让我们获得行业的最新动态和专业知识，为将来步入工作岗位打下坚实的基础。因此，选择那些与个人职业规划相匹配的社团，不仅能够帮助我们实现职业目标，还能在校园生活中就开始积累宝贵的职业资本。

（三）时间管理与学业平衡

时间管理与学业平衡对于大学生来说至关重要。大学生活不仅仅是学习，还包括了丰富的课外活动和社团参与，这些活动能够提供学习以外的宝贵经验，帮助我们发展多方面的能力。然而，如何在繁忙的学业和社团活动之间找到平衡点，是每个大学生都必须面对的挑战。

合理评估自己能够投入社团活动的时间，是确保学业不受影响的前提。这意味着我们需要根据自己的课程安排、学习习惯，选择那些活动安排合理、不会过度占用学习时间的社团。这样的社团能够提供灵活的时间安排，允许学生在保证学业成绩的同时，参与到社团活动中去。

（四）社团声誉与活动质量

社团声誉与活动质量是衡量一个社团是否值得加入的重要标准。一个社团的声誉往往建立在其历史成就、成员表现以及过往活动的成功举办上。这些因素共同构成了社团的品牌形象，对外传递着社团的专业性和可靠性。

选择声誉良好的社团，意味着你将与一群有共同目标和追求的人一起工作，这不仅能提升你的个人能力，还能让你在团队合作中学习到宝贵的社交技能。同时，活动质量直接关系到你能否从中获得实质性的成长和经验。高质量的活动往往设计周密、执行到位，能够为成员提供实际操作的机会，让他们在实践中学习和成长。这样的活动不仅能够增强成员的专业技能，还能提高解决问题和应对挑战的能力。

因此，在选择社团时，不妨多做一些调查，了解社团声誉和活动质量，选择那些能够提供丰富、有深度活动和资源的社团。

（五）资源获取与机会拓展

优秀的社团往往能为成员提供专业讲座、实习机会和比赛等资源，这些都是提升专业技能和增加就业竞争力的重要途径。专业讲座能够让我们接触到行业的最新动态和前沿技术，而实习机会则能让我们将课堂上学到的理论知识应用到实际工作中，这种实践经验对于我们理解专业知识和提高问题解决能力至关重要。此外，通过参与社团组织的比赛，我们能够锻炼团队合作能力、创新思维和领导力，这些都是未来职场中不可或缺的素质。

选择那些能够提供丰富资源和机会的社团，可以帮助你在专业领域内获得更多的学习和成长机会，同时也能拓宽你的职业道路。

（六）社团氛围和组织文化

参与社团活动是拓宽社交圈、丰富个人经历的重要途径。通过加入社团，我们有机会与来自不同背景和专业的同学交流合作，这不仅能够丰富个人的校园生活，还能够为未来的职业生涯提供人脉支持。因此在选择社团时，我们需要关注社团氛围和组织文化，它们在无形中塑造着成员的参与感受和成长轨迹。

一个充满活力、鼓励合作的社团氛围，能够极大地激发成员的积极性和创造力，使他们更愿意主动参与、积极贡献，从而在团队合作中找到乐趣，增强归属感。与此同时，一个具有清晰价值观和强烈使命感的组织文化，能够为成员提供明确的方向感，促使他们为了共同的目标而努力，这种文化的力量能够促进成员间的相互尊重和支持，建立起深厚的团队精神。

因此，当我们在选择社团时，不仅要看活动本身是否吸引人，还要深入了解社团的氛围和文化是否与自己的价值观相契合，是否能够提供一个积极向上、互相支持的环境，这些都是确保我们能够在社团中获得最佳体验和发展的重要因素。

第五节　公益活动：是用时间换取加分的捷径，还是个人成长的另一扇窗

在大学校园里，公益活动常常被提及，它不仅是学校文化的重要组成部分，也是学生社会实践的重要途径。有些学生可能会将参与公益活动视为一种获取额外学分或荣誉的途径，这种看法虽然有一定的现实基础，但却忽视

了公益活动更深层次的价值和意义。公益活动的真正目的在于培养个人的社会责任意识、同理心和实践能力，它为参与者提供了一个了解社会、服务社会并从中学习和成长的平台。通过参与公益活动，学生能够直接接触到社会的各个层面，了解不同群体的需求和挑战。这种直接的经验比书本上的知识更加生动和深刻，能够帮助学生建立起对社会问题的真实感知和理解。因此，对于大学生来说，参加公益活动是极有必要的。

一、常见志愿活动

（一）校内志愿活动

警校生作为未来执法力量的培养对象，其校园生活不仅仅是学习法律知识和警务技能，还包括参与各种志愿活动。这些活动不仅能够增强我们的社会责任感，还能提升我们的组织协调能力和团队合作精神。在校内，我们可参与的常见志愿活动包括迎新志愿活动、图书整理、电脑“义诊”等，这些活动通常由校青年志愿者协会等校内相关部门举办。迎新志愿活动是帮助新生快速融入校园生活的重要途径；图书整理则有助于维护图书馆的秩序和保持良好的环境；而电脑“义诊”则是利用技术知识为师生解决电脑问题。此外，部分警校可能会联系地方公安机关开展一些社会实践活动，如担任活动讲解员、为民警子女辅导作业、反诈知识宣讲、普法宣传等活动。这些活动不仅让我们有机会将所学知识应用于实践，还能增强我们与社区的联系，提升我们的公共服务意识。

（二）社会公益活动

社会公益活动是指由个人、团体或组织发起的，旨在服务社会、促进公共利益、解决社会问题或提升社会福祉的非营利性活动。这类活动通常包括社区服务、助老助残、关爱流浪人群、无偿献血、公益募捐以及抢险救灾等。例如，在社区服务中，我们可以参与环境清洁、安全教育活动的组织工作。在助老助残活动中，我们可以为老年人和残疾人提供日常生活的辅助，如购物、打扫卫生等。关爱流浪人群的活动则包括为他们提供食物、衣物和临时住所。通过参与社会公益活动，我们不仅能够提升个人技能、增强社会责任感，带来心理健康和情感满足，还能扩展社交网络，增进社区联系，同时促进职业发展和教育学习。

（三）线上志愿活动

随着互联网技术的普及和全球化的发展，线上志愿活动成为一种新兴的、跨越地域限制的公益参与方式。这些活动不仅为志愿者提供了灵活的参与途径，也为需要帮助的群体带来了实质性的支持和关怀。其中，联合国线上志愿者、“蓝信封志愿”是比较具有代表性的两个线上志愿活动。

联合国线上志愿者项目是联合国志愿人员组织（UNV）的一项创新服务，它通过互联网将全球的发展组织与志愿者连接起来，支持他们进行有效的在线合作。志愿者可以通过 UNV 的统一志愿服务平台（UVP）申请成为线上志愿者，为全球和平、发展和人道主义工作贡献自己的技能和专长。

“蓝信封志愿”活动则是一个专注于乡村儿童心理陪伴领域的专业公益机构——蓝信封留守儿童关爱中心发起的项目。蓝信封书信笔友活动通过招募和培训志愿者，让通过考核的通信志愿者（称为通信大使）与乡村儿童一对一结交笔友，持续通信一年半，构建起朋辈关系。在这个过程中，志愿者扮演“树洞”和“笔友”的角色，为乡村儿童提供心理陪伴和社会支持。

（四）演唱会志愿活动

参与演唱会的志愿活动不仅是大学生中广受欢迎的社会实践方式，也是警校生们放松身心、丰富课余生活的绝佳选择。在这些充满活力的音乐盛会中，志愿者们不仅承担着现场服务工作，如为观众提供清晰的指引、及时的帮助和有用的咨询，确保演唱会顺利进行，同时也在忙碌的学习之余找到了一种释放压力、享受生活的途径。

通过参与这样的活动，警校生们可以在紧张的警务训练和学习之余，体验到与日常学习环境截然不同的氛围。在演唱会的热烈气氛中，他们可以暂时放下学业和训练的压力，与志同道合的志愿者们一起工作，享受音乐带来的愉悦和放松。此外，演唱会志愿活动也为警校生提供了一个展示自己组织能力和领导才能的平台。在协调观众、处理突发情况的过程中，我们可以学习到大型活动组织和管理的知识，提升我们的应急处理能力和人际沟通技巧。此外，通过与不同背景的志愿者和工作人员合作，我们能够拓宽视野，增进对不同文化和音乐风格的理解。这种志愿活动不仅让我们有机会近距离接触自己喜欢的艺人和音乐，还能够在服务中找到乐趣，实现自我价值。

（五）政府机构组织的志愿活动

政府机构组织的志愿活动，主要包括奥运会、冬奥会、亚运会等大型体育赛事以及特殊时点纪念日的重大安保、志愿活动，此外还有国家发起的西部计划等志愿活动等。这些活动都是旨在动员社会力量、服务国家大局的重要举措，许多警校与政府机构建立了合作关系，因此能够为学生争取到参与大型活动志愿服务的机会，为学生提供了一个展示自我、服务社会、实现个人价值的平台。通过参与这些活动，学生们得以将他们在校园里学到的专业知识和技能应用到实际工作场景中，从而在实践中提升自己的专业能力。例如，在大型体育赛事中，我们可能参与到安全保障、观众服务、语言翻译等多个领域，这些经历不仅能够提升我们的专业技能，还能增强我们的团队协作和跨文化交流能力。在西部计划等国家项目中，我们则有机会深入基层，了解国家的发展现状，为偏远地区的教育、卫生、经济发展贡献自己的力量。这些经历对于我们未来成为一名优秀的执法者具有重要的意义。

二、志愿活动资讯获取渠道

（一）校内官方平台

校内获取资讯渠道主要包括校园内网及班级群。学校官网或教务系统会定期发布校级志愿项目，包括大型赛事服务、校内活动保障等。学生会和团委等部门也会同步更新志愿服务需求信息，这些信息通常包括活动的时间、地点、内容以及报名方式。团支书和区队长会在班级群及时转发优质志愿活动通知，确保每位同学都能及时了解到最新的志愿活动。此外，通过同学之间信息共享也可以了解到各学院特色志愿服务项目。

（二）志愿类学生组织

高校内的志愿者社团是志愿活动的重要组织者。例如，志工部、红十字会、青年志愿者协会等社团会常年开展固定志愿服务，定期发布志愿活动信息。加入这些社团，不仅能获取第一手的志愿活动资讯，还能参与活动的策划和执行，提升个人的组织能力和社会实践能力。社团成员通常会通过发布活动通知、社交媒体群组等方式分享即将举行的志愿活动。

（三）政府公益平台

政府公益平台可以分为全国性志愿服务系统和地方志愿服务门户两类，一般以网站和公众号为载体提供志愿活动资讯。例如，中国青年志愿者网（http://www.zgzyz.org.cn/）提供了全国各地的志愿组织和官方志愿项目的信息，如西部计划、阳光计划等；志愿汇 APP 或小程序提供了活动报名、市场认证等全流程服务。

此外，各省市共青团官网设置志愿服务专栏，如广东的"i志愿"平台（https://www.gdzyz.cn/），是专门服务于广东省地区的公益志愿网站，它可以根据个人所在的城市和行业推送志愿项目。地区或街道政务公众号会发布社区治理类的志愿服务需求，如社区服务、环保活动、法律援助等。

（四）新媒体信息渠道

关注特定的公众号可以获取志愿活动的最新消息和报名方式。例如，"青年实践行动"和"大学生赛事资讯"等平台整合全国志愿资讯，包括各类时间活动和赛事服务。对于想要参加演唱会、音乐节、体育赛事的志愿者活动的同学，可以关注"迷笛志愿者""演唱会志愿者"等公众号。这些公众号通常会发布具体的志愿者招募信息，包括申请流程、时间安排和所需条件。有时豆瓣同城、微博超话等社交平台也会发布即时活动招募。

（五）社会公益机构

一方面可以与慈善组织对接，比如联系当地的红十字会、义工站、志愿协会等民间组织，直接向他们表达服务意愿并登记，获取常态化服务岗位。这些组织通常会有长期的志愿服务项目，如关怀老人、帮助残疾人、环境保护等。另一方面关注公共服务机构的招募信息，如医院导诊、图书馆整理、地铁志愿者等服务单位会定期招募志愿者；养老院、特殊教育学院等场所也会接受志愿服务预约。

第十章　人际交往——慎独不孤众行能远

在大学的校园里，人际交往的艺术和科学无处不在。从图书馆的安静角落到热闹的社团活动，从紧张的小组讨论到轻松的宿舍夜谈，每一次互动都在塑造着我们的社交技能和个人成长。

这些互动不仅仅是简单的交流，更是我们学会与自己、与同辈、与长辈交往的实践场。在这些互动中，我们学习如何倾听自己内心的声音、如何理解同辈的想法和感受，以及如何吸收和学习长辈的经验和智慧。每一次对话，每一次合作，每一次冲突的解决，都是我们社交技能的锻炼和个人成长的助力。

这些技能和智慧，将伴随我们走出校园，走入更广阔的社会。通过这些经历，我们学会如何在独立中坚守自我，在合作中实现共赢，这正是“慎独不孤，众行能远”的真正含义。

第一节　与自己：是众人皆醉我独醒，还是想得越多越迷茫

在这个快节奏、高压力的社会背景下，自我认知和自我对话变得尤为重要。你可能也常常在想，我的想法是正确的吗？我做的事情是正确的吗？是众人皆醉我独醒，还是“天下本无事，庸人自扰之”？这种内心的挣扎，既是成长的痛苦，也是成熟的过程。

对于警校生来说，这种自我探索尤为明显。在面对学业压力、职业规划和人际关系时，他们常常需要独立作出选择。是坚持自己的想法，即使这意味着要走一条与众不同的路，还是随波逐流，追求所谓的“安全”选择？

参照群体理论认为人们在人际交往中会参照某个群体的规范和价值观来评价自己的行为和地位。在警校，学生可能会将同伴或者警察职业群体作为

参照，以此来调整自己的行为和价值观。这种参照可能会帮助他们获得认同和满足，但同时也可能导致他们在追求个人想法和遵循群体期望之间感到冲突。

让我们想象这样一个场景：

你刚踏入警校的大门，发现周围的许多同学都抱有一种轻松的生活态度，他们认为大学生活应该是享受和放松的时光，追求“及格万岁”。而你，却早早地为自己设定了明确的目标：考个好成绩，当个好警察。你的认真态度与周围轻松的氛围形成了鲜明的对比。你可能因此感到孤立，甚至不时听到一些质疑和嘲笑的声音：“有必要这么卷吗？”在这种压力下，你可能会开始怀疑自己的选择，质疑自己的价值，甚至可能在同伴的影响下，放弃自己的目标，加入那些“混子”的行列中。

但是，这种随波逐流并没有给你带来预期的内心安宁。相反，你开始深刻反思，自己为何会放弃最初的目标？是因为同伴的影响，还是因为自己内心的不确定和恐惧？你意识到，真正的自我认知和自我对话不是盲目追随他人的脚步，而是要深入探索自己的价值观、目标和热情所在。

在警校，我们不仅要学习如何成为一名警察，更要学习如何成为一个完整的人。社会标签理论指出，虽然人在社会中可能会被贴上各种标签，但这些标签并不能定义我们。在警校，我们被鼓励去超越这些标签，根据自己的内在价值和目标来塑造自我。

知识层面：我们学习法律知识和伦理原则，不仅是为了通过考试，更是为了在实际工作中能够作出正确的道德判断。

价值层面：我们被教导要尊重人权，保护无辜，同时还要打击犯罪；被教导如何识别和挑战那些可能限制我们潜能的刻板印象，无论是性别、信仰还是社会经济背景，这些标签都不应成为我们追求正义和公平的障碍。

思维层面：我们被教导发展批判性思维，在秩序与良知之间，在法理与人情之间，在群体期待与个体信念的交界处，永远保持审视和构建的力量。通过案例研究和角色扮演，我们练习如何在面对挑战时保持客观和公正，如何在压力下作出合理判断。

这些学习的过程就是自我认知的过程。虽然这样的自我认知可能会让你感到迷茫，但这是成长不可或缺的一部分。你开始明白，警校生活不仅仅是关于学习学业、体能和技能的训练，还关乎心理和情感的发展。在这里，你被鼓励去明确自己的职业目标，不断提升自己的专业技能。在这个过程中，你可能会发现自己的不足，比如学习与实践之间的结合不够，或是处理问题的经验不足。但正是这些不足，促使你不断学习和成长。

总之，警校生在自我认知和自我对话的过程中，不仅要学会坚持自己的想法，还要学会如何在社会和职业的期望中找到自己的位置。要认识到警校的学习与课程，不仅仅是为了培养我们成为警察，更是为了培养我们成为社会的守护者，成为能够在复杂多变的环境中保持正直和公正的人。

这段旅程虽然布满荆棘，但它是塑造我们健全人格不可或缺的一环。

第二节　与同辈：我们到底是朋友，还是竞争对手

在警校这个特殊的社会微观环境中，我们与同辈之间的关系构成了一个复杂的网络。社会交换理论和社会团结理论为我们提供了理解这些关系的两个重要视角。社会交换理论揭示了人际交往中的一种基本动态：我们通过交换资源——无论是爱、金钱还是地位——来满足自己的需求。在警校，这种交换可能表现为同学之间的互相帮助，共同在学业和未来的职业道路上取得优势。然而，当个人利益与集体利益发生冲突时，这种交换行为可能会引发内心的挣扎和迷茫，迫使我们重新审视自己的选择和价值观。

而社会团结理论强调了人际交往在维护社会团结和稳定中的作用。在警校这样一个强调集体主义和团队合作的环境中，学生之间的相互依赖和合作对于保持团队的凝聚力和效率至关重要。但这种团结有时也会限制个人的独立思考和行为，使得一些学生在追求个人发展和遵守集体规范之间感到矛盾和挑战。

在同辈群体中，友谊与竞争的关系尤为复杂。我们每天都处在与舍友、区队同学、师兄师姐以及师弟师妹的互动中，这些关系不仅影响着我们的大学生活，更塑造着我们的社交技能和个人成长。如何在同辈之间建立健康的友谊，同时处理不可避免的竞争关系，成为我们必须面对的问题。通过以下探讨，希望能够让你更好地理解自己在同辈关系网中的位置，以及如何塑造这些关系，使之成为我们个人成长的助力，而不是阻碍。

一、与舍友

在宿舍生活中，舍友之间的关系确实非常微妙，他们构成了大学生活中最亲密也是最复杂的社交网络之一。不仅共享着生活空间，还共享着日常的喜怒哀乐。在这个共享的空间里，保持个人隐私的同时寻找共同点，成为我们必须面对的挑战。这意味着我们需要在尊重彼此的个人空间和物品的基础上，找到共同的生活规律和习惯，比如协调作息时间、分配清洁任务，以及在需要时给予对方足够的私人空间。

首先，学会尊重。每个人都有自己的生活习惯和隐私需求，这意味着我们需要在不侵犯对方隐私的前提下，建立起相互信任的关系。比如，未经同意不翻动他人的物品，不擅自使用他人的私人物品，这是对他人最基本的尊重。

其次，找到共同的生活规律和习惯。这可能需要一段时间的磨合，而一旦找到合适的节奏，宿舍生活将变得更加和谐。我们可以一起制订宿舍规则，比如共同购买公共用品、设定中午和晚上的安静时间等，让宿舍这个私密空间变成有爱的“小家”。

再次，学会沟通和协调。在宿舍生活中，难免会出现分歧和冲突。我们可以通过定期的宿舍会谈，来讨论和解决生活中遇到的问题。在沟通的过程中，我们还可以采用一些技巧，比如使用缓和语句来表达自己的感受，避免指责对方，这样可以降低对方的防御心理，使对话更加顺畅。同时，试着学习一些非暴力沟通的方法，比如明确自己的需求，同时尊重他人的需求，寻找双赢的解决方案。

最后，在相处过程中找到“边界感”。在人际交往中，我们应当意识到即便是最亲密的关系也需要界限。虽然亲密无间的互动，如轻松的玩笑和打闹，能够增进彼此的友谊和亲近感，但关键在于要把握分寸。在建立和维护关系的过程中，重要的是要识别并尊重那条不可触碰的界限，就算是最好的朋友，也得有点儿自己的小空间，知道哪里是底线，这样才能长久相处，关系才能更稳固。

在学术和社交活动中，我们与舍友的关系可能会变得更加复杂。我们既是合作伙伴，共同完成项目、互相学习，也是竞争对手，在成绩和荣誉上相互比拼。如何在这种双重角色中找到平衡，如何在竞争中保持友谊，这不仅需要我们具备智慧和技巧，更需要我们拥有成熟的心态和宽广的胸怀。

我们需要认识到，竞争并不总是对抗游戏，有时，竞争可以激发我们的潜能，促使我们成为更好的自己。同时，我们也应该意识到，友谊和合作是成功的重要组成部分。在竞争中保持友谊，意味着我们能够在追求个人目标的同时，也支持和鼓励舍友的成长和成功。

总之，宿舍时光不仅仅是我们大学生活的一部分，更是我们人生中宝贵的回忆。在这里，我们不仅学会了如何与他人共同生活，更学会了如何成为一个更好的人。

二、与区队同学

区队同学是警校生日常接触最多的同辈群体。在区队中，同学们既是学习上的合作伙伴，也是各种评比和选拔中的竞争对手。建立健康的友谊意味着在合作时能够真诚相待，分享学习资源和经验；在竞争时能够保持公平，相互尊重。区队同学之间的互动，如共同完成课题研究或参加警体训练，不仅能够提升团队协作能力，还能够在竞争中培养出深厚的友谊。通过正面的竞争，同学们可以相互激励、共同提高，最终实现个人和集体的双重发展。

大学是一个多元化的环境，每个学生有着不同的背景和文化。保持开放的心态，尊重并欣赏这些差异，有助于我们建立广泛的社交网络，并从中学习到不同的视角和思维方式。

在与区队同学的交往中，我们应该努力建立正面的关系，避免八卦和负面言论。通过正面的互动和支持，我们可以营造一个积极的学习环境，这对每个人的成长都是有益的。此外，大学生活提供了丰富的机会让我们发现与区队同学之间的共同兴趣。通过参与各种集体活动，我们可以了解每个人的特点，在轻松愉快的氛围中建立更深层次的联系。

在学术和职业发展上，我们与区队同学既是合作伙伴也是竞争对手。理解这一点，我们可以在竞争中寻求合作的机会，比如共享学习资源、互相辅导共同进步，这不仅能提升个人能力，还能加强团队精神。有效的沟通和协作在小组作业或项目中至关重要。我们应该学会倾听他人的想法，并清晰地表达自己的观点。面对分歧时，通过开放和诚实的对话寻找解决方案，而不是选择逃避或对抗。

虽然大学生活鼓励社交和合作，但每个人都需要有个人空间和时间。我们应该学会识别并尊重他人的个人界限，同时也清楚自己的界限，以保持健康的人际关系。

大学时期的友谊弥足珍贵，它超越了功利，保持着一份纯真和真挚。在警务化管理的严格环境下，我们之间的同学情谊显得尤为紧密。我们比普通大学生有更多“待在一起”的机会，一起集合、一起走队列、一起自习……或许毕业后的某天，你也会突然想起一个阳光明媚的午集合。

三、与师兄师姐

警校新生在入学之初，往往面临着适应新环境和学习新知识的双重挑战。在这种情况下，师兄师姐作为过来人，他们的经验和实践无疑可以为新生指一条明路。

新生应该积极与师兄师姐建立联系。可以通过参加迎新活动、座谈会或日常的交流，主动了解他们的经验和故事。这些经验分享可以帮助新生避免一些常见的错误，少走弯路。比如，在一些迎新活动、学校或学院组织的座谈会上，主动向师兄师姐了解他们如何适应大学生活、掌握学习技巧和时间管理方法。

在日常生活中，也不应忽视与师兄师姐的非正式交流。新生可以向师兄师姐学习建立和维护人际关系的社交技巧，帮助自己在校园内建立社交网络；了解校园的传统、活动和社团，融入校园文化；分享如何应对压力和挑战，保持心理健康；师兄师姐还可能分享一些校园生活小窍门，如哪里的食堂最好吃、如何利用校园设施等。通过他们传授的隐性知识，形成我们自己的警校生存智慧体系。

新生还可以主动寻求师兄师姐的指导，无论是关于课程选择、考试准备还是职业发展，他们的经验和建议都是宝贵的资源。比如通过师兄师姐了解课程难度、不同老师的授课风格以及如何高效准备考试的学习策略；获取推荐书籍、在线课程和学术讲座等学习资源；了解不同专业的就业前景、实习机会和公安职业发展路径，为未来的从警规划提供指导。在团学活动和社团组织中，我们还可以更深入地了解他们的工作方式和团队合作经验，得以在学生工作中更快地成长起来。

此外，与师兄师姐建立长期联系，可以在未来的学习和职业发展中持续获得支持与帮助。这种联系不仅仅局限于校园内，即使毕业后，这些关系也能成为宝贵的人脉资源。

作为警校文化和精神的传承者，师兄师姐的行为和态度对新生有着潜移默化的影响。新生通过观察师兄师姐的行为规范，可以更快地内化警校的核心价值观，这对于成为一名合格的警务人员具有重要意义。因此，新生在选择与哪些师兄师姐建立联系时需谨慎。因为这种价值观的内化过程不仅关系到个人的职业道德发展，还关系到未来作为警务人员的职业操守和行为准则。师兄师姐的正确引导和示范可以帮助新生树立正确的职业观念，培养他们在面对复杂多变的警务工作时所需的责任感、纪律性和判断力。

同时，新生也应该意识到，虽然师兄师姐的经验和建议是宝贵的，但他们也是普通人，也会犯错。因此，新生在学习和模仿的同时，也需要保持批判性思维，既要尊重前辈经验，又要结合个体特质进行适应性调整，避免思维固化。通过这样的过程，新警校生们可以逐步形成自己的价值观和行为准则，为警务职业生涯奠定认知基础，搭建能力框架。

四、与师弟师妹

警校生与师弟师妹的互动本质上是职业社会化链条的延续，既包含经验传递的责任担当，也蕴含着自我重塑的发展机遇。我们需要在这种“传帮带”的过程中发展出自己的“生存之道”。

第一，树立良好榜样。严格遵守学校的规章制度，无论是在课堂听讲、日常行为还是宿舍生活中，都应展现出良好的纪律性。这种自律不仅能为师弟师妹建立起可观测的参照体系，还在无形中培养了他们对规则的尊重和遵守。

第二，提供建议帮助。鼓励师弟师妹发挥自己的特长和兴趣，无论是体育、文艺还是学术研究。通过举办各类活动，为师弟师妹提供展示自我的平台，同时帮助他们找到适合自己的发展方向。此外，警校的生活和学习节奏与普通高中有所不同，警校生可以通过分享自己的经验，帮助师弟师妹更快地适应警校的生活节奏。我们作为过来人，能够理解师弟师妹在警校生活中可能遇到的心理挑战和情感困扰。可以通过提供情感支持和心理辅导，帮助师弟师妹保持积极的心态，克服困难。

第三，学习反思改进。作为师兄师姐的我们应当提供良好的行为范式，而非自视高人一等。在警校文化的传递和延续过程中，部分学生可能会不自觉地以上位者姿态自居，给新生以压迫感。这不仅与“为民服务”的理念背道而驰，还会在潜移默化中培养出一种特权意识，这与警察职业的公正性和廉洁性格格不入。师弟师妹可能会模仿师兄师姐留下来的不良传统，从而形成一种恶性循环。因此我们要摒弃上位者思想，在平等的相处模式下共同营造良好的警校文化与氛围。

警校生在这种“经验传递”的过程中，不仅能够帮助师弟师妹迅速认识和适应警校生活，还能发现自身认知盲区，促进个人成长，在交往互动中提升沟通能力、发现问题和解决问题的能力，完成“学习者—指导者—反思者”的角色跃迁。这有助于增强警校生之间的凝聚力，促进校园的积极和谐发展。

第三节　与前辈：是真的能学到东西，还是跟风打好关系

警校生的成长路上，前辈尤其是队长和老师扮演着至关重要的角色，不仅超越了单纯的知识和技能传授，更是他们学习如何在警察这一职业中生存和发展的关键途径。

一、与队长

警校生与队长的交往首先建立在尊重和纪律的基础之上。作为警校中的管理者和领导者，队长对学生的日常生活和纪律负有责任，他们的影响深远而持久。

警校生应该理解队长的立场和目的，认识到严格管理是出于对他们职业发展和安全的考虑，认识到这背后隐藏的是对他们的深切关心和高远期望。虽然队长的严厉有时可能会让人感到压力，但在执行任务和安保执勤时，队长的关心和保护是显而易见的。

在警校的日常生活中，队长不仅是纪律的执行者，也是学生行为的楷模。他们通过日常的管理和训练，培养学生的纪律性和责任感。警校生通过与队

长的交往，学习到的不仅是警察职业所需的技能和知识，更重要的是学习如何在警察这一职业中生存和发展。队长的经验和智慧，通过与警校生日常的互动和指导，帮助他们建立起警察职业所需的价值观和行为准则。

队长的严格管理，实际上是对警校生的一种保护和关怀。队长希望通过严格的训练和管理，使警校生能够在未来的警察生涯中更好地保护自己和他人。队长的这种严格，最终会转化为警校生对警察职业的深刻理解和对队长的深厚感情。

二、与老师

警校生与老师的交往是专业学习和实战技能培养的重要环节。警校的老师不仅拥有深厚的理论知识，还具备丰富的实战经验，能够将理论与实践相结合，为学生提供实战指导。“教学相长也”，警校师生应当构建起知识传递接收、实战技能转化与职业形象塑造的三维互动体系。

一是知识传递接收。警校生应该在课堂上积极参与，在老师的引导下将知识点转化为自己的智慧。认真听讲，对老师讲授的内容进行深入思考；勇于提问，不仅解决自己的疑惑，也通过问题激发课堂讨论，增加互动性。只有深度参与课堂、动态反馈，才能让老师了解我们的学习进度和理解程度，捕捉学生的知识盲区，从而提供更有针对性的指导。

二是实战技能转化。警体实战演练本质上是“演示—分解—模拟—反馈”的四阶训练程序，我们的任务是将战术动作转为肌肉记忆。在演练过程中，我们应该仔细观察老师的示范，认真听取老师的点评和建议，及时调整自己的动作和策略。这种实践性的学习能够让我们在模拟的实战环境中快速成长，提高应对真实情况的能力。

三是职业形象塑造。前两项其实是警校生被动接收知识的环节，要想成长为警务领域专业化人才，与老师的交往是“多多益善”。警校生应当在课外时间与老师保持良好的沟通，利用课余时间向老师请教专业问题，或者讨论自己在学习和训练中遇到的困难。这种非正式的交流有助于建立师生之间的信任和尊重，学生能快速熟悉老师的教学风格和专业领域，寻求课题申报和论文写作等环节的“精准帮扶”。

在与老师的交往中，警校生应该保持谦虚和开放的态度。每一位老师都是我们职业生涯中的宝贵资源，老师的经验和知识是我们成长的重要助力。警校生最能在这种双向互动中实现从“知识接收者”向“专业化人才”的身份转化，为从警生涯奠定可持续发展的能力基础。

总之，与前辈的交往是警校生成长的重要组成部分，它不仅仅是为了打好关系，更是为了真正的学习和成长。这种交往帮助警校生在警察这一职业中找到自己的位置，培养出适应未来工作挑战所需的各种能力。通过这些宝贵的经验，警校生将逐步成长为能够独当一面的警察，为社会的安全和秩序贡献自己的力量。

第十一章　实践能力——公安工作的关键

第一节　提笔能写：材料在手笔如神

“能写的干部不一定是最优秀的，但不能写的干部一定不是最全面的”。在警校也好，参加公安工作也罢，我们发现一个现象：很多人会做会说不会写；还有的人，“只顾埋头拉车、不善抬头看路（总结、复盘）”。这在一定程度上导致自己做了大量工作、付出了很多艰辛和努力、出了很多成果，要么外界一无所知，不能做到“墙内开花墙外香”，要么缺乏归纳、总结、提炼的文字能力，让大量宝贵工作经验和成果白白流失。同时，给新形势下构建新型警方公共关系带来了诸多不利因素，不同程度影响了社会各界对公安机关的认识、理解和支持。这种能力的缺失也不同程度制约了自己的职业发展空间。

比如，有些人工作能力很强，能把工作做得有条不紊、把队伍带得热血沸腾，破获了一大批大要案，在基层社会治理方面创新打造了很多特色品牌，但等到最后要形成文字材料时，却不知道写什么、怎么写，虽然工作做得风生水起，但面对写经验交流和汇报材料的“最后一公里”，却突然不知道怎么走了。

我们该如何走好写材料的“最后一公里”，通过“妙笔生花”为扎实开展各项工作取得的实效“锦上添花”，并且把这种写作能力转化为发现问题、研究问题、解决问题的全面综合能力呢?

一、洞见“提笔能写”

（一）“提笔能写”要写哪些内容

有些人说“提笔能写”，无非写写材料，玩拼拼凑凑的“文字游戏”，只要有点文字功底，就能写出好文章。事实并非如此。我们发现，很多人在下笔之前，脑子里往往有“千言万语”，但等到上手去写时，却发现无从下手。结果，绞尽脑汁写出来的文章要么生搬硬造“前言不搭后语”，要么东拼西凑缺乏逻辑性，不能达到写作所要表达的效果。最终导致很多人“怕写”，继而“越怕写越不会写”，还有的人觉得写作并非想象中的那么容易，把写作当成“任务”“差事”，缺乏应有的兴趣不愿写，甚至有的干脆不写。久而久之，势必在工作中导致自身的思想僵化、思路狭窄、思维紊乱，成为制约和束缚自己能力提升甚至是职业发展的桎梏。

“提笔能写”包含哪些内容呢？在警校学习时，学校社团举办活动前期的策划文案、中期宣传稿、后期的总结稿；学管队长交办的让我们帮忙整理的大队、中队总结、汇报；老师交办的制度制订、文件起草、申报奖励的事迹材料等都是我们在校期间“提笔能写”“提笔要写”的内容。

（二）为什么“提笔能写”重要

在学校时，相信很多警校生都畏惧写材料，觉得这是一份“苦差事”，生怕老师或队长找自己写材料，有的甚至宁愿加操加训，也不愿写材料。结果就是，原本有基础会写材料的因为惰性由不愿写变得不会写，而不会写的永远不会写，使得在警校也好，参加公安工作也罢，常常陷入“一笔难求”和“书到用时方恨少”的窘境。

有些人是不会写。大多数同学在中学阶段很少接触到应用性写作，加上在文字综合方面存在短板，对自己存在的问题也视而不见，不是去积极面对，而是采取逃避的做法，怕写不好就不去写，有的写了一两次觉得不满意就不再去尝试，这就导致短板更短、弱项更弱。此外，有的同学错把“提笔能写”理解成“提笔就写”，对文章中心思想不假思索推敲，所写的文稿往往文不对题，写文章动辄上万字，少则两三千字，口语多、书面语少，在关键问题处存在逻辑错误，最终写出了“大笑话”。

有些人是不愿意写。文字工作者经常是“五加二”“白加黑”，甚至如网上说的“996”，辛苦得很。这种“苦”，有写作本身的“清苦”，也有推敲琢磨的“痛苦”和孜孜不倦的“刻苦”。写作不容易，写作过程也不轻松，因而写作需要意志力和兴趣，两者缺一不可。写作，不是为了谁而写作，这是体制内必备的能力和素质。并且在千丝万缕的工作中，在任何一个阶段和每一个环节都会应用到写作。写作体现的往往不是单一的写作水平，而是反映一个人工作思想和研究思考的一种不可或缺的能力，因而“提笔能写”非常重要。

1. 完善自我，增加成就感

一定程度上可以说，写作是一种学习。正所谓“闻道有先后，术业有专攻”，这种学习因为大多融入了工作的内容，而变得有血有肉、格外丰满，通过对各个领域工作的了解、实践之后，发现掌握了规律性的特点，写作就会“渐入佳境”。同时，因为有实在的工作、客观理性的分析和思考，所写的材料往往在高度、深度、广度和维度上都将持续不断得到提升，从而能够更加得心应手地写出真实、准确的好文章。

通过写作，还可以打磨我们的心性、磨炼我们的意志、考验我们的韧性。写作需要心静，因而需要我们牺牲自己的娱乐、休闲时间，并且在这个过程中，我们可能会经历一个反复修改完善的过程，正所谓“好文章是改出来的”，同时写作过程也会让自己思考研究、归纳总结的能力不断提升。

写作，让人更加自信。写作，作为集思考、分析、研究和语言文字组织等于一体的能力，在修炼到“炉火纯青”时，不仅能推动和促进本职工作，更能给自己增加自信，并且这种自信所带来的精神层面的愉悦感伴随着成就感会与日俱增。此时，我们会发现，写作不仅为我们增添了一技傍身的自信，更增加了一份“谋划方寸之间，决胜千里之外”的成就感，还有“世间千百态，皆在文字间”的快乐感，推动我们完成人生的进阶。

2. 写作能力突出，容易脱颖而出

俗话说：“一招鲜吃遍天。”在体制内，具有出色的材料写作能力往往最容易引起上级和领导的关注。因为写作人才是“稀缺品”，往往会被单位领导“高看一眼、厚爱一分”。一方面，写作经常“为他人做嫁衣”，一定会备受同事敬重；另一方面，写作通常都会为单位增光添彩，作为“功臣”也会备受领导垂爱。

实际工作中，单位领导、学校老师在部门招新时，突出的写作能力往往是“充分必要条件”。因为工作能力可以培养，但是写材料能力并非一日之功，难以短时间提升。

越是没人做的工作，越要顶上去。写作，作为单位“必要”、自己“需要”、工作“重要”的技能，是诸多岗位的“冷门”“偏门”。所以，只要我们练就了“提笔能写”的能力，一定能为自己的工作、学习提供强力支撑。

3. 好好练习写作，学习及生活双回馈

谈及写文章的重要性，我第一时间想到了某部属警校的一个师弟。毫不夸张地说他本科一半以上职务和荣誉跟写文章有关，比如他曾担任学校督察队副队长，但后面还加了个小括号，里面写的是分管宣传工作；研究生期间担任年级党支部委员，委员前面加了“宣传”两字。如果他宣传能力不突出，不会写文章，他的个人进步和发展很可能就不会如此顺畅，而有了这些学生干部身份的“加持”，让他得到了全面锻炼，有了施展才华的舞台，他每年的综测考评都名列前茅。最近，这位师弟用两天时间写了一篇文章，拿到了800多元的稿费。由此看来，“提笔能写”不仅非常重要，掌握写作技能，还会给予我们学习和生活上的正向回馈。

二、研学“提笔能写”

“提笔能写”，并非远不能及。我们发现，如果静下心来仔细琢磨，其实写材料都是有章可循的。

当我们树立正确的写作观，懂得了写作，就会从中找到写作的乐趣；就会发现不是会了才写，而是写了才会；就会发现写作没有想象中那么难，只要下足功夫，写作将变得易如反掌，且其乐无穷。

（一）如何积累写作素材

“积土成山，风雨兴焉；积水成渊，蛟龙生焉；积善成德，而神明自得，圣心备焉。故不积跬步，无以至千里；不积小流，无以成江海。”荀子在两千多年前的《劝学》里所说的话，对当下的我们依旧很受用。

写作需要积累，且需要长期坚持，笔耕不辍。积累是写作的一个重要环节，属于写作的准备或“前写作”范畴。

写作能力远不是一两次熬夜、两三天集中培训就能得到提升的。练好笔杆子，前提是要有充足的知识储备。任何好文章的形成，都不可能是一蹴而就的。这就要求我们必须持续加强学习，做写作知识积累的“有心人”，最终掌握写作的规律性特点。

1. 问渠那得清如许，为有源头活水来

写作，是一门增量哲学。就像朱熹《观书有感》里写的“问渠那得清如许，为有源头活水来”。源头活水就是源源不断的增量，学习积累正是保持写作能力“增量”的不二法门。

要自觉地坚持学习充电，在干中学，在学中干，让学习成为习惯。在通过学习不断更新自己知识结构的同时，加强阅读以提升自己的信息量，拓宽自己的视野，用新思想、新理念和新方法研究新形势、新任务，从而让自己的思想观念等始终紧跟时代的步伐，确保任何时候都能按照正确的方向，满足和适应时代发展的新要求。

2. 工夫在诗外，用“三会”来树立持久写作观

南宋诗人陆游晚年曾教育儿子说：“汝果欲学诗，工夫在诗外。”大致意思是说，如果想学写作，得在生活中积累，一点一滴慢慢积累。而为了练好这种“诗外工夫”，需要养成自觉学习的习惯，让学习变得“像空气一样”，自觉成为“刚需”，具体来说是做到“三会”。

（1）会看。“提笔能写”，前提是多看书、多看报。同时，我们提倡“沉浸式”体验工作和生活，只有经历了才会“身有体会”“有感而发”，在“看”的过程中学会借鉴、吸收，在经历的过程中去“悟道”，这个“道”，就是写作的规律性特点，由此才能做到胸有成竹。

看什么？不外乎读书、看报、学文件，利用一切条件，实现常态化阅读，在日常文件传阅时从中掌握党的方针、政策、路线等政治理论，学习规范的表达方式和书面语言的准确应用。

英国哲学家罗素就曾这样说：“对爱情的渴望，对知识的追求，对人类苦难不可遏制的同情，是支配我一生的单纯而强烈的三种感情。”“笔杆子”是内容生产者，需要阅读的加持，通过阅读来持续输入，来保证输出。因此，对知识的追求必须成为支配你一生的单纯而强烈的感情，否则，你的书写将如同无源之水难以为继。

（2）会听。“读会行走的书，阅有故事的人”。这是中国刑事警察学院读书宣传月的宣传标语。细品一下，真的很有意蕴。在警校，我们除了读有字之书，还要多读“无字之书”，多向身边的老师、队长、师兄师姐以及同

届优秀学生学习，通过与他们交流，捕捉有用的信息，来推动自己进步。听，当然要听“故事背后的故事”，即深层次的信息，也就是重大事项、决策部署背后的深刻背景。当然，还要听别人的观点，对所反馈出的信息，加以取舍和吸收。

（3）会想

写作，实际上是一个思考的过程。如何思考呢？就是在思考的过程中，要把文章材料中所有的“？”拉直，即解决别人心中的疑惑，要把事情讲清讲透，并思考用什么样的方法来组织语言表述。

3. 好记性不如烂笔头

人脑并非电脑，不能完全“刻录”所有“运行”过的数据。它会忘记，会发生信息衰减，时间一长，信息的完整性、准确性都会大打折扣。这就是为什么人类需要书籍这种媒体来传递思想的底层逻辑。

时代在变化，我们每天接触到的信息可能比古人一年时间接触到的信息都要多。面对如此纷繁复杂的信息，我们如何将有用、珍贵的信息存储下来呢？

我个人认为，对于重要的知识点和重大事项，要把重要的细节都完整地记录下来。其中，如时间、地点、事情的前因后果等要素要记录清楚、全面。并且，还可以通过电脑、手机等电子设备按照年度和类别等进行分类存储，以便于查找和使用。

但不管用什么载体，都是方法层面的问题，问题的关键还是通过“烂笔头”把重要的知识点和重要事项等完整记录下来。

4. 建库要“专”，管理要“顺”

写作素材，多来源于工作和生活，因而积累很重要。当然，积累素材既要有针对性，又要兼顾素材使用的便捷性。

首先，积累素材要有针对性，确保随时取用；其次，要广泛积累素材，至少覆盖自己的工作、学习和生活领域；最后，要及时整理所积累的素材，为自己的写作提供所需。

“工欲善其事，必先利其器。”要想文章写得好，必须有好的素材库。所以我们在进行文章写作素材的积累时，要注意对所收集的素材进行细分，按照特定专题来整理，便于后期管理。如果通过电子文档进行存储，可以直接搜索想要的内容，方便快捷、省时省力。

写作素材积累时间长了，素材库里的素材会越来越多，若不加以管理，就会杂乱无章，不好用。怎么管理呢？最好建立自己的管理体系，使之各就其位，各得其所。在管理素材库时，需要建立管理目录，将素材对号入座，素材标识要简洁规范。

（二）如何选材、用材

写作素材的选材，既要善于取，更要善于舍。因而，既要用好精心选择的素材，也要大胆舍弃可有可无的“废材”。那么，如何才能选好写作素材、用好写作素材呢？

1. 文章合为时而著，歌诗合为事而作

“文章合为时而著，歌诗合为事而作”是唐朝诗人白居易提出的口号，出自他的《与元九书》。这句话的意思是文章应该为时事而著作，诗歌应该为现实而创作。

警校生写文章也应该这样，在写文章时要坚持需求导向，切实领会写作意图，这样写作才有发力点，具体要搞清楚三个问题：

一是搞清写作到底是讲什么问题，说明什么情况，解决什么问题或表达什么观点。

二是搞清写作用什么文种（体裁），是正式文件，还是一般材料；是写总结，还是写计划或者简报信息。

三是搞清写作用在什么时间、什么地点，给什么人看；是对上请示，对下指示，还是平级协商。

2. 逢进必查，把好筛选关

茅盾先生把选材比作“征税”，我觉得选材还像警校生招录。除了考试，还有体检、面试和政审，写作选材何尝不是这样呢？也需要做好检查和筛查。

所谓检查，重点应在素材的真实性、典型性、新颖性以及实用性上发力，以对素材的形式和内容进行检测，看其是否严谨科学、是否具有逻辑性、是否发现新问题，给人新启发，是否具有说服力、论证力和感染力。

3.“生材”变“熟材”，把好加工关

大家想必有这样的感受：同样的素材，不同的人来用，写出来的感觉却是天壤之别。中华上下五千年，文字组合起来，有的被“奉为圭臬”，有的却“弃之不惜”。同样参加征文比赛，有的警校生拿了一等奖、二等奖，有的却只能拿参与奖。

为什么会出现这种情况？

一个重要原因就是缺乏对素材的必要加工，很多人对素材一般都是照搬照抄，不管是否贴切、是否精当、是否合理，就像一个蹩脚的石匠盖房子，面对一堆不规则的石头，不加工、不打磨、不雕刻，直接堆砌起来，怎能盖出漂亮的房子呢？

所以，建议大家写作时不仅要注重收集素材、分类管理素材，还要懂得加工素材、打磨素材，变成能有机融入文章段落、有效支撑文章观点的可用之材。

（三）如何“挤时间”写作

经常有师弟师妹问我：“如何在短时间内完成写作任务呢？”我想，除了提高写作效率，还可以通过“挤时间”来增加写作时间，完成写作任务。

一千多年前，唐宋八大家之一的欧阳修就已经回答过这个问题。他说：“余平生所作文章，多在‘三上’，乃‘马上’‘枕上’‘厕上’也。”鲁迅先生也曾说：“时间就像海绵里的水，只要你愿意挤，总会有的。”

1. 学会“偷”时间，增加“盈余时间”

上中学时，我们为了提高学习成绩，经常将知识点写到手上，上下学路上，边走边背诵。写作也可以这样，日积月累，“时间储罐”满满的必将是时间盈余。

同时，我们还应舍得把盈余时间花在读书上。当你敏锐地发现自己具有潜在的阅读时间后，只需要做一件事情，那就是果断地把它花在阅读上。这个过程任何人都帮不了你，关键看你是否愿意交换，只要你愿意，一定能够兑换到读书时间。

2. 自觉抵制诱惑，减少不必要社交

当今社会，互联网发达，不少人都因此患上“手机综合征”，少刷了手机，就觉得无所适从。而我们的时间，就这样不停地流逝了。

要知道当你在和别人闲聊时，你浪费了潜在的阅读时间；当你在手机上刷屏时，因为手机给你不停推送同类视频，使你深陷其中、难以自拔，你也因此刷掉了潜在的阅读时间；当你用电脑打游戏时，时间也在不知不觉地流逝。

“笔杆子”是内容生产者，需要阅读的加持。从现在开始，你可以尝试打开一本书，然后坚持这样做，形成习惯，不要间断，你的时间因你而存在，你的文章因你增加的学习及练习时间而精彩。

（四）模仿借鉴，从跟着写、自己写，到领着写

古人曾言：“操千曲而后晓声，观千剑而后识器。”也有人说：“熟读唐诗三百首，不会作诗也会吟。”这说明读得多，看得多，练习得多，我们自然而然就会了。等到了一定程度，甚至还可以像卖油翁那样说：“无他，惟手熟尔。”

参加公安工作后，单位领导会告诉我们一句话：“一年，跟着干；两年，能单干；三年，成骨干。”这形象地说明了我们从新人到骨干的一个过程。写作也是这样，从最初的懵懂跟着学，到上手自己写，再到后面小有成就，甚至可以给新来的人讲解怎么写。

听到这里，或许会有师弟师妹问：“按别人的方式或模板写，那不就是抄袭吗？”我国明清以后的科举考试，考生答卷必须按“八股文”的范式来。一篇文章必须用破题、承题、起讲、入题、起股、中股、后股、束股的节奏来布局，“套路”很明显。写这样的文章，何尝不是模仿呢？现在的公文也有严格的规范格式，这何尝不也是一种模仿呢？

通过模仿进行文章写作，不是“邯郸学步”，也不是“东施效颦”，而是模仿其方法和思路。我们在进行文章写作时，可以围绕文章写作主题、风格、方法、结构、观点等要素进行多向度模仿，模仿借鉴过程中，不是照搬照抄，而是借用别人漂亮的“壳”，用这个“壳”来装自己的东西，最后“借壳上市”，用“他山之石”来写自己的文章。

在模仿写作的过程中，要注意循序渐进。最开始可以“依葫芦画瓢”“照猫画虎”，模仿得生硬一点，最终目的是扔掉“模仿”这根拐杖，获取到别人的精髓，形成自己的风格。

（五）如何控制文稿篇幅——心中有尺度，笔下才有限度

我们在写文章之前除了问领导、老师写作目的、写作要求及注意事项，

一般最后还会问一句："您看写多少字合适呢？"或者问："有字数限制吗？"

有人说写文章越短越好，那样简洁、效率高；也有人说写文章长一点好，那样显得实，能把问题说细、说透。于是，大家就困惑了变得不知所措，所以，写文章是长点好，还是短点好呢？

事实上，长和短不能一概而论，因为在写作的世界里，没有放诸四海皆准的标准，只有特定场景里最"贴心"的篇幅。长与短没有千篇一律的"标准"，只能在变动不居的写作场景中，紧扣影响写作的变量，用"详略得当、惜字如金"的尺度来控制。

影响写作的变量有哪些呢？写作过程中如何控制这些变量呢？

影响写作的变量大致有四种，即与写作相关的人、写作要表达的事情、与写作相关的时间、写作的文种类型。不同的人、不同的事、不同时间、不同文种，文章会表现出极大差异性，可谓千文千面、不拘一格。因此，我们在写作过程中，要充分关注写作中的人、事、时间、文种等变量因素。

三、如何修改文章？——好文章都是修改出来的

（一）文章不厌百回改，做写作的"有心人"

清代官员梁章钜在《退庵论文》中写道："我辈作文，必几经删润而后文成。"也就是说文章只有经过多次修改和润色，才能成为文章。

"笔杆如剑多磨砺，稿纸作山勤登攀"。文字工作是精细活，哪怕一个标点符号都容不得半点马虎。这要求我们对自己的文字负责，精益求精不马虎，一字一句不苟且，因而要有工匠精神。

现实中，能做到"倚马千言""绣口一吐，就是半个盛唐"的人真是凤毛麟角，大多数人是"吟安一个字，捻断数茎须"，都是很艰难地才把文章写完。而想要写好，则要具有"工匠"精神，甘心当一名精益求精的文字"工匠"。

实践证明：文章不厌百回改，修改是写作的"关键一招"，好文章都是改出来的。

修改，不仅仅是例行公事，更不是可有可无的过程，而是一个精雕细琢的"关键工艺"，更是一种严谨的工作态度。

修改是写作的"冰山主体"，需要用心。如果写作量可以度量，那么最

好的安排应该是“三分写，七分改”，甚至“二八开”都不为过。大家一定要认识修改、理解修改、学会修改。

有个师弟，在大二时就已经拿到公安部、省委组织的征文比赛奖项，学校的征文比赛基本每次都是第一。在与他交流写作心得时，他说：“好文章都是修改出来的。队长让我写一个材料，我可能用三四个小时把初稿写出来，但我会用三天时间来进行反复修改。”

写作是一门学问，修改也是一门学问。花大量时间修改文章不是浪费时间，而是精心打磨下的自我修炼。修改文章，首先，我们要在不断自我否定中矫正写作方向；要对文章的细节进行修改，比如格式规不规范、文字精不精练、数据准不准确；要着眼全篇，检查文章主题鲜不鲜明、结构合不合理、逻辑通不通顺、观点正不正确；在修改文章时还要学会换位思考，全面准确地揣摩、领会，贯彻上级和领导的意图。

“世上无难事，只怕有心人”。为了写一篇领导满意、老师认可的文章，需要我们争当写作的“有心人”。

（二）如何进行写作问题的“诊断”

我国历来重视文字校对和文章修改工作。古代很多皇帝为了青史留名，显示自己的文治武功，一般都会花大量时间和财力对文字进行校对工作，编撰、考究古籍。

例如，开创了乾隆盛世的乾隆皇帝，自诩为“十全老人”，在他的统治下，清朝达到了鼎盛时期。乾隆帝重视文化和教育，推动了许多文化项目，包括大规模的书籍编纂和校对工作。他主持编纂了《四库全书》，这是一个庞大的文化工程，旨在收集和整理中国古代的文献资料。这项工作不仅展示了乾隆帝的文化抱负，也反映了他对文字校对工作的重视。

正所谓“100–1=0”。有时文章写得很好，却可能因为一个标点符号错误或者一个文字出错而使文章质量大打折扣。因此，我们在进行文章修改时一定要多多注意对文章内容的审查工作，对文章中出现的内外“伤”进行诊断。

1. 文章中的“外伤”及诊治办法

文章中的“外伤”是指明显伤，一眼就能看出来，想藏都藏不住，主要是指文章中看起来明显、位置关键没有商量余地的、影响深远的重大失误。

文章中的“外伤”具有外在性、绝对性和明显性。

主要表现有格式失范，缺乏文章结构完整性、准确性、规范性；文字失误，在文稿中出现了错别字以及多字；数字失准，出现了计算失误、单位错用以及序号混乱；结构失严，出现了体量不均、层次不清、要素缺失以及前后矛盾问题。

因此，我们在文章写作之前一定要“打铁还需自身硬”，加强写作学习；在文章写作时严格把关，注意校对，在工作中建立严格的校对制度，多管齐下，不让任何问题从眼皮子底下溜走；在文章写作结束后多总结经验教训，把每一次“受伤”都记录在案，分析问题的原因，提出解决的对策，久病也就成医了。以后再遇到类似问题，便会条件反射，洞察于秋毫之末。

2. 文章中的“内伤”及诊治办法

文章中的“内伤”是指不容易发现、隐蔽性强、必须经过认真推敲斟酌才能发现的错误，具有内在性、相对性和隐蔽性的特点。主要表现是偏离文章主旨、思想观点偏颇、引用错误、主次不分、逻辑不顺、词不达意等。

对此，我们在文章写作中应善于学习，积极提升文字工作水平，从源头上降低文稿“致病”的概率；善于审核，洞察秋毫，要有严格的检查程序，就像医生给人看病前，通常要通过“望闻问切”这些传统的方法了解病人的情况，必要时还会做超声波检查，目的就是把问题找出来，好对症下药；善于发问，深思熟虑，文字审核的过程就是思考的过程，因为发现问题要思考，纠正问题同样要思考；对于一些拿不准、有疑问的问题，要主动向熟悉这方面情况的同志请教，力求使问题得到妥善、恰当的处理。

写文章，来不得半点马虎。“一字之差，谬以千里”，用错一个标点符号就能改变一句话的意思。因此，我们在写作时应具有一丝不苟的严谨态度，不能有“大概”“凑合”“差不多”“基本上”的思想。对任何一篇经手的文稿，都要认真对待，来不得半点敷衍和搪塞。

四、修炼文章——人在事上磨，文从心里走

（一）慢慢来，慢就是快

现在大家可能对文章写作有了一定了解，是不是觉得自己也能写了。文

章写作虽然没有大家想象中那么难，但也没有大家想象中那么容易。而且当我们写了一两年后，仿佛就到了天花板，写作水平难以提升。

急于求成是文字工作的大忌，急不得，也急不来。学习写作之路，路途远、时间长、考验多，是一个长期的过程。如果刚学会走路就想跑，一定会摔跤，甚至在一次次摔倒中消磨了热情和意志。因此，学习写作既要有“韧劲”和耐心，又要循序渐进、脚踏实地，如此才能“行稳致远”。

写作，是体制内贯穿我们职业生涯的一项长期性工作。因此，学习写作务必克服急于求成的浮躁心理，要久久为功，在“寸劲”中求“寸进”。

有个警校师弟，目前在某厅级机关工作，在大一时期默默无闻的他，一段时期内总找不到努力和奋斗的方向。渐渐地，他迷上了去图书馆看书，从最初的小说、人物传记，到后来的公文写作，慢慢地，他也开始写一些文章。

后来他写的文章逐渐有了起色，多次在省级单位组织的征文比赛中获奖。公安联考的申论也考了 68 分的高分，申论成为他公安联考取得高分的关键。而这所有的一切，得益于他大一、大二期间的大量阅读，他把大量的碎片化时间用来阅读、写作，终于有所成就。

（二）写前有“沙盘”，写后有“复盘”

所谓“复盘”，其实是围棋术语，是指棋手下完棋后，回头重新把棋子在棋盘上走一遍，看过程中哪步下得好，哪步下得不好，分析推演原因及可能性，从而加深对这盘对弈的印象，找出攻守的漏洞，从而提高自己的棋艺。后来，“复盘”被广泛应用到股市、项目管理、辩论比赛、演讲比赛等。

有个师弟在大学时比较内向，不善言辞，为了锻炼自己，他破天荒地报了学校的辩论队。当时很多人不看好他，因为他读稿子都读不明白，更别说在辩论场上跟人家“唇枪舌战”了。

很快就迎来了队内的第一场比赛。他是一辩，对手知道他比较弱，等对手二辩质询以及三辩自由辩时，他成为被一直DISS的对象，他回答得磕磕巴巴，他越磕巴，对手对他越是“穷追猛打”。

毫无悬念，第一场的对内模拟赛，他所在的队输了。虽然他心里知道大家没有嫌弃或埋怨他，但他屡败屡战觉得是自己拖累了大家，于是他每次比赛，都会让舍友给他录视频，回头一个人进行复盘，想不出更好的应对之策，就问队友。慢慢地，他的辩论水平与日俱增。终于他在一场比赛中赢得了胜利，迎来了队友的认可。辩论队队长脸上堆满了“满意”二字。

写作亦如此。我们在写作中引入复盘思维，可以提高写作效率，快速进步，使写作者写一文、学一技、长一智，快速精进。

写作要怎么复盘呢？我觉得有以下几点：一是盘目标，分析写作效果，从总体上对写作效果进行评价；二是盘优缺点，分析哪些地方写得好，哪些地方写得不好，从而取长补短；三是盘原因，找到写作问题的症结，分析问题核心；四是盘思路，分析写作方法；五是盘方案，思考解决办法。

（三）在写作中激发灵感

灵感是指在文学、艺术、科学、技术等活动中，由于丰富的知识和长期的积累而骤然涌现的富有创造性的思路。灵感也叫灵感思维，指文艺、科技活动中瞬间产生的富有创造性的突发思维状态。

灵感一词于“五四”时期被引入中国，由英语 inspiration 音译而来，在希腊语中指的是“神的灵气”，具有突发性、非自觉性、短暂性以及创造性的特点。

从表面上看写作是“格式化”写作，有规范的形制和严格的要求，是“戴着镣铐跳舞”，似乎不像文学作品一样需要灵感的加持。公文写作虽然不同于文学创作，但也不是天马行空地想象，在一定程度上也有创造的“戏份”。既然是创造，就离不开灵感的加持，很多好的构思，往往是灵感产生后最终迸发出的火花。如何激发灵感？也是写作者需要考虑的问题。

在警校学习中，我们可以通过开放式学习、发散式思维、反复推敲、多人次交流以及放松式引导等多种方式激发灵感。

（四）脑中有窗口，文里有亮光

现实中，我们时常发现费力劳心写出来的文章，最后却被否。

我国汉字总数庞大，《现代汉语常用字表》收录了 3500 个汉字，这些汉字能够覆盖现代主流文本的 99.48% 的篇幅。而根据有关部门的统计，1000 个汉字就可以覆盖日常阅读书籍文章的 92% 左右，2000 个汉字则可以覆盖 98% 的书面文字。而要用这两三千个汉字写出一篇精妙绝伦的文章确实不是一件容易的事情。

如何写出一篇有亮点的文章呢？我认为可以通过以下几种方法，有效地提升文章的质量，使文章更具亮点和吸引力。

1. 标题新颖醒目

标题是文章的眼睛，一个新颖、醒目的标题能够立即吸引读者的注意力。可以采用比喻、引用、对称、对仗等方法来设计标题，使其生动形象，富有吸引力。警校生写作也好，参加公安工作后写的材料也罢，一个好的标题是文章的一大亮点，一定程度上可以说，有一个好的标题，文章就成功了一半儿。

2. 开头、结语引人入胜

正所谓“虎头豹尾猪肚子”，开头部分要力求新颖独特，可以使用奇句、设问、引用等方式来吸引读者；结尾部分要写得韵味绵长，令人“回味无穷”留下深刻印象。

3. 用词新颖独特

文章中可以适当使用新词、热词，特别是网络热词，以增加文章的现代感和时代感。同时，要注意用词的准确性和生动性，使文章更加鲜活。

4. 恰当使用金句

金句是文章中的亮点之一，可以是经典语录、诗词歌赋、通俗易懂的语言等。这些金句能够引发读者思考，留下深刻印象。当然，金句使用不是越多越好，而是讲究适量、适当。

“提笔能写”不仅是一种能力，更是一种责任。在这个信息化的时代，写作的价值越发重要。无论是为了表达思想，还是为了传递情感，写作都是一种不可或缺的技能。

当然“提笔能写”能力不可能一蹴而就，也不能“一曝十寒”，我们要甘心当“幕后英雄”，久久为功，厚积薄发；发扬文字“工匠”精神，锻炼强大的内心，甘心做一个坐得住“冷板凳”、下得了苦功夫的“苦行僧”；在日复一日的笔耕不辍中，握紧“笔杆”、锤炼“笔力”，不断提升自己的写作水平，为今后更好地履职尽责发挥应有的作用。

第二节　开口能说：妙语连珠有技巧

前言：做个会说话的公安人

在社会秩序的坚固防线中，公安队伍挺立前沿，如同一座座巍峨的堡垒，守护着万家灯火，承载着民众的信赖与期许。语言，是一把隐藏于鞘中却威力无穷的利剑，运用得当与否，直接关乎正义天平的精准平衡、警民关系的亲疏冷暖，乃至执法成效的优劣高低。弗洛伊德曾说：语言和魔法起初是一回事儿，直到今天，言语仍保持着它绝大部分古老的魔力。言语唤起情绪，是人类相互影响的方式。首先我们必须明确人并不是纯理性的。从纯理性的角度出发，人只会根据态势以及利弊作出选择，而不会被语言方式、语气等因素影响。但从现实来看，语言对人类的影响恰恰是极为重要的。因此同一件事在不同的场景、不同的身份、不同的语气与方式表达上都能收获完全不同的效果。

一、语言力量：执法天平上的关键砝码

于执法现场而言，作为现场绝对的主角，执法者的每一句话都会被放大并深刻影响现场局势走向。例如，处置街头突发的聚众冲突时威严断喝："都住手！冷静！听我讲！"只需一句简短有力的指令，裹挟着不容置疑的气势，刹那间穿透喧嚣混乱，镇住躁动情绪，成为令暴力行径戛然而止的休止符；面对惊慌失措的受害者，又凭一句轻柔抚慰："别怕，我们在这儿，安全了，慢慢说。"恰似春日暖阳，驱散恐惧阴霾，助其重拾镇定，顺畅道出关键线索，成为破案拼图中的关键一块儿。

在案件讯问环节，语言更是突破心防、挖掘真相的精巧撬杠。对狡黠多端的犯罪嫌疑人，巧妙回旋的话术必不可少。从看似漫不经心的日常问询切入，"这几天作息挺规律啊，案发那晚几点睡的？"有时可逐步迂回逼近核心机密；待其闪烁其词，适时抛出确凿证据，伴以冷峻警示："别心存侥幸，监控已拍下关键画面，如实交代是唯一出路。"直击心理软肋，逼迫真相浮出水面。审讯室里的言语交锋，是智慧与胆识的隐秘较量，词句皆为攻心利刃。

二、沟通纽带：警民同心桥的基石

穿梭于社区街巷，日常走访的交谈是拉近警民距离的针线。敲开百姓家门，一声热忱问候：“大爷大妈，我们来唠唠家常，最近周边治安咋样，您生活中有啥难事？”质朴贴心话语是心贴心的反映，能瞬间消融陌生坚冰，邀来信任倾诉，同时也让社区隐患、民生诉求一一呈现在你的眼前，为精准服务、靶向治理提供支撑。

宣传安全知识时，生动鲜活的表达同样也是开启民智的神奇钥匙。“各位乡亲，防火防盗不是口号！家里电器别过载，出门门窗得锁牢，就像给家穿上防护服，小偷、火星儿无缝可钻！”把生硬规章化作通俗比喻，民众入耳入心，自主提升防范意识，群防群治网络方能在邻里默契间悄然织就。

三、职业困境：言语荆棘中的艰难跋涉

在复杂艰巨的基层公安工作实务中，言语失当的暗礁常使民警陷入窘境。执法威严过度，易被误读为冷漠生硬，处理纠纷时，严苛指令或许会激化矛盾，让原本可控的星星之火呈燎原之势；解释法律条文时，专业术语堆砌，民众如听天书，困惑未解反增疏离，好心普法遇阻；安抚受害者家属，言辞稍欠火候，难以熨帖满心悲恸，甚至引发误解，令警民合力蒙上阴影。

进入自媒体时代，在舆论场的旋涡里言语不慎更如同点燃火药桶的引信。案件通报措辞偏差，极易让恶意曲解趁虚而入，警方形象在网络旋涡中岌岌可危；在线回应群众质疑，若缺少机敏与真诚，仓促敷衍将被无限放大，演变成公信力危机的导火索。

四、破茧之路：锤炼话术，重塑形象

此刻，“会说话”同“会写作”“会办事”一样。于基层公安民警而言，绝非锦上添花的点缀，而是燃眉之急的刚需。精准拿捏执法用语分寸，在威严与亲和间巧妙平衡，方能于复杂现场稳控局面，让执法既有力度又含温度；精修群众沟通法门，以同理心为底色、通俗化为笔触，绘制警民心连心的和谐长卷，为基层警务夯实根基；深谙舆情应对话术，在虚拟舆论场沉着掌舵，用事实、诚意、速度拨散谣言迷雾，重塑公安正义、亲民形象。

本节后续篇章，恰似步步精心铺就的成长阶梯。从剖析不同场景语言精

髓，到汲取过往失误教训；从研习心理洞察秘诀，到锤炼临场应变神功；从汲取经典案例智慧，到紧跟时代表达新潮，皆旨在全方位雕琢每位公安人的“语言利刃”，助其在守护正义、服务民众的漫漫征途中，凭借卓越口才披荆斩棘，书写荣耀新篇章。

第一部分　业务沟通

一、如何向领导汇报

不管是向直接领导还是跨级的领导汇报工作，都是让人十分头疼的事，不少新警对领导具有天生的畏惧心理，特别是在领导阴着脸或者曾经被这个领导批评的情景下，但是工作总是要汇报，所以掌握汇报的技巧就尤为重要。

（一）汇报前的工作

在我看来，汇报前的工作是最为重要的，甚至直接关系到汇报的成功与效果。首先，要明确时间和场合，领导同样也是人，有着七情六欲、喜怒哀乐。设身处地想一想，如果自己睡得正香，却被别人硬生生叫醒，即使不大发雷霆也会心存怨气。所以，如果不是十万火急的事情，千万不要在上班前、下班后、午休期间汇报。其次，还需观察领导的状态，比如今天已经开了一天的会，领导刚坐在椅子上水还没来得及喝一口，或者领导刚把别的同事骂出去，迎面撞上也许会被充当“出气包”的作用。

准备过程中对内容的把握也尤为重要。一是要明确目的，自己要首先弄清楚汇报的意义以及想要达成的结果是什么，是单纯想要汇报一下工作的进展，还是工作开展过程中发现了什么问题，抑或是有什么难点堵点需要领导决定或者出面协调，如果自己对汇报内容都模棱两可，领导不可能帮你归纳你的汇报重点，也没心思听废话连篇。二是要熟悉情况，这也是汇报中最容易出现问题的地方，自己争取做到“问不倒”再去向领导汇报，这就需要把关口前移，将查找数据、汇总类似案例资料以及行文方式和目的了然于胸，甚至要对相关专业知识再看一下，以免领导对汇报内容突袭，而自己只能站在那里胡说八道。三是要提前了解领导偏好。有的领导喜欢详细叙述，有的领导喜欢长话短说，这就需要提前把握领导的汇报喜好，同时针对汇报事项的大小以及类型做好充分的预估，是否需要找之前领导的批示或者找相关的文件内容，以及是否要将相关文件一同签批都是需要提前考虑的内容。

（二）汇报中注意的事项

鼓足了勇气站在领导面前，如何开口成了接下来需要考虑的问题。不论是领导还是普通人，大家的喜好应该都是相同的，都喜欢听简洁明了、逻辑清晰的汇报，而非听了好几遍才勉强听懂其意。这就需要我们有清晰的汇报结构，比如时间＋地点＋人物＋事件，例如“本周三下午两点，某某单位谁谁谁计划来我单位走访，您看要不要陪同？”切忌变成领导问一句你答一句的模式。另外，对于多项工作汇报的顺序也有很大的不同，要先汇报领导关注或者喜闻乐见的事情，再汇报复杂或者不太重要的事情。最重要的是汇报内容的逻辑要自洽，不能存在前后矛盾，否则不仅领导听得云里雾里，解释起来也会非常麻烦。

汇报过程中在语言的运用上要注意简洁明了，毕竟是去汇报工作而非表演诗歌朗诵。在这里就要着重区分领导的分管工作和出身了，对于非本专业从事行政的领导就要尽量避免专业术语，要选择更为通俗的语言表达。相反，对于专业领导或者本专业出身的领导，用大白话去说而不用术语，领导可能会觉得你专业素质较差，汇报可信度不足。

汇报内容时要注意突出重点。例如，需要领导决定的，就要把选择递上去，而不是等着领导主动接话；汇报着重要体现成果的，就要把汇报的大部分时间留给成果展示等。同时不要将难题抛给领导，即便是需要领导出面解决的事情也要为领导提供几套方案参考，哪怕领导最后选择了其他方式，也不是我们汇报的问题。

另外，给大家提一个小建议，如果大家是拿着文件要找领导签批或者有比较重要的事情需要请示领导，建议时刻把笔和本带在身上。一方面领导看到会觉得你对这个工作很重视，拿着本随时记录领导的指示；另一方面会让领导觉得你对他很尊重。

（三）汇报后的收尾

从领导房间出来之后并非万事大吉，首先要确定领导是不是需要第二次汇报，其次要第一时间和直接领导汇报以确定领导是否有具体的指示。

根据领导的指示批示要尽快推进下一步工作，同时要做好跟踪汇报的准备，汇报过程中领导多次过问或者明显感兴趣的地方要定期进行汇报，即使领导没有表现出关注，在推进的过程中利用闲散时间也可以提一提，避免领导对此事把握不足。

二、与外单位或个人沟通

公安工作并非孤岛，特别是在刑事侦查中，势必会和外单位乃至个人沟通工作，如何进行沟通，从而能实现自己的工作需要呢？

（一）确定对方立场

双方各自的立场决定了沟通的目的以及最终结果。如果是和公检法等其他党政机关部门沟通，无外乎是为了履行职责或者完成本单位的任务，沟通的目的在于达成目的而不是说服对方。从另一个角度来说，要说服对方放弃履行职责或抛弃出发点基本上是不可能的，所以我们在沟通之初就要明确对方的立场，从而寻找切入点展开沟通。

如果是和律师、犯罪嫌疑人家属、被害人、被害人家属等个人沟通，需要注意的程度自然要比机关单位更大。最核心的一点是保护好自己各方面的安全，作为一名国家公职人员，绝不能信口开河大谈莫须有，也不能胡乱承诺最后给自己和单位造成被动，所以每个回答、表情和动作都要考虑再三、慎之又慎。

（二）管住自己的嘴

作为一名警察，自己的一言一行不仅仅代表自己，更代表着所在单位，一旦出现问题，人们不会指名道姓地评价某某，而是更习惯于指向这身警服。在自媒体时代我们要习惯在镜头下执法，对于自己的言行更要慎重。

保密，在什么时候、以何种程度强调都不为过。正所谓事以密成，言以泄败。要注意不能说的绝对不说，可说可不说的尽量不说，应当说的不忘说。出于保密纪律，说了不该说的话将会对公安工作造成极大的阻碍，另外，当事人的信息如果被泄露，将会对他个人造成十分严重的影响，从而引发负面舆论，同时对案件当事人也是实质上的不公平。站在群众的角度来想，无论是遭受牢狱之灾身陷囹圄，还是合法权益乃至人身安全遭受侵害，这件事本身都不希望被暴露在街头巷尾成为人们谈资的一部分。所谓有温度的执法，就是将心比心带着共情去工作。至于可说可不说的东西，要进一步区分情况，对于把握不准或者感觉不托底的事情就要三缄其口。按照法律法规或者其他要求，必须说或者提醒的东西不能忘记，如果没有尽到告知义务从而带来的不良后果是本不应该发生的。

（三）学会说“空话”

我们常说多做实事，少说空话。可是这里有一些反常规的说话技巧，就是“说空话”。有时说空话并不是不礼貌或者无效沟通的表现，相反，是极为有效地保护自己的手段之一。当然，这里的空话并不是信口开河地去糊弄别人甚至欺骗别人，而是通过这种方式达到自己的目的。

例如，在与嫌疑人或者执法对象交流时，如果察觉出对方的语言陷阱或者不良目的后，为避免落入对方陷阱或者爆发冲突，一定要学会语言上的“务虚”。对方跟你谈远大理想，你就跟他谈民生疾苦；对方跟你谈事出有因，你就跟他谈依法办事；对方跟你谈例外情况，你就跟他谈规定原则，总之利用空话躲过对方设置的语言陷阱，从而保护自身不被牵着走。

（四）对公沟通提醒

在这里简要说一下和检察院、法院可能出现的沟通情形，亦作为业务提醒。

案件移送阶段。在移送案件前需要和检察院进行沟通，作为办案民警，在案件上同领导汇报、同法制介绍案件和与检察官对接十分相似，当然我们要根据对方的着眼点有针对性地进行介绍。建议每一名办案民警都有列出证据清单的习惯。将证据资料名称种类、证明事项与目的、页码分门别类列清，并在介绍案情时直接指明有哪些证据支撑、做了什么工作、还有什么疑点。综合案卷审阅对方将直接明了地得到你介绍的信息。大大提高沟通效率，这也是办案人员专业水平的体现。但是每个检察院，甚至是同一个检察院的不同检察官对案卷的要求都可能存在差异，有的需要按照证据种类为标准进行组卷，有的需要按照犯罪事实为标准进行组卷，这就需要提前和检察官进行沟通，避免业务被动。同时，对于一些重大、复杂甚至是有争议的案件，民警自行或者检察官要求可能需要当面沟通，解释侦查思路、收集证据的难点等情况。

审查起诉阶段。如果检察院认为证据证明力或者证明能力不足，会列出补充侦查提纲，通过书面形式反馈给侦查机关，在此过程中就需要民警和检察官更频繁地沟通，比如询问证人的必要性、补强证据的合法性等。必要情况下，双方还需要召开集体研讨会，就法律适用、证据证明力等问题展开讨论，一线侦查同审查起诉角度不同，面临实际情况不同，补充侦查的要求往往会远高于实际情况。需要民警据理力争，清晰阐述侦查阶段的实际情况。

庭审阶段。按照《刑事诉讼法》的相关规定，法院可能会要求侦查人员出庭说明情况，主要针对侦查程序的合法性、证据的收集过程等内容进行做证，并接受合议庭和辩护人的询问，这就更需要做好向上级汇报请示工作，并对案情、程序规定十分熟悉。确保庭上表述合法合规并为审判提供有效支撑。

三、在本单位内沟通

与本单位的其他同事沟通或者在上级、同事面前进行汇报也是十分常见的情形，与同事沟通或者汇报相比与领导汇报存在着许多的差别。

（一）区分个人决定对策

你下一步要沟通的人究竟是什么身份，是自己的前辈，还是和自己一个警校毕业的同学，抑或是小自己几届的学弟，不同的身份就决定了沟通策略的不同。对于自己的前辈或者学长，沟通过程中要表现出足够的尊重，但是也要勇敢地表达出自己的目的和需求，而不能为了尊重一味委曲求全，最后不但事情没办妥后果还需要自己承担。

对于同一年从警的同学，气氛可以把握得更加轻松一些，但是也要避免过于轻松的氛围影响自己沟通的质效。要将自己的需求表达清楚并且要求对方明确地给予答复，如果对方的答复可以重复一下就会避免理解有误。

对于自己的师弟师妹，不妨给他们提供一些解决办法，即提出自己的需求后提供下一步的工作意见，让他们拿定主意，避免出现有心无力或者不知所措的情况。

（二）确定好沟通方式

针对不同的情形和人员，沟通的方式也要有所改变。如果是简单的问题或者信息交流，面对面进行叙述或者打电话即可，这不仅达到了沟通的目的，同时也是最高效的沟通办法。

如果需要确定的事项较为复杂或者内容较多，为了避免有所纰漏或者错误，尽量选择微信、钉钉等方式进行确认。同时，要注意，如果对方没有回复，那么要提醒对方，确认对方收到并留痕。

涉及沟通的事项人员较多且较为复杂，甚至是其中存在争议，最好的办法是安排专门的会议进行沟通讨论，提前准备好相关资料，让大家在会上充分表达意见。

（三）沟通的要点

首先，要注意表达得清晰、准确。回想起曾经接到的一条通知“下午开会”，听完简直是云里雾里，下午什么时候开会？在哪儿开会？大概什么内容？大概多久？谁来主持？谁来参加？什么都没有说明，所以我们在沟通的过程中要避免出现这种情况，要把自己的想法简洁明了地表达出来，同时要避免产生歧义。

其次，要积极倾听。要给同事留有充分的时间表达自己的观点和想法，不要中途打断。并且要不时通过点头、眼神交流的方式表明自己在认真倾听，同时要注意确实理解了对方的想法之后再发表自己的看法。

最后，要懂得控制情绪。遇到意见不合或者观点冲突时，要明白都是为了工作，不要情绪化地争吵。沟通的目的是解决问题而非发泄情绪。在工作场景下漫无目的发泄情绪是最不成熟也是对自己最不利的行为，既不能解决问题也对自己没有提升，反而对工作产生负面影响。如果感觉观点无法调和，可以暂停沟通，等拿出另外的解决方案时再进行沟通，以免影响以后的业务对接。

第二部分　群众工作

一、群众纠纷调解

所谓“清官难断家务事”，群众工作虽是公安工作的重要组成部分，但也是很多小伙伴最为头疼的工作，你一言我一语，公说公有理婆说婆有理最是难办。直接面对群众，解决矛盾纠纷或群众需求时，必须找准群众的矛盾纠纷点或真正的需求，把话说到对方心坎上。这里有个小技巧叫“软话硬说”和“硬话软说”。就是根据现场实际情况用强硬的语气

（一）做好准备工作

虽然有的群众纠纷爆发得十分突然，但请在做好充分的准备后再发表观点。调解的基本前提是公正、客观、全面了解事情前因后果。作为调解人员，自身要保持冷静和公正的心态，忌先入为主，出现偏袒任何一方的行为。

同时要尽可能地了解纠纷的大致情况，人员是辖区内还是辖区外，事由是人身类还是财产类纠纷，这件事有没有经过其他党政机关或者居委村委的调解，必要时可以先向其他单位了解情况，不能仅从当事人口中判断确定。

（二）调解方法

第一，自身要稳定好情绪。要拿出泰山崩于前而面不改色的稳定，用温和、耐心的语气去安抚双方的情绪，让他们先冷静下来。要强调反复生气解决不了问题、东一言西一语我什么都听不清、大家来是为了解决问题，而不是为了吵架的等。在调解工作中我们必须有着基本的共情能力，但也必须站在第三方视角公正调解，保持冷静客观，切忌被当事人的情绪带动而火上浇油。

第二，要充分倾听诉求。在工作中我们需要树立矛盾意识，认识到所有矛盾的产生一定有根本的争议点。也许双方的诉求和矛盾点隐藏在双方复杂、充满不理性或者愤怒的表述之下。但调解人员首要的能力就是发掘事实，找出矛盾点。给双方充足的时间去讲述自己的想法和委屈，除了自己不能随意打断外也要避免对方的打扰，认真记录表达过程中的关键信息，并从中归纳矛盾点和冲突点，积极寻找解决办法。

第三，确定了解事实。双方讲述完毕后，通过询问的方式进一步核实细节，弄清楚纠纷的真正起因和焦点，对双方表述的矛盾点要进行提问，并归纳争议焦点由双方确认。

第四，要寻找双方共识。群众之间的矛盾不存在你死我活的斗争，公安机关要引导双方找到共同的利益或者目标，比如邻居之间双方可能都希望有一个和谐的居住环境。

第五，提出解决方案。根据纠纷的性质和具体情况，提出公平合理的解

决方案。解决方案要在合法并不违反公序良俗的前提下提出，在此基础上可以最大程度保护双方的自由约定。

（三）跟进与反馈

调解意向达成后，要跟进双方对调解方案的执行情况，如果调解失败或者达成调解后拒不履行，要做好汇报工作，同时要告知双方可以通过诉讼等其他合法途径解决纠纷。

二、对外宣传工作

宣传工作是公安政治工作的重要组成部分，也是人民群众了解公安工作、听取权威发声的重要途径。外宣和内宣有着本质上的不同，其中最重要的就是对象的区别。外宣工作关系到整个社会的舆论、宣传目标对象的认知和理解、保密工作等一系列要点。做好对外宣传工作可以从以下几个方面入手：

（一）明确宣传目标和重点

宣传工作要围绕公安中心工作，例如打击犯罪、治安防控、服务群众等方面，不同的宣传主题需要收集不同的素材和资料，采取宣传的手段也各不相同。

比如宣传公安机关扫黑除恶专项斗争的成果，主要目的是展现公安机关打击黑恶势力的坚定决心，配文要有力度、配图要有刚毅的形象。如果是宣传公安机关为群众帮难解困，主要目的是体现公安机关全心全意为人民服务的形象，文字要有柔情，同时配图要颜色鲜艳。

（二）把握宣传内容

在这里对不同的宣传内容加以区分，以更好地确定如何开展宣传工作。

案件报道。对时下关注或者辖区内发生的重大案件进行报道，内容要精准无误，措辞要有理有节。日常可挑选有代表性的案件进行宣传，在不影响侦查和审判的前提下，真实还原案件过程，让群众了解违法犯罪的危害。同时，要注意保护受害人的隐私和案件侦查的细节。群众对身边发生的案件与猎奇的事件最为敏感，而宣传的前提是“有人看”。可以从群众关心、好奇、想了解的事物着手确定宣传角度，但一定要遵循保密与保护原则。

先进事迹。大力宣传公安民警的英勇事迹、敬业精神和为民情怀。以此体现人民公安为人民的崇高价值取向，让人民群众相信人民公安。切口可以大到国家民族，也可以小到家庭个人。总而言之，需要唤起群众的共情，需要给群众“一个梦想”，一个相信英雄、靠近英雄、成为英雄的梦想。只要不偏离核心主旨与目的，大可发挥一切手段与想法。

安全知识普及。制作关于防盗、防诈骗、交通安全等知识的宣传内容，通过案例分析、情景短剧等形式向群众传播，提高群众安全防范意识。

同时要注意拓展宣传渠道，注重传统媒体和新媒体的结合，在利用电视、报刊等传统媒体的权威性，发布重要案件信息和工作动态的同时，积极运用微信、抖音等新媒体平台，以短视频等群众喜闻乐见的方式灵活多样进行宣传。除此以外，还可以利用社区宣传的灵活性，采取在宣传栏张贴海报，定期更换宣传内容的方式以达到目的。

要注意及时收集群众的反馈意见，统计媒体平台阅读量和数据，评估宣传效果并适时调整宣传策略和内容，以提升宣传工作的质量和影响力。

（三）警惕“低级红”“高级黑”

“低级红”是指有意或无意地用一种看似正面实则违背客观规律和真实情况的方式来表达所谓的“支持”。例如，某位同志为了工作 30 多天加班没回家，让人觉得单位不讲人道。

“高级黑”是指用一种隐蔽的、看似客观公正的甚至是正面夸赞的手段，来达到抹黑、诋毁的实际目的。表面上是在赞美，实际上通过暗讽、歪曲内涵、放大缺点等方式来引导负面评价。比如，某位市长终于吃上了自己花钱买的月饼，那之前的月饼都是别人送的。

要注意宣传内容表述的准确性，在进行表扬、宣传等活动时，语言和表达要基于事实。避免过度夸张、渲染，防止出现不符合实际的“尬吹”情况。比如在宣传先进事迹时，要真实还原事迹本身，而不是进行不符合逻辑的美化。

同时注意方式的恰当性，宣传手段和渠道要合理选择。避免在不合适的场合或采用不恰当的方式进行所谓的“正面宣传”。例如，不能以消费苦难等错误方式来衬托形象。

另外要保持客观冷静并提高判断力。面对一些容易引起争议的事件或言论，不要盲目跟风。要冷静分析其背后的真实意图，判断是真心赞美还是别有用心地抹黑。要从逻辑和常识角度审视信息。如果某一说法违背基本逻辑或者常识，很可能存在问题。同时，关注信息的来源和传播路径，对于来源不明、传播意图模糊的内容要多留意。

三、群众接待工作

在接待群众的过程中，话说多说少、什么该说什么不该说都是一门学问。

（一）态度与礼仪方面

我们自身要着装规范、警容严整。以热情、耐心、温和的态度对待群众，主动询问群众需求，使用礼貌用语，如“您好”“请坐”“请问有什么可以帮助您的”，所谓伸手不打笑脸人，我们自身热情、亲切群众也很难挑出我们的问题。面对情绪激动的群众，要保持冷静，切记不能与其发生冲突，以免引发负面舆情。

（二）工作流程方面

首先，对于群众咨询的问题，要准确、详细地回答。如果是业务办理，要清楚地告知群众所需材料、办理流程和时间期限。对于自身拿不准或者不是本人业务范围的，可以请群众查阅办事指南手册或者建议群众询问其他办公人员。

其次，对于群众的报案、投诉等，要认真记录相关信息，包括时间、地点、事件经过等。一方面要安抚群众情绪；另一方面要抓紧向领导汇报。

（三）反馈与跟进方面

对于群众反映的问题，要及时处理并将处理结果反馈给群众。如果不能马上解决，也要告知群众大致的解决时间和进度安排，让群众心里有底。

第三部分　执法沟通

一、出警现场语言运用

在出警现场，精准且巧妙地运用语言是保障执法顺利、化解矛盾、安抚群众的关键所在，具体可以从以下几个环节着重把握：

（一）开场安抚

到达现场后，我们应当迅速扫视现场整体状况，捕捉人们的情绪状态。要以“警察来了”等话术控制现场状态，声音既要洪亮到足以覆盖嘈杂声，又不能过于尖锐而刺激到紧张的人群，同时辅以果断有力的手势，示意众人停止慌乱举动，让涉事者在最短时间内真切感受到秩序即将恢复，心理上先安定下来。如何做到强势控场又温和亲切，需要在执法实务中不断磨炼。

（二）表明身份与来意

要以清晰、干脆的方式亮明身份，切忌支支吾吾甚至报错家门，要目光坚定且自信地扫视一圈，与现场人员有短暂眼神交汇，以此彻底打消群众对执法人员身份的疑虑，牢固树立起执法权威性，也能快速引导群众将注意力聚焦到关键问题上，为后续顺畅沟通打开局面。

（三）询问沟通

面对受害者，要迅速靠近，用轻柔且关切的语气开启对话，全程保持专注的眼神交流，不时轻轻点头，用简短的言语如“嗯，接着说”鼓励其完整倾诉，手里备好记录工具，确保点滴细节都不遗漏，其间也应当给予人性化关怀。

碰到冲突的双方，需果断将他们分开交流，严肃而公正地掌控双方说话节奏，一旦有人情绪激动想叫嚷打断，立刻用眼神或手势制止，有条不紊地厘清矛盾核心，分辨是非对错。

（四）指令下达

当遭遇紧急危险情况，如正在进行的斗殴事件，必须大声喝止。声音要威严到震慑人心，配合标准的制止手势，如伸展手臂、掌心向前，形成强大威慑力，让违法者瞬间畏缩，快速终止暴力行为。指令下达必须清晰、有力、明确，并在现场由一人下达，避免指令矛盾冲突。指令下达需要使用法言法语，保证执法专业性。以下给出几个标准模板以供参考：

“警察别动！否则使用武器 / 警械，无关人员请躲避！”

“我是 ×× 公安局民警，接指令来此处警，本次执法全程录音录像请你配合。”

“你可以对我的执法活动录音录像，但请不要掐头去尾歪曲事实在网络上发布，否则将被追究法律责任。”

需要疏散人群时，则要站在显眼位置，边喊边用手臂大幅度指明疏散方向：“大家不要惊慌，往这个方向来！”眼神紧盯人群动态，确保疏散过程高效有序，防止发生踩踏等次生事故。

（五）结束沟通

收尾阶段，语言要简洁明了、干脆利落，清晰告知涉事者后续安排，语气坚定不容置疑，让群众心里明白地知晓警方后续行动步骤，能够安心等待公正处理结果，放心地将事情托付给警方。

在触及现场的语言应用时一定要把握住语气、神态和气场。做到对什么人说什么话。对于有敌对性、攻击性的违法人员一定要使出霹雳手段，在语言上以绝对气势压倒对方。而对于期待解决问题、遭受委屈的民众一定要善于倾听。将心比心，换位思考，没有共情能力的警察不可能当一个好警察。

二、询问、讯问中的语言运用

在审讯室里，本质上就是人与人之间心理、智慧、信息差的对抗。审讯人员的心理抗压能力、掌握信息量级、语言沟通能力都必须远远压倒对方，才有可能获得这场对抗的胜利。在训练过程中也有心理学上的诸多技巧，而这些技巧都必须通过语言展现出来。在询问（针对证人、被害人等）和讯问（针对犯罪嫌疑人）过程中，运用语言的方式方法存在差异。

（一）询问

第一，营造舒适氛围。开始询问时，营造一个舒适、安全的氛围很关键。可以用温和的语气进行对话，并且要注意询问环境安静、整洁，让被询问者能够放松身心。对于受到惊吓的证人或被害人，更要表达关心。

第二，询问开头要表明身份和意图。清晰地说明自己的姓氏、所属派出所等，表明我们正在调查某某案件，希望群众配合提供信息。

可以用开放式问题引导对方叙述，比如“可以和我讲讲当时您看到了什么吗？”这样可以让对方比较自然地回忆和讲述事件经过。

第三，积极倾听。询问过程中积极倾听是重点，不时点头，用眼神交流，表示你在认真听对方说话，并且适当给予回应，像“嗯，然后呢？”要避免打断对方的思路，除非对方叙述偏离主题太远。如果需要引导其回归主题，可以用比较委婉的语言表达。

提问要具体、明确。例如，不要问“你觉得那个人可疑吗？”而是问“你看到那个人的穿着、行为有什么特别的地方吗？”当遇到被询问者回忆困难时，可以用一些提示性的语言帮助回忆，比如“您说在那个路口等红绿灯，当时周围有没有什么广告牌或者商店呢？”

第四，询问结尾总结询问的内容，“非常感谢您今天提供的这些信息，我来简单总结一下，您看看有没有遗漏或者错误的地方。”告知对方后续可能还会联系，“如果我们还需要了解其他情况，可能会再次联系您，希望您能继续配合我们的工作。”

（二）讯问

第一，营造严肃氛围。讯问犯罪嫌疑人时，一开始就要营造严肃、公正的氛围，表明法律的权威性。可以正襟危坐，严肃表明身份，同时展示相关的法律手续，如传唤证等。

第二，讯问开头要按照法律法规规定明确告知权利义务。从基本信息开始讯问，如“先说说你的姓名、年龄、职业等基本情况吧。”

第三，讯问过程中运用技巧让犯罪嫌疑人如实交代。比如采用迂回战术，先问一些看似无关紧要的问题，“你那天出门都去了哪些地方？”逐渐引导到核心问题。

当犯罪嫌疑人试图隐瞒或者说谎时，要适时出示证据，并且严肃地说：“我们已经掌握了部分证据，现在说谎对你没有任何好处。”

第四，保持冷静和理智，不要被犯罪嫌疑人的情绪或者言语挑衅所影响。如果犯罪嫌疑人情绪激动，要等他冷静下来后再继续讯问，“你先冷静一下，等你情绪平复了我们再继续。”

第五，讯问结尾再次强调法律责任，“你要对你今天所说的话负责，我们会根据你提供的情况和证据进行核实。”按照程序让犯罪嫌疑人核对讯问笔录并签字，“这是讯问笔录，你仔细核对一下，如果没有问题就签字。”

三、结束语

在执法的漫漫长路上，我们身着警服，肩负使命，怀揣着对正义的执着追求，穿梭于城市的大街小巷，直面社会的复杂万象。每一次出警、每一场问询、每一回与群众的交流，皆如一场场严峻的考验，而说话之道恰似熠熠生辉的利剑，助我们披荆斩棘，守护一方安宁。

回溯往昔的执法片段，那些因言语得当而成功化解的危机、因沟通顺畅而破获的案件、因耐心倾听而赢得的民心，皆成为我们职业生涯中璀璨夺目的勋章。从安抚受惊孩童时的轻声细语，到对违法犯罪者的威严呵斥；从调解邻里纠纷时的苦口婆心，到新闻发布会上的沉稳专业，我们践行着“会说话”的准则，见证其在公安工作各环节的关键作用。

于喧嚣繁杂的市井街头，面对聚众闹事的混乱场景，一声坚定有力的“我们是警察！”如定海神针，刹那间镇住躁动，为后续疏导调解抢得先机。那掷地有声的话语，源自平日训练积累的底气，蕴含着法律威严，能穿透喧嚣，直抵人心，令闹事者清醒，让围观者安心。在审讯室的幽闭空间，面对狡黠诡诈的犯罪嫌疑人，步步紧逼的诘问“证据确凿，坦白是唯一出路，别再心存侥幸！”似凌厉剑光，戳穿谎言伪装，逼其吐露实情。每字每句皆经深思熟虑，依犯罪嫌疑人心理弱点精准出击，在心理博弈中占得上风。

但我们亦深知，这条修炼之路永无止境。社会在飞速变迁，舆情风波诡谲难测，民众诉求越发多元复杂。新兴媒体如汹涌浪潮，信息瞬间传遍四海，稍有不慎，言语瑕疵便会被无限放大，化为舆情危机导火索；群众法治意识日益提升，对执法透明度与公正性期待攀高，交流中一丝敷衍、一句不当，皆可能引发信任裂痕。

面对这些挑战，退缩绝非选项。我们要如海绵吸水般汲取知识，钻研沟通艺术经典论著，剖析警务实战典型案例；积极投身模拟演练，于虚拟情境中锤炼应变话术，打磨语言技巧；更要投身基层一线，在日复一日的群众工作中倾听民意、洞察人心，让说话本领在烟火人间淬炼升华。

未来征程，重任在肩。愿每一位公安战友皆铭记，语言不仅是交流工具，更是执法利器、民心纽带。从晨曦微露的巡逻起步，到夜幕深沉的值守坚守；从鸡毛蒜皮的纠纷调解，到穷凶极恶的犯罪打击，让我们以精准言语诠释法律公正，用温暖话语传递人性关怀。

当面对误解诋毁，不怒不躁，以坦诚释疑，凭专业正名，让谣言止于智者；当遭遇棘手难题，冷静沉着，以巧思破局，借妙语化险，使困境转为契机；

当服务百姓大众，春风化雨，以耐心倾听，贴心帮扶，将温暖注入人心。

此刻起，磨砺唇舌，雕琢言语，怀揣赤诚，奔赴使命。在守护万家灯火征途上，凭借说话的艺术与力量，书写公安荣耀篇章，铸就坚不可摧金色盾牌，让正义之光永耀大地，护百姓周全，保山河无恙！未来岁月，携手共进，以言为刃、以语作桥，向着公安事业辉煌巅峰无畏攀登！因为我们深知，会说话的公安人，定能在时代浪潮中稳立潮头，为法治社会的朗朗乾坤不懈奋进，直至到达胜利彼岸！

第三节　遇事沉稳：积累经验百事通

前言：知行合一，方获真知

无论是前文提到的“提笔能写”“开口能说”还是本文的“遇事能办”。前提都是去写去说去做。“开口能说”是公安民警的基本功，而“遇事能办”则是更高层次的能力要求。对于新入警的年轻民警而言，如何实现从“能说”到“能办”的跨越，是职业成长的关键。实现“遇事能办”需要结合理论不停地实践。主动向经验丰富的同事请教，积极参与各类案件侦办，在实践中积累经验。同时不能放弃对法律知识的学习与更新，熟练掌握办案程序和相关规定。同时，也要加强体能训练和与警种对应的专业警务技能训练，确保在关键时刻能够有效处置各类突发情况。

一、公安工作基本盘：纠纷调处

纠纷调处是基层治理的“绣花功夫”，但仅凭“花拳绣腿”是万万不够的。基层公安机关是社会治理的神经末梢，承担着化解矛盾纠纷、维护社会稳定的重要职责。在《治安管理处罚法》第九条规定下，对符合调解条件的案件（如邻里纠纷、家庭矛盾）采取非强制手段，既维护了法律权威又体现了执法温度。下面将从实战角度出发，系统梳理纠纷调处的解决方案供大家借鉴。

（一）注意事项

现场控制：采用“背靠背隔离法”，将冲突双方安置在不同房间或场景中。

在前期的调查处置阶段，综合分析双方或者多方的言辞来还原事情真相是十分重要的。在听取各方诉说的过程中，当事人之间很容易因为事实或观念的不统一而爆发更严重的冲突，在情绪非常激动时，及时将各方隔离开是十分有必要的。给各方一个空间和时间上的缓冲地带，等到各方情绪稳定，愿意沟通了，再把各方聚到一起调解。

证据固定：在还原真相时，各方的言辞往往不能够真实、全面还原事情真相，这时证据的固定是十分有必要的。如果说纠纷调解不得，那么证据固定万万拖不得。一方面从出警现场的同步录音，到后续现场勘验，还原纠纷的起因和经过时，离纠纷发生时刻越近，越容易收集到真实的现场证据。另一方面也是为了防止别有用心之人歪曲事实，以造成调解双方的不平等。因此在确保各方现场矛盾冲突平息之后要做的第一件事就是将证据固定。无论纠纷能否化解、是否成案，都必须在第一时间固定证据。随身携带执法记录仪，同步录音录像，及时收集证人证言是最基本的要求。

（二）矛盾溯源调查法

在调查各方矛盾纠纷的成因时，可采取矛盾溯源调查法：首先是绘制“矛盾关系树”。将事件中的各人物主体以及人物关系列明，详细梳理纠纷主体、关联人、历史积怨、利益诉求。在刚接触事件时，可能很难明晰到各方的核心利益诉求，这需要我们不断接触、不断沟通。认真分析在矛盾纠纷中真正想要的诉求。必要时还需联动其关系背景人，了解纠纷主体日常生活表现、生活习惯以及思想动态。其次是建立“三张清单”，即诉求清单、证据清单、法律依据清单。在了解完各方真正的利益诉求后，要及时记录下来。从第三人角度分析该利益诉求是否合理、是否能够实现。总结核心矛盾争议点。证据清单是为了保证调解在公平合理情况下开展，而法律依据清单正是为了展示当事人的诉求是否合理，是否在法律允许的范围内，公安机关是否可以予以支持。

在调解停滞没有进展的情况下可以开展三访：走访当事人亲属、社区干部、周边邻居以争取更好效果。在走访当事人亲属时，要主动拉家常，通过平和的语言了解家庭矛盾根源、当事人的性格特点及过往纠纷情况，同时还需注意观察亲属对矛盾的态度是否客观。走访社区干部需重点了解当事人的居住情况、邻里关系和既往表现等背景信息，可以优先邀请社区干部共同参与调解，发挥熟门熟路的优势。在走访周边邻居时，同样也应以闲聊方式侧面了解当事人的日常交往、生活习惯及矛盾发生时的具体情况，无论是行政处罚还是纠纷调解都要注意保护邻居隐私，避免直接引用受访者原话引发新矛盾。走访过程中要随身携带笔记本记录关键信息，对多方说法存在明显差异的内容，需通过前期收集的证据交叉比对核实真伪，并将有价值的线索及时整理反馈，为制订调解方案提供依据。

（三）分级处置策略

在基层警务活动中，各类繁重的非警务活动使得人力资源十分紧张。无法实现对每一起纠纷调解给予最大资源并进行饱和式调解，这时分级调解策略就很有必要。我们把现实中常见的纠纷分为三大类，并给出思路进行分级分类处理。

简易纠纷“现场调”：第一步消气、第二步说理、第三步给出解决方案。针对事实清晰、争议较小的邻里口角、轻微财物纠纷等简易矛盾，争取用这“三板斧”现场化解矛盾纠纷。简易纠纷可以在楼道口、小区广场等事发地就近开展现场调解，了解核心诉求并寻找折中点。待各方当事人情绪稳定后组织“面对面”协商，当场厘清责任，提出“退一步赔礼道歉”“象征性补偿”等可行性方案。调解过程必须全程录音录像，并在接报警登记表中记录。对达成一致的纠纷立即填写《治安调解协议书》，由当事人签字捺印，并通过移动警务终端上传至系统备案；对未当场化解的纠纷，标注风险等级并推送社区跟踪关注，防止小事拖大。

复杂矛盾“联合调”：联动司法所、社区、物业、律师组成调解专班。对涉及征地拆迁、劳资纠纷、家庭积怨等成因复杂、易激化的矛盾，需要由派出所分管副所长牵头，从宏观层面启动联合调解机制：在最短时间内通过综治平台向涉事街道办、司法所、涉事单位（如住建局、人社局、涉事企业）推送联动请求，并召开联席会议，明确公安管秩序稳控、街道管属地协调、职能部门管政策落地的分工，明晰边界后各司其职。调解成功后，现场制订包含履行方式、期限的书面协议，并由社区民警定时上门回访协议履行情况，通过工作群实时通报进展；对反复违约的当事人，由公安联合法院启动“调解协议司法确认”程序，用强制力保证调解效果。

涉法问题“专业调”：对交通事故赔偿、医患纠纷、合同违约等法律专业性强的矛盾，依托派出所“驻所律师工作站”或辖区法院“诉调对接中心”，联动“民警 + 律师 + 法官 + 司法”工作人员专业调解团队。总而言之，就是调用一切可以调用的专业力量。对涉及金钱赔偿的争议，直接当场列明医疗费、误工费等法定赔偿项目及计算依据；对责任划分分歧，可以动态演示不同判决方案的结果差异。达成协议后，48 小时内对接法院在线司法确认通道，当场出具裁定书；对调解失败的，直接导入诉讼程序并移交证据材料，实现“调诉无缝衔接”。

（四）纠纷调解联动协作机制

纠纷调解从来不是公安一家的事，也不是仅凭公安一家就可以完全做好的。建立联动协作机制对于纠纷调解来说也是十分关键和必要的，它可以提前预防矛盾纠纷，也能在第一时间控制事态，有效提高调解效率和质量。与当地居委会、街道办及其他行政部门建立常态化联动机制，提前互通信息、明确分工。

在调解前，公安民警可通过社区干部快速掌握当事人家庭背景、矛盾历史等基础信息，节约走访成本，快速获取一手信息。街道办同时也可以协助联系司法所、民政等部门，针对涉及法律咨询、困难帮扶等特殊需求做好预案。

调解中，公安负责现场秩序与强制手段震慑，居委会发挥“熟人优势”配合疏导情绪，司法所或综治办同样也是调解工作主体，工作人员可以同步提供专业法规解释，若纠纷涉及房屋违建、环境噪声等其他问题，可协调城管、环保等职能部门到场联合处置。

调解后，公安机关需将处理结果通报街道办，由社区网格员跟踪回访当事人动态，民政部门对生活困难的纠纷家庭酌情帮扶，防止矛盾反弹。日常工作中，各部门可通过建立微信联络群、每月召开联席会等方式共享辖区矛盾隐患，对反复出现的同类纠纷开展联合普法宣传，形成“源头预防—联动处置—长效化解”的前中后闭环管理。

纠纷调处预防是精细治理的试金石。派出所民警既要依法处置显性矛盾，更要用心化解隐性风险，真正实现“矛盾不上交、平安不出事、服务不缺位”。

二、公安工作基本盘：治安防控

无论是在公安部提出“派出所主防”的时代大背景下，还是从历史的维度上看，治安防控与侦查打击都是公安机关最基本的任务。作为维护国家政治安全、社会稳定的中坚力量，公安机关都始终将维护社会面稳定作为第一任务。无论是何警种、岗位，都要树立群众意识。公安基础工作的导向就是解决群众的问题和矛盾，若离开这个基本遵循很难将公安基础工作做好。正所谓“警力有限，民力无穷”。只有将群众的力量发动起来，才能真正做好公安基础工作。打与防从来不是分裂的，防得好往往意味着打得少，要想侦破率高，也同样离不开良好的群众基础。

（一）基础信息采集与掌握

无论是社区民警还是乡镇派出所民警，都必须深入辖区，收集人口、房屋、行业场所等信息，每到一地任职，首先就是了解当地社情民情。对当地娱乐场所等治安重点区域的常有人口、人情关系进行深入了解。对各区域的常住人口、涉访涉诉人员、重点稳控对象背景进行深入了解。对隐藏的危机与矛盾进行深入发掘，有助于及时发现隐患。

在一线工作中，因为个人精力与警力都有限，不可能将辖区内方方面面都详尽掌握，这就需要借助熟悉情况的老辅警、协警、社工人员开展工作。例如在调解工作中，群众对于老民警的信任一部分来自身份，一部分来自其在当地长期形成的口碑和德高望重。主动向当地老前辈取经或借用老前辈的力量是十分必要的。

（二）矛盾纠纷排查化解

大事化小，小事化了是矛盾解决的基本原则。没有事不惹事，事来了也不应该怕事。主动深入群众发现矛盾，联合调解组织介入，防止小事升级。虽然一直提倡让警察不要承担过多非警务活动，但是一般纠纷和违法犯罪之间没有鸿沟，而且只有前期深入熟悉辖区内可能出现的矛盾纠纷才能有效预防违法犯罪活动。矛盾排查化解是一门非常复杂的艺术，社会、法律、人情等交织在一起。

（三）群防群治体系建设

重中之重是发动群众，尽一切可能，创新一切形式发动群众，让广大群众参与治安防控与矛盾纠纷化解，例如引进“群英断是非”机制、建立义警机制。①

“枫桥经验”告诉我们，物防、技防、人防等防控措施，最终要达到的是老百姓的心防。如果不能让群众为我所用，甚至有可能走向另一个极端的负面。如果我们做的工作让老百姓不理解、不关心、不重视，那么仅凭派出所的警力是很难达到治安防控的目标效果的。面对复杂多变的群众工作形势，我们可以团结大多数、争取中立者、打击极少数。在日常事件办理中，为老百姓释法普法，真正让老百姓成为治安防控的主体，让每个人都建立起群防群治的意识。

（四）突发事件处置

在治安防控的过程中，面对突发事件是常有的事，我们要对突发事件有一定的心理预期，不能让突发事件打得我们措手不及。正确评估辖区内可能会出现的突发事件，做好最坏的打算。对可能出现的突发事件分级分类作出预案，并时常演练，不能让预案只停留在纸面上。发生突发事件要立即上报，并将事态控制在可控范围之内。

同时在每一起突发事件处置完成之后，应定期复盘，总结做得好的与不足之处并将不足之处的改进方法参与到新的感知中，不断地增进完善预案，提高突发事件处置能力。

（五）服务群众能力

现在我们在宏观上提倡向服务型政府转变，虽然公安是暴力专政机关，但是同样也有服务人民群众的身份属性。有效开展安全宣传、便民服务就是重要的工作。其中要正确认识群众的诉求，对于在公安范围之内的群众诉求应当尽最大努力解决。同时，我们也要拓宽警民联系的渠道，在社区村委居委会等场合提高见警率。在工作之外，待在办公室或不与社会接触是很难解决实际问题的，唯有深入基层、深入群众内部，倾听群众的心声才能够了解群众真正的诉求。

三、公安工作基本盘：案件办理

办案取证的本质是把事实以证据的方式呈现出来。办案的基本遵循就是

① “群英断是非”是一种起源于湖南省岳阳市岳阳楼区奇家岭街道的基层治理工作法，旨在通过群众参与调解，解决基层矛盾纠纷。

以事实为依据，以法律为准绳。这句话把办案分为两部分：第一部分是还原事实真相；第二部分是依照法律进行处置。前者是后者的前提，后者是前者的目的。公安作为治安管理机关和刑事侦查机关，在案件办理方面，分别承担着不同的职能。在行政案件办理中，公安机关往往扮演着管理者和裁决者的角色。无论是前期调查还是后期处置，往往要以解决社会现有矛盾以及社会治理作为主要导向。而作为刑事侦查机关在办理刑事案件的过程中，一定要确立以审判为中心的办案理念。在侦查过程中的强制措施使用、侦查手段使用，调查取证处置都要以全面、真实、客观地还原案件真相为审判作支撑导向，同时兼顾社会效果。

（一）接警与立案阶段

在公安部 2024 年发布《公安机关接报案与立案工作规定》后，公安机关办理案件便不区分“受案”和“立案”，仅有刑事立案与行政立案的区别，所以立案初查阶段变得尤为重要。

对于群众现场报案，首先必须核对报案人身份、联系方式，防止虚假报案。同时记录报案时间、地点、案件经过并由当事人在接报案登记本上签字以便日后复查。对于案件材料，一定要在证据基础上进行分析，首先要依照《公安机关执法细则》确定是否有管辖权，其中包括确认事项、地域、级别管辖。如果确定有管辖权，再判断案件性质，是刑事案件还是行政案件并采取立案措施。

在立案审查阶段可能出现嫌疑人毁灭证据、脱逃、证人离开本地等一系列情况，在这个时候就必须采取传唤、讯问等方式第一时间保存证据。因为立案的基础是证据，所以对于证据的收集和保全，优先层级是高于立案审查的。另外，无论是行政案件还是刑事案件，开端都是立案。所以在立案决定作出之前，公安机关无权采用技术侦查、讯问等刑事侦查手段。

在立案审查时需要详细审查报案记录、现场照片、证人证言等证据材料，以事实为依据判断是否符合立案标准。刑事案件的立案标准即为刑事诉讼法中所规定的“有犯罪事实需追究刑事责任”标准；而行政案件需符合《治安管理处罚法》以及其他行政法规规定。对不予立案的同样需出具《不予立案通知书》并向控告人说明理由、普及法律知识，保障控告人复议权。

在现实办案中必须杜绝“先立案后审批”或“以罚代刑”的情况，而且作为新警需书面记录审批意见以规避风险。

（二）侦查、调查取证

侦查阶段是“证据编织成网”的过程，既要高效突破案件，又需在每一步骤中恪守程序正义。取证包括现场勘查、询问证人、讯问犯罪嫌疑人、调取监控、技术侦查和刑事科学鉴定等。在侦查阶段，我们同样应该注意把所有措施按照紧急程度做先后顺序的区分。例如危险驾驶案中的血液样品必须在 24 小时之内进行酒精检测。同时血液样本也应当按照规定严格保存。那么样本送检和技术鉴定的优先级就应当放在靠前的位置，以减少在这一过程中发生的变数。

在调查取证的过程中，我们一定要注意证据来源的合法性。例如部分案件就规定在问话过程中必须全程录音录像。对于公民人身的搜查也必须提前开具搜查证。如果在取证过程中程序不合法，很有可能导致所取得的证据被排除，而在根本上起不到支撑诉讼的目的。

时至今日，公安机关办案仍以言词证据为主导，真正以“零口供”成功进行诉讼的案件少之又少。所以办案人在问话过程中应当格外谨慎。在制作笔录时应当遵循以下几个原则：（1）客观真实。笔录的实体内容绝对不能提前编好，让当事人签字，更不能歪曲当事人的真实意思表达。否则无异于伪造证据。（2）全面翔实。比如制作时应当将诉讼可能涉及的行为人作案时的心理状态、前因后果、内容细节进行翔实全面的记录，作为诉讼的直接证据之一。笔录需要全面而又详尽地记载违法犯罪的全过程以及其中的细节，以同其他的证据形成证据链。（3）符合逻辑。在办案实务中，对不同对象的问话必须符合其身份逻辑。例如对于证人的问话，仅以其看到或听说的案件事实为限，证人是不可能完整详细地将犯罪嫌疑人作案时的心理特征以及行为动机表达出来的。否则就违反了基本的逻辑，大大降低这份证据的可信度。

（三）强制措施使用

根据法律的规定，公安机关目前可以采取的刑事强制措施有拘传、刑事拘留、取保候审和监视居住，必要时可以向司法机关提请逮捕。行政强制措施有传唤、扣押冻结财产等。

在使用强制措施时需要明确现有证据是否达到符合采取强制措施条件，同时在使用强制措施时必须根据规定逐级审批具有完备的法律手续。特别值得注意的是，使用技术侦查手段必须经市一级公安机关负责人批准。

无论是对人身还是对财产采取强制措施，都必须注意时限。在法定期限内必须解除强制措施或转变强制措施，不得超期。例如对于单人单案的犯罪嫌疑人，对其采取的刑事拘留措施不得超过 7 天，无论是无理由超期羁押，还是违规变更羁押期限为 30 天，都是对《刑事诉讼法》和犯罪嫌疑人人权的严重侵犯。

目前遏制违规逐利执法呼声一浪高过一浪，对于财产的查封、扣押、冻结措施也应当注意范围和时限，不能出现超范围、超时限冻结或“以冻代扣”的情况。

（四）结案

对于在侦查过程中侦查结果事实清楚、证据充分，或发现不应当追究刑事责任（如犯罪嫌疑人死亡）的可以作出结案处理。如果发现案件无犯罪嫌疑人（案件中无人构罪）可以适用撤案。此时整个刑事案件都将不复存在，而发现有犯罪事实，但犯罪事实并非该犯罪嫌疑人所为，应当对这个犯罪嫌疑人适用终止侦查。即撤案是对于整个案件采取的措施，终止侦查是对于犯罪嫌疑人采取的措施。如果证据已经达到移送起诉标准，应当及时移送检察院进行审查起诉，对于公安机关来说，到这一步就是把案子全部办完了。

行政案件需在 30 日内办结（特殊情况可延长）。行政案件办结的标志为撤案、对嫌疑人进行处罚或不予处罚。撤案需书面说明理由并告知被害人；涉案财物也应当依照法律进行发还或者及时处置。

由于处罚或不处罚是对整个案件进行的终局性裁决，真正的裁判权掌握在主办民警手中，不能因为相较于刑事案件、行政案件社会危害性小、涉案财物少而随意处置。行政案件的裁决程序以及处罚裁量必须按照法律规定以及裁量基准，主办民警也要准确理解立法精神，合法合理行使自由裁量权。

（五）移送审查起诉和案件最终裁决

无论是刑事案件移送审查起诉还是行政案件的最终裁决，都需要出具书面意见（起诉意见书或行政处罚 / 不予处罚决定书），因此法律文书的写作是每一名公安民警的必备技能。起诉意见书面对的对象是检察机关，而行政案件文书面对的对象是当事人乃至全社会。制作法律文书应当使用书面语言且保证用语准确适当。

对于符合结案标准的案件，应当保持卷中的完整。证据资料应当还原真相形成闭环。在结案后，主办民警需要对卷宗进行全面的整理，确保卷宗材料完整、装订规范。根据公安机关立卷规范、证据卷立卷的一般排序标准，直接证据在前，间接证据在后；客观证据在前，言词证据在后。整理卷宗时也可以按照侦查逻辑进行排列。如果有同步录音录像刻盘以及其他实物证据，应当在卷中标注一并附卷。

（六）共性与注意事项

1. 证据核心地位

在办案过程中，主办民警可以通过各种方式得到较完整的事实，但难以在证据资料上予以反映。从法律上看，这种办案方式是不及格的。我们必须把生活事实通过证据转变为法律事实。证据需形成完整链条，注重客观证据优先于言词证据。正如开头所提的，办案的本质是把事实以证据方式呈现出来。我们要习惯“保持静默”让证据说话。

2. 程序合法性

主办民警所有办案环节需严格遵守《刑事诉讼法》《公安机关办理刑事案件程序规定》《行政处罚法》和《公安机关办理行政案件程序规定》，避免程序违法导致证据无效。主办民警应保持对法律的敬畏之心，严格遵守程序，让案件中每一名当事人（包括被害人和犯罪嫌疑人）的合法权益得到保障。

3. 风险防控

作为案件的主办民警，应当对案件内的风险进行全面把控。保证在押犯罪嫌疑人安全，防止犯罪嫌疑人自伤、脱逃；对于取保候审等非在押犯罪嫌疑人也要合理评估其社会现实危险性，防止再犯，对社会造成其他严重影响。在舆情方面，敏感案件需同步舆情监控，避免引发公众误解，其不仅仅是走完法律程序，更要注重社会效果。在案件办理过程中，主动正向引导舆情，把控可能出现的舆情风险，争取做到社会效果和法律效果的统一。

四、内勤基本功：文件处理

如果把单位比作一个人，那文件就是血液来连接各个器官部门，请示、汇报、报告、发函、通知、意见、办法、呈批琳琅满目的公文样式，如何以安全、稳妥、快捷的方式办理，是担任内勤的基本功，也是要一直研究的工作。

（一）接收与登记

公文既有可能是来自外单位，也有可能是本单位拟制的，在这里我们主要介绍来自外单位的公文。涉密公文流转应当通过保密渠道（如机要邮寄、密码电报等）收取，收取文件时要仔细核对文件来源、数量、日期、文号等内容，同时要着重记录发文单位、文号、标题等内容。

建议大家建立电子和纸质两种登记系统，在电子登记系统（也可以是一个带着宏功能或者超链接的 Excel 表格）中，详细录入文件的关键字、紧急程度等信息，方便后续检索，大家可以按照“收文日期 + 类型 + 标题”的内容记录，方便日后检索，如 20241222【通知】关于 ××× 的通知。纸质登记册则可以作为备份，记录文件的流转轨迹，一般以办公室或局里要求为准。无论是内勤办公文件还是案件备查文书，工作中出现的文件浩如烟海，但也许在未来某一天，一份小小的文书可能决定命运。所以一定要养成定期保存、整理文件的习惯。

（二）分类与整理

根据文件的性质（如政策文件、工作报告、请示批复等）、主题（如人事、部门、预算等）和密级（如绝密、机密、秘密、内部文件等）进行分类。对于有明确办理期限的文件，如紧急会议通知等，要单独标注并优先处理。定期清理过期或无效的文件，保持文件系统的整洁。

在这里教大家如何快速阅读一份文件以便尽快确定下一步如何处理。首先，大家可以看最后一页的备注，确定这份文件发到哪一级单位，如果自己在市局工作，但这份文件只发到市局那可能需要加按转发给分局，如果发到了分县局级也就表示无须转发了。其次，大家可以快速浏览每一个自然段的尾部，尤其要关注日期数字，以确定是不是需要统计或者撰写报告，同时确定截止日期。最后，如果大家对文内部分内容不理解或者有些想法拿不准，可以找到最后一页的版记，部分版记内会有联系人和电话，可进一步进行联络以明确要求。

（三）审批与办理

在看明白这份文件内容后，要及时向直接领导汇报，同时询问领导有无意见和想法，领导反馈后就可以拿意见准备呈批了。呈批意见根据各单位和领导的习惯不同而有所差别，在这里给大家提供一个更为便捷的小窍门：可以直接或者间接抄文件里的原文。

呈批意见拟制后，及时将文件呈递给相关领导或部门负责人。在这个过程中，要跟踪文件的审批进度，提醒领导和负责人及时处理。

对于需要本部门办理的文件，明确具体的承办人员，制订详细的办理计划。例如，对于一份关于办公场地改造项目的文件，要安排专人负责与规划、建设等部门沟通协调，确保项目顺利推进。承办人员在办理过程中要做好记录，如会议纪要、工作进度报告等。一般工作记录需要对工作办理过程中的领导指示、办理细节、办理进度作出详细记录，这将会为日后复盘工作提供详细依据。

（四）归档与保管

办理完毕的文件要及时进行归档。归档文件应完整，包括文件的正本、附件、批复等所有相关材料。采用科学的归档方法，如按照年度——主题——文号等方式进行编号归档。

对于重要文件和机密文件，要按照保密规定进行保管，如存放在专门的保密室，配备安全的文件柜和监控设备等。定期对归档文件进行检查和维护，防止文件损坏或丢失。

五、内勤基本功：上传下达

（一）确保信息准确性

公文分为上行文、下行文和平行文。不同的文件需要以不同的方式、口吻处理。在公务员培训时大多有涉及，这里不再过多赘述。在传达上级指示和政策时，要确保信息的准确性。首先要深入理解文件或指示的核心内容，避免误解。例如，对于新出台的调整薪资政策，要认真研读政策条文，明确政策的适用范围、实施时间等关键要素。

采用多种方式核对信息，如向发文单位咨询、与其他相关部门沟通等。在向下传达信息时，使用清晰、简洁的语言，避免模糊和歧义。可以通过制作政策解读文件、召开培训会议等方式，确保基层工作人员和群众能够准确理解。

（二）完善渠道建设

建立多元化的上传下达渠道。对于内部信息传达，灵活利用政府办公自动化系统（OA 系统）、内部邮件、微信工作群等方式，在传递信息的过程中要严格遵守保密规定，涉密内容应当面对面或者利用保密渠道通知。

对于面向社会公众的信息传达，要充分利用官方网站、政务新媒体平台

（如微博、微信公众号）、新闻发布会、官方抖音等渠道。及时更新官方网站上的政策文件和工作动态，通过政务新媒体平台进行政策解读和热点回应，定期召开新闻发布会，主动发布重要信息。

（三）注重时效性

对于紧急信息，要有快速反应机制。例如，在发生自然灾害等突发事件时，要迅速将上级的应急处置指示传达给相关部门和人员。制订信息传达时间表，明确在规定时间内完成信息的传递。

及时收集基层反馈的信息，并向上级汇报。建立信息反馈跟踪机制，确保问题得到及时解决。例如，若基层工作人员在执行政策过程中遇到困难，要及时将这些问题反馈给上级部门，上级部门在收到反馈后，应在一定时间内给予答复和提供解决方案。

（四）监督与评估

建立监督机制，对文件处理和上传下达工作进行定期检查。检查内容包括文件是否及时流转、信息传达是否准确、渠道是否畅通等。例如，通过抽查文件流转记录，查看文件是否在规定时间内到达指定部门。

开展评估工作，收集内部工作人员和外部群众的意见和建议。根据评估结果，不断改进工作方法和流程。例如，通过问卷调查了解群众对政策宣传的满意度，根据反馈调整宣传方式和重点。

六、内勤基本功：物资保障

（一）办公用品管理

建立本处室办公用品的详细清单，包括文具、纸张、电脑、耗材等。定期盘点库存，根据使用频率和实际需求，制定合理的采购计划。例如，了解各部门对打印纸的用量，在库存不足时及时补充，确保日常办公的顺利进行。尤其关注预算、决算、调整调剂和封账时间，按规定运用好各类采购平台，确保保障有力。

对于特殊的办公用品，如执法记录仪、对讲机等设备的配件，要与相关供应商建立长期稳定的合作关系，保证配件的质量和供应的及时性。同时，做好办公用品的发放登记，记录好领取时间、人员、数量等信息。

（二）警用装备保障

熟悉各类警用装备的型号、功能和存放要求。对于枪支、弹药等危险警用装备，严格按照相关规定进行保管和发放。建立枪支弹药出入库的严格审批和登记制度，确保每一支枪、每一发子弹的流向都有记录。

定期检查和维护警用装备，如警车的维护保养。安排警车定期进行检修，包括车辆的机械部件、电子设备、警灯警报器等。对于损坏的装备，及时报修或报废处理，确保警员在执行任务时装备处于良好状态。

（三）文件资料管理

对公安机关的文件进行分类整理，按照案件类别、行政文件、人事档案等进行划分。建立完善的档案索引系统，方便快速查找。例如，在处理刑事案件时，能够迅速调出相关的报案记录、调查笔录、证据材料等档案。

对于机密文件，严格遵守保密制度。设置专门的保密文件柜，采用加密的电子存储设备存储敏感信息。限制机密文件的接触范围，只有经过授权的人员才能查阅，并且记录好查阅情况。

（四）后勤服务安排

关注工作环境，确保办公场所的清洁、舒适和安全。安排定期的清洁工作，维护办公区域的设施设备，如桌椅、门窗、水电系统等。

提供餐食保障。兵马未动粮草先行，公安工作的特殊性决定了其对后勤保障有着更高的要求，根据民警的工作时间和任务安排，合理规划用餐时间和餐食种类。考虑到一线民警可能随时有紧急任务，应提供方便、快捷的用餐方式，如盒饭、干粮、加班副食等。

（五）福利关怀保障

办理民警的福利事务，如工资、津贴、保险等。及时更新民警的福利信息，确保福利发放的准确性。例如，在民警生日、节假日等特殊时期，组织发放慰问品，增强民警的归属感和团队凝聚力。有时，不经意发放的文创产品、带有单位名称、寓意的周边产品都会大大提升民辅警的团队荣誉感和归属感。

关注民警的心理健康和身体健康。组织心理健康讲座和心理咨询服务，为工作压力大的民警提供心理疏导。同时，安排民警定期进行体检，建立健康档案，跟踪民警的健康状况。

七、内勤基本功：活动组织

（一）规划阶段

确定活动主题和目标：根据公安机关的工作重点和队伍建设需求确定活动主题。例如，如果是为了提升民警的业务技能，主题可以是“警务技能提升特训营”；如果是为了增强团队凝聚力，主题可以是“警营文化节”。这里特别需要注意的是，一定要明确活动要达到的目标，如果实现不了目标组织这个活动就没有意义，只是为其他民辅警空添负担。一定要在活动的计划阶段就准确评估参与人数、技能提升程度等具体指标。

制订活动计划：包括活动时间、地点、参与人员范围、流程安排和预算等内容。以一次社区安全宣传活动为例，时间可以选择在周末社区居民比较空闲的时候，地点在社区广场。活动流程可以是开场致辞、安全知识讲解、案例展示、互动问答和结尾总结。根据活动规模和内容估算所需的费用，如宣传资料印刷费、场地布置费等。

协调资源：与各部门沟通，争取人力、物力支持。例如，需要治安部门提供安全知识讲解的民警，需要后勤部门提供活动所需的设备和物资。同时，与外部单位如社区居委会等进行协调，获得场地使用许可等外部资源。

（二）准备阶段

人员组织：根据活动计划，明确每个工作人员的职责。例如，秩序维护人员、讲解人员、宣传资料发放人员等。对参与活动的工作人员进行培训，告知他们活动的流程、重点内容和注意事项。

物资准备：准备活动所需的宣传资料，如安全知识手册、宣传单页等。确保活动设备正常运行，如音响设备、展示屏幕等。对于需要展示的案例、图片等资料进行收集和整理，制作成易于展示的形式，如 PPT、展板等。

宣传推广：在公安机关内部通过公告栏、内部邮件、工作群等方式宣传活动，鼓励民警积极参与。对于面向社会公众的活动，利用公安官方网站、微博、微信公众号等渠道发布活动信息，包括活动时间、地点、主题和亮点等内容，吸引群众的关注。

（三）执行阶段

现场管理：提前到达活动现场进行布置，确保一切准备就绪。活动开始后，密切关注现场情况，及时处理突发问题。例如，在安全知识讲座中，如果出现居民提问过于踊跃导致场面混乱的情况，要及时引导提问，维护好现场秩序。

活动记录：安排专人负责活动的摄影、摄像等记录工作，为后续的宣传和总结提供素材。记录活动的精彩瞬间、重要发言和群众反应等内容，确保能够全面反映活动的实际情况。

（四）总结阶段

效果评估：通过问卷调查、现场访谈等方式收集参与人员（包括民警和群众）对活动的反馈意见。评估活动是否达到预期目标，如在社区安全宣传活动后，通过问卷调查了解居民对安全知识的掌握程度是否有所提高。

总结经验教训：对活动组织过程中的优点和不足进行总结。例如，发现活动时间安排过长导致部分群众提前离场，那么在下次活动中就要合理调整时间。整理活动的相关资料，包括活动记录、评估报告等，归档保存，为今后类似活动提供参考。

八、内勤基本功：宣传工作

（一）内容制作

宣传分为外宣和内宣两大板块。找准宣传工作的命脉首要就是明确宣传对象。将心比心，如果你是被宣传者，作为不同的角色你会喜欢什么？你想看到什么？什么会触动你？

挖掘新闻素材：关注公安机关内部的工作亮点，如成功侦破重大案件、民警英勇事迹、新的便民服务措施等。与一线民警保持沟通，及时获取第一手的新闻线索。例如，当民警破获一起系列盗窃案后，好的内勤也同样要迅速贴近一线，收集案件的详细情况，包括侦破过程、犯罪嫌疑人特点以及被害人反应、案件办理过程中冲击人心的细节等内容并将其有效转化为宣传素材。

制作宣传材料：根据新闻素材制作多种形式的宣传材料。对于文字材料，（如撰写新闻稿件）要求语言简洁明了、生动形象，突出事件的重点和亮点。

例如，在报道民警勇救落水儿童的事迹时，用生动的语言描述现场的紧张氛围和民警的英勇行为。同时，不能仅仅拘泥于一种宣传形式，也要制作图片、视频等宣传素材，通过拍摄现场照片、采访现场以及与案（事）件有关的当事人等内容，增强宣传的吸引力和感染力。

（二）渠道选择

内部宣传：利用公安机关内部的宣传平台，如内部刊物、工作群、宣传栏等进行宣传。内部刊物可以定期刊登民警的工作事迹、业务培训成果等内容；工作群可以及时推送最新的工作动态和通知；宣传栏可以展示优秀民警的风采和重要工作成果。内宣的面向群体是警察内部，要么一针见血对于工作现状言之有物，拒绝空话套话；要么反映真情实感把宣传做到同事内心中去。仅凭吊胃口、说大话难以触动长期在公安岗位工作的老警察们。

外部宣传：外宣的渠道十分广泛，既可以通过公安官方网站、微博、微信公众号等新媒体平台，也可以通过传统媒体（如报纸、电视台）向社会公众宣传。在官方网站上设置新闻专栏，及时更新公安工作动态；在微博、微信公众号上发布图文并茂的新闻信息和互动话题，吸引公众关注和参与。公众的参与是十分重要的，因为公安工作长期与公众保持一定距离，在大众眼中公安工作有很多的神秘感。可以利用这种神秘感吸引广大群众关注，再通过宣传与电视台、报纸等媒体建立良好的合作关系，主动提供有价值的新闻线索，通过媒体的力量扩大宣传范围。

（三）宣传策略

定期宣传与不定期宣传相结合：制定宣传计划，定期发布公安工作的常规信息，如每周发布一次治安警情通报。同时，根据工作实际情况，不定期地发布重大案件侦破、专项行动等重要信息，保持宣传的持续性和灵活性。

互动式宣传：在新媒体平台上开展互动活动，如微博话题讨论、微信投票等。例如，针对当下热点话题进行投票，既可以吸引公众参与，提高公众对公安工作的关注度和参与度，也可以收集舆情方向，把握民意。利用公众的反馈意见，不断改进宣传内容和方式；通过总结分析数据，找到公众对内容和形式的敏感点，不断切入热点话题和群众欢迎的形式。

日常工作是把事情做好，而宣传工作是让人看到并相信这些事情做得很好。在一定程度上二者同样重要。

后　　记

如何定义一名好警察

畅销书《斯坦福大学创业成长课》中曾提到：如果你想要的东西还不存在，那就亲手将它创造出来。[①]在与警校生打交道的11年中，我一直希望找到一本关于警校生如何管理碎片化时间的书籍，也希望找到一本能够解答警校生各种困惑的“警校百科书”，可惜到现在都没有遇到完全满意的。于是心中动念：“要不我自己来写一本？”不承想两年不到，在多方努力下，这本诚心之作即将呈现在大家面前了。

这本书的核心话题是围绕“好警察”展开的，那么问题来了，什么是“好警察”？我们又如何去定义一名“好警察”？

是考个好岗位？还是当个大领导？是挂在胸前的勋章？抑或是群众的掌声？

诚然，每个人来到警校的目的都不尽相同。有的人为了稳定的编制，有的人为了谋求个人的前途，有的人为了社会地位，有的人为了心中正义的理想。可是无论如何，请同学们都要记住：这身警服不单单代表一份普通的工作，它更是需要我们奉献一生为之奋斗的事业。

正如歌曲《少年壮志不言愁》所唱：“峥嵘岁月，何惧风流，金色盾牌，热血铸就，危难之处显身手。”我承认这身警服不会让我们变得刀枪不入，可是这身警服却会给我们的行动带来力量，为我们增添荣光。

“价值观正，业务能力强”是我一直希望当代警校生能够呈现出的状态。当今警校，在许多同学的着眼点都是公安联考时，我希望同学们能够明白：那不是终点，恰恰相反，那只是一辈子事业的起点而已。我愿意结合自己的所知所学、所感所悟，帮助同学们系好从警第一粒扣子，走稳未来从警路。只有方向正确，你才能更好地脚踏实地，行稳致远。这也是为何整本书的上篇都用来讲述价值观的培养，剖析素质培养。

“学技法”之前要先“扶正道”。

---

① 李笑来．斯坦福大学创业成长课[M]．天津：天津人民出版社，2016.

那么，如何在警校四年就开始着手警察意识的培养，以便在工作后成为社会认可的“好警察”呢？通过多年来与警校生的交流，我发现同学们面临的一大难题便是碎片化时间的管理，所以我就想以书的形式、以学长的身份来和大家唠唠嗑儿。

我认识一位部属院校的师姐，她和大部分警校生一样，来自普通家庭，无资源、无背景、无人脉，但这丝毫不影响她在北京扎根。同学们能够想到的任何高难度的证书她基本上都是高分通过，而且她前几年刚从部委跳槽出来，迎接另一段人生的开启。从她的身上，我学会了五个字：时间的重量。

同学们，时间是世界上最公平的事物，每个人每天都有 24 小时，一分不多一分不少。我承认，警校的时间碎片化是客观的存在，但是我们要做的不是抱怨，我们要做的是拥抱它、接纳它，最后超越它。“用碎片化的时间进行系统性的学习”“拉长时间战线，用方向正确的量级积累达到质上的飞跃”，让时间成为我们的朋友，以十年为周期，十年之后你会发现，那个目标唯一、懂得利用碎片化时间持续深耕的你，与每日沉溺玩乐、天天靠刷短视频获得爽感的他之间的距离早已是深深的鸿沟了，而这就是“时间的重量”。

对于普通到不能再普通的我们，利用碎片化时间将量级搞上去可能是唯一的出路。因为你除了努力再无其他。同学们，好好抓住警校四年的时光吧，这四年正是你提升自己身份的资本，为自己创造机会的最好时期。学校的时间虽然碎片化，但是你至少“有时间”，不用向黎明要时间，也不用向黑夜要时间。故在本书的中篇和下篇，我试图教会大家碎片化时间管理的底层逻辑。

可能很多同学在进校时，师兄师姐们会教你警校的“通关指南”：四年不挂科不就行了，四级考过了不就行了，达到基本的毕业条件不就行了。但是我告诉你，可能他们只知其一，不知其二。他们只知道及格线和优异线有差距，却不知道这个差距可能是十年无法逆转的人生。因为这不是一位“好警察”应该选择的道路，“开口能说，提笔能写，遇事能办”这十二个字，哪个字都不会和“通关指南”沾上边。

本书的完成是一场静默而孤独的旅程，但幸运的是，我从未真正独行。特别感谢苏剑、刘派、刘非帆、丁涵悦、陈启乾、刘泓杰、吕康旭、于平平和郑文轩给予我的帮助和支持。

最后，感谢每一位翻开这本书的警校生及警校生的家长，愿它能带给你们些许共鸣或启发。

把目标放高一些，
不要得过且过，不要凑合，不要差不多。

相信我，
你今天的懒惰，会成为未来羞愧的悔恨。

相信我，
这世界没什么铁饭碗，如果非要找一个，
那么这个铁饭碗一定是你自己打造的，
不能靠父母，更不能靠国家。
以此共勉。

苏小警
2025 年 5 月